W0281333

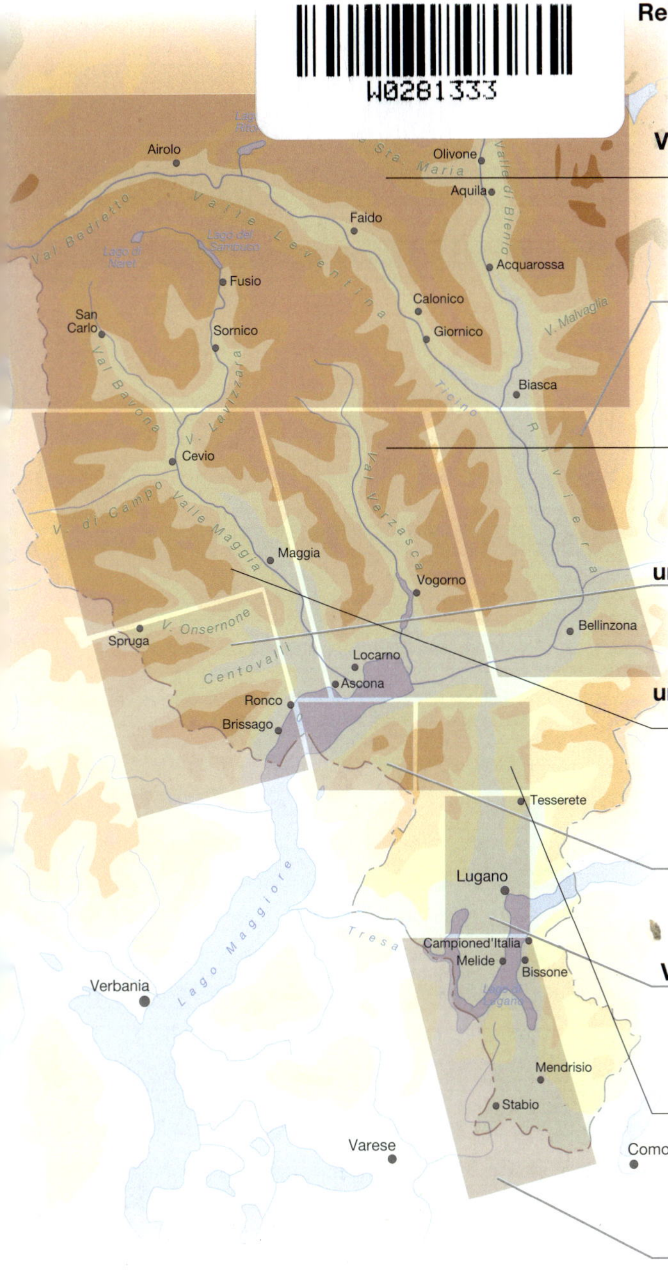

Airolo
Olivone
Val Bedretto
Valle Leventina
Lago del Sambuco
Lago di Naret
Aquila
Faido
Valle di Blenio
Acquarossa
Fusio
San Carlo
Sornico
Calonico
Giornico
V. Malvaglia
Val Bavona
V. Lavizzara
Biasca
Ticino
Cevio
Riviera
Val Verzasca
V. di Campo
Valle Maggia
Maggia
Vogorno
Spruga
V. Onsernone
Bellinzona
Centovalli
Locarno
Ascona
Ronco
Brissago
Tesserete
Lugano
Tresa
Campioned'Italia
Melide
Bissone
Verbania
Lago Maggiore
Mendrisio
Stabio
Varese
Como

Text und Recherche: Hans-Peter Koch, Margrit Zepf
Lektorat: Peter Ritter, Brigitte Seitzer
Redaktion und Layout: Dirk Thomsen
Fotos: Hans-Peter Koch, Margrit Zepf
Covergestaltung: Karl Serwotka
Coverfotos: oben: Radtour über den Monte Lema (Margrit Zepf)
unten: Lavertezzo im Verzasca-Tal (foto-presse Timmerman)
Karten: Susanne Handtmann, Hana Gundel

Die in diesem Reisebuch enthaltenen Informationen wurden von den Autoren nach bestem Wissen erstellt und von ihnen und dem Verlag mit größtmöglicher Sorgfalt überprüft. Dennoch sind, wie wir im Sinne des Produkthaftungsrechts betonen müssen, inhaltliche Fehler nicht mit letzter Gewissheit auszuschließen. Daher erfolgen die Angaben ohne jegliche Verpflichtung oder Garantie der Autoren bzw. des Verlags. Beide übernehmen keinerlei Verantwortung bzw. Haftung für mögliche Unstimmigkeiten. Wir bitten um Verständnis und sind jederzeit für Anregungen und Verbesserungsvorschläge dankbar.

ISBN 3-89953-203-1

© Copyright Michael Müller Verlag GmbH, Erlangen 1999, 2002, 2005. Alle Rechte vorbehalten. Alle Angaben ohne Gewähr. Printed in Italy.

Aktuelle Infos zu unseren Titeln, Hintergrundgeschichten zu unseren Reisezielen sowie brandneue Tipps erhalten Sie in unserem regelmäßig erscheinenden Newsletter, den Sie im Internet unter **www.michael-mueller-verlag.de** kostenlos abonnieren können.

3. komplett aktualisierte Auflage 2005

TESSIN

Hans-Peter Koch
Margrit Zepf

INHALT

Verzeichnis der Wanderungen

Kartenverzeichnis

Skizzen zu den Wanderungen siehe Verzeichnis vorige Seite

Zeichenerklärung für die Karten und Pläne

Landkarten

- Autobahn
- Hauptverkehrsstraße
- Landstraße
- Nebenstraße
- Piste
- Wanderweg
- Eisenbahn
- Gewässerfläche
- Bebaute Fläche
- Grünanlage

Stadtpläne

- Hauptstraße
- Nebenstraße
- Kirche
- Berggipfel
- Aussichtspunkt
- Hütte
- Campingplatz
- Information
- Museum
- Post
- Apotheke
- Krankenhaus
- Parkplatz
- Flughafen

Was haben Sie entdeckt?

Haben Sie *die* Wanderung, ein gemütliches Hotel, einen empfehlenswerten Grotto, ein uriges Lokal gefunden? Wenn Sie Empfehlungen, Tipps, Anregungen oder Kritik haben, lassen Sie es uns bitte wissen.

Schreiben Sie an:

Hans-Peter Koch & Margrit Zepf
Stichwort „Tessin"
c/o Michael Müller Verlag
Gerberei 19
91054 Erlangen
E-Mail: hpk@michael-mueller-verlag.de

Zwei Gesichter eines Kantons: der gebirgige Norden der Leventina ...

Tessin erleben

Wer einen der Pässe ins Tessin überquert, kommt in eine andere Welt. Immer noch Schweiz, aber auch schon Südeuropa: Palmen und Palazzi an den südlichen Seen, Rösti und Rustici in den Bergdörfern des Nordens. Schweizer Präzision paart sich mit italienischer Phantasie. Augenfällig, wenn Verbotsschilder in sanfterem Italienisch formuliert sind – die in der Schweiz allgegenwärtigen Gebote verlieren ihre Strenge und die Carabinieri sogar die Lust aufs Strafmandat.

Franz Kafka beschreibt dieses Wechselspiel 1911 in seinem Tagebuch: „Plötzliches Italien“, notiert er nach der Gotthard-Passage und fügt zwei Tage darauf hinzu: „Später verschwindet das Italienische und der Schweizer Kern tritt vor“. Und schließlich: „Deutsches Lugano“.

Fast 100 Jahre später bleibt Kafkas Urteil aktuell. Wie selten sonst in Europa treffen in dem nur knapp 3000 qkm großen Kanton landschaftliche und kulturelle Gegensätze aufeinander. Die Alpenkulisse des Sopraceneri (wörtlich: oberhalb des Monte Ceneri), des Nordteils also, geht über in die Seenszenerie des Sottoceneri (unterhalb des Monte Ceneri), des Südens; die bäuerliche Kargheit der Nordtäler wechselt mit der bourgeoisen Leichtigkeit und dem mediterranen Lebensstil der südlichen Ebene.

Zwei Welten am Südrand der Alpen

Im wildromantischen Norden finden stressgeplagte Urlauber noch die Ruhe fast unzugänglicher Wälder (gut die Hälfte der Kantonsfläche ist bewaldet), klarer

Bergbäche und einsamer Dörfer. Selbst wenn viele der verlassenen Bauernhöfe mittlerweile von Auswärtigen zu schmucken Zweitwohnsitzen ausgebaut wurden, bietet das vom Tourismus bislang übersehene Sopraceneri die Stille unverbrauchter Natur und atem(be)raubender Wanderwege.

Ganz anders im umtriebigen Sottoceneri: Nicht nur das elegante Ascona, das mondäne Locarno, das geschäftige Lugano prägen den Süden – prächtige Palazzi, etliche zu Fünf-Sterne-Hotels umgebaut, üppige Parklandschaften mit subtropischen Pflanzen und überladene Kirchen mit jahrhundertealten Kunstschätzen haben den Süden zum Mekka für Kunstfreunde gemacht. Der Lebens- und Wohnstil der italienischen Aristokratie und des internationalen Geldadels setzt sich seit fast 500 Jahren rund um den Luganer See und den Lago Maggiore ein Denkmal.

... und der liebliche Süden bei Gentillino

Normalsterbliche erleben das an den Preisen. Tessins Süden ist in allem teurer als der Norden des Kantons. Jeder Park und jedes Museum, jedes der wenigen Freibäder, jedes Sandwich kostet seinen hohen Preis. Übernachtungen sind unter 200 Fr kaum zu haben, und das Restaurantmenü ist nur wenig billiger. Anders als noch vor wenigen Jahren ist auch ein Ausweichen ins nahe Italien nicht mehr anzuraten: Seit der Euro-Einführung ist es jenseits der Grenze mindestens gleich teuer.

Das Tessin ist Grenzbezirk auch in politischer Hinsicht, denn solange sich die Schweizer der EU verweigern, bleibt dem südlichsten Kanton mit seiner traditionellen Verwandtschaft zu Italien die Außenseiterrolle. Und solange den Tessinern die Nachrichten aus Rom und Mailand wichtiger sind als die aus Bern und Zürich, solange der Tabellenstand von Inter Mailand mehr zählt als der von Grashoppers Zürich, bleiben die Tessiner die Unverstandenen unter den Eidgenossen, die dennoch liebend gerne die Schweizer Steuergesetze und die Berner Subventionen für sich nutzen.

Ein Klima der Kreativität

Solche politischen, klimatischen und landschaftlichen Gegensätze erzeugen Kreativität. Und in der Tat hat der kleine Kanton im Laufe seiner Geschichte nicht nur selbst viele weltweit gerühmte Künstler hervorgebracht, sondern immer auch wieder politische und künstlerische Querdenker aus ganz Europa angezogen: die schwärmerischen an die mediterranen Ufer der Seen, darunter Revolutionäre wie

Kunst im letzten Winkel – Bildhauerschule in Peccia

Bakunin und Mühsam oder Freidenker wie Oedenkoven und Arp, die grüblerischen in die stillen Alpendörfer des Nordens, darunter weltberühmte Autoren wie Andersch, Frisch und Highsmith. Doch die Kunst des Kreativen zeigt sich im Ticino auch in Kleinigkeiten; an der Kunstfertigkeit, mit der Schweizer Speisen italienisch verfeinert, oder der Stilsicherheit, mit der Kunstschätze restauriert werden.

Wer einmal abends auf der Piazza Motta, der Uferpromenade von Ascona, den Straßenkünstlern zugeschaut oder die stille Andacht während der Osterprozessionen in Mendrisio erlebt hat, der ahnt den Tessiner Traum von Kunst und Kreativität. Und der vergisst das undurchschaubare Straßenwirrwarr im Süden und übersieht die eingezäunten Chalets im Norden, der ärgert sich nicht über überhöhte Preise oder Warteschlangen an der Seilbahnstation. Der genießt Sonne und Farbenpracht, Kunst und Kultur, um die Europa das Tessin beneidet, und entdeckt das „Vorzimmer zum Süden".

Anreise

Die Reise zum Mittelpunkt Europas ist simpel: Das Tessin ist per Auto, Bahn oder Flugzeug in wenigen Stunden zu erreichen. Von der deutsch-schweizerischen Grenze sind es gut drei Fahrstunden bis zum Luganer See – egal, ob Sie sich mit vollgepacktem Automobil über die Pässe quälen oder lässig die Beine im Großraumwagen der Schweizer Bundesbahn ausstrecken.

Bei der Anreise von süddeutschen Metropolen unterscheiden sich Auto- oder Bahnfahrt zeitlich kaum. Mit dem Auto fährt man fünfeinhalb Stunden von Stuttgart via Konstanz-Kreuzlingen oder viereinhalb Stunden von München über St. Margarethen nach Lugano – staufreie Fahrt vorausgesetzt. Per Bahn sind es sieben Stunden von Stuttgart bis Lugano bzw. acht von München via Zürich nach Lugano.

Zeitlich am günstigsten ist der stau- und stressfreie Flug nach Lugano-Agno, dem einzigen internationalen Airport im Tessin. Da Sie bei diesem „Direktflug" in Zürich umsteigen müssen, ist selbst bei einer reinen Flugzeit von nur zweieinviertel Stunden (wie etwa von Berlin) eine Reisezeit von mindestens drei Stunden einzukalkulieren, die Anfahrt zum Abflughafen nicht eingerechnet. Nach Eröffnung des Großraumflughafens Malpensa ist zudem der Anflug via Mailand möglich: Ein Shuttlebus bringt Sie in wenig mehr als einer Stunde zum Bahnhof von Lugano.

Lukmanier-Pass – idealer Alpentransit für Biker

Mit Auto oder Motorrad

Insgesamt vier Alpenpässe stehen Auto- und Motorrad-Touristen für die Reise ins Tessin zur Verfügung. Ganzjährig zu befahren sind allerdings nur die beiden Autobahnstrecken durch den St.-Gotthard- und den San-Bernardino-Tunnel. Die Passstraßen sind dagegen zwischen November und April geschlossen.

Alle Alpenübergänge sind staugefährdet; vor allem an Feiertagen, zu Ferienbeginn und bei plötzlichem Schneefall sind 30 bis 50 km lange Schlangen keine Seltenheit.

Für die Benutzung von Autobahnen oder entsprechenden Schnellstraßen (auf grünen Schildern angekündigt) benötigen Sie in der Schweiz eine jährlich neue **Vignette**, die bei Automobilclubs, aber auch an Grenzstationen für 27,50 € (2004, aktuelle Infos unter: www.autobahn.de) erhältlich ist. Die Vignette bitte deutlich sichtbar an der Windschutzscheibe anbringen.

San-Bernardino-Pass (E 43/N 13): Touristen aus Bayern, den östlichen Bundesländern und aus Österreich reisen am günstigsten über *Bregenz, St. Margrethen* und *Chur* auf der autobahnähnlich ausgebauten Nationalstraße 13 (= E 43) zum San-Bernardino-Pass. Dort nutzt man entweder den 6,5 km langen Tunnel oder die sehr viel schönere Passstraße, um durch das 43 km lange *Valle Mesolcina* (noch in Graubünden) nach Bellinzona zu kommen. Diese Alpenpassage erweist sich häufig auch für Urlauber aus Baden-Württemberg als günstigste und stauärmste Route. Vom Grenzübergang *Konstanz/Kreuzlingen* bis Lugano sind es etwa drei Fahrstunden. Allerdings werden die Baumaßnahmen (s. u.) wohl bis mindestens 2006 andauern. Achten Sie bei dieser Route darauf, dass auch in Österreich Autobahngebühren erhoben werden. Die 10-Tage-Vignette kostet 7,60 €, die Zweimonats-Vignette 21,80 € und die Jahresvignette 72,60 €. Kaufen kann man sie bei Automobilclubs oder an Grenzübergängen.

Nadelöhr Gotthard-Tunnel

Auf dem verkehrsreichsten Alpentransit müssen sich Tessin-Reisende bis mindestens 2013 auf zusätzliche Stauprobleme einstellen. Als wäre Autofahrers Leid nicht schon groß genug, kommen zu den Baumaßnahmen (s. u.) politische Probleme, die an der Grenze bei Chiasso regelmäßig kilometerlange Lkw-Staus hervorrufen. Dazu kommt noch der Tunnel-Unfall im Oktober 2001, der 11 Tote forderte. Dabei wurde die Tunneldecke beschädigt und die Durchfahrt gesperrt. Der gesamte Alpenverkehr konzentrierte sich sodann auf den Bernardino-Tunnel, was dieser Route in wenigen Wochen eine Verdoppelung der Unfälle und eine Verdreifachung der Staus bescherte - seitdem wird die Bernadino-Strecke stetig ausgebessert. Und eine Besserung ist nicht in Sicht: Es wird auf absehbare Zeit keine zweite Autotunnelröhre am St-Gotthard geben. Das haben 62,8 Prozent der Schweizer Wahlbevölkerung bei einer heftig umstrittenen Volksabstimmung im Februar 2004 entschieden.

St.-Gotthard-Pass (E 35/N 2): Die internationale Gotthardstraße von *Basel* über *Luzern* und den 2108 m hohen St.-Gotthard-Pass (17 km langer Straßentunnel sowie alternativ zwei Passstraßen) nach Italien ist der meistbefahrene Alpentransit: 16 Millionen Autos rollen jährlich über diesen Übergang. Entsprechend häufig sind trotz der bequemen, kostenlosen Tunneldurchfahrt Staus und andere Behinderungen. Zudem ist zwischen Faido und Bodio mit zusätzlichen Störungen zu rechnen : Auf einer riesigen Baustelle wird eine neue Tunnelröhre für die Eisenbahnlinie durch den Gotthard getrieben. Voraussichtliches Bauende: 2013. Dennoch bleibt die durchgehend vierspurig ausgebaute Strecke für eilige Reisende aus West- und Norddeutschland die optimale Route ins Tessin; für einen Trip in die Leventina sogar die einzig sinnvolle.

Lukmanier-Pass (N 19): Ab Chur geht es auf der N 19 durch das Vorderrheintal aufwärts bis *Disentis;* von dort knickt man auf der Lukmanierstraße Richtung Süden ab, überquert den Pass und gelangt durch das 34 km lange Bleniotal schließlich nach Biasca (einige Kilometer nördlich von Bellinzona). Vor allem Motorradfahrer bevorzugen diesen mit 1940 m Höhe niedrigsten Südalpenübergang mit seinen weit geschwungenen Kurven und relativ geringen Steigungen. Die nur zwischen Mai und Oktober befahrbare zweispurige Passstraße ist für Wohnwagen-Gespanne problematisch – da empfiehlt sich die Passage über die größeren Pässe am *Bernardino* oder *Gotthard.*
Als Alternative ist ab *Disentis* auch die Weiterfahrt über den *Oberalp-Pass* (mit Autoverladung im Winter) nach *Andermatt* und von dort über den *St. Gotthard* denkbar. Diese längste Route von der Nordschweiz ins Tessin empfiehlt sich allerdings höchstens als Umgehung eines Staus am Lukmanierpass.

Nufenen-Pass (N 6): Wer aus dem Norden Deutschlands kommt und den verkehrsreichen Gotthard-Pass meiden will, fährt über *Bern* bis *Spiez* auf der Autobahn, dann nach *Kandersteg* und durch den *Lötschbergtunnel* (Autoverladung) ins Wallis. Danach hat man zwei Möglichkeiten: Entweder zum *Simplon-Pass* bzw. *-Tunnel* (Autoverladung), um von dort im weiten Bogen das Centovalli zu erreichen, oder über den landschaftlich mitreißenden 2478 m hohen Nufenen-Pass, um durch das 25 km lange Val Bedretto bei Airolo am Fuß des St. Gotthards die obere Leventina

St.-Gotthard-Pass – durch sommerliche Schneemauern in den Süden

zu erreichen. Zwei Vorbehalte: Beide Routen sind nur im Sommer befahrbar, die Nufenen-Straße ist für Gespanne schwierig, die Straße ins Centovalli für Anhänger gesperrt.

Mit der Bahn

Ohne Stau-Stress und mit vorzüglichem Service bringen Sie die ICE-Großraumwagen der Schweizerischen Bundesbahnen (SBB bzw. FFS, *Ferrovie Federali Svizzere*) ins Tessin. Die wichtigste Linie, die Gotthardbahn zwischen Zürich und Mailand, bedient Biasca, Bellinzona, Lugano und Chiasso. Reisende nach Locarno und Ascona müssen in Bellinzona umsteigen (s. „Verbindungen" in den jeweiligen Ortsbeschreibungen). Eine zweite Linie führt von Basel über Bern, das italienische Domodossola und das Centovalli nach Locarno und Bellinzona.

Fahrpreise und Fahrzeiten

München	– Lugano	via Zürich	8:14 Std.	ca. 91 €
Stuttgart	– Lugano	via Zürich	7:08 Std.	ca. 76 €
Stuttgart	– Lugano	via Basel	6:58 Std.	ca. 95 €
Wien	– Lugano	via Zürich	12:31 Std.	ca. 111 €

Wichtig: Die deutsche Bahncard sowie die österreichische Vorteilscard gelten beim grenzüberschreitenden Verkehr auch in der Schweiz und bringen eine Preisminderung von ca. 25 Prozent. Zeitsparend und ungemein bequem ist von Deutschland und Österreich aus auch die Anreise mit der CityNightLine: Man reist während der Nacht an (z. B. ab Hamburg 19.41 Uhr – an Zürich 8.16 Uhr; oder ab Berlin 21.14 Uhr – an Zürich 9.16 Uhr für 91 bis 292 €) und hat dann die Erlebnisreise durch die Berge ins Tessin am nächsten Tag (www.citynightline.ch).

Darüber hinaus passieren eine ganze Reihe touristischer Ausflugszüge die Kantonsgrenze ins Tessin. Vor Reiseantritt sollte man sich allerdings unter

Bergbahnen – unverzichtbares Verkehrsmittel im Land der Aussichtsgipfel

✆ 0041-900300300 oder *www.sbb.ch* erkundigen, ob und zu welchem Preis die Route noch befahren wird (die folgenden Angaben gelten für die Saison 2004/05):

Wilhelm-Tell-Express: Luzern – Flüelen – St. Gotthard – Lugano ist die Streckenführung dieser atemberaubenden Bahnfahrt, die mit einer Schiffstour auf dem Vierwaldstätter See kombiniert ist (nur zwischen Mai und Oktober). Der Zug fährt 2-mal täglich und kostet nur 45 Fr Aufpreis.

Auskunft und Buchung SBB in Deutschland, Arnulf-Klett-Platz 2, 70173 Stuttgart, ✆ 0711/2308010, ✆ 0711/23080190. E-Mail: schweizerbahnen@t-online.de.

Bernina-Express: Der Zug verkehrt im täglichen Wechsel zwischen Chur bzw. St. Moritz und dem italienischen Tirano, per Bus geht es dann weiter nach Lugano. Die Fahrtdauer der spektakulären Route zwischen Gletschern und Palmen beträgt je nach Startort acht bzw. fünfeinhalb Stunden; auf der 1-mal täglich befahrenen Route sind neuerdings aufregende Panoramawagen der 1. und 2. Klasse eingesetzt.

Auskunft und Buchung CH-7002 Chur, ✆ 082/88604, ✆ 082/88605, www.rhb.ch.

Palm-Express: Von St. Moritz nach Ascona (Übernachtung) und nach Zermatt geht diese zweitägige Sommer-Ausflugsfahrt durch die schönsten Landschaften der Schweiz. Auch hier wird nur ein Aufpreis von 78 € pro Person erhoben.

Auskunft und Buchung SBB in Deutschland, Arnulf-Klett-Platz 2, 70173 Stuttgart, ✆ 0711/2308010, ✆ 0711/23080190. E-Mail: schweizerbahnen@t-online.de.

Mit dem Flugzeug

Der einzige internationale Flughafen des Kantons liegt in Agno, 6 km südwestlich von Lugano: eine Wartehalle, kaum größer als zwei Wohnzimmer, ein Restaurant im Partyzelt, eine zwischen Industriebauten eingezwängte Landebahn und eine Zufahrt, die Ortsfremde nur mit viel Geduld finden können. Gesamteindruck: winzig, aber funktional für gerade mal 170.000 Fluggäste pro Jahr.

Nach den Turbulenzen im Schweizer Luftverkehr (die staatliche Linie „Swiss“ verbrauchte in drei Jahren drei Namen, drei Vorstandsvorsitzende und mehrere Hundertmillionen Franken Staatssubventionen, um nicht pleite zu machen) blieb Agno für viele Monate vom internationalen Luftverkehr abgeschnitten – erst seit 2004 bedient Cirrus Airline im „Swiss“-Auftrag wieder die Route Zürich-Lugano/Agno viermal täglich. Man muss also erst mal nach Zürich kommen – das geht per täglichen Linienflügen von Deutschland aus ab Berlin, Hamburg, Dresden, Leipzig, Hannover, Düsseldorf, Frankfurt/M., Stuttgart und München, von Österreich aus ab Wien und Salzburg. Zwar lassen die Anschlüsse in Zürich nicht lange auf sich warten, aber mit ca. einer Stunde Aufenthalt müssen Sie rechnen. Beispiele: Von Hamburg/Fuhlsbüttel fliegt man um 7.00 Uhr los, kommt um 8.05 Uhr in Zürich an und fliegt von dort um 9.30 Uhr weiter nach Lugano/Agno (Ankunft 10.15 Uhr). Und von Berlin/Tempelhof über Zürich lauten die Zeiten: ab 8.00 Uhr, an Zürich 9.25 Uhr, ab Zürich 9.30 Uhr, an Lugano/Agno 10.15 Uhr (jeweils auch eine adäquate Abendverbindung). In Agno wartet dann der Airport-Shuttle, der zwischen 8 und 21 Uhr alle zehn Minuten Lugano anfährt und je nach Haltestelle am See zwischen 12 und 32 Fr kostet.

Als Alternative durchaus bedenkenswert ist neuerdings der Anflug über Malpensa, Mailands neuen Großraumflughafen. Fünfmal täglich legt ein Shuttlebus die 100 Kilometer zurück und bringt Reisende in einer Stunde nach Lugano (zwischen 9 und 22 Uhr). Preis: 35 Fr pro Person.

• *Preise* Die Preise für den einfachen Flug ins Tessin schwanken zwischen 615 € (Linienflug ab Hamburg) und 645 € (ab Berlin) bzw. 449 € (aktuelles Angebot der Billigflieger, über die Sie sich unter www.reisen.kelkoo.de informieren können).

• *Buchung und Information* **swiss**, ✆ 0041/15640000; Internet: www.swiss.ch.

Unterwegs im Tessin

Der Kanton hat beinahe alle Verkehrsmittel zu bieten: Bahnen, Busse und Schiffe in allen Größen. Kritiker meinen, beim Straßenbau sei sogar des Guten zu viel gebaut worden – das Tessin hat die höchste Verkehrsdichte in der Schweiz und damit Europas.

Wegen der schwierigen topographischen Gegebenheiten ist die verkehrstechnische Erschließung des Tessins aufwendig. So mussten beispielsweise für den optimalen Ausbau des Eisenbahnnetzes insgesamt 250 Tunnel und doppelt so viele Brücken gebaut werden; davon entfallen allein 83 Viadukte und 31 Tunnel auf das Streckennetz der Centovalli-Bahn. Für Touristen haben solche verschlungenen Routen durch die Tessiner Bergwelt natürlich einen besonderen Reiz. Unser Tipp: Wenn Sie mit der Bahn fahren, leisten Sie sich den Luxus eines Panorama-Wagens, damit Sie die Berge ohne Halsstarre bewundern können.

Mit Auto oder Motorrad

Das Straßennetz ist nahezu perfekt; jeder ganzjährig bewohnte Ort ist über eine Asphaltstraße erreichbar. Kanton- und Zentralregierung lassen sich den Straßenausbau und -unterhalt jährlich Milliarden kosten. Einen Teil davon lässt man sich freilich vom Autofahrer per Autobahnvignette zurückerstatten.

Verkehrsvorschriften: Sie brauchen sich kaum auf Ungewöhnliches einzustellen: Verkehrszeichen entsprechen europäischem Standard; Anschnallpflicht gilt auch

Schlusslicht im Veloland Schweiz – der Kanton tut bisher noch wenig für Radfahrer

auf den Rücksitzen; Telefonieren während der Fahrt ist verboten; in Tunnels und Berggalerien muss das Abblendlicht eingeschaltet werden; auf Bergstraßen ist der Bergauffahrende bevorrechtigt. Besonderheit: Gelbe Markierungen auf der Fahrbahn reservieren Fahrspuren für Busse, Taxis und Fahrräder, die von anderen Verkehrsteilnehmern nicht benutzt werden dürfen, gelbe Linien am Bordstein bedeuten „Halteverbot“. Die Promillegrenze liegt ab 2005 wie in Deutschland bei 0,5 (bis dahin bei 0,8). Achtung: Bußgelder in der Schweiz sind deutlich höher als anderswo in Europa; z. B. zahlen Sie ab 700 € für zuviel Alkohol am Steuer, aber auch schon 135 €, wenn Sie das Überholverbot missachten, oder mindestens 120 € für zu schnelles Fahren. Und: Diese Strafen müssen Sie in aller Regel sofort zahlen, sonst wird Ihr Auto eingezogen.

Straßensperrungen gibt es regelmäßig im Winter, wenn die kleinen Pässe aus Witterungsgründen unpassierbar sind. Aber auch im Frühjahr sollten Sie mit Sperren rechnen, beispielsweise wenn plötzliche Steinschläge die Straßen blockieren. Üblicherweise werden Autofahrer aber lange vorher durch Hinweisschilder informiert. Ansonsten ist die Straßen-Ausschilderung, vor allem im zersiedelten Süden, keine rechte Freude, und selbst Straßenkarten helfen nicht immer zuverlässig weiter. Am besten orientiert man sich an den Autobahn-Ausfahrtsschildern *(uscita)*.

Höchstgeschwindigkeiten: 120 km/h auf Autobahnen (80 km/h mit Anhänger), 80 km/h auf Landstraßen, 50 km/h in Ortschaften. Diese Vorschriften werden in der Schweiz peinlich genau beachtet. Akzeptiert wird lediglich eine Geschwindigkeitsüberschreitung von 5 km/h, danach drohen drastische Strafen (s.o.).

Tanken: Sie sollten viel Kleingeld bereithalten, denn im Regelfall findet man an den Tankstellen nur Automaten vor, die mit kleinen Frankenscheinen gefüttert werden wollen. Dafür ist Kraftstoff in der Schweiz auch billiger als in Deutschland – Sie sollten allerdings gleich hinter der Grenze zur Schweiz tanken, da ist Benzin auch noch preiswerter als im Tessin.

Bleifrei (95 Oktan): 1,43 Fr = 0,96 €; **Super Plus** (98 Oktan): 1,47 Fr = 0,98 €; **Diesel**:1,42 Fr = 0,95 €

(Durchschnittspreise im Winter 2004)

Parkplätze sind zumindest in städtischen Zentren selten, dafür allerdings mit 4 bis 8 Fr pro Stunde noch relativ preiswert. Gratisparkplätze gibt es dagegen kaum, und wenn, dann nur außerhalb des jeweiligen Innenstadtbereichs. Die Parkmöglichkeiten finden Sie auf den Stadtplänen dieses Buches verzeichnet.

Pannenhilfe: Der *Automobile Club Svizzero (ACS)* ist kostenfrei über ✆ 1551001 zu erreichen, der *Touring Club Schweiz (TCS)* unter ✆ 140. ACS und TCS erkennen Schutzbriefe deutscher Automobilclubs an.

Wohnwagen: Erlaubte Höchstmaße sind 2,50 m Breite und 12 m Länge. Gespanne dürfen bei dreispurigen Straßen die linke Fahrbahn nicht benutzen. Als Höchstgeschwindigkeit sind 80 km/h zulässig. Gespanne und Wohnwagen dürfen zwar alle Pässe passieren, es empfehlen sich aber Transits über die breiten und weitkurvigen Straßen des St.-Bernardino- oder St.-Gotthard-Tunnels.

Mietwagen: Selbst an Bahnhöfen (in Bellinzona, Chiasso, Lugano und Locarno) kann man Mietautos (und Miet-Fahrräder) ordern. Ansonsten findet man Adressen der Leihwagen-Vermieter *(autonoleggio)* in den Infoteilen dieses Buches oder im Telefonbuch.

Taxis: „Tassi“ heißt die Droschke im Tessin. Es gibt sie in allen größeren Städten, und ihre Tarife sind mit 1,80 Fr/km im ganzen Kanton einheitlich.

Mit der Bahn

Das Streckennetz ist nahezu flächendeckend (private Betreiber ergänzen das Angebot der staatlichen SBB) mit einem Service, der in Europa seinesgleichen sucht und dazu noch zu erschwinglichen Preisen zu haben ist. Nirgends sitzen Sie in Eisenbahnen so bequem, nirgends ist die Information via Lautsprecher so verlässlich, nirgends der Transport Ihres Fahrrades so problemlos. Sogar die Bahnhöfe sind Servicecenter: Man kann Fahrräder und Autos mieten, Geld wechseln und eine Menge nützlicher Informationsbroschüren bekommen.

Reisezeiten der Bahn

Zürich – Airolo	3 Std.
Airolo – Bellinzona	55 Min.
Bellinzona – Locarno	25 Min.
Bellinzona – Lugano	30 Min.
Lugano – Chiasso	37 Min.
Chiasso – Mailand	70 Min.

Bahnsondertarife/Swiss Travel System (STS): Auf die folgenden Sondertarife können Sie zurückgreifen, wenn Ihr ständiger Wohnsitz weder in der Schweiz noch im Fürstentum Lichtenstein liegt:

Der **Swiss Pass** bietet Ihnen freie Fahrt auf dem Netz des Swiss Travel Systems (Bahn-, Postbus- und Schifffahrtslinien in der gesamten Schweiz; bei einer kleineren Zahl von Linien gibt es allerdings nur Ermäßigungen auf den normalen Fahrpreis). Dazu kommen Straßenbahnen und Busse in 37 Schweizer Städten, darunter Bellinzona, Locarno und Lugano. Außerdem gibt's Rabatte für die meisten Bergbahnen.

Der **Swiss Flexi Pass** bietet an 3, 4, 5, 6 oder 8 frei wählbaren Tagen innerhalb einer einmonatigen Geltungsdauer dasselbe wie der Swiss Pass und kostet zwischen 150 € (2. Klasse, 3 Tage) und 410 € (1. Klasse, 8 Tage); Kinder zahlen auch hier den halben Preis.

Gratis dazu gibt's zu beiden Pässen die **STS-Familienkarte**, die eigenen Kindern bis 16 Jahren freie Fahrt gewährt.

Swiss Pass	2. Klasse	1. Klasse
4 Tage	156 €	234 €r
8 Tage	221 €	332 €
15 Tage	267 €	400 €
22 Tage	309 €	465 €
1 Monat	341 €	513 €

Die Preise gelten für 2004; bei mehr als zwei Personen gibt es einen Nachlass, Jugendliche bis 26 Jahren erhalten 25% Ermäßigung, Kinder zahlen den halben Preis.

• *Kauf und Information* Sie bekommen solche Zusatzkarten auf jedem Schweizer Bahnhof; zusätzliche Informationen unter ✆ 040/671040 (Bahn-Verkehrsinformation) oder bei Rail-Service, ✆ 0900 300 300. SBB-Vertretung in Deutschland: Arnulf-Klett-Platz 2, 70173 Stuttgart, ✆ 0711/2308010, 📠 0711/23080190; schweizerbahnen@t-online.de; www.sbb.ch.

Mit der Bergbahn

Unersetzliches Verkehrsmittel für Touristen sind Bergbahnen, denn ohne Gondel-, Zahnrad-, Standseilbahn oder Sessellift käme man kaum in den Genuss der schönen Panoramagipfel. Alles über Fahrpläne, Preise und Besonderheiten erfahren Sie im Informationsteil des jeweiligen Ortskapitels.

Mit dem Bus

Jeder ganzjährig bewohnte Tessiner Ort ist mit öffentlichen Verkehrsmitteln zu erreichen. Wo die Schweizer Bundesbahn (SBB) oder die zahlreichen Bergbahnen nicht hinfahren, ergänzt der gelbe Postbus das Verkehrsangebot. Bellinzona, Chiasso, Lugano, Locarno, Ascona und Mendrisio verfügen zudem über eigene Busnetze, die auch umliegende Orte und Täler bedienen (vgl. dazu „Verbindung“ in den jeweiligen Ortsbeschreibungen).

Über den Postautodienst *(autopostali)* der Schweizer Bundespost PTT lässt sich nur Gutes sagen – allzeit pünktlich, mit Anschlüssen selbst in das entlegenste Dorf und zu annehmbaren Preisen. Fahrkarten sind im Bus sowie in allen Postämtern zu bekommen, an denen der Postbus in aller Regel auch hält; eine zweite Haltestelle befindet sich häufig am Ortsbahnhof. In den Postämtern gibt es zudem aktuelle Fahrpläne und weitere Informationen über alle Linien, manche Ermäßigung und sommerliche Ausflugsfahrten.

Mit dem Schiff

Auf dem Lago Maggiore, dem Comer See und dem Luganer See verkehren Linienschiffe zwischen den einzelnen Uferorten, und manche Sehenswürdigkeiten im Tessin erreicht man sogar ausschließlich über das Wasser (etwa Cantine di Gandria am Luganer See mit dem sehenswerten Zoll-Museum oder natürlich die zauberhaften Brissago-Inseln im Lago Maggiore). Über Adressen, Preise und Abfahrtszeiten informiert Sie die Rubrik „Verbindungen“ in den jeweiligen Ortsbeschreibungen. Mit italienischen Linien sind überdies auch Fahrten auf dem italienischen Teil des Lago Maggiore möglich. In den Sommermonaten wird das Angebot durch Ausflugsdampfer (auch Nachtfahrten) ergänzt.

Ferienpass

Wenn Sie vorwiegend im Gebiet der Tessiner Seen urlauben, sollten Sie sich den Ferienpass besorgen. Er gewährt z. B. kostenlose Bergbahnfahrten auf die Luganer Hausberge San Salvatore und Monte Bré oder 50 Prozent Ermäßigung bei Fahrten auf den Monte Tamaro oder zur Madonna del Sasso. Ebenfalls ermäßigt ist die Centovalli-Bahn und der Schiffsverkehr auf dem Lago Maggiore. Der Pass (erhältlich bei den Fremdenverkehrsbüros Lugano, Locarno und Ascona) kostet 66 Fr (33 für Kinder bis 16 J.) bei siebentägiger Gültigkeit und 46 Fr (Kinder 23 Fr) bei dreitägiger Gültigkeit.

Übernachten

Tessiner Kennzahlen: 28.000 Betten in 810 Hotels und Pensionen plus 10.000 Unterkünfte in Ferienhäusern, dazu 41 Campingplätze und mittlerweile fünf Jugendherbergen.

Das Übernachtungsangebot ist jedoch ungleich gewichtet. Mehr als die Hälfte aller Urlauber-Betten ist um den Luganer See konzentriert; im Mendrisiotto und in den nördlichen Bergtälern hingegen kann es zeitraubend werden, eine Unterkunft zu finden. Da helfen häufig nur *camere libre*, Privatunterkünfte. Und die entsprechen nicht immer dem im Tessin gewohnten Standard.

Der wird zwar auch im international gebräuchlichen Sterne-System angegeben, aber das will – vor allem beim Preis – nicht viel sagen: Das Drei-Sterne-Hotel mit Seeblick kann teurer sein als das Vier-Sterne-Haus um die Ecke; Stadthotels sind durchweg preiswerter als Herbergen auf dem Land, und es passiert nicht selten, dass Hoteliers in Hochzeiten auch Phantasiepreise verlangen – da kann es hilfreich sein, sich auf offizielle Preislisten zu berufen. Die in diesem Buch angegebenen Preise beziehen sich auf die vom Schweizer Hotelverband für 2004 herausgegebenen Listen.

Urlauberglück im Rustico ...

Camping: Längst nicht alle der 41 offiziellen – und deshalb kontrollierten – Zeltplätze im Tessin sind ganzjährig geöffnet, aber zwischen Mai und Oktober werden Sie nirgends vor geschlossenen Schranken stehen. Sie finden Adresse, Beschreibung und Klassifizierung der schönsten Plätze in den Informationsteilen zu den einzelnen Ortschaften unter einer eigenen Rubrik im Block „Übernachten". Die Tessiner Campingplatz-Besitzer haben jüngst ihre Preisstaffel geändert – statt differenzierter Preise für Zelt oder Wohnwagen wird nur noch ein Pauschalpreis pro Person genannt. Wildcampen ist im gesamten Tessin streng verboten.

... oder im Fünf-Sterne-Hotel am Luganer See

Jugendherbergen gibt es mittlerweile fünf im Tessin, zwei bei Lugano, zwei im Maggiatal und eine im Stadtgebiet von Locarno; alle zählen zu den besten Häusern Europas. Alle Jugendherbergen bieten neben Mehrbettunterkünften auch relativ günstige Doppelzimmer an, manche auch Appartements.

Casa della Gioventù, Via Cantonale 13, 6942 Lugano-Savosa, ✆ 091/9662728.
Ostello della Gioventù Figino, 6918 Lugano-Figino, ✆ 091/9951151.
Ostello Baracca Backpacker, 6677 Aurigeno, ✆ 091/2071554.
Giovannibosco, 6685 Bosco Gurin, ✆ 091/7590202.
Ostello Palagiovani, 6601 Locarno, ✆ 091/7561500.

Berghütten: Der Schweizer Alpen-Club SAC (im Tessin CAS) und verschiedene örtliche Vereine unterhalten in den Bergen entlang der Wanderrouten unterschiedlich ausgerüstete Hütten (*rifugio* oder *capane*): einige mit Bewirtung, andere nicht einmal mit Kochgelegenheit, einige, die in den Sommermonaten stets geöffnet sind, und andere, für die man den Schlüssel im Tal besorgen muss. Weitere Informationen bieten die folgenden Adressen:

UTOE Bellinzona, Via San Gottardo 106, CH-6517 Arbedo, ✆ 091/8299573; **SAC**, Helvetiaplatz 4, CH-3005 Bern, ✆ 031/3501616, 031/3526063.

Ferienhäuser und -wohnungen: Viele dieser geschätzt 10.000 Unterkünfte werden zumindest zeitweise von den Besitzern selber genutzt. Das garantiert eine komfortable Grundausstattung mit Küche, Strom, Wasser, Bad und Waschmaschine. Besonders zünftig sind die Rustici-Häuser im Norden, renovierte oder im alten Stil nachgebaute Natursteinhäuser. Die in diesem Buch angegebenen Unterkünfte stammen von örtlichen privaten Vermietern.

Hotels: Sie können 800 oder 80 Fr für das Doppelzimmer zahlen, im Klosterbau oder im Betonkasten wohnen, mit Seeblick oder im Hinterhof: Das Tessin als klassisches Urlaubsland weist unter seinen rund 800 Hotels jede Güte- und Preisklasse auf; die meisten Herbergen aber sind mittlere Betriebe mit überdurchschnittlichem Standard. Zur normalen Zimmerausstattung zählen Dusche und Fernseher. Viele Hotels und Pensionen offerieren ausschließlich Halb- und Vollpension (HP, VP), fast alle aber bieten diesen Service zusätzlich an.

Essen und Trinken

Die traditionelle Tessiner Küche, die „cucina nostrana", ist eine typische Arme-Leute-Küche. Tessiner Bauernfamilien ernährten sich von Milchprodukten, Hirse, Buchweizen und Gerste, im Herbst kamen Pilze und Esskastanien hinzu. Fleisch oder Fisch gab es nur zu besonderen Feierlichkeiten. Manches davon hat bis heute überlebt, freilich in verfeinerter Form und gepaart mit der Pfiffigkeit der italienischen und der Feinheit der soliden Schweizer Küche.

Wie aus einer alten Not eine moderne Gaumentugend gemacht wird, erweist sich am Tessiner Fischgericht **pesce in carpione**: Um Fisch zu konservieren, marinierte man den gebratenen Fisch, meist *coregone* (Felchen) oder *trota* (Forelle), in einer Kräuteressigmischung und servierte ihn einen Tag später kalt – noch immer eine delikate Vorspeise. Ansonsten gibt es aufgeschnittene Wurstwaren als Vorspeise: Salami, Mortadella (nicht die Bologna-Riesenwurst, sondern eine mit Leber vermischte Schweinswurst), **luganighe** (Schweinswürste) und **zampone** (Trockenfleisch).

Urgemütlich im Grotto

Ursprünglich waren es Felsenkeller, Höhlen und Grotten, in denen ein findiger Bauer seine „Besenwirtschaft" am Wochenende öffnete – ein paar einfache Stühle um den klobigen Tisch. Mit dem Siegeszug des Tourismus sind die Grotti zu stimmungsvollen Freiluft-Gaststätten geworden, meist von April bis Oktober in Betrieb, meist außerhalb der Ortskerne am Waldrand oder Felshang und manchmal auch *cantina* genannt. Nur Feinschmeckerlokale sind sie nicht, in traditionellen Grotti wird nicht einmal gekocht – statt dessen kommen kalte Platten und herbe Weine auf den Tisch. Und der Wein wird aus Steinguttassen geschlürft, womöglich mit Limonade versüßt, die auch Kindern schmeckt. Kehrseite der Medaille: Längst nicht alles, was Grotto heißt, ist Grotto. Kneipenwirte wollen am Trend verdienen und nennen ihre Resopal-Osteria kurzerhand Grotto. Wir haben uns bemüht, bei unseren gastronomischen Empfehlungen solche Trend-Gewinnler zu übersehen: Haben Sie Nachsicht, wenn die Trennungslinie nicht immer schnurgerade verläuft.

Überbleibsel bäuerlicher Küche sind auch Gemüsesuppen und Eintöpfe. **Minestrone** ist nichts anderes als eine sommerliche Resteverwertung – Saisongemüse, Kartoffeln und Teigwaren sowie als Würze geriebener Tessiner Käse gehören dazu. Im Winter kommen Kutteln in die Suppe, die dann **busecca** heißt. Ein eher deftiger Eintopf aus Wurstresten, Wirsing und Kartoffeln (Tessiner essen sehr viel lieber Kartoffeln als Teigwaren) ist **cazzöla**. Der auch in unseren Breiten beliebte **Risotto** ist ein Reiseintopf, der mal mit Safran und Pilzen (risotto con porcini), mal mit

Tessiner Glück im Grotto – kühlender Schatten und köstlicher Merlot

geschmorten Kalbshaxen (ossobucchi) und überhaupt in unzähligen Varianten serviert wird.

Neben Fisch sind die häufigsten Hauptgerichte italienisch angehauchte Fleischgerichte, wie **costine**, gegrillte Schweinskoteletts, **capretto**, im Backofen zubereitete Zicklein, das traditionelle Osteressen, und seltener auch **puledro**, leckeres Fohlenfleisch. Ab Herbst bieten die jagdverliebten Tessiner Gems-, Reh- oder Hirschpfeffer an.

Zu alledem wird immer **polenta** gereicht: Die Maisgrütze, noch vor 50 Jahren aus Hirse zubereitet, ist das Nationalgericht im Tessin. In Kübeln wird der Brei im Karneval auf offener Straße gekocht und gratis angeboten, aber auch als „Sättigungsbeilage" zu Fleisch- und Geflügelgerichten findet man ihn im modernen Grotto.

Als Nachspeisen wird zu jeder Jahreszeit Tessiner Bergkäse (**formaggini**) auf den Tisch gebracht, besonders zu empfehlen sind der frische Kräuterkäse **büscion** sowie der weißschimmelige Ziegenkäse **zincarlin**. Aber die typische Nachspeise ist **torta de pane**, ein Brotkuchen aus altbackenem Brot mit Milch, Kakao, Amaretto und Sultaninen.

Zum Abschluss der Mahlzeit gibt's immer einen Kaffee, entweder als **caffè licio**, so schwarz wie ein Espresso, oder als **caffè macchiato** mit geschäumter Milch. Ist das Essen allzu deftig ausgefallen, bestellt man einen **caffè coretto** mit Cognac oder Grappa – zu allem Überfluss wird die leere Kaffeetasse mit einem zweiten Schuss Grappa ausgespült. Ebenso gerne wie der Tresterschnaps Grappa wird aber auch der **ratafià** getrunken.

Die Magie des ratafià

Die Nüsse für den weltweit gerühmten Tessiner Nusslikör – *nocino* oder *ratafià* genannt – müssen in der Nacht vom 24. auf den 25. Juni noch grün gesammelt werden. So will es die Legende. Ansonsten gibt es so viele Rezepte wie Produzenten: Zu den Nüssen kommt *Grappa nostrana*, dazu Vanille, Zimt und Nelken; alles in der Sonne stehen lassen und nach vier Monaten absieben. Oder doch ein, zwei Jahre ruhen lassen und Muskat statt Nelken verwenden? Oder lieber rühren und Zucker hinzufügen? Oder vielleicht doch ...

Negrentino-Kapelle im Bleniotal – Fresken als Exportartikel

Und natürlich gehört zu einem guten Tessiner Essen ein guter Tessiner Wein (der an heißen Sommertagen gerne mit Limonade, **gazzosa**, gemischt wird). Am häufigsten wird der rote **Merlot del Ticino** getrunken, der aus einer roten Bordeaux-Traube gewonnen wird. Aber auch **Merlot rosato**, ein kühl getrunkener Rosé-Wein, und seltener der weiße **Merlot bianco** gehören durchaus zur europäischen Spitzenklasse. Das kann man vom herben Landwein (**nostrano**) nicht unbedingt behaupten. Die aus den lokalen Rebsorten *Bondola* und *Freisa* gewonnenen Weine werden aus der *tazzina*, einer Steinguttasse, oder dem *boccalino*, einem 0,2-Liter-Krug, getrunken.

Kunst und Kultur

Das Tessin war schon immer eine Art Auffangbecken für Künstler aus allen europäischen Ländern, die sich vom milden Klima, von der Lebensart der Einheimischen, ihrem Brauchtum und der jahrtausendealten kulturellen Tradition der Landschaft zwischen Gotthard und Chiasso anregen ließen.

Zum Teil blieben sie bis zu ihrem Tod, und entsprechend sind viele Tessiner Friedhöfe geradezu Denkmäler europäischer Kunstgeschichte. In Morcote am Luganer See beispielsweise sind der Dramatiker Georg Kaiser, der Schauspieler Alexander Moissi und der Pianist und Komponist Eugene d'Albert begraben; in Locarno liegen der Bildhauer Jean Arp und der Schlagersänger Vico Torriani; und in Gentilino fanden u. a. Hermann Hesse und der Dirigent Bruno Walter ihre letzte Ruhestätte.

Die Region, deren kulturelle Tradition heute u. a. mit bekannten Theater- und Filmfestivals fortgeschrieben wird, hat aber auch selbst zahlreiche Künstler hervorgebracht, die über die Landesgrenze hinaus bekannt geworden sind. Insbesondere die Tessiner Baumeister zählen seit 500 Jahren zu den führenden Architekten des Kontinents.

Baumeister und Bildhauer

Die Bindegliedfunktion des Tessins zwischen nordischer Sachlichkeit und südländischer Leichtigkeit zeigt sich gerade auch im Wohnstil: Die Schlichtheit funktionaler Rustico-Steinbauten steht neben dem verspielten Charme der Palazzi und Villen. Dieser so entstandene Architekturstil prägte im 16. Jh. das Stadtbild Roms, das die Luganer Baumeister *Francesco Borromini, Domenico* und *Giovanni Fontana* sowie *Carlo Maderno* mitgestalteten. Aber auch Bauten in Venedig, Salzburg und St. Petersburg stammen von Tessiner Baumeistern. Heute beherrschen *Mario Botta, Aurelio Galfetti* und *Luigi Snozzi* die Architekturszene Europas.

Maler und Stuckateure

Einer der wichtigsten Beiträge Tessiner Künstler zur Kultur Europas ist zweifellos die Freskenmalerei, die vielerorts im Tessin noch zu bewundern ist. Doch schon im 16. Jh. entstanden Tessiner Fresken auch im Ausland, in Moskau beispielsweise, wo *Andrea Solari* den Kreml ausschmückte, oder in Wien, wo die *Castelli-Familie* aus Corona arbeitete. Im Tessin zählen die Fresken von *Nicolao de Seregno* aus dem Jahr 1478 in Giornico zu den wertvollsten Arbeiten, die namentlich zuzuordnen sind. Seregno und *Antonio da Tradate* werden auch die schönsten Fresken der Negrentino-Kapelle im Bleniotal zugeschrieben.

Gerade in der Malerei kommt aber auch ausländischer Einfluss vor allem lombardischer Maler zum Ausdruck: Dem Leonardo-Schüler *Bernardino Luini* z. B. ist die Lettnerwand in der Luganer Kirche Santa Maria degli Angioli zu verdanken und dem Mailänder *Bartolomeo Suardi* das 1520 entstandene Altarbild in der Wallfahrtskirche Santa Maria del Sasso hoch über Locarno.

Aussteiger und Einwanderer

Der bayerische Bäderkönig Eduard Zwick war bis zu seinem Tod im Frühjahr 1998 der prominenteste Steuerflüchtling im Tessin, aber beileibe nicht der einzige. Wie Kaufhauskönig Helmut Horten haben sich die meisten ihre Villen an die Ufer des Lago Maggiore oder in die Hügel um Lugano gesetzt. Daneben gab es aber auch echte politisch Verfolgte wie die Anarchisten Michail Bakunin und Erich Mühsam, die im Tessin Zuflucht suchten. Wieder andere kamen allein der Landschaft und Farben wegen: Heinrich Vogeler z. B. oder Jean Arp. Und manche schließlich lockte das „andere Leben" – zur Jahrhundertwende starteten Henri van Oedenkoven und Ida Hofmann den letztlich gescheiterten, aber häufig kopierten Versuch der „Alternativen von Ascona": lange Haare, freie Liebe, Öko-Bauernhof und Esoterik-Tempel – alles schon mal da gewesen im Tessin.

Romanciers und Lyriker

Von einer eigenständigen Tessiner Literatur lässt sich erst ab 1803 sprechen. Vorher gingen die Tessiner Autoren im Mailänder Literaturbetrieb derart vollständig unter, dass ihre Spuren kaum mehr auffindbar sind. Das änderte sich erst mit *Stefano Franscini,* der stilbildend auf die einheimische Literaturszene wirkte (und nebenbei noch erster Tessiner Bundesrat war). Einen zweiten Meilenstein setzte *Francesco*

Chiesa (1871–1973), der mit „Märzwetter“ einen großen Roman und mit „Der unzufriedene Handwerker“ eine Gedichtsammlung veröffentlichte, die ihm einen geachteten Platz in der italienischsprachigen Literatur sicherte. Heute gilt *Piero Bianconi* (1899–1984) als Doyen der Tessiner Literatur. Wie er haben sich auch *Giovanni Orelli*, geb. 1928, und *Plinio Martini* (1923–1979) als kritische Analytiker der Tessiner Gesellschaft einen Namen gemacht. Martinis 1975 erschienener Roman „Requiem für Tante Domencia“ erlebt gegenwärtig sogar eine wahre Renaissance. Als wichtigster Lyriker des Tessins und darüber hinaus als derzeit bedeutendster zeitgenössischer Lyriker italienischer Sprache wird der Neffe Orellis, *Giorgi Orelli*, angesehen. Die Gedichte des in Bellinzona lebenden Schriftstellers sind bislang leider nicht ins Deutsche übersetzt worden.

Bräuche und Prozessionen

90 Prozent der Tessiner sind katholisch – da wundert es nicht, wenn viele Bräuche römisch-religiösen Riten gleichen. Wie die Oster-Prozessionen in Mendrisio am Gründonnerstag und Karfreitag, deren Ursprünge auf das 16. Jh. zurückgehen. Auch die häufigen Kirchweihfeste und der Rabadan-Karneval in Bellinzona können so überschwänglich nur in katholischen Gegenden gefeiert werden. Die zweite „Fest-Saison“ ist der Herbst, wenn Weinlese und Kastanienernte gefeiert werden (z. B. in Biasca, Locarno, Lugano und Mendrisio). Häufig marschieren – auch das eine Tessiner Spezialität – dann Milizen in historischen Uniformen auf. Fester Bestandteil des Tessiner Brauchtums sind Krippenspiele, die gewöhnlich in Kirchen (besonders eindrucksvoll in Breno) stattfinden. Dazu werden ländliche Märchen vorgetragen, die im Tessin eine besondere Tradition haben. Volksmusik spielt keine wesentliche Rolle – Lieder und Weisen sind hauptsächlich aus Italiens Norden entlehnt.

Flora

Kennen Sie „insubrisch“? Wer sich für die Tessiner Flora interessiert, kommt ohne diesen Beinamen nicht aus. Mit ihm belegen Botaniker die einzigartige Pflanzenwelt zwischen Kastanie und Kaktus, Bergblume und Palme, die es auf so engem Raum nirgends in Europa gibt.

Die beherrschende Vegetationsstufe, die mit den meisten Pflanzen und der größten Ausdehnung, lieh der Tessiner Flora den Namen: „insubrische Flora“, nach einem Keltenstamm, der einst an den Ufern des Lago Maggiore siedelte. Kenner unterscheiden neun Vegetationsstufen – dieses Buch belässt es bei drei Unterscheidungen, um die Vielfalt der 1900 Blütenpflanzen zu ordnen.

Inneralpine Vegetation

Der Zwergstrauchgürtel mit Alpenrosen und Zwergwacholder oberhalb der Waldgrenze wurde von der Weidewirtschaft weitgehend zerstört. Die Waldgrenze selbst ist in den letzten 50 Jahren von 2300 m auf 1900 m zurückgegangen; bis auf 1600 m dominieren Lärchen, nur vereinzelt von den kiefernähnlichen Zirben durchsetzt.

Die größte Walddichte schafft der kontinental geprägte Buchen-Weißtannen-Gürtel zwischen 1000 und 1600 m. Allerdings handelt es sich nicht um einen Mischwald, denn neben der Buche, die nährstoffreiche Böden liebt, kann sich kaum ein

Magnolien – kraftstrotzende Wahrzeichen des Tessiner Frühlings

Nadelbaum behaupten. Christrose, Akelei und Pfingstrose, die den Unterwuchs in Buchenwäldern ausmachen, gehören bereits zu den insubrischen Arten.

Nur an überwiegend trockenen Standorten, wie z. B. im Gebiet der Denti della Vecchia, übernimmt die wärmeliebende Föhre die Waldzusammensetzung; sie wird jedoch häufig abgeholzt und durch schnell wachsende Fichten ersetzt. Bei beiden Nadelbäumen bilden überwiegend Alpenrosen und Woll-Riedgras das dürre Unterholz.

Insubrische Flora

Die Kastanie ist die vorherrschende Pflanze unterhalb der 1000-Meter-Marke. Die mächtigen Bäume, von den Römern um Christi Geburt eingeführt, sind so etwas wie ein Markenzeichen des Tessins und werden spätestens seit dem Mittelalter intensiv genutzt. Ihre mehligen Früchte dienen den Menschen als Nahrung, die Schößlinge als Winterfutter für Ziegen und das Holz als Bau- und Brennstoff. Auch die Zistrose, deren Blätter an Salbei erinnern und die mit Ginsterpflanzen den Unterwuchs im Kastanienwald bilden, gelten als Mittelmeerpflanzen.

Die Edelkastanie duldet neben sich nur selten andere Pflanzen; sehr vereinzelt mischen sich Birken und Eschen in den Wald. Außerdem räubert die Kastanie in anderen Vegetationen. So ist der atlantische Eichen-Gürtel fast vollständig von der Kastanie verdrängt worden. Nur an den Hängen des Monte Tamaro kann man noch geschlossene Eichenbestände beobachten, wenngleich sich auch hier Birken eingeschlichen haben.

Auch der von Edellaubhölzern (vornehmlich Linde, Ulme, Nussbaum und Stechpalme) gebildete Laubmischwald-Gürtel zählt noch zur insubrischen Flora. Die kalkhaltigen Hänge des Sottoceneri verschaffen ihm im Sommer die nötige Wärme und Feuchtigkeit und verschonen ihn im Winter weitgehend vom Frost.

Strahler im stein-reichen Tessin

Im Tessin finden sich weltweit einmalige mineralische Raritäten, durch die passionierte Mineraliensammler aus ganz Europa Sommer für Sommer angelockt werden. Das Hobby hat Tradition: Als „Strahler" verdienten sich Bergbuben schon im 17. Jh. ihren Lebensunterhalt damit und verkauften wertvolle Steine an den Mailänder Hof. Unter den 150 bekannten Mineralienarten im „stein-reichen" Tessin zählen der radioaktive Brannerit, Aquamarin sowie Turmalin zu den Kostbarkeiten. Aber auch Dolomit-, Rutli- und Granat-Kristalle, Tremolit und Phlogopit werden vornehmlich in den alpinen Regionen der Täler von Maggia und Levantina und auch am Monte Castello gefunden. Wem das Schürfen zu mühsam ist, kann im Luganer naturgeschichtlichen Museum (Museo cantonale di storia naturale) einen ungemein lehrreichen Überblick über Mineralienvorkommen und -funde im Tessin gewinnen.

Folgen der Kultivierung

Überall wo Sonne und Wärme nicht ausreichen, löst die Hopfenbuche die Edellaubhölzer ab. Doch die lichtliebenden, weit verstreut wachsenden Bäume werden seit alters her zur Holzgewinnung genutzt und kommen daher nur noch selten vor.

Die Mittelmeerpflanzen dieser Vegetationsstufe gedeihen auf Kalk- und Dolomituntergrund, die am Luganer See oder im unteren Val Osernone zu finden sind: neben der Hopfenbuche vor allem Ulmen und Eschen sowie – besonders an trockenen, sonnigen Stellen – Feuerlilie und Lorbeerseidelbast.

200 Jahre alt, 2000 m hoch – Wasserleitung auf dem Monte Mognola

Allerdings erweist sich an den Ufern der großen Seen der Eingriff des Menschen in die Vegetation noch nachhaltiger als in den Tälern, wo landwirtschaftliche Interessen seit Hunderten von Jahren die Pflanzenwelt verändert haben; nur so kamen Weinreben und Obstbäume, Getreide und Tabakpflanzen ins Land. Aber immerhin: Zwei Drittel der ursprünglichen Waldfläche fiel dieser Kultivierung zum Opfer.

Die milden Uferlagen wurden, verstärkt im letzten Jahrhundert, eher zur Verschönerung mit subtropischen, ja tropischen Pflanzen verziert: Agaven, Araukarien, Azaleen, Bananen und Rhododendren, Hibiskus und Hortensien, Palmen und Kakteen, Zypressen und Zedern haben die Gärten und Parks vielerorts schon überwunden und genießen – häufig an den Hängen des Lago Maggiore und in der Locarno-Bucht zu beobachten – das schon mittelmeerische Klima.

Bis auf den heutigen Tag vergreift sich der Mensch an der Tessiner Vegetation. Das Leventinatal hat durch den Bau der Gotthard-Bahn und der brückenreichen Autobahn viel von seiner Natürlichkeit verloren. Und selbst dort, wo Tunnelbauten die Landschaft nicht zerstören, wie bei der Untertunnelung von Locarno, dienen solche Investitionen dem Verkehrsfluss und weniger der Landschaftsschonung.

Fauna

Ja, es gibt Schlangen im Tessin, giftige sogar, und Skorpione auch. Sonst aber ist die artenreiche Fauna in ihrer Mehrzahl ungefährlich.

Vor allem finden Sie einige Tierarten, die im übrigen Europa als ausgestorben gelten, z. B. einige Fledermaus- und Vogelarten. Ansonsten gilt leider auch im Tessin: Zahlreiche Tierarten sind vom Aussterben bedroht, und etliche, die einst zum Schmuck der Fauna gehörten, mussten wieder angesiedelt werden.

Dazu zählt der König der Alpentiere, der Steinbock. Vor 55 Jahren wurde er, seit dem 17. Jh. im Tessin ausgestorben, wieder eingeführt und hat es mittlerweile zu einer stolzen Population gebracht. Sie brauchen nicht einmal besonderes Glück, um einen dieser gewandten Kletterer im Verzasca- und Bavonatal zu entdecken. Auch Rehe wurden in den 1930er Jahren ausgesetzt, sind aber bis heute nicht besonders häufig. Anders Rothirsch und Wildschwein, die vor rund 60 Jahren aus dem Osten zugewandert sind und es auf einen Bestand von gegenwärtig etwa 2000 Stück gebracht haben.

Lago Maggiore – österliche Farbenpracht

Verschwunden sind die einst dominierenden Raubtiere wie Braunbär und Otter; lediglich die zwischenzeitlich ebenfalls ausgerotteten Wölfe und Luchse kommen von Osten und Süden vereinzelt wieder. Stark verbreitet sind dagegen Murmeltiere.

Fledermäuse sind im Tessin mit über 20 Arten vertreten, darunter die Bulldoggfledermaus, die weltweit nur noch in Nordafrika vorkommt. Achten Sie abends an Flussläufen oder Seen auf die Nachtjäger, die knapp über der Wasseroberfläche auf Jagd gehen. Für Fledermäuse ist das Tessin ein idealer Lebensraum: Die reiche Insektenwelt bietet ausreichend Nahrung, die Wälder ausreichend Unterschlupf.

Bosco Gurin – importiertes Grün

Absonderliche Vögel

Die artenreichste Wirbeltiergruppe ist die der Vögel. 40 Prozent aller europäischen Vogelarten kommen im Tessin vor, mehr als die Hälfte von ihnen brütet auch hier. An den Seeufern wimmelt es nur so von Stockenten, Schwarzkehlchen, Reihern, Höckerschwänen und Haubentauchern. Schon seltener sind Blässrallen, Zwerg-Rohrdommeln und Flussregenpfeifer, und insgesamt deutlich unterrepräsentiert sind Raubvögel: Die zwei letzten Wanderfalkenpaare überleben nur liebevoll gehegt.

Im städtischen Binnenland gibt es – von Stadttauben und Sperlingen einmal abgesehen – einige Absonderlichkeiten der Vogelwelt zu bestaunen. Der Halsbandschnäpper, in Süditalien weit verbreitet, kommt so weit im Norden nur noch im Kastanienwald des Malcantone vor. Und der vom Mauersegler fast nicht zu unterscheidende Fahlsegler hat sich Antonio Abate, eine Altstadtkirche in Locarno, als Stammsitz im Tessin gewählt. Nirgends sonst in Mitteleuropa ist der mediterrane Flugakrobat sonst noch heimisch.

Giftige Vipern

Eidechsen und Schlangen machen das Heer der Reptilien aus. Während Smaragd-, Ruinen- und Mauereidechsen possierlich und gänzlich ungefährlich sind, gibt es unter den acht bekannten Schlangenarten drei giftige: die Kreuzotter, die in felsigen Gegenden vorkommt, und zwei dunkelblau bis schwarz gefärbte Aspisvipernarten, die im unteren Verzascatal leben. Gegen Schlangengifte helfen Seren, die in jeder Landapotheke erhältlich sind; Sie sollten sich vor längeren Gebirgswanderungen vom Arzt oder Apotheker beraten lassen.

Vor den übrigen Schlangen, die vornehmlich an Auen und Seeufern vorkommen, brauchen Sie keine Angst zu haben, auch nicht vor der Äskulapnatter, die mit 1,80 m Länge furchterregend wirken mag. Das Gleiche gilt für die beiden Skorpionarten, die man im Tessin kennt. Sie sind zwar giftig, aber ein Biss ähnelt höchstens einem heftig schmerzenden Wespenstich.

Frösche und Kröten haben es auch im Tessin schwer, Autos walzen alljährlich Tausende der nützlichen Insektenfresser platt. Seit Anfang der 1990er Jahre gibt es immerhin an der Uferstraße des Luganer Sees zwei Krötenunterführungen und regelmäßige Rettungsaktionen von Naturschützern. Dennoch schaffen viele Kröte die alljährliche Wanderung zu ihren Laichplätzen nicht mehr. Kaum besser ist es wohl dem Alpensalamander ergangen, der seit Jahrzehnten nicht mehr gesichtet worden ist. Der Feuersalamander hingegen ist in Laubwäldern weiter aktiv.

Eingeführte Fische

Schon im vorigen Jahrhundert waren die Tessiner Seen leergefischt. Man behalf sich frühzeitig mit der Aufzucht importierter Fische. So machen heute Felchen aus dem Bodensee und Barsche aus Amerika den Großteil des Fischbestandes aus. Von den natürlich vorkommenden Arten haben im Luganer See nur Restbestände der Finte (eine Heringsverwandte) und der Laube (eine Karpfenart) überlebt. In Bergbächen finden sich Forellen (ebenfalls ausgesetzt) und vereinzelt Ellritzen, kleine Karpfenfische, und Koppen.

Geschichte – kleine Chronik

900–400 v. Chr.	Erste Siedler sind Ligurer, am Lago Maggiore bauen sie Getreide an.
um 400 v. Chr.	Kelten überqueren die Alpen, gründen Mediolanum, das spätere Mailand, und vermischen sich mit den Urtessinern.
196 v. Chr.–450 n. Chr.	Römer kolonisieren das Land und bauen erste Befestigungsanlagen.
um 520	Ostgoten und später Langobarden übernehmen die Reste des Römerreichs auch im Tessin.
774	Karl der Große erobert das Langobardenreich und regiert im Tessin.
ab 900	Bischöfe aus Como und Mailand dehnen ihren Machtbereich über Locarno bis nach Bellinzona und ins Maggiatal aus.
um 1100	Schweizer bauen den ersten Übergang über den Gotthard-Pass und verstärken ihren Einfluss im Tessin.
1182	Bauern aus dem Bleniotal und der Leventina rebellieren gegen die Vögte und geben im „Schwur von Torre" das Startsignal zum Kampf gegen den Kaiser.
1242	Die Mailänder Herzöge Visconti und Sforza erobern Bellinzona und bauen es zur Grenzfestung aus.
1403–1500	Uri besetzt die Leventina.
1503	Für die militärische Unterstützung der Franzosen im Feldzug gegen Mailand bekommen die Eidgenossen endgültig Bellinzona zugesprochen.
1516	Frankreich überlässt den Eidgenossen auch Lugano und Locarno.
1521	Mendrisiotto ist die letzte Tessiner Region, die unter Schweizer Herrschaft gerät; Vögte verschiedener Kantone verwalten das Land.
1755	Das aufstrebende Bürgertum revoltiert gegen das Ancien Régime der Schweiz. Die „Rivolta levantinese" scheitert aber, und die Anführer werden auf dem Marktplatz von Faido hingerichtet.
1798	Nach der Lombardei-Eroberung schafft Napoleon zwei Schweizer Republiken. Die Tessiner entscheiden sich für die Helvetische Republik; erstmals gibt es ein Staatsgebilde „Tessin".
1803	Napoleons Mediationsakte wandelt die Schweiz wieder in einen föderativen Staatenbund um; das Tessin wird einer von 19 Kantonen.
1817–1830	Der Postweg über den St. Gotthard wird zur Straße ausgebaut.

1830	Eine gewählte Volksvertretung verabschiedet die erste freiheitliche Verfassung der Schweiz – Volkssouveränität, Gewaltenteilung, Pressefreiheit, demokratische Rechtsprechung werden garantiert.
1830–1892	Liberale und Konservative, Antiklerikale und Klerikale bekämpfen sich 60 Jahre lang. Es geht um die Durchsetzung der 1848 reformierten Verfassung, um Enteignung der Kirchengüter und um Bildungsreformen. Erst mit Einführung des Verhältniswahlrechts enden 1892 die teils blutigen Auseinandersetzungen.
1843–1847	Von Melide bis Bissone entsteht ein Damm durch den Luganer See.
1848	Während des „Risorgimento" (= Wiedererstehen) nehmen viele Tessiner am Mailänder Aufstand gegen die österreichische Besatzung teil. Zahlreiche italienische Freiheitskämpfer finden ihrerseits Asyl im Tessin.
1849	Der Goldrausch lockt Tausende Tessiner nach Amerika; ihre Nachfahren gelten bis heute als „kalifornische Tessiner".
1878	Bellinzona wird vom Parlament zur Hauptstadt des Tessins erklärt.
1882	Die Eröffnung der St.-Gotthard-Bahn beschert dem Kanton einen bescheidenen Wirtschaftsaufschwung.
1888	Lugano wird Bischofssitz, das Tessin erhält ein eigenes Bistum.
1900	Der belgische Industrielle van Oedenkoven und die Münchener Pianistin Ida Hofmann gründen auf dem Monte Verità über Ascona eine Naturistenkolonie.
1925	Die Außenminister von Frankreich, Großbritannien und Deutschland (Briand, Chamberlain und Stresemann) schließen den Locarnopakt, in dem u. a. der wechselseitige Verzicht auf eine gewaltsame Revision der deutschen Westgrenze zu Belgien und Frankreich vertraglich festgeschrieben wird. Briand und Stresemann erhalten dafür 1926 den Friedensnobelpreis.
1967	Die Tessiner Frauen erhalten, vier Jahre vor den übrigen Schweizerinnen, das allgemeine Wahlrecht.
1980	Der Gotthard-Straßentunnel wird nach achtjähriger Bauzeit dem Verkehr übergeben; seit 1987 ist auch die Autobahn N 2 von Basel bis Chiasso durchgehend befahrbar.
1993	Der Lago Maggiore tritt über seine Ufer und überschwemmt weite Teile des Sopraceneri, besonders betroffen Biasca und Locarno.
1996	In Lugano wird die erste Tessiner Universität eröffnet.
1998	Mit Matina Masoni führt erstmals eine Frau die Regierung.
2001	Ein LKW-Zusammenstoß im Gotthard-Tunnel fordert 11 Tote, beschädigt den Tunnel und führt zur monatelangen Sperrung der Passage.
2002	Baubeginn einer zusätzlichen Tunnelröhre für die Eisenbahn durch den St. Gotthard.
2004	In einer Volksabstimmung lehnt eine deutliche Mehrheit des Schweizer Wahlvolkes die Erweiterung des Autotunnels im St. Gotthard ab.

Wissenswertes von A bis Z

Ärztliche Versorgung

Wenn Sie sich vor Reiseantritt bei Ihrer Krankenkasse eine **EHIC-Karte** beschaffen, haben Sie Anspruch auf ärztliche Versorgung (selbst im Krankenhaus), deren Kosten zu Hause erstattet werden. Sie brauchen die Karte nur dem Arzt vorzulegen. Zahlen müssen Sie dennoch – gegen Vorlage der Rechnung aber bekommen Sie die Auslage von Ihrer Krankenkasse zu Hause ersetzt (das gilt nicht für Zahnarztkosten). Eine private **Auslandskrankenversicherung** (oder eine UKV-Versicherung zu 9 € bei Ihrer Krankenkasse) ist sinnvoll, wenn Sie gegen die hohen Kosten eines unfall- oder krankheitsbedingten Rücktransports abgesichert sein wollen.

Baden

In und an den **Seen** lassen sich bestens sommerliche Badefreuden genießen: Von Juni bis Oktober liegt die Wassertemperatur im Lago Maggiore und im Lago di Lugano bei 20 bis 23 °C. Allerdings sind viele Ufer in Privatbesitz, so dass sich das Badevergnügen auf öffentliche Strandbäder und Badeanstalten beschränkt (nähere Hinweise u. a. in den Informationsteilen zu Ascona, Locarno und Lugano). Nur: Wappnen Sie sich gegen Stechmücken, die sich in der Dämmerung und vor Sommergewittern am Wasser tummeln – für 4,50 Fr bekommen Sie bei Migros das hilfreiche „Anti-insect", das nach meiner Erfahrung weltweit beste Antimückenmittel. **Bergseen** sind in aller Regel zu kalt zum Baden, aber die **Flüsse** im Hinterland von Locarno, Maggia und Verzasca, bieten an ihren felsigen Ufern viele abenteuerliche Badeplätze. Doch Vorsicht: Unterschätzen Sie die Kraft des wilden Wassers nicht – schon häufig ist es zu tödlichen Badeunfällen gekommen.

Banken/Geld

Man zahlt mit dem Schweizer Franken (franco svizzero; gebräuchliche Abk.: Fr) zu 100 Rappen (centesimi). Es gibt Banknoten zu 10, 20, 50, 100, 200, 500 und 1000

Landflucht – verlassenes Dorf im oberen Valle Maggia

Schweizer Franken, Münzen zu 1, 2, 5 Schweizer Franken sowie zu 10, 20 und 50 Rappen. Geldwechsel ist kein Problem – neben Banken stehen auch Wechselstuben in Bahnhöfen und im Flughafen bereit.

Außer Bankautomaten (ec-Höchstbetrag 300 Schweizer Franken) gibt es Geldwechsel-Automaten, z. B. in den Filialen der *Credito Svizzero*. Auch Kreditkarten – vornehmlich Visa und Eurocard – werden fast überall akzeptiert. Geld vom eigenen **Postbank-Sparbuch** kann in allen Postämtern nur mit der *Postcard* abgehoben werden; höchstens jedoch Franken im Gegenwert von 500 € täglich und 1000 € pro Monat.

1 Fr = 0,65 €	1 € = 1,52 Fr	Stand: Winter 2004

Bevölkerung

Unter den knapp 330.000 Tessinern (gerade einmal 4,5 Prozent der Schweizer Gesamtbevölkerung) sind 25.000 Ausländer, in der Mehrzahl Italiener. 13 Prozent stammen aus anderen Kantonen der Schweiz. Was die Bevölkerungsverteilung angeht, hat sich zwar bedingt durch die Landflucht aus den wirtschaftlich schlecht gestellten Talregionen in den letzten 50 Jahren eine leichte Verschiebung zugunsten der städtischen Ballungsräume ergeben; insgesamt aber haben die Städte weniger profitiert, als man meinen könnte. Denn traditionellerweise zieht es die Tessiner außer Landes: 30.000 sollen nach Italien gegangen sein, und selbst in den USA kennt man die „kalifornischen Tessiner“, die im fernen amerikanischen Westen Tessiner Brauchtum hochhalten. 45.000 schließlich sind in andere Kantone der Schweiz abgewandert.

Zahlen, Daten, Fakten

Größe: 2812 qkm (nur viermal größer als der Stadtstaat Hamburg). **Einwohner**: 330.000 mit einer Bevölkerungsdichte von 111 Einwohnern pro Quadratkilometer (zum Vergleich: Schweiz gesamt 166 Einw./qkm). **Städte**: Lugano (28.500 Einw.), Bellinzona (18.889), Locarno (14.320), Chiasso (7.992), Mendrisio (6.853), Ascona (5.312), Biasca (5.900), Airolo (2.115). **Gemeinden**: 245 (davon 44 mit unter 100 Einwohnern).

Verwaltung/Politik: Hauptstadt und Verwaltungssitz ist Bellinzona, Gerichtshof und einzige Universität (seit 1996) in Lugano; Parlament (Gran Consiglio) mit 90 Abgeordneten aus zehn Parteien; Regierung (Consiglio di Stato) aus fünf Räten (2004: drei Bürgerliche, zwei Sozialdemokraten); der Kanton entsendet in den Schweizer Ständerat in Bern zwei und in den Nationalrat acht Mitglieder.

Diplomatische Vertretungen

Deutsches Konsulat: Lugano, Via Soave 9, ✆ 091/9227882. Mo–Fr 9–11.30 Uhr.

Deutsche Botschaft: Bern, Willadingsweg 83, ✆ 031/3594111, ✆ 031/3594444.

Österreichisches Konsulat: Lugano, Via Pretorio 7, ✆ 091/9235681, ✆ 091/9227177. Mo–Fr 10–12 Uhr.

Österreichische Botschaft: Bern, Kirchenfeldstr. 28, ✆ 031/3565252, ✆ 031/3515664.

Einkaufen

Sie fahren in ein teures Land – mit Norwegen ringt die Schweiz alljährlich um den ersten Platz auf der europäischen Hitliste der Verbraucherpreise; Genf und Zürich zählen zu den fünf teuersten Städten der Welt. Dennoch gibt es Waren, die im Tessin preiswerter zu kaufen sind als in Deutschland (und manchmal auch in besserer Qualität). Dazu gehören Kaffee, Nudeln, Molkereiprodukte, Gewürze, Treibstoff und Tabakwaren. Auch Textilien lassen sich teilweise günstiger erstehen, vor allem im Fabrikverkauf, der bei den preisbewussten Schweizern derzeit große Mode ist (vgl. im Reiseteil die Informationen zu den Fabrikverkäufen in Mendrisio/Mendrisiotto bzw. Arzo/Mendrisiotto). Damit Sie, gerade als Selbstversorger, den Kostenaufwand für Nahrungsmittel besser abschätzen können, einige Preisbeispiele im Herbst 2004 (aus der Region um den Luganer See):

1 l *Milch* 1,80 Fr; 200 gr *Butter* 3,70 Fr; 250 gr *Margarine* 1,70 Fr; 500 gr *Naturjoghurt* 1,60 Fr; 1 *Vollkornbrot* 6 Fr; 500 gr *Kaffee* 3,50–6 Fr (Kaffee wird stets ungemahlen verkauft, Mühlen stehen am Ausgang bereit); 250 gr *Spaghetti* 1,80 Fr; *Fertiggericht Tortellini* 6,90 Fr; *Fertiggericht Lasagne* 5,80 Fr; *Fertiggericht Ravioli* 4,90 Fr; 400 gr *Eiscreme* 5,50 Fr; 1 l *Apfelsaft* 1,55 Fr; 1 l *Sprudel* 2,50 Fr; 1 l *Cola* 3,10 Fr.

Tante Emma im Bleniotal – verschroben, freundlich, versiert

Kaufen bei Migros

Nicht nur Schweizer kaufen bei Migros – aus dem deutschen Grenzgebiet pilgern Tausende seit Jahrzehnten in einen der fast 500 Supermärkte in der Schweiz. Tatsächlich ist die 1925 von Gottlieb Duttweiler gegründete Migros-Genossenschaft eine Besonderheit in Europas Einzelhandel: Weder Tabakwaren noch Alkoholika (die kauft man bei der Billig-Konkurrenz *Denner*) noch genmanipulierte Lebensmittel finden sich in Migros-Regalen. Beschränkungen dieser Art sind sicher noch Ausdruck der ungewöhnlichen Firmenphilosophie, die auf den 1962 verstorbenen Gründer des Unternehmens zurückgeht. Duttweiler versuchte nämlich stets, unternehmerische Notwendigkeiten mit sozialem Engagement zu verbinden. Ein Prozent des Gesamtumsatzes wurde für Soziales, Sport und Stipendien ausgegeben. Duttweiler gründete Schulen und eine Partei, für die er in den Nationalrat einzog, und er zeigte sein Engagement auch im Tessin: Er übernahm die Zahnradbahn auf den Monte Generoso und rettete sie so vor dem Bankrott. Und immer noch kann man Migros-Sparmarken kleben, auch ohne zu den 900.000 Genossenschaftlern zu gehören. Bei Migros kann man Reis kaufen oder Reisen buchen, dem Migros-Buchclub beitreten oder einen Migros-Kredit aufnehmen. In jedem Fall stimmt das Preis-Leistungs-Verhältnis, auch für Touristen beim Kleineinkauf oder im empfehlenswerten SB-Buffet, das es in jedem Migros-Laden gibt.

Feiertage und Festivals

An gesetzlichen Feiertagen bleiben Geschäfte, Banken und Ämter geschlossen. Während der Festivals oder Ortsfeiern sind Ämter und Banken geöffnet, privaten Geschäftsleuten bleibt es freigestellt, ob und wann sie ihre Läden öffnen.

Feiertage: 1. Januar (Neujahr); 6. Januar (Dreikönigstag); 19. März (St. Josephstag); (Achtung: Karfreitag ist im katholischen Tessin kein Feiertag!); Ostermontag; 1. Mai (Tag der Arbeit); Christi Himmelfahrt; Pfingstmontag; Fronleichnam; 29. Juni (Peter und Paul); 1. August (Schweizer Nationalfeiertag); 15. August (Mariä Himmelfahrt); 1. November (Allerheiligen); 8. Dezember (Mariä Empfängnis); 25. und 26. Dezember (Weihnachten).

Feste und Festivals

Januar *Stagione teatrale* (Theateraufführungen im Kursaal-Teatro) von Lugano

Februar Rabadan-Karneval in Bellinzona mit Umzug am Karnevalssonntag; Fischerfest in Locarno

März Internationale Ruderregatta in Caslano (Monatsende); Festival der Frühjahrskonzerte in Lugano (Monatsende)

April Karfreitagsprozession in Mendrisio; Automobil-Salon in Lugano

Mai *Sagra del bollito misto* (Fleischsuppen-Fest) in Ruvigliana (Monatsende); Fischerfest in Brissago; *American Music Festival* in Locarno

Juni Open-Air-Blues-Konzert in Bellinzona; Internationale Segelregatta in Ascona; Springreiter-Turnier in Locarno; St.-Peters-Fest (26.–29.) in Biasca

Juli	Jazz-Festivals in Ascona, Lugano/Mendrisio, Brissago und Locarno; Seenachtsfest mit Feuerwerk in Lugano; Orgelfestspiele in Magadino und Opernfest im Castelgrande von Bellinzona
August	Vielerorts Feuerwerk zum Nationalfeiertag am 1.8.; Internationales Film-Festival in Locarno; *Ambri Air-Show* (Flug-Meeting); *Traversata de golfo* (Volksschwimmen über den See) in Lugano
September	Weinfest in Biasca; Winzerfest in Mendrisio (beide Ende des Monats)
Oktober	Winzerfest in Lugano; Kastanienfeste in Morcote und Caslano; Internationale Musikwochen in Ascona (häufig schon ab August); Tessin-Marathon bei Tenero
November	*Festa di San Martino* in Mendrisio (Bauernfest mit Viehmarkt)
Dezember	*Hot-Jazz-Workshop* in Ascona; vielerorts Weihnachtsmärkte

Geologie

In der Gegend um Ascona sollte es Sie nicht wundern, wenn Ihr Kompass streikt: Genau hier, zwischen Lago Maggiore und Centovalli, stieß vor nahezu 120 Millionen Jahren die afrikanische Kontinentalplatte auf das europäische Festland und schob Felsmassen in die Höhe, die heute als Alpen bewundert werden. Und diese Nahtstelle weist bis heute erhöhte tektonische Aktivität auf – stärkerer Magnetismus und kleinere Beben sind nur zwei Indizien für den Urzeit-Crash. Zusätzlicher Hinweis ist die Radioaktivität. Die kommt in Form des Edelgases Radon in den Urgesteinen Gneis und Granit vor, mit denen die Tessiner ihre Dächer decken. Aber keine Angst: Es bedarf chemischer Reaktionen, um die Radioaktivität freizusetzen – mechanische Behandlung allein ist ungefährlich.

Internet

Informationen über das Tessin bekommen Sie über die Homepage der Tessiner Tourismuszentrale in Bellinzona. Die Adresse lautet: **www.ticino-tourism.ch**. Von dort leiten Sie zahlreiche Links zu Rubriken wie „Unterkunft", „Gastronomie", „Veranstaltungen" und Ähnlichem mehr. Die Schweizer Tourismuszentrale erreichen Sie unter **www.switzerlandtourism.ch**. Ansehenswert auch **www.reiseziel-tessin.de**. Zudem finden Sie www-Adressen bei allen wichtigen Stationen in den jeweiligen Informationsteilen.

Karten

Gratis und für Radfahrer und Wanderer durchaus ausreichend sind die Karten-Sets der Tessiner Fremdenverkehrsbüros „Il Ticino in Mountainbike" sowie „Wander-Ausflüge im Tessin" und „Wanderrouten zur modernen Architektur im Tessin". Präzisere Wanderinformationen bieten die Schweizer Landeskarten (Blätter 266–296), die für 17,50 Fr in Tessiner Buchhandlungen oder auch im Fachgeschäft daheim zu bekommen sind. General- und Straßenkarten in den Maßstäben 1:50.000 bzw. 1:200.000 gibt es von den Fachverlagen Kümmerly & Frey sowie Mairs Geographischer Verlag zu Preisen zwischen 8 und 15 €.

Kinder

Bei diesem Stichwort fällt einem zuerst ein Besuch von Swissminiatur in Melide ein. Auf jeden Fall eine Unternehmung, bei der alle Generationen auf ihre Kosten kommen, auch wenn es mühsam ist, die lieben Kleinen davon abzuhalten, die über

Ganz Helvetia im Bummelschritt – Swissminiatur in Melide

das Gelände fahrenden Mini-Züge und Mini-Seilbahnen zu stoppen. Auch die Seilbahnen, z. B. auf den Monte Bré, entzücken 12-Jährige. Und selbst wenn Eltern es kitschig finden: Die Kleinen haben ihren Spaß an einer Rundfahrt mit dem Stadtrundfahrt-Zügli in Ascona, Locarno oder Lugano. Darüber hinaus sind der Zoo in Maglasio oder der Naturlehrpfad Collina di Maia bei Ascona einen Besuch wert und nicht zuletzt die Ritterburgen: Serravalle bei Malvaglia im Bleniotal zum Beispiel ist leicht erreichbar und ein herrlicher Spielplatz für Kinder.

Außerdem bietet sich natürlich ein Badeurlaub an: Nicht nur Stadtkinder geraten außer Rand und Band, wenn gleich vor der Zelt"türe" ein sprudelnder Fluss mit kleinen Wasserfällen lockt, wie etwa auf dem Campingplätzen „Piccolo Paradiso" unweit von Maggia im gleichnamigen Tal. Aber auch die blanken Felsen im Verzascatal laden Kinder zum Baden ein – nicht ganz ungefährlich, aber dennoch ein Paradies. Ängstlichere Eltern fahren an einen der zahlreichen Seen: Wasservögel füttern, Boot fahren, im Wasser toben – das begeistert jedes Kind.

Was aber tun, wenn es Bindfäden regnet? Begeisterter Kommentar eines 6-Jährigen im Schokoladenmuseum in Caslano: „Schaut grusig us, aber schmeckt guuuat". Alternativen sind das Zollmuseum in Cantine di Gandria oder die Schaukäserei in Airolo, die allerdings eher ältere Kinder fesseln und zu ähnlich entzückten Kommentaren hinreißen dürften.

Mit Kindern im Tessin, das ist aber nicht zuletzt auch eine Preisfrage. Obwohl jedes Hotel einen Rabatt gewährt, jedes Lokal einen Kinderteller anzubieten hat – Familien mit zwei oder drei Kindern tun sich auch bei bis zu 50 Prozent Ermäßigung schwer. Ausweichen kann man auf die Campingplätze oder eine der fünf Jugendherbergen (s. „Übernachten"), denn die haben neben jugendherbergsüblichen Übernachtungsmöglichkeiten auch komfortable Familienzimmer zu annehmbaren Preisen im Programm.

Klima und Reisezeit

Zunächst die gute Nachricht: Die Alpen wirken wie ein Schutzschild gegen widrige Witterung und kalte Winde aus dem Norden – die Sonne scheint länger im Tessin, die Temperaturen liegen höher als in der Restschweiz. Der Wermutstropfen: Zwar regnet es an weniger Tagen als in der übrigen Schweiz, aber die Regenmenge ist deutlich höher, wobei sich die größten Niederschlagsmengen auf Frühjahr und Herbst verteilen. Aber selbst im sonnigen und warmen Sommer müssen Sie sich auf heftige Gewitterschauer vor allem im Seegebiet einstellen.

Es gibt im Tessin keine ideale Reisezeit, sondern nur die rechte Wahl: So sind Frühling und Frühsommer ideal für Urlaube in den Seeregionen, wenn alle Pflanzen in voller Blüte stehen; den Hochsommer sollte man für Badeferien oder für Kulturtrips nutzen, wenn fast jedes Wochenende ein Festival-Wochenende ist. Der Herbst eignet sich wie keine andere Jahreszeit zum Wandern. Auch alpine Wege sind dann schneefrei, die Temperaturen lassen selbst anstrengende Touren zu, die Aussicht ist, nicht nur bei Süd-Föhnlage, echte Fernsicht. Der Winter schließlich ist etwas für Sportler: Nicht nur Skifahrer kommen auf ihre Kosten (sichere Schneeverhältnisse gibt es allerdings erst ab Weihnachten), auch für Radwanderungen eignen sich die trockenen und sonnigen Wintertage.

Klimadaten

	Bellinzona	*Lugano*	*Zürich*
Durchschnittstemperatur im Januar	1,8 °C	2,6 °C	–1 °C
Durchschnittstemperatur im Juli	21,2 °C	21,3 °C	17,7 °C
Regentage pro Jahr	103	109	162
Regenmenge pro Jahr	159 cm	175 cm	107 cm
Sonnenstunden pro Jahr	1973	2101	1693

Aktuelle Wettervorschau im Internet unter *www.meteoschweiz.ch*.

Medien

Drei italienischsprachige und eine deutschsprachige Regionalzeitung gibt es im Tessin. Die in Locarno herausgegebene „Tessiner Zeitung“ erscheint dreimal wöchentlich (Di, Do und Sa) und ist überall im Tessin für 1,70 Fr erhältlich. Zwischen April und Oktober kann man zudem die dreisprachigen Monatszeitschriften „Ticino Magazine“ und „Swiss Backpaper News“ bekommen, die kommerzielle Touristentipps enthalten. Darüber hinaus sind überregionale deutschsprachige Zeitungen und Zeitschriften ohne Verzögerung überall im Tessin zu bekommen. Die Radio- und TV-Anstalt „Radio-Televisione della Svizzera Italiana“ (RTSI) strahlt ein TV-Programm und zwei Radioprogramme in italienischer Sprache aus.

Notruf

Ambulanz (*pronto soccorso*): ✆ 144; **Polizei** (*polizia*): ✆ 117; **Feuerwehr** (*pompieri*): ✆ 118 **Pannendienst** (*soccorso stradale*): ✆ 140; **Vergiftungen**: ✆ 01/2515151

Öffnungszeiten

Der Ladenschluss ist in der Schweiz in Bewegung geraten, seit in Deutschland und Österreich die gesetzlichen Bestimmungen verändert wurden: Viele Supermärkte

Wo Öffnungszeiten kein Problem sind – Markt in Lugano

und Kaufhäuser haben deshalb einmal die Woche, meist donnerstags, bis 19 oder 21 Uhr geöffnet. Auch Geschäfte auf Bahnhöfen, Campingplätzen und in Ferienorten sind abends länger und sonntags zeitweise geöffnet. Die folgenden Zeiten können deshalb nur als Faustregel dienen:

Apotheken: Mo–Fr 8–12.30 Uhr, 14–18.30 Uhr, Sa bis 17 Uhr. Über den Notdienst (farmacie di turno) informieren Schilder in jeder Apotheke.

Banken: Mo–Fr 8.30–12/12.30 Uhr und 13/13.30–16/16.30 Uhr.

Behörden: Mo–Fr 8–12 Uhr und 14–17 Uhr.

Post: Mo–Fr 7.30–12 Uhr und 13.45–18.30 Uhr, Sa 8–11 Uhr.

Warenhäuser, Einkaufszentren: Mo–Fr 8–18.30 Uhr, Sa 8–17 Uhr.

Einzelhandelsgeschäfte: Mo–Fr 8–12 Uhr und 14–18.30, Sa 8–17 Uhr. Manche Geschäfte, darunter auch Supermärkte, sind montagvormittags geschlossen. Und fast alle Geschäfte, vornehmlich die kleineren Familienbetriebe, achten auf ihre Mittagspause.

Porto

Bei der Versendung von Briefen und Ansichtskarten wird nach Bestimmungsland und Beförderungsdauer unterschieden. Wird eine schnelle Beförderung gewünscht (zwischen drei und maximal fünf Tagen), zahlt man für seine Sendung ins europäische Ausland und die nichteuropäischen Mittelmeerländer 1,10 Fr und für Sendungen in alle übrigen Länder 1,80 Fr. Bei einer Beförderungsdauer von über fünf Tagen liegen die Gebühren bei 0,90 Fr (Europa und außereuropäische Mittelmeerländer) bzw. 1,10 Fr (übrige Länder).

Reiseliteratur

Von Erich Maria Remarque bis Erich Mühsam, von Gräfin Reventlow bis Patricia Highsmith haben viele Literaten, denen das Tessin zur zweiten Heimat wurde, über das Land geschrieben. Noch heute lesenswert, aber nur antiquarisch zu bekommen: *Hermann Hesse*, „Tessin“ (Suhrkamp, Frankfurt/M.), und *Esther Scheidegger* (Hrsg.), „Tessin – ein Lesebuch“ (Arche, Zürich). Vom bekanntesten Tessiner Autoren der Gegenwart, *Piero Bianconi*, stammt der Roman „L'albergo genealogico“ („Der Stammbaum“, erschienen im Classen-Verlag, Zürich). Der Autor erzählt die Geschichte seiner Vorfahren, die aus dem Verzascatal nach Amerika auswanderten. Wer sich für die „ersten Aussteiger“ interessiert, dem ist *Robert Landmann*, „Ascona Monte Verità“ (Ullstein Taschenbücher), zu empfehlen.

Reisepapiere

Sie benötigen einen gültigen Personalausweis oder Reisepass; Kinder unter zehn Jahren brauchen einen Kinderausweis oder eine Eintragung im Pass eines Elternteils. Da die Schweiz kein EU-Land ist und die Regelungen des Schengener Abkommens, dem nach vielen Querelen auch die Schweiz beigetreten ist, erst Stück für Stück bis 2007 in Kraft treten, sollten Sie als Autofahrer die grüne Versicherungskarte nicht vergessen. Ihr Haustier (Hund oder Katze) darf nur mit, wenn Sie ein tierärztliches Impfzeugnis gegen Tollwut vorlegen können, neuerdings im „Hundepass“ notiert.

Rauchen

Seit sogar im freizügigen Italien den Rauchern das Qualmen schwer gemacht wird, ist auch im italofreundlichen Tessin der Kreuzzug gegen Raucher eröffnet: Kaum ein Restaurant ohne Rauchverbot, selbst Bars und Bahnhofshallen stehen nur noch Nichtrauchern offen. Die „Schweizerische Arbeitsgemeinschaft Nichtrauchen“ (SAN, im Tessin: ASN) vertreibt ein Merkblatt in Touristenbüros, das Hotels, Bars und selbst Autobahnraststätten und Grotti mit Rauchverbot aufführt. In Bellinzona sind das z. B. 16 und in Lugano sogar 73 Einrichtungen, in denen Rauchen verboten ist.

Sommerzeit

Im Tessin gilt die mitteleuropäische Zeit (MEZ). Vom letzten Märzwochenende bis zum letzten Oktoberwochenende wird die Uhr um eine Stunde vorgestellt.

Souvenirs

Machen Sie es wie in Italien, und bringen Sie vor allem Kulinarisches mit: Salami oder Tessiner Käse, ein Flasche guten Merlot-Wein oder ein Fläschchen Grappa nostrana. Raucher finden Geschmack an den langen Brissago-Zigarillos. Natürlich können Sie in den Boutiquen und Läden von Lugano, Locarno und Ascona alles, was gut und mehr noch teuer ist, erstehen – Antiquitäten beispielsweise. Doch Web- und Wollwaren, Flecht- und Holzarbeiten sowie Filzhüte original „tipico“ bekommen Sie mit einigem Glück nur in den versteckten Läden der abgeschiedenen Bergdörfer.

Sport

Angeln: Am Lago Maggiore und Lago di Lugano ist Fischen ganzjährig erlaubt, in Flüssen und Seen nur vom letzten März-Sonntag bis zum letzten September-Sonntag. In jedem Fall ist eine Lizenz nötig, die in Gemeinde- oder Fremdenverkehrsbüros für 50 Fr bei einer Gültigkeitsdauer von 10 Tagen zu bekommen ist (Jahreslizenz: 170 Fr).

Bergwandern: 2000 km markierte Wanderwege locken im Tessin. Folgende Markierungen signalisieren die unterschiedlichen Schwierigkeitsgrade: gelb = leicht, rot-weiß = mittelschwer (Bergschuhe und wetterfeste Kleidung), weiß-blau-weiß = schwer (mit Gletscherpassagen oder Steilstufen). Die in diesem Buch angebotenen Touren sind höchstens in einzelnen Abschnitten mittelschwer, sonst leicht und für jeden Wanderer und selbst Kinder machbar.

Das Tessin ist ohne Übertreibung ein Wanderparadies. Selten in Europa findet man derart großartige Panoramen auf vergleichsweise leichten Touren. Die Anfahrt ist in aller Regel mit dem Bus möglich; außerdem stehen zahlreiche Seilbahnen zur Verfügung, so dass man die Touren nicht unbedingt mit einem mühevollen Aufstieg beginnen muss (und sich bisweilen auch den Abstieg sparen kann). Meist ist der Ausgangspunkt einer Wanderung in herrlicher Natur und mit weiter Rundum-Aussicht zügig nach höchstens einer Stunde erreicht. Zudem finden Sie auf jeder noch so einsamen Tour eine Hütte oder sogar einen Gasthof.
Auch auf leichten Routen sollte Schutzkleidung gegen Regen und Wind nicht fehlen; Sonnenbrille, -hut und -creme sind ein Muss in südlicher Sommersonne, Teleskopstöcke können gerade bei Abstiegen (auch bei leichten Touren) eine große Hilfe sein, und Wanderstiefel sind für jeden noch so harmlosen Weg immer zu empfehlen. Denken Sie auch stets an Notproviant, und informieren Sie sich bei längeren Touren, ob die Hütten auf Ihrer Route auch bewirtschaftet sind. Ein Flüssigkeitsvorrat von 1,5 Litern ist bei ganztägigen Sommerwanderungen notwendig.
Trotz ausreichender Ausschilderung und guten Kartenmaterials mag eine geführte Wanderung von Vorteil sein – da helfen diese Adressen:

Scuola svizzera di alpinismo, Gradinata pometta 3, Massagno, ✆/℻ 091/9681119.
Ticino Walking tours, Moghegno, ✆/℻ 091/7532127.
Trek-Montagna, Via ai Monti 12, Locarno, ✆ 091/7511194. Internet: www.ticino.com/atse/TrekMon.htm

Bungee-Jumping: Von der Centovallina-Eisenbahnbrücke bei Intragna oder von der Staumauer des Lago di Vogorno im Versazcatal stürzen sich Tollkühne zwischen April und September am Gummiseil für 90 bis 250 Fr in die Tiefe. Das will natürlich – auch aus Sicherheitsgründen – perfekt organisiert sein:
Information Trekking Team in Hittnau (✆ 01/9503388) und Fart Locarno (✆ 091/7518731).

Fliegen: Fallschirmspringen, Drachen- und Segelfliegen sowie Paragliding – alles hat Aufwind bekommen in der Bergwelt des Tessins. Acht Vereine und Veranstalter besorgen den Luftsport; die wichtigsten:
Information Para Centro Locarno, Aeroporto cantonale, Gordola, ✆ 093/6742651.

Golf: Vier 18-Loch-Plätze gibt es in Ascona, Cadenazzo (östlich des Monte Ceneri; indoor!), Magliaso (im Malcantone) und Locarno. Die Platzmiete beträgt zwischen 60 und 100 Fr, die Unterrichtsstunde 70 Fr.

Kanufahren: Im Verzascatal und auf dem Ticino bei Bellinzona finden zwischen Mai und September organisierte Wildwasserfahrten statt. Für 190 Fr Tagessatz bekommt man neben der Ausrüstung auch Anfahrt und sachkundige Führung spendiert. Das wegen verschiedener Unfälle in Verruf geratene Canyoning wird vornehmlich im Centovalli sowie in den kleinen Tälern Malvaglia und Morobbia von auswärtigen Veranstaltern (✆ 079/6007007) organisiert.
Information CAMPOBASE, Gradinata pometta 3, Massagno, ✆ 091/9681119.

Klettern: Der *Palestra di Roccia* bei Bellinzona bietet für Könner und Anfänger, für Freeclimber und Alpine 24 Klettertouren, die in wunderschöner Umgebung

Wandern im Valle Maggia – Alm über dem Sambuco-Stausee

ganzjährig zu nutzen sind. Man kann für wenig Geld sogar am Fuß des Klettergartens übernachten. Auch bei Ponte Brolla sind jüngst zwei – leichte – Klettergärten eröffnet worden.

Information Palestra di Roccia, ✆ 091/8292862.

Radfahren: Sie brauchen kein geübter Mountainbiker zu sein, aber etwas mehr Erfahrung als der sonntägliche Stadtparkfahrer sollten Sie schon mitbringen, wenn Sie im gebirgigen Tessin zu Radausflügen starten. Dazu brauchen Sie übrigens Ihr Rad nicht mitzubringen. Das lässt sich problemlos und preiswert am Bahnhof mieten: Die SBB-Stationen von Airolo, Biasca, Bellinzona, Cadenazzo, Lugano, Locarno, Melide, Mendrisio und Tenero bieten diesen Service.

Information „Il Ticino in Mountainbike" heißt die neue Broschüre vom Tessiner Tourismusverband. 21 Touren nebst Karten mit Höhenprofil, touristischen Highlights am Streckenrand und allen wichtigen Biker-Infos enthält das Heft, das für 7 € unter www.ticino-tourism.ch zu erwerben ist. Aber unter uns: Schon ein Touren-Ausdruck unter eben dieser Adresse reicht auch für einen famosen Ausflug.

Reiten: 23 kommerzielle Reitställe (*scuderia*) von „Bonni Ranch" bis „Holidays" bieten vorwiegend auf dem Land Reitausflüge, Kutsch- und Schlittenfahrten an; in den meisten können Reitbegeisterte auch Pferde mieten. Informationen in den Ortsbeschreibungen.

Segeln: Ein halbes Dutzend Segelschulen zwischen Ascona und Minusio verleihen Boote (20–120 Fr), erteilen Unterricht (40–90 Fr/Std.) und veranstalten vereinzelt im Sommer auch Segeltörns (80–200 Fr).

Skifahren: Insgesamt 15 ausgebaute Skigebiete jeden Schwierigkeitsgrades mit Liften und Sicherheitsservice gibt es mittlerweile im nördlichen Tessin; man kann abfahren, snowboarden oder langlaufen, schon im November oder erst ab Weihnachten. Es soll aber nicht verschwiegen werden, dass für Könner das Tessin kaum

Herausforderungen bietet. Die wichtigsten Zentren (Informationen dazu in den Landschaftsteilen): St.-Gotthard-Gebiet (Airolo), Centro Nordico (Val Bedretto), Cari und Dalpe (Faido), Campra und Nara (Valli di Blenio). Und als jüngster Skiort macht Bosco Gurin im Maggiatal von sich reden. In allen Skizentren ist alpiner Skilauf und Langlauf möglich. Viele Tessiner fahren übers Wochenende auch zum Bernardino-Pass zum Skifahren – die Valle Mesolcina zwischen Bellinzona und St.-Bernardino-Pass gehört zwar zum Kanton Graubünden, ist aber gleichfalls bequem zu erreichen.

Surfen: In den Lidos von Ascona, Brissago, Caslano, Melide und Tenero kann man für 15–20 Fr/Std. Surfbretter mieten. Die meisten Windsurf-Schulen bieten auch Unterricht (22–60 Fr/Std.) und sind in der Regel zwischen März und Oktober geöffnet.

Tennis: In derart klassischen Urlaubsgebieten gehören Tennisanlagen zum guten Ton. Nahezu 30 Vereine mit eigenen Plätzen gibt es und ebenso viele Hotels mit Plätzen. Sie müssen mit 15–30 Fr Platzmiete und 20–50 Fr pro Übungsstunde rechnen.

Sprache

Amtssprache ist Italienisch, Umgangssprache ein lombardisch beeinflusster italienischer Dialekt, der allerdings keineswegs einheitlich ist. Allein in der Leventina werden sechs unterschiedliche Varianten gesprochen, und die Mundart aus Airolo wird in Biasca schon nicht mehr verstanden. Einzige Sprachinsel ist das Dörfchen **Bosco Gurin** im Valle Maggia, wo seit dem 13. Jh. ein walserdeutscher Dialekt gesprochen wird. Trotzdem kommt man mit Deutsch (aber auch Englisch und Französisch) insbesondere in den Touristenzentren in und um Ascona, Locarno und Lugano gut zurecht. Allerdings würdigen die Tessiner es, wenn sich Fremde ums Italienische bemühen.

Telefonieren

Für das gesamte Tessin gilt die **Vorwahl 091**, die Sie auch bei Telefongesprächen innerhalb des Kantons mitwählen müssen. Wenn Sie aus dem Ausland anrufen, lassen Sie die Null der Kantonsvorwahl weg, wählen also zusätzlich zur Schweizer Vorwahl nur noch die 91. Bei einem Anruf aus Deutschland in einen beliebigen Ort im Tessin beginnt die Nummer also stets mit 0041-91.

• *Landesvorwahlen*
Deutschland–Schweiz: 0041
Österreich–Schweiz: 050
Schweiz–Deutschland: 0049
Schweiz–Österreich: 0043

• *Ansagedienste in deutscher Sprache*
Telefonauskunft für die Schweiz: ✆ 111
Auskunft für Deutschland/Österreich: ✆ 192
Nachrichten: ✆ 167
Wetter: ✆ 061/162
Straßenzustand: ✆ 061/163

Touristeninformation

Im Tessin erhalten Sie jegliche touristische Information in jedem größeren Ort im Fremdenverkehrsbüro (ente turistico); Lage, Telefon- und Fax-Nummer sowie (wenn vorhanden) Internet-Adresse finden Sie im Informationsteil der jeweiligen Ortsbeschreibungen. Von zu Hause aus können Sie sich über die folgenden Adressen über Ihr Reiseziel erkundigen:

Ticino Tourismo: Die Tessiner Tourismus-Zentrale hat ihren Sitz in der Hauptstadt Bellinzona (nicht zu verwechseln mit dem örtlichen Tourismusbüro): Cassella postale 1441, 6501 Bellinzona, (aus Deutschland) ☎ 0041/91/8257056, 📠 0041/91/8253614; info@ticino-tourism.ch; www.ticino-tourism.ch.

Schweiz Tourismus: Die Tourismus-Zentrale der Schweiz ist europaweit unter diesen Nummern/Adressen zu erreichen: ☎ 00800-100-200-30, 📠 00800-100-200-31 (in Deutschland auch ☎ 069/2560010 bzw. 📠 069/25600138, in der Schweiz auch ☎ 01/2881111 bzw. 📠 01/2881205, in Österreich auch ☎ 01/5127405 bzw. 📠 01/ 5139335); Internet: www.switzerlandtourism. ch (über die Homepage Zugang zur E-Mail). Die Postanschriften lauten:

In Deutschland: Schweiz Tourismus, Postfach 160754, 60070 Frankfurt/M.

In Österreich: Schweiz Tourismus, Fach 34, 1015 Wien.

In der Schweiz: Switzerland Tourism, P.O. Box 695, CH-8027 Zürich.

Umweltprobleme

Der Kanton leidet unter traditionellen Umweltschäden (Abholzung, Erosion) wie unter modernen: Straßenbau und Luftverschmutzung. Zwar sind immer noch 58 Prozent der 2811 qkm großen Landesfläche waldbedeckt. Aber noch zur vorigen Jahrhundertwende waren es 75 Prozent; seitdem ist die Waldgrenze von 2300 auf 1900 m abgesunken. Neben übermäßiger Abholzung ist übertriebene Ziegenwirtschaft dafür verantwortlich. Zudem drohen alljährlich Waldbrände – im Tessin gilt deshalb ein striktes Verbot für offenes Feuer.

Der Niedergang der Waldwirtschaft hat die Erosion und damit auch die Überschwemmungsgefahr vergrößert. Zwar gab es im Tessin immer schon furchtbare Überschwemmungen, aber die Zahl der Erdrutsche und plötzlichen Pegelanstiege hat deutlich zugenommen. Ihre Auswirkungen werden außer von den Betroffenen allerdings kaum wahrgenommen, weil Befestigungen und Staumauern, die wiederum ihrerseits die Natur verschandeln, eine weitflächige Beschädigung verhindern.

Gravierend sind die Umweltschäden durch den Straßenbau. Die Gotthardstraße durch die Leventina wird nur noch von Ewiggestrigen als gelungene Verbindung von Natur und Technik bezeichnet; in Wirklichkeit hat die meistbefahrene Alpen-Autobahn das einstmals beschauliche Tal grundlegend zerstört (und schon haben Bauarbeiten für eine neue Tunnelröhre für den Schienenverkehr begonnen – bis weit über 2010 hinaus ist darum mit zusätzlichen Behinderungen durch Bauarbeiten zu rechnen). Der Personenverkehr über den Gotthard hat sich zwischen 1990 und 2000 versechsfacht, der Güterverkehr mehr als verdreifacht – 5600 Lkws pas-

SOS Mendrisiotto

Die Aufkleber kleben provokant an Ortsschildern und zeigen eine tote Taube mit Gasmaske sowie die Aufschrift *Comune ozonizzato* (Ozon-Gemeinde). Mit solchen Aktionen prangert die Südtessiner Umweltgruppe SOS Mendrisiotto die Untätigkeit der Politiker in der Ozon-Problematik an: Im Sommer werden im Mendrisiotto regelmäßig Ozon-Werte von 240 Mikrogramm pro Kubikmeter gemessen; der WHO-Grenzwert liegt bei 120. Die Kritik an Politik und Verwaltung scheint berechtigt, denn erst 1998 hat man ein kantonales Umwelt-Gesetz verabschiedet und den bis heute einzigen Wasserbericht veröffentlicht. Danach soll das Baden in den Seen ungefährlich, in den Flüssen Maggia und Verzasca aber bedenklich sein.

sierten 2003 täglich den Gotthard-Tunnel, Tendenz steigend: Experten rechnen ab 2005 mit jährlich zwei Millionen Lastern auf dieser Strecke. Neben der Lärmbelästigung ist die Luftverschmutzung schlimmste Folge dieser Entwicklung. Die Ozonbildung zeigt im Sommer europäische Höchstwerte; zur hausgemachten dicken Luft (der Kanton hat die größte Verkehrsdichte in der Schweiz, 330.000 Einwohner fahren 280.000 Autos) kommt je nach Wind- und Wetterlage die verpestete Luft des Ballungsraums Mailand hinzu.

Wirtschaft

Gerade einmal 550 Betriebe gibt es im Tessin, die Großbetriebe mit mehr als 500 Beschäftigten (insgesamt 158.813 Beschäftigte, von denen die meisten im Handel und in der Gastronomie arbeiten) sind an einer Hand abzuzählen. Metallverarbeitung, Maschinen- und Instrumentenbau, im abnehmenden Maße auch Textil- und Nahrungsmittelindustrie konzentrieren sich im Süden. Der einst größte Industriebetrieb im Norden, Monteforno in der Leventina mit 1750 Beschäftigten, wurde 1995 geschlossen. Bis heute hat sich die Region von der Krise nicht erholt: Mit über 7 Prozent Arbeitslosigkeit nimmt die Leventina im Tessin (im Jahr 2003 insgesamt 3,7 Prozent Arbeitslose) die Spitzenstellung ein. Einzig nutzenswerte Naturkraft ist die Wasserkraft, deren Ausbeutung über die Eigenbedarfsdeckung hinaus geringe Exportchancen ermöglicht.

Haupteinnahmequellen des Kantons sind der Fremdenverkehr (zusammen mit dem Dienstleistungssektor rund 60 Prozent des Bruttosozialprodukts) und das Bankgewerbe. So ist Lugano hinter Zürich zum zweitwichtigsten Bankenstandort der Schweiz geworden. Die Landwirtschaft, bis vor 30 Jahren noch wichtigster Wirtschaftszweig im Tessin, trägt heute nur noch mit 2 Prozent zum Bruttosozialprodukt bei; ihre Nutzfläche ist seit 1955 um zwei Drittel geschrumpft. Höchstens der Weinanbau hat den Zug der neuen Zeit noch rechtzeitig erwischt – die jährlich 1,5 Millionen Liter Merlot-Wein werden kostendeckend, jedoch weitgehend inländisch vertrieben.

Zoll

Da die Schweiz EU-Ausland ist, wird an den Grenzen immer noch und manches Mal streng kontrolliert. In die Schweiz dürfen neben dem Tagesbedarf an Lebensmitteln zollfrei eingeführt werden: 200 Zigaretten oder 50 Zigarren oder 250 Gramm Pfeifentabak sowie 2 Liter alkoholische Getränke bis 15 % Vol. bzw. 1 Liter über 15 % Vol.

Interessanter für Reisende aus EU-Ländern ist die Ausfuhr aus der Schweiz, weil z. B. Tabakwaren im Nachbarland weitaus billiger sind. Sie dürfen, sofern Ihr Wohnsitz außerhalb des Zollgrenzbezirks (15 km von der Grenze entfernt) liegt, beim Verlassen der Schweiz 200 Zigaretten, 500 Gramm Kaffee und sonstige Waren im Wert von 200 € mitnehmen.

Centovalli-Bahn – organisierter Nervenkitzel

Valle Leventina

Mit der Leventina – unmittelbar hinter dem Gotthardpass – beginnt der Weg ins südliche Europa. Von vielen Reisenden bloß als Passage nach Italien genutzt, gewährt das gerade mal 34 km lange, zu Beginn noch schmale und karge, häufig windige und wolkenverhangene Tal zunächst bloß einen Vorgeschmack auf südliche Wärme und Farbenpracht.

Erst hinter **Giornico**, dem kulturellen Schmuckstück der Leventina, wandelt sich das Landschaftsbild: eben noch üppige Nadelwälder an den Hängen des Campo Tencia (3072 m) im Westen und des Pizzo Molare (2585 m) im Osten, dann plötzlich erste Kastanienbäume, erste Weinberge und die Schönheit sonnenüberfluteter Osthänge.

Von all dem bekommt man nur wenig mit, wenn man vom Gotthard aus auf der N 2, der meistbefahrenen Alpenstrecke, stur Richtung Süden braust. Und mehr noch: Wer die Autobahn nicht verlässt, wird weder die verborgenen Bergseen noch die versteckten Weiler und romanischen Kirchlein oder die bergigen Wanderwege entdecken können, die abseits der Hauptverkehrsroute zu finden sind. Einen Stopp lohnt das Leventinatal allemal; eventuell sogar mit einem Abstecher ins stille **Val Bedretto**, das wie alle nördlichen Täler des Tessins vom Tourismus bislang eher vernachlässigt worden ist.

Sankt Gotthard

Vier Wege führen über bzw. durch den 2108 m hohen Sankt Gotthard: entweder per Bahn durch den knapp 15 km langen Eisenbahntunnel oder mit dem eigenen Fahrzeug durch den Straßentunnel oder über eine der beiden in der Regel erst ab Juni befahrbaren Passstraßen. Dabei ist die Fahrt über die *Tremola*, die ältere der beiden Straßen, sicher die schönere Strecke. Aber Vorsicht! Hier warten 46 enge Kehren auf Sie; wem das zu stressig ist, der sollte auf die 1986 fertig gestellte neue Passstraße ausweichen.

Auf der Passhöhe eröffnet sich eine weite Aussicht über die Walliser, Tessiner und Graubündner Alpen. Unten sieht man den **Lago della Piazza**, den größten See des Gotthardgebietes. Daneben das alte Zollhaus, das heute ein Museum beherbergt. Dann das 600 Jahre alte Hospiz, in dem Lokal, Hotel, Jugendpension und Wetterwarte untergebracht sind. Und nebenan die 1239 geweihte Kapelle *San Gottardo*, in der sich einst Postboten und Säumer, Reisende und Soldaten geistlichen Beistand vor der Passüberquerung holten. Und über allem thront abseits auf einer kleinen Anhöhe seit 2000 eine Doppel-Skulptur, die den einstmals gefährlichen Übergang darzustellen versucht. Gestört wird dieses beeindruckende Ensemble nur durch den ständig überfüllten Parkplatz.

• *Verbindungen* Von Mitte Juni bis Mitte September fährt der Postbus 3-mal tägl. vom Bahnhof in Andermatt über den Gotthardpass Richtung Airolo: 9.35, 12.35 und 17.50 Uhr. In die umgekehrte Richtung startet der Bus in Airolo (Post) um 8.30, 13.30 und 17 Uhr.

• *Übernachtung/Essen* **S. Gottardo-Ospizio Monte Prosa**, ✆ 091/8691235, ℻ 091/

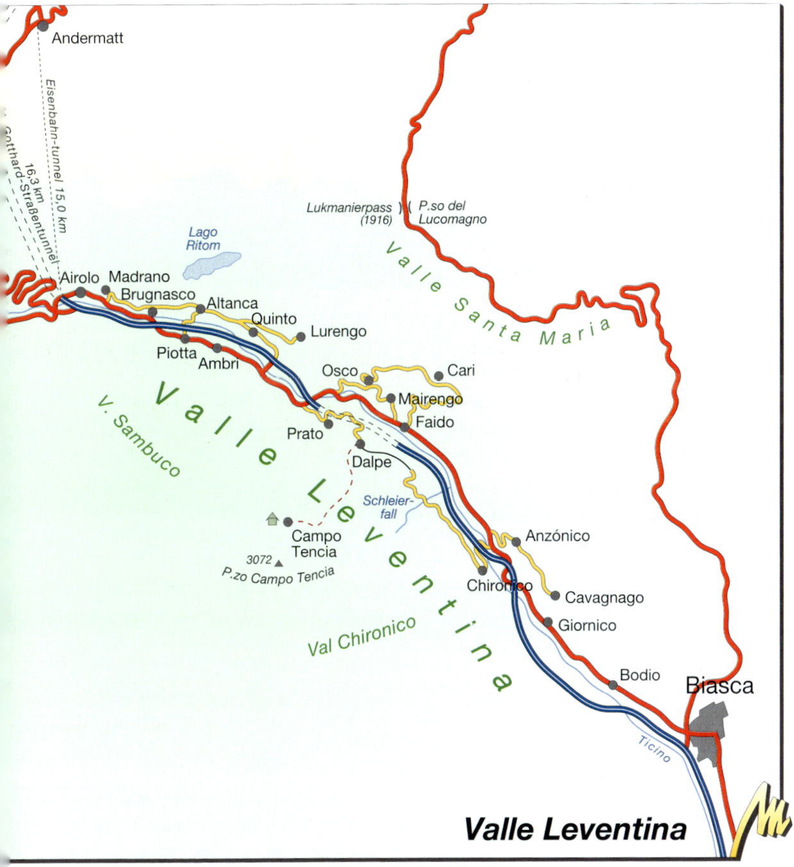

8691811; www.gotthard-hospiz.ch. Der nur von Juni bis Okt. geöffnete Berggasthof bietet 55 Betten in rustikalen, sauberen DZ und EZ (110 bzw. 80 Fr); HP kostet 25, VP 50 Fr zusätzlich. Überdies im Angebot: ein Bettenlager im Jugendherbergsstil (20 Fr pro Bett), ein sachlich möbliertes Restaurant, ein kleines Postamt und ein Kiosk mit – wen wundert's? – etwas überhöhten Preisen. Und über allem die aufregende Bergwelt, die zum Wandern und Radeln einlädt.

Neues Wahrzeichen – Skulptur auf dem Sankt-Gotthard-Pass

Alpentransit San Gottardo

Um das Jahr 1200 wurde der Gotthardweg mit dem Brückenschlag über die Schöllenenschlucht am Nordrand des Massivs zur kürzesten Nord-Süd-Verbindung durch die Alpen. Jahrhundertelang nutzten Postler und Säumer den beschwerlichen Pfad, um ihre Tragtiere über den Pass zu treiben. Komfortabler wurde das Ganze erst mit dem Ausbau des alten Saumpfades zur Poststraße zu Beginn des 19. Jh. Gut 40 Jahre darauf dann bereits die nächste und diesmal grundlegende verkehrstechnische Innovation: der Bau des Eisenbahntunnels. Von 1872 bis 1882 wühlten sich 20.000 Arbeiter unter Leitung des Genfer Tunnelbauers *Louis Favre* durch das Massiv. 172 Tote, daneben Streiks und Fehlplanungen – die zuerst gebauten Tunnelröhren passten nicht zueinander – überschatteten die zehnjährigen Bauarbeiten. Zu den Toten zählte auch Louis Favre selbst; 1879 erlag er während einer Tunnelinspektion einem Schlaganfall. Mit dem Bau des Straßentunnels zwischen 1972 und 1980 wurde das Verkehrswegenetz schließlich komplettiert. Wegen des hohen Verkehrsaufkommens (17 Millionen Touristen-Transfers jährlich) sind derzeit schon wieder neue Projekte in Vorbereitung: Seit 2002 ist mit dem Bau einer zusätzlichen Schienenröhre begonnen worden (Fertigstellung 2013), der den Autoverkehr im kommenden Jahrzehnt zusätzlich behindern wird.

Sehenswertes

Museo Nazionale del San Gottardo: Anschaulich, wenn auch etwas betulich präsentiert das Museum in Bildern und Dokumenten die Geschichte des Passes als Alpenübergang. Darüber hinaus sind Waffen, Fahrzeuge, Modelle historischer Bauten und eine Mineraliensammlung zu sehen: alles so ungeordnet, dass der Name „Nationalmuseum" ein wenig übertrieben scheint.

Öffnungszeiten Juni–Okt. (solange die Passstraße befahrbar ist) tägl. 9–18 Uhr; Eintritt 10 Fr.

In der Postkutsche über den Gotthard: Um 10.15 Uhr startet der traditionelle Fünfspänner am Bahnhof von Andermatt, gegen 17.30 Uhr endet die historische Fahrt am Bahnhof Airolo. Wem 627 Fr für dieses Sommervergnügen nicht zu viel sind, der erlebt ein exklusives, durchschüttelndes Reiseabenteuer aus längst vergangener Zeit; rustikales Mittagessen und kurzer Museumsbesuch auf dem St. Gotthard inbegriffen.

Buchung/Information Historische Reisepost, 6490 Andermatt, ✆ 041/8880005, www.gotthardpost.ch

Airolo

Ob mit Auto oder Bahn, ob über den Gotthard- oder den Nufenenpass: Man stößt unweigerlich auf Airolo. Die nördlichste Tessingemeinde am Fuß des St. Gotthards ist ein gemütliches Städtchen, das erstaunlich viel zu bieten hat.

Schade allenfalls, dass die 2100-Einwohner-Gemeinde ohne das Flair alter Häuser und winkeliger Gassen auskommen muss. Was nicht 1877 von einem Großfeuer und 1898 von einem Felssturz zerstört wurde, fiel 1951 einer Lawine zum Opfer. Nur der frei stehende romanische Glockenturm der Kirche überstand alles Ungemach unbeschadet – wie ein Fremdkörper wirkt er neben dem neuen Hauptschiff und dem ansonsten schlicht-sachlichen Stadtbild.

Alle Wege führen nach Airolo – Abfahrt vom Gotthard-Pass

Dennoch hat sich Airolo zur (allerdings noch beschaulichen) Touristenhochburg der oberen Leventina gemausert. Das hat mit der grandiosen Natur vor der Haustür zu tun. Fast ein Dutzend 2500 m hohe Berge mit dennoch sanften Hängen laden zum Wandern ein, Lifte und Seilbahnen führen in Skigebiete. Ein paar interessante Sehenswürdigkeiten in der Gemeinde selbst runden das Bild ab.

Information/Verbindungen

• *Information* Das beim Bahnhof gelegene **Fremdenverkehrsbüro** ist seit 2003 auch Zentrale des Fremdenverkehrs für die gesamte Leventina. ✆ 091/8691533, ℻ 091/8692642; www.leventinaturismo.ch sowie www.airolo.ch (nur italienisch). Mo, Di, Do, Fr 8.30–11 und 14–17.30 Uhr. Mit der Aufwertung stieg das Informationsangebot: Sie bekommen hier schlicht alles über den gesamten Kanton und natürlich zu Airolo: Liftkarten, Zimmernachweise, Wandertipps.

• *Verbindungen* 14-mal tägl. mit dem **Fernzug** Luzern–Gotthard–Chiasso (zwischen 8.24 und 22.02 Uhr) und 6-mal tägl. mit dem Fernzug Zürich–Gotthard–Chiasso (zwischen 10 und 22.02 Uhr). 14-mal tägl. **Nahverkehrszug** Bellinzona–Luzern (zwischen 6.58 und 18.58 Uhr).

Bus: Zwischen 6.47 und 15.46 Uhr 18-mal durch das Tal bis Bellinzona (Haltestelle in jedem Ort, von Bellinzona Anschluss nach Locarno). Drei Busse tägl. überqueren den Pass Richtung Andermatt (8.30, 13.30, 17 Uhr), und 14-mal geht es ins Bedretto-Tal. Abfahrt am Bahnhof.

Übernachten

Ramelli (2), am Ende der beim Bahnhof ansteigenden Treppe links, ✆ 091/8691380, ℻ 091/8691784. In dem schmucken Stadthaus werden 12 saubere Zimmer (alle ohne WC) für jeweils 46 Fr vermietet. Das ganzjährig geöffnete Hotel mit angeschlossenem Restaurant bietet HP und VP für 26 bzw. 41 Fr zusätzlich.

Ristorante Airolo (3), ebenfalls an der Treppe, wenige Meter vor Ramelli, ✆ 091/8691715. Neun einfache Zimmer ohne WC vermietet Familie Pruneri über ihrem Restaurant. DZ 90 Fr, EZ 45 Fr.

Delli Alpi (7), gegenüber dem Bahnhof, ✆ 091/8691722, ℻ 091/8691723. Das Zwei-Sterne-Hotel verfügt über 25 Zimmer mit Du/WC, ein beliebtes Restaurant, eine Bar und eine nicht unbedingt ruhefördernde Diskothek. DZ 120–160, EZ 60–80 Fr.

Innovacanza (1), weithin sichtbar am Waldrand über Airolo, ✆ 091/8691966, ℻ 091/8692162. Zwei-Sterne-Hotel in großartiger Lage über der Stadt; geboten werden 28 hübsch eingerichtete Zimmer (Du/WC, TV) zu günstigen Preisen: DZ 108–130 Fr, EZ 65–86 Fr. Behindertengerechte Ausstattung und gute Küche. Im Nov. geschlossen.

Forni (6), Via Stazione, links ab vom Bahnhof, ✆ 091/8691270, ℻ 091/8691523; www.forni.ch. Das einzige Drei-Sterne-Haus am Platz vermietet 19 geschmackvolle Zimmer (Du/WC, TV/Tel.) zu noch annehmbaren Preisen: DZ 150–180 Fr, EZ 85–120 Fr. Das Hotel mit Bar und erstklassigem Restaurant (im Nov. geschlossen) gehört zum MinOtel-Konzern, der überall in der Schweiz guten Service garantiert.

Allogio Pesciüm, an der Zwischenstation der Seilbahn auf 1745 m Höhe, ✆ 091/8805110, ℻ 091/8805119. Das von Nov. bis März geöffnete Berghotel bietet neben DZ (105–130 Fr) und EZ (60–69) drei Schlafsäle mit 70 Matratzenlagern, ein Restaurant und einen Selfservice.

Ferienwohnung Casa Cioss, ✆ 091/8691285. B. Luciano bietet sein Tessiner Steinhaus mit allem Komfort inmitten der Stadt für 110 Fr/Tag an. Strom- und Reinigungskosten werden separat berechnet.

Essen und Trinken

Ristorante Borelli (4), an der Abzweigung der Hauptstraße zum Bahnhof, ✆ 091/8691861. Das einfache Lokal ist preiswert und gut, vor allem bei landestypischer Küche.

Osteria Helvetia (5), Nähe Bahnhof, ✆ 091/8691555. Der Clou des familienfreundlichen Restaurants ist die Gartenterrasse: bei gutem Wetter der schönste Platz im Ort.

Valle Leventina
Karte S. 50/51

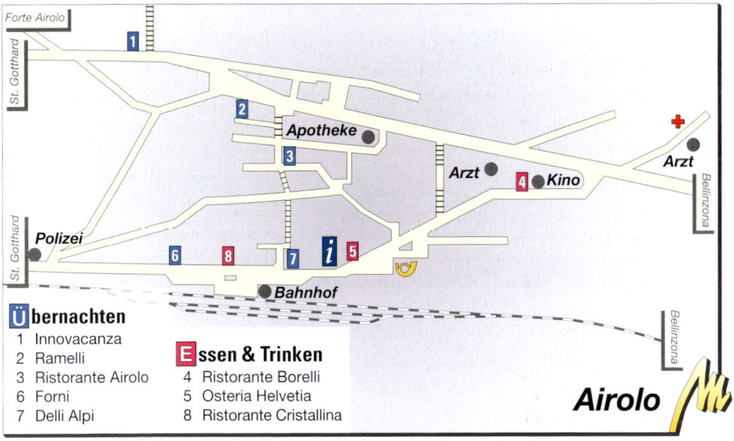

Ristorante Cristallina (8), gegenüber dem Bahnhof. Vor dem Lokal (einfache Speisen) stehen einige Kaffeehausstühle. Man hat zwar keine sonderlich schöne Aussicht, wird aber durch lang anhaltenden Sonnenschein verwöhnt.

Delli Alpi (7), Bistro, Cafeteria, Bankettsaal und Disko in einem. Die Küche ist hervorragend, vor allem die Imbisse sind preiswert und schmackhaft.

Caseificio del Gottardo, ✆ 091/8691180. Das Lokal in der Käserei (s. u.) ist bis Mitternacht geöffnet. Wen Busladungen voller Ausflügler und die Wartesaalstimmung nicht stören, findet hier einfache Gerichte zu allerdings auch nicht günstigeren Preisen als anderswo.

Hotel Forni (6), das Klasse-Restaurant bringt stets frische Tessiner Spezialitäten auf den Tisch. Menü ab 28 Fr. Mi geschlossen.

Sehenswertes

Forte Airolo: Der auffällig graue, modern-befremdliche Betonbau oberhalb Airolos beherbergt die Schweizer Artillerieschule. Das Gebäude gehört zur Festung Airolo, die bei ihrem Bau (1886–1890) als modernste Europas galt und heute als Museum nur noch eingeschränkt zugänglich ist. Ihren einstigen Zweck, den Gotthardzugang gegen Italien zu schützen, hat die Anlage an der alten Kantonalstraße längst verloren, aber militärhistorisch Interessierte finden in den 15 km langen Stollen, den spartanischen Unterkünften und bombastischen Geschützbunkern immer noch Sehenswertes (nur geführte Gruppen-Besichtigungen vom 1.7.-30.9.; Anmeldungen unter ✆ 091/8737111).

Gotthard-Monument: Das von Vincenzo Vela 1832 geschaffene Denkmal am Bahnhof der Gotthardbahn erinnert an die Opfer des Eisenbahntunnelbaus.

Keramikwerkstatt La Ciottola: Der Verkaufsraum in der Via San Gottardo ist eine der führenden Adressen für Kunsthandwerk im Tessin. Daneben ist auch eine kleine Ausstellung mit typischen Keramikarbeiten des Nordtessins zu sehen.

Öffnungszeiten Di–Fr 14–18 Uhr, Sa 9–12 und 13.30–17 Uhr.

Caseificio del Gottardo: Gleich neben der Talstation der Seilbahn (s. u.) befindet sich die Käserei, die primär Vorführzwecken dient. Demonstriert werden die Verfahren moderner Käseherstellung im Keller des Gebäudes, Proben gibt es im Restaurant zu ebener Erde, und im Obergeschoss schließlich wird das Angebot durch ein Museum für traditionelle Käseherstellung vervollständigt.

Öffnungszeiten Schaukäserei tägl. 9–11 Uhr; Restaurant bis 24 Uhr.

Wanderungen/Skifahren

Höhenweg Strada alta: Am östlichen Talhang der Leventina führt er größtenteils über die historische Talstraße durch die schönen Bergdörfer Altanca und Ronco bis nach Biasca. In ganzer Länge braucht man für die 44-km-Wanderung drei Tage. Teilabschnitte der bestens ausgeschilderten Route sind aber selbst stundenweise machbar (vgl. Wanderung 1, S. 64). Weniger aufwendig ist die Tour über die **Strada bassa**, auf der man am rechten Ticino-Ufer nach 25 km Giornico erreicht.

Funivie del San Gottardo: Das Liftsystem Airolos (zwei Seilbahnen, ein Sessel- und drei Skilifte) auf den Varrozei (2250 m) und den Comascnè (2090 m) wird im Sommer für Bike- und Wandertouren, im Winter für Pisten- und Loipenfahrten genutzt. Man findet zehn Abfahrten von insgesamt 30 km Länge vor (darunter zwei schwarze), eine 7 km lange markierte Loipe sowie eine Bob- und Schlittenrennbahn. Die Talstation nördlich von Airolo ist 100 m von der Autobahnausfahrt entfernt. Vom Bahnhof Airolo verkehrt ein kostenloser Pendelbus.

Preise Seilbahn-Einzelfahrt 25–45 Fr, Tageskarte 40–48 Fr, Wochenkarte 165–203 Fr. Ski-Schule (10 Std.) 480 Fr, Kinder 300 Fr. Sondertarife für Behinderte.

Ein neues „Kloster" im Berg

An der Lucendro-Staumauer, nördlich des St.-Gotthard-Passes, hat sich der Künstler und Soziologe *Jean Odermatt* einen Traum erfüllt: Der „Gotthard-Verrückte" machte in vierjähriger Arbeit aus einem Weltkriegsbunker ein Hotel nebst Tagungszentrum, „La Claustra" genannt, „Kloster" auf Rätoromanisch. Das von einer Stiftung finanziell unterstützte Projekt wurde im Juni 2004 eröffnet und ist ein Zwischending aus Esoterik-Tempel, Museum und Kommunikations-Zentrum: ungemein geschmackvoll, ungeheuer modern und ungewöhnlich eindrucksvoll. Vor allem aber ist die Anlage mit 25 einfachen Zimmern, einem Wellness-Bereich mit japanischen Bädern, mit Seminarräumen und Bibliothek eine Hommage an die Gotthard-Region – laut Odermatt „das Wasserschloss Europas, Symbol für Schweizer Wehrhaftigkeit und Scheidewand von Nord nach Süd".

Information Stiftung La Claustra, 6780 Airolo, 918/805055, www.claustra.ch.

Val Bedretto

Das stille Tal reicht von Airolo 25 km weit nach Westen bis zum 2478 m hohen Nufenenpass, wo der Ticino entspringt. Die 1969 eröffnete Passstraße führt an nur fünf Haufendörfern vorbei.

Hässliche Betonsperren schützen die Orte vor Lawinen, denn das schneereiche Tal ist nahezu leergerodet und zwischen November und Mai, wenn auch der Nufenenpass gesperrt ist, stets von Abgängen bedroht. Andererseits beschert gerade der Schneereichtum dem Tal ein wenig Wintersporttourismus, und ganz Verwegene schnallen einfach die Tourenski an und ziehen auf der verschneiten Passstraße gen Nufenen oder ins **Val Corno**. Im Sommer ist das abgeschiedene Tal darüber hinaus ein begehrtes Wandergebiet, z. B. für eine 4,5-Stunden-Tour hinüber ins Wallis.

Bedretto: Das urige Bergdorf zählt mit seiner Schwestergemeinde **Villa** ganze 65 Einwohner, hat aber immerhin zwei kleinere Sehenswürdigkeiten aufzuweisen: das

Lawinenschutz – der fünfeckige Kirchturm von Villa

Wintermärchen – freie Skifahrt zum Nufenenpass

aus dem 15. Jh. stammende Lärchenholzrelief im Kirchlein Santa Maria delle Grazie und den fünfeckigen Glockenturm der Pfarrkirche von Villa, der mit seiner zum Hang weisenden Kante die Schneemassen teilt und so noch jeder Lawine getrotzt hat. Touristische Anlaufstation Nummer eins sind aber die beiden Skistationen:

• *Skifahren* **Cioss Prato**, das schneesichere Skigebiet ist ideal für Familien, denn neben drei leichten Abfahrtspisten, die man per Schlepplift erreichen kann, sind eine Schlittschuhbahn und ein Rodelhang vorhanden. An der Talstation befindet sich außerdem ein *Restaurant* (✆ 091/8692188). **Centro Nordico Pizzo Rotondo**, das Gebiet am Ausgang des Tals ist für Langläufer geeignet. Die Loipen von 15 und 22 km Länge sind sowohl für klassischen Langlauf als auch für Skating präpariert. Leihausrüstung gibt es in der *Osteria Pizzo Rotondo* (✆ 091/8692161).

Piotta

Das knapp 10 km südlich von Airolo gelegene Städtchen wäre kaum erwähnenswert, wenn von hier aus nicht die *Funicolare Piotta-Ritom*, die steilste Standseilbahn der Welt, ins **Val Piora** starten würde. Errichtet wurde sie 1921 im Zusammenhang mit dem Kraftwerk Ritom, das die Gotthardbahn mit Strom versorgt. Von Piotta aus braucht die Bahn sechs Minuten bis Altanca (1346 m) und doppelt so lange bis Piora (1850 m) am Stausee Lago Ritom im Naturschutzgebiet Parco Alpina Piora. Als Tagesausflug oder als Ausgangspunkt für Wanderungen ins Bleniotal und zum Lukmanierpass lohnt sich der Trip gleichermaßen: zuerst die Staumauer des 2,7 km langen Sees und dahinter das hügelige Alpengebiet mit einem Dutzend größerer und kleinerer Seen, zu Ihren Füßen blüht tatsächlich Enzian und über Ihnen kreist – tatsächlich – der Steinadler.

• *Öffnungszeiten/Preise* Die Seilbahn verkehrt von 1. Juni bis 30. Okt. jede halbe Stunde (von 8–18 Uhr.). Fahrpreis nach Altanca 13 Fr, nach Piora 25 Fr. Die Ankunftszeiten der Busse sind auf die Seilbahn abgestimmt.

• *Einkaufen* **Vini Zamberlani**, der 100 Jahre alte, schick-rustikale Weinladen in der Hauptstraße verkauft guten Wein, auch den seltenen weißen Merlot, und edlen Grappa zu selten günstigen Preisen. Verlassen Sie sich auf das kompetente Urteil der Besitzerin (✆ 091/8681133).

Eishockey-Fieber

Wenn Sie schon einmal in Piotta sind, sollten Sie wissen, dass hier der ruhmreichste, wenn auch nicht der erfolgreichste Eishockey-Club der Schweiz (im Jahr 2000 letztmalig Meister) zu Hause ist: Ambri-Piotta rühmt sich, der Verein (HCAP genannt) mit der größten Fangemeinde zu sein – 38 Fan-Clubs, darunter auch welche aus Deutschland und Italien, sind in der 60-jährigen Vereinsgeschichte zusammengekommen. Das Stadion im Nachbarort Ambri soll übrigens in Kürze durch eine repräsentativere Arena ersetzt werden. Man munkelt, der Tessiner Stararchitekt Mela, der schon die 1998 eröffnete Autobahn-Raststätte Piotta entwarf, sitze bereits über neuen Plänen ...

Faido

Erste Anzeichen des Südens: In den Vorgärten wachsen Araukarien, Palmen und Zedern, und die mehrgeschossigen Villen verströmen mediterranen Charme. Kaum zu übersehen jedoch, dass die besten Zeiten des Ortes längst vorüber sind.

Der nur knapp 1700 Einwohner zählende Hauptort der Leventina (gespr. *Fa-i-do*) war lange Zeit wichtigster Verkehrsknotenpunkt und Warenumschlagplatz der Gotthardroute und häufte entsprechend Reichtum an. Geblieben sind davon lediglich etliche herrschaftlich anmutende Bürgerhäuser, ein paar Bauernhäuser und ein wenig städtische Infrastruktur. Geblieben ist vor allem ein Hauch von Italien – famose Küche, fröhlicher Karneval und Kurort-Flair.

Neu entstanden ist dagegen das Umweltbewusstsein: Die Bürger von Faido waren die ersten, die sich dem Autobahnbau durch das Tal widersetzten. Immerhin konnten sie dabei einen Teilerfolg verbuchen. Die Autobahn umgeht den Ort, allerdings mit dem Nebeneffekt, dass die Anfahrt zum Ort von der Autobahnausfahrt Faido nicht ganz leicht zu finden ist. Beim Bau der Bahnlinie 100 Jahre zuvor gab es noch kein Umweltbewusstsein im heutigen Sinne: Die Eisenbahn teilt den Ort hässlich und lärmend.

Information/Verbindungen/Adressen

• *Information* **Ente Turistico di Leventina**, ✆ 091/8661616, 📠 091/8662329. Das einst zentrale Fremdenverkehrsbüro für die Leventina in der Hauptstraße ist zur Zweigstelle geschrumpft – das Hauptbüro sitzt nun in Airolo. Geblieben sind die spärlichen Informationen und die Öffnungszeiten: Mo–Fr 8–12 und 14–18 Uhr.

• *Verbindungen* **Fernzüge** zwischen 6.39 und 20.52 Uhr 14-mal Richtung Norden (Basel, Zürich) und 15-mal (7.05–22.20 Uhr) Richtung Süden (Chiasso, Mailand). Zudem 6-mal tägl. **Regionalzüge** nach Lugano via Bellinzona bzw. in umgekehrte Richtung nach Airolo.
Bus: Jeweils 10 Postbusse der Linie 625 in beide Richtungen von Bellinzona nach Airolo passieren Faido zwischen 7.04 und 22.19 Uhr. Zudem 10-mal nach Mairengo/Osco und 6-mal nach Cari (Haltestellen: Bahnhof und Post).

• *Adressen/Telefonnummern* **Hospital**, ✆ 091/8661101; **Kassenarzt**, ✆ 091/8662666; **Zahnarzt**, ✆ 091/8662525; **Banken**, **Apotheke**, zwei **Tankstellen** sowie der Billig-SB „Denner“ an der Hauptstraße; **Post** neben dem Migros-SB hinter dem Marktplatz.

Übernachten/Essen

• *Hotels* **Albergo Pedrinis**, an der Hauptstraße, ✆ 091/8661241. Die schmucklose, aber saubere Pension vermietet über einer Kantinencafeteria 14 Zimmer (Etagen-WC): EZ 55 Fr, DZ 95 Fr.

Albergo Faido, am Marktplatz, ✆ 091/866 1555, ✆ 091/8661263. Trotz der Einstufung als Zwei-Sterne-Hotel das eleganteste Haus am Platz. Die modern-funktional eingerichteten Zimmer sind allesamt mit Telefon und schönen Badezimmern ausgestattet; der Service ist professionell. DZ 140-160 Fr, EZ 90-100 Fr.

• *Camping* **Piantett**, ✆ 091/8808035 (der Besitzer spricht Deutsch). Der ganzjährig geöffnete, kürzlich auf den neuesten Stand des Camping-Services gebrachte Zwei-Sterne-Platz auf 930 m Höhe in Primadengo oberhalb von Faido verfügt über 80 Stellplätze inmitten eines Kastaninenhains und einige Bungalows (80–95 Fr). Pauschalpreis: 15 Fr/Person.

Gottardo, ✆ 091/8661562, ✆ 091/8662113. Der bestens ausgestattete Drei-Sterne-Platz der Familie Schröder bei Chiggiogna (nächstsüdlicher Ort von Faido) verlangt ebenfalls 15 Fr.

• *Restaurants* **Milano**, das Restaurant gegenüber vom Bahnhof mit einer sehenswerten Bauerndecke und einer langen Bar wird von Einheimischen bevorzugt, was immer eine gute Empfehlung ist. Probieren Sie „Tris de Paste", eine Auswahl hausgemachter Teigwaren für nur 22 Fr. Und verpassen Sie den hervorragenden Grappa nicht. Mi geschlossen.

Faido, ebenso edel wie das Hotel (s. o.) sind die drei Restauranträume des Hauses. Fisch und Spezialitäten vom Holzofen/Grill, aber auch hausgemachte Teigwaren sind zu empfehlen. Menü ab 25 Fr. Mo geschlossen.

Ristorante Laconca, das nur von außen unscheinbare Restaurant mit edel-rustikaler Inneneinrichtung liegt an der Autobahnabfahrt Faido. Nicht preiswert, aber mit großartiger Küche und perfektem Service. Spezialität sind die Meeresfisch-Variationen. Menü ab 44 Fr. Mi und im Feb. geschlossen.

Sehenswertes

Varesi-Turm: Der sechsgeschossige Wohnturm der alteingesessenen Varesi-Familie oberhalb der Pfarrkirche Sant'Andrea ist noch bewohnt; er kann deshalb nicht besucht, aber immerhin fotografiert werden.

Franscini-Denkmal: Das Denkmal auf dem ansonsten schmucklosen Marktplatz erinnert an den in Faido geborenen Politiker und Schriftsteller Stefano Franscini (1796–1857), den ersten Schweizer Bundesrat aus dem Tessin. Sein Buch „La Svizzera Italiana" gilt bis heute als das Standardwerk zur Tessiner Landeskunde.

Cascata Piumogna: Der „Schleierfall" speist sich aus drei hohen Wasserfällen und ist auf der Faido gegenüberliegenden Talseite zu bewundern (allerdings nur von Frühjahr bis Herbst, im Frühjahr ist er gefroren).

Umgebung/Skifahren

Rodi: 5 km nördlich von Faido. Das noch heute wuchtige Zollhaus **Dazio Grande** an der alten Passstraße jenseits des Flusses, einst auch Herberge und Pferdestation, damals Sust genannt, stammt aus dem 15. Jh. und wurde 1998 auf Initiative eines privaten Vereins zum Kommunikationszentrum ausgebaut. Hier werden Konzerte, Ausstellungen, Seminare und Kongresse veranstaltet. Außerdem gibt es ein kleines Restaurant und eine Pension mit fünf Doppelzimmern (DZ 110 Fr, EZ 70 Fr, HP 20, VP 40 Fr).

Öffnungszeiten Apr.–Sept. tägl. 8–24 Uhr, Ausstellungen: Di–So 16–18 Uhr. Informationen und Buchung unter ✆ 091/8746066, ✆ 091/8746061, www.daziogrande.ch.

Mairengo: In dem 4 km nordwestlich von Faido gelegenen Ort hat man eine tolle Aussicht über das Leventinatal und kann die romanische Pfarrkirche *San Siro* mit ihrem spätgotischen Flügelaltar süddeutscher Schule und ihren lombardischen Re-

Schön oder scheußlich – die N 2 beherrscht die Leventina

naissance-Malereien besichtigen. Ebenfalls einen Besuch wert ist die Osteria Mairengo in der Dorfmitte, die typische Tessiner Küche im Angebot hat.

Cari: 12 km oberhalb von Faido wartet auf 1650 m Höhe ein kleines Skigebiet auf Wintersportbegeisterte. Erreichbar ist es über die ganzjährig offene Kantonalstraße via Mairengo. Die Liftanlagen erschließen sechs Abfahrten von insgesamt 15 km Länge, darunter zwei schwarze.

Liftpreise Tageskarte (Mo–Fr) 35 Fr, Kinder 25 Fr; am Wochenende, an Feiertagen und in den Schulferien 40 bzw. 30 Fr. Wochenkarte 250 bzw. 200 Fr.

Dalpe: Der 200-Einwohner-Ort südwestlich von Prato (über Autobahn oder Kantonalstraße ab Faido erreichbar) ist Ausgangspunkt für Klettertouren auf den Campo Téncia (3072 m), den vermutlich beliebtesten Kletterberg im Tessin. Es geht aber auch weniger extrem, wenn man nur bis zur Berghütte auf 2140 m Höhe wandert. Außerdem eignet sich die Mulde um Dalpe (1300 m) vortrefflich zum Familienskilauf. Die drei leichten Pisten sowie drei gespurte Loipen (28 km) werden von nur einem Lift bedient; Skischule, Pony-Lift und ein kleines Lokal runden das bescheidene Angebot ab.

Preise Lift 4 Fr, Tageskarte 19 Fr; Skischule 45 Fr/Tag; Loipenbenutzung 5 Fr.

Chironico

Den malerischen 450-Einwohner-Ort über dem rechten Ticino-Ufer erreicht man über eine Abzweigung von der Kantonalstraße nach nur 3 km. Chironico steht in dem Ruf, eines der besterhaltenen Dörfer im Tessin zu sein. Winkelige Gassen, Walliser Bauernhäuser mit Tessiner Dachschindeln, der Wohnturm der Pedrini-Familie und viele neue, aber nach traditionellem Muster gebaute Rustici machen den Reiz des Ortes aus.

Dennoch: Wer Chironico besucht, kommt in erster Linie wegen *San Ambrogio*, einer kleinen Kirche aus dem 14. Jh. Sie gilt neben Negrentino im Bleniotal als einziger vollständig ausgemalter Sakralbau des Gotthardgebiets. Doch die Suche ist schwierig: Unweigerlich strebt man auf die Kirche am Dorfhügel zu – und trifft auf *San Maurizio*, einen für den Ort viel zu groß ausgefallenen Bau aus dem 18. Jh. Das eigentliche Ziel liegt dagegen versteckt hinter dem Pedrini-Turm im Ortszentrum. San Ambrogio ist – eher selten im Tessin – durchgehend geöffnet, so dass man die schöne Holzdecke und die Fresken aus dem 14. Jh. jederzeit bewundern kann.

Essen/Übernachten Der **Berggasthof Pizzo Forno**, ✆ 091/8651626, in dem auch einige Zimmer vermietet werden (DZ 80, EZ 40 Fr), lädt u. a. zu leckeren und ungemein preiswerten Wild- und Pilzgerichten sowie gebratenen Forellen aus dem Ticino ein.

Giornico

Das kleine Städtchen an den hier schon weinbewachsenen Uferhängen des Ticino ist das architektonische und kunsthistorische Kleinod der Leventina. Vor allem die zahlreichen romanischen Kirchen und das Museum La Congiunta machen Giornico zum Ziel für Kunstfreunde.

Der Kunstreichtum kommt nicht von ungefähr, denn ebenso wie Faido war Giornico über Jahrhunderte eine wichtige Handelsstation auf der Gotthardroute. Erst mit dem Bau der Gotthardbahn büßte es seine Bedeutung langsam ein. Anders als Faido gelang es Giornico jedoch, ein wenig vom früheren Glanz in die Gegenwart hinüberzuretten. Alte Bausubstanz wurde sorgsam restauriert, Denkmäler wurden platziert, und mit der Ansiedlung des wichtigen Regionalmuseums schaffte man es in gewisser Weise sogar, den Zentrumscharakter zu erhalten. All das hatte den hübschen Nebeneffekt, dass der Tourismus neben dem traditionellen Weinbau immer mehr zur Haupteinnahmequelle der Gemeinde werden konnte. Und um den einmal erreichten Standard zu halten, kokettiert man weiter mit seiner ruhmvollen Geschichte, die mit der „Schlacht der großen Steine" sogar ein überregional bekanntes Ereignis aufzuweisen hat.

Schlacht der großen Steine

1478 drang ein Söldnerheer der Mailänder Aristokratie in die Leventina ein. 8000 Schwerbewaffnete stapften durch tiefen Schnee nach Norden, wurden aber in der Talenge von herabstürzenden Felsbrocken erschlagen. Ausgelöst hatte die Steinlawine eine 600 Mann starke Bauernmiliz, die auf diese Weise die übermächtige Truppe aufgerieben und den Einfluss der Eidgenossen über die Leventina durchgesetzt hatte. Ein 1937 in einem Park an der Kantonalstraße errichtetes Denkmal erinnert an das Ereignis, das jedes Schweizer Schulkind kennt.

Eine Touristeninformation sucht man in Giornico vergebens, und das einzige Hotel (Turista in der Via San Gottardo) wird seit Jahren umgebaut. Der Ort ist nur auf Tagesausflügler eingestellt; deshalb ist einzig das Restaurantangebot erwähnenswert.

• *Essen und Trinken* **Grotto Pergola**, in der Nähe der Kirche S. Nicolao, ✆ 091/8641422. Man kann in einem schattigen Garten auf allerdings ungemütlichen Stühlen essen. Zu empfehlen sind die Minestrone und die von der Besitzerin selbst gemachten Desserts. Mo geschlossen.

Osteria Giornico, an einem kleinen Platz an der Hauptstraße, ✆ 091/8642215. „Cucina casaligna", gutbürgerliche Küche, ist Merkmal dieses Lokals.

Grotto Rodai, am Südausgang des Dorfs (vor der Eisenbahnbrücke), ✆ 091/8642148. „Tessiner Teller" (z. B. pesce in carpione) oder den selbst gemachten Alpenkäse sollten Sie hier probieren. Di geschlossen.

Grotto dei Pescatori, direkt am Fluss (unweit der Bahnlinie), ✆ 091/8641991. Bodenständige, typisch Nordtessiner Küche. Nicht nur Fisch, wie der Name vermuten lässt, wird hier zu günstigen Preisen aufgetischt.

Grotto due Ponti, ✆ 091/8642030. Sie finden den Grotto auf der Isola, einem Inselchen, das durch zwei mittelalterliche Brücken mit beiden Ticino-Ufern verbunden ist. Das romantischste Plätzchen im Ort mit dem besten Essen und dem schönsten Ambiente weit und breit.

Sehenswertes

San Nicolao: Unter den sieben Kirchen des Ortes ist San Nicolao die älteste (1180 als Klosterkirche einer Benediktinerabtei erbaut) und als klassische Vertreterin stilreiner Tessiner Romanik die bedeutendste. Der viereckige, seit 800 Jahren unveränderte Bau am rechten Ticino-Ufer besteht aus gleichförmigen Granitquadern, die mit kleinen Skulpturen verziert sind. Berühmt ist die stets geöffnete Kirche für die 1478 von Nicola de Seregno gemalten Fresken in der Apsis und für die originelle dreischiffige Krypta, über der sich das Chorschiff erhebt.

Seltenes Schmuckstück – die dreischiffige Krypta von San Nicolao

Das inmitten üppiger Weinfelder gelegene Kirchlein strahlt die noch unbelastete Frömmigkeit des frühen Mittelalters aus. Mit seiner schlichten Ästhetik nimmt San Nicolao auch den gefangen, der wenig Sinn für Kirchenarchitektur hat. Verbinden Sie einfach das kulturelle Muss mit einem Picknick auf den Bänken, und genießen Sie das für das Tessin so typische Miteinander von Kultur und Natur.

Santa Maria di Castello: In der Burgkirche aus dem 13. Jh. sind spätgotische Decken- und Wandfresken sowie die Bemalung der Kassettendecke aus dem Jahr 1575 zu bewundern. Das Kirchlein war einst Teil einer Burganlage, die 1518 von Truppen des Kantons Uri zerstört wurde.

Museo di Leventina: Das Regionalmuseum des Tales ist in der Casa Stanga, einer ehemaligen Herberge im Ortszentrum, untergebracht. Die Fassade des riesigen Gebäudes ist mit gemalten Wappen seiner illustren Gäste versehen. Drinnen sind Münzen, Modelle, Werkzeuge, Votivtafeln, Trachten und Textilien aus 500 Jahren ausgestellt.

Öffnungszeiten Apr.–Okt. Di-So 14–17 Uhr; Eintritt 5 Fr.

La Congiunta: Man glaubt es kaum – der fensterlose Festungsbunker auf einer weglosen Wiese zwischen Bahnlinie und Fluss im Norden des Ortes beherbergt nicht nur ein europaweit gepriesenes Museum, sondern wurde 1995 gar mit dem Architekturpreis „Neues Bauen in den Alpen“ ausgezeichnet. Das vom Zürcher Architekten Peter Märkli konzipierte, 1992 errichtete und von der Stiftung La Congiunta finanzierte Museum stellt Reliefs und Skulpturen des in Zürich arbeitenden Königsberger Bildhauers Hans Josephson aus. Den Museumsschlüssel gibt es in der Osteria Giornico (s. o.).

Torre di Atto: Der fünfgeschossige, quadratische Turm aus dem 10. Jh. ist letzter Rest der einstigen Festungsmauer und wurde zeitweise als wohl recht ungemütlicher Wohnturm genutzt.

San Michele: Die Pfarrkirche aus dem 13. Jh. wurde 1787 umgestaltet und bei dieser Gelegenheit mit einem neuen, der Spätgotik nachempfundenen Altar versehen. Der Kirchturm entstand erst 1861.

San Pellegrino: Der Besuch der Wallfahrtskirche aus dem 14. Jh. ist mit einem 40-minütigen Spaziergang verbunden. Der an der Hauptstraße des Dorfes ausgeschilderte Aufstieg lohnt sich aber, denn San Pellegrino gilt als freskenreichste Kirche des Tessins, deren Maler uns allerdings nicht mehr bekannt sind.

Ein Standort macht pleite

Stahlwerk, Hochofen, Verwaltung und Verladerampe – alles liegt verlassen. Zwischen Giornico und Biasca huschen die Industrieruinen links der Autobahn vorbei. Das Stahlwerk Monteforno in Bodio war bis zu seiner Schließung 1995 der größte Industriebetrieb im Kanton. Fast 1750 Menschen fanden im Werk Arbeit. Jetzt verrottet das Areal, die Gemeinde ist um 500 Arbeitslose reicher, die letzten Öfen wurden nach Indonesien verkauft; selbst der Zug Airolo–Bellinzona hält nicht mehr am Bahnhof. Für die ehemaligen Stahlwerker gibt es kaum Hoffnung auf neue Arbeitsplätze, denn mit 7 Prozent Arbeitslosigkeit nimmt die Leventina im Tessin ohnehin die Spitzenstellung ein.

Wanderung 1: Auf der Strada alta von Airolo nach Biasca

Der linksseitige Höhenweg durch die Leventina ist 44 km lang und fällt von 1140 m bei Airolo auf 300 m bei Biasca ab. Die Wanderung wird als Drei-Tages-Tour empfohlen, sie kann jedoch jederzeit ab- oder unterbrochen werden, indem man ins Tal absteigt und dort Bahn oder Bus für die Rückfahrt nutzt. Wanderweg wie Abstiege sind markiert (weiß-rot-weiß).

1. Etappe: Airolo–Osco (16 km, 5 Stunden): Start ist am Bahnhof von Airolo. Von dort geht es zur Gotthardstraße; beim Friedhof biegt man auf der Fahrstraße ab ins Dorf *Valle* (1189). 20 Minuten später ist über den historischen Säumerpfad, der längst zum Waldweg wurde, bereits *Madrano* erreicht. Auf dem 2 km langen Anstieg nach *Brugnasco* (1380) werden 230 Höhenmeter überwunden – der schweißtreibende Aufstieg wird versüßt durch phantastische Ausblicke ins Leventinatal.

Am steilen Berghang führt die Strada alta weiter leicht bergauf, kreuzt unterhalb der Zwischenstation die Ritom-Bahn und mündet bei der Kirche des schönen Bergdorfs *Altanca* (1391) wieder in den Fahrweg. Der folgende Kilometer führt, kurz vor dem Weiler *Cresta*, auf den mit 1420 m höchsten Punkt der Wanderung. Danach geht's bergab nach *Ronco* (1368), dann nach *Deggio* (1280) mit vielleicht einer ersten Rast im Ristorante La Campagnola und schließlich vorbei an der Kapelle San

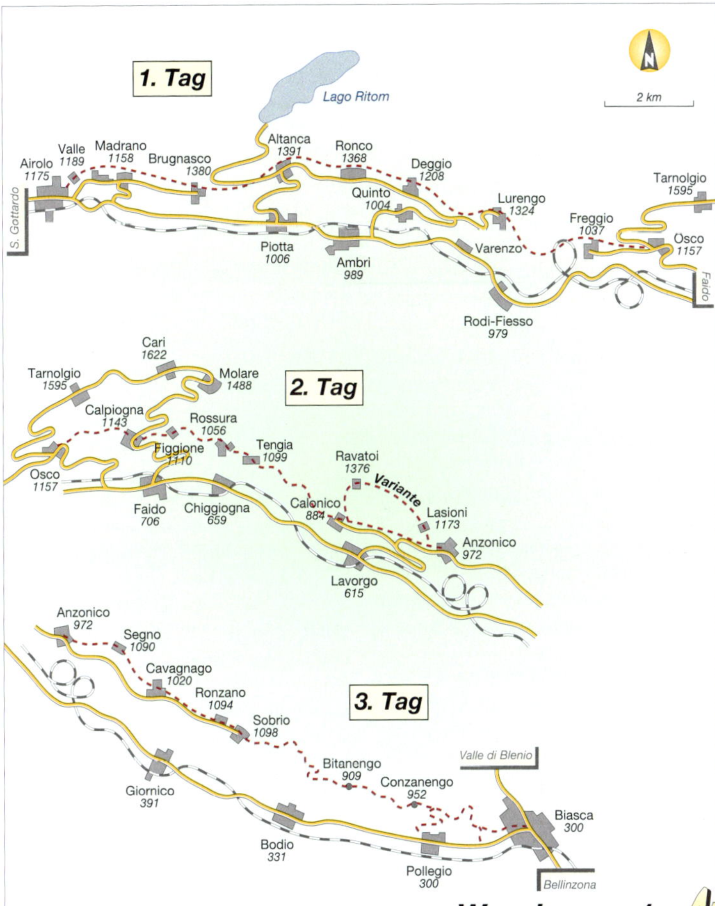

Wanderung 1: Auf der Strada alta von Airolo nach Biasca

Martino und über Wiesen wieder leicht bergauf nach *Lurengo* (1324). Nach 11 km und knapp dreistündiger Wanderung können ermüdete Wanderer erstmals ins Tal absteigen, um von *Piotta* die Rückfahrt anzutreten.

Die Strada alta erreicht jetzt den Bergwald über der Piottino-Schlucht; der Säumerweg verliert 300 Höhenmeter während des Abstiegs nach *Freggio* (1037 m). Schon von hier aus kann man nach *Faido* absteigen, aber es sind nur noch 2 km bzw. 45 Minuten bis zum Etappenendpunkt in *Osco* (1175 m). Von dort führt dann eine kleine Straße ebenfalls hinab nach Faido, wo es Übernachtungsmöglichkeiten, aber auch Bahnhof und Busstation zur Weiterfahrt gibt. Man kann aber die Nacht getrost auch im hübschen Dorf Osco verbringen.

• *Übernachten/Essen in Osco* **Ristorante Martin**, ✆ 091/8661189, 22 einfache Zimmer

(DZ 90, EZ 46 Fr, Nov–März geschlossen); **Osteria Salzi**, ✆ 091/8661932; **Marti Aldo**, ✆ 091/866184, Privatzimmer.

2. Etappe: Osco–Anzonico (11 km, etwas über 3 Stunden): Der womöglich schönste Abschnitt der Strada alta steht bevor: Wald, Wildwasser und weite Aussichten zuhauf. Von der Piazza in *Osco* startet man auf der Straße nach *Faido*, biegt aber schon in der ersten Kehre ab. Schon bald stößt der Waldweg auf die Bachläufe von Ri del Ri und Ri Sciresa. Über eine verwachsene Hochalm läuft er dann auf die *Formiei-Schlucht* mit dem gleichnamigen Flüsschen zu. Nach einem kleinen Anstieg trifft man schließlich auf *Calpiogna* (1143 m), das sich auf einer Lichtung breit macht.

Wieder im Wald führt eine kleine Brücke über den Ri Bassengo und weiter nach *Figgione*, kreuzt erneut einen Wildbach und erreicht *Rossura* (1056 m) mit der Pfarrkirche San Lorenzo, die ein Kranz von Kreuzwegstationen umschließt. Knapp 5 km und gut eine Stunde ist der erprobte Wanderer jetzt unterwegs, fast die Hälfte der heutigen Etappe ist geschafft, und wieder gibt es eine Abstiegsmöglichkeit nach Faido (45 Minuten).

Die Strada alta aber führt weiter nach *Tengia* (1099 m), an dessen Kapelle sich der alte Säumerweg teilt: Abwärts führt die einfachere Route durch Wiesen und Wald via *Calonico* (884 m) mit seiner weithin sichtbaren Kirche San Martino zum Etappenziel *Anzonico* (eineinhalb Stunden). Alternativ geht es aufwärts und am Sorsello-Wasserfall vorbei zum Weiler *Cò* mit einer famosen Aussicht und dann wieder abwärts über die Weiler *Ravatoi* und *Casioni*. 5 km und knapp zwei Stunden dauert diese Route, bevor sie sich kurz vor dem Etappenziel wieder mit dem unteren Weg vereinigt.

Von *Anzonico* (972 m), dem Endpunkt der zweiten Etappe, kann man in knapp einer Stunde nach *Lavorgo* absteigen, aber auch in dem schönen Hangdorf Anzonico mit einer besuchenswerten Kirche und einem unverfälschten Ortsbild gibt es zwei urig-einfache Übernachtungsmöglichkeiten mit empfehlenswerter Küche:

• *Übernachten/Essen in Anzonico* **Ristorante Bellavista**, ✆ 091/8651110. 20 Zimmer (DZ 90–100, EZ 55–60 Fr, Di geschlossen), eine famose Küche und eine hinreißende Aussicht über das Leventinatal.

Osteria Anzonico, ✆ 091/8651220. Ebenso viele, kürzlich renovierte Zimmer (DZ 110–120, EZ 55–60); die Aussicht aber kann es mit der des Bellavista nicht aufnehmen.

3. Etappe: Anzonico–Biasca (17 km, 5 Stunden): Überwiegend bergab – streckenweise steil – führt der letzte Etappenabschnitt, der bei der Kapelle San Antonio am Südrand *Anzonicos* beginnt. Erster Orientierungspunkt nach knapp 2 km ist der Campanile der mittelalterlichen Kapelle San Ambrogio beim Weiler *Segno*. Weiter geht es dann nach *Cavagnago*; der Weg kreuzt an der Pfarrkirche die Straße des Postbusses, taucht in Kastanienwälder ein und streift nach kurzem Aufstieg durch Wiesen das Dörfchen *Ronzano*. Schon jetzt ist die Turmspitze von San Lorenzo in *Sobrio* zu erkennen, dem nächsten Zwischenziel, wo sich nach 90-minütiger Wanderung eine Rast im Ristorante Ambrogini anbietet.

Der prächtige Aussichtspunkt Valecc am Dorfrand von Sobrio ist das nächste Ziel. Von da aus geht es stetig bergab: durch die wildromantische Vallone-Schlucht, über die Monti di Bodio und die Monti di Pollegio und am idyllischen *Diganengo* vorbei. Am Forsthaus (casa forestale) geht es rechts durch den Kastanienwald hinab nach *Pollegio*. Von dort sind es noch 3 km über die Brennobrücke via *Ponte* und *Pedemonte* nach Biasca.

Bleniotal – ganz anders als alle anderen Tessiner Täler

Valle di Blenio

Das liebliche Tal, das der vom Lukmanier ausgehende, 34 km lange Brenno in das Schiefergestein gegraben hat, öffnet sich weit nach Süden und schafft Platz für sanfte Hänge und Almen, verwöhnt aber vor allem mit wärmendem Sonnenschein: Valle del Sole, Sonnental, nennen die Blenieser ihr Tal, das anders ist als die übrigen Tessiner Täler.

Nur in touristischer Hinsicht führt das Sonnental ein Schattendasein. Abseits der großen Verkehrsströme verirren sich selten Urlauber in die sattgrüne Gegend.

Auch die Landflucht trägt dazu bei, dass Dörfer veröden und anstelle stattlicher Rinder nur mehr Schafe auf den Weiden grasen. Immerhin aber unternimmt der Wirtschaftsverbund *Tre Valli* (Valle Leventina, Valle di Blenio und Riviera) ernst zu nehmende Initiativen, um dem wirtschaftlichen Niedergang entgegenzuwirken. Erste Erfolge sieht man im Aufbau von Wintersportzentren in Campra oder Nara und in dem Plan, das Thermalbad von Acquarossa wiederzueröffnen.

Doch nicht immer stand das Valle di Blenio, das im Oberlauf **Valle Santa Maria** heißt, derart im Abseits. Bevor vor 100 Jahren der Gotthardpass beim Alpentransit in Mode kam, war der Lukmanierpass, der heute in erster Linie von Bikern genutzt wird, ein durchaus beliebter Alpenübergang. Der frühere Durchgangsverkehr bescherte dem Tal zum einen beachtlichen Reichtum, zum anderen aber auch eine Vielzahl stets wechselnder fremder Herren, gegen die sich die Einheimischen allerdings häufig erfolgreich zur Wehr setzen konnten. Bis auf den heutigen Tag erinnern die alljährlich zwischen dem 21. Juni und dem 15. Juli abgehaltenen Paraden der historischen Milizen in Leontica und Aquila an die kriegerische Vergangenheit.

Acquacalda

Die nur knapp 5 km vom Lukmanierpass entfernte Häuseransammlung verdankt ihren Ruf einem Luganer Schöngeist, der 1985 das **Centro Ecologico Uomo Natura** gründete und im einstigen Hospiz unterbrachte. Mit einem reichhaltigen Exkursions-, Tagungs- und Kursangebot versucht das mehrfach ausgezeichnete Zentrum, Interessenten einen umfassenden, aber dennoch allgemeinverständlichen Überblick über Geologie, Ökologie und (Kunst-)Geschichte des Alpenraums zu vermitteln. Mittlerweile hat sich daraus so etwas wie ein neuer Alternativtourismus entwickelt, der zwischen April und Oktober reges Leben im Ort garantiert. Auf dem Programm stehen dann beispielsweise organisierte Schnee- und Nachtwanderungen, Vogelbeobachtungen oder Radtouren durch die Region. Daneben trifft man sich zu Vorträgen und Diskussionen in famos ausgestatteten Tagungsräumen, der Bibliothek oder im Alpengarten. Angeboten werden Wochenkurse, speziell auch für Familien oder Senioren; man kann aber auch als Einzelperson oder als Gruppe anreisen und sich das Programm selbst zusammenstellen.

• *Information* **Centro Ecologico Uomo Natura**, CH-6718 Acquacalda, ✆ 091/8722810, 📠 091/8722820 (erreichbar nur zwischen Apr. und Okt.); www.uomonatura.ch. Information auch in Fremdenverkehrsbüros von Bellinzona und Acquarossa (s. u.).

• *Verbindungen* Nächster **Bahnhof** (nur für Nord-Süd-Verbindungen) ist Biasca. Wichtigste **Postbusverbindung** im Tal ist die Route Biasca–Olivone; von Olivone aus fährt der Bus dreimal tägl. weiter zum Lukmanierpass und zurück und passiert dabei Acquacalda (siehe auch Verbindungen/Olivone)

• *Übernachten/Essen* **Berggasthof**, DZ 90–130 Fr, EZ 60–100 Fr; **Campingplatz**, 8 Fr/Person, 4–12 Fr/Zelt; Holzhütte o. Wohnwagen: 30 Fr. **Restaurant Marché**, vegetarische Kost.

Von Maronen und anderen Süßigkeiten

Über dem Dörfchen Dangio erhebt sich ein kompakter, in dieser Landschaft unerwarteter Fabrikbau mit der Aufschrift *Cima Norma*: eine von einst 15 Schokoladenfabriken im Tal, die allerdings wie alle anderen auch längst geschlossen ist und derzeit als Feuerwehrzentrale genutzt wird. Schon im 17. Jh. sollen Blenieser die Kunst der Schokoladenherstellung aus Andalusien ins Tal gebracht haben; womöglich befindet sich also hier die Wiege der Schweizer Schokoladenherstellung. Lust auf Süßes hat ohnehin Tradition im Bleniotal. Maronenbrater exportierten über Jahrhunderte kandierte Esskastanien nach Mailand und Paris. Dabei waren Maroni einstmals Grundnahrungsmittel: Kindern gab man sie neben der Milch, Frauen aßen sie zum Kaffee, Männer zum Wein, man machte Brot und Suppen daraus. Und selbst bis zum heutigen Tag werden die Früchte der *Castanea sativa*, der Edelkastanie, im Bleniotal zum Mittag- wie Abendessen gereicht.

Skifahren

4 km südöstlich von Acquacalda, wunderschön eingebettet in eine Mulde, liegt **Campra**. Hier finden Sie mit dem **Centro Sci Nordico** das einzige Langlaufzentrum der Alpensüdseite, das diesen Namen wirklich verdient. Obwohl auch Weltcup-Rennen ausgetragen werden, sind die präparierten Spuren (insgesamt 66 km, Skating wie klassisch) durch tief verschneite Kiefernwälder auch für Otto-Normal-Langläufer zu bewältigen. Das Zentrum verfügt darüber hinaus über eine Natureisbahn und ein Lokal (Duschen, Sauna, Skiverleih und Matratzenlager mit 180 Schlafstellen).

Information/Preise Centro Sci Nordico Campra, ✆ 091/8722278, 📠 091/8722146, Internet: www.campra.ch. Loipennutzung 3–8 Fr/Tag, Matratzenlager 10 Fr.

Olivone

Im Schatten des pyramidenförmigen Sosto (2221 m) und am Zusammenfluss zweier Quellarme des Brennos schmiegt sich der nur 900 Einwohner zählende

Von der Sonne verwöhnt – auf 900 m wachsen in Olivone sogar Palmen

größte Ort des Tals an den Hang. In dem für diese Höhe außerordentlich milden Klima gedeihen Obst- und Nussbäume, Kastanien und sogar Palmen. Als Luftkurort hat sich Olivone ganz dem Tourismus verschrieben.

• *Information* Im Sportgeschäft am kleinen Markt unterhält **Ente turistico di Blenio** eine nur am Wochenende geöffnete Zweigstelle; für ausführlichere Informationen steht die Zentrale in Acquarossa (s. u.) zur Verfügung.

• *Verbindung* 11-mal tägl. zwischen 5.30 und 20 Uhr fährt der **Postbus** Richtung Biasca und hält dabei in allen Talorten. Drei Busse (9.45, 14.40 und 15.40 Uhr) starten tägl. zum Lukmanier (Anschluss nach Disentis), und 5 Busse tägl. bringen Wintersportler nach Campo Blenio (s. u.).

• *Hotels/Restaurants* **Osteria Centrale**, ✆ 091/8721107. In dem empfehlenswerten Restaurant in der Via alla Chiesa (Spezialitäten: Hausmannskost, selbst gemachte Teig- und Wurstwaren) werden auch 8 rustikal eingerichtete Zimmer vermietet (nicht alle mit Du/WC). DZ 90–120 Fr, EZ 70 Fr.

San Martino, ✆ 091/8721521, ℻ 091/8722662. Das zentral gelegene Stadthaus mit einer riesigen Terrasse hat 20 einfache Zimmer im Angebot. DZ 100 Fr, EZ 50 Fr. HP kostet 25 Fr, VP 40 Fr zusätzlich. Das bescheidene Lokal ist eher eine Pizzeria mit allerdings konkurrenzlos günstigen Preisen.

Albergo Arcobaleno, ✆ 091/8721362, ℻ 091/8722744. Der „Regenbogen" in der Via Lucomagno wirbt mit seiner kreativen Küche, die sich auch Gäste mit schmalem Geldbeutel leisten können. Darüber hinaus werden in dem nicht sonderlich schönen Haus 23 Zimmer (Du/WC, TV/Tel.) vermietet. Und eine Sauna gibt es auch. DZ 140 Fr, EZ 90 Fr.

Albergo Olivone e Posta, ✆ 091/8721366, ℻ 091/8721687. Die komfortabel renovierte Poststation, ebenfalls in der Via Lucomagno, ist in jeder Hinsicht das beste Haus am Platz: internationale Küche und 25 edle Zimmer (Du/WC, Tel./Radio/TV) in einem riesigen Garten zu vergleichsweise günstigen Preisen. DZ 145–170 Fr, EZ 60–70 Fr. HP 25 Fr, VP 45 Fr zusätzlich.

• *Ferienhäuser* **Casa Morelli**, ✆ 091/8572727. Das Einfamilienhaus im Ort mit Garten und Terrasse ist ausreichend ausgestattet und kostet 80–90 Fr/Tag (Heizung/Strom extra).

Casa del Sole, ✆ 091/8721435. Das urige Tessiner Steinhaus ist perfekt ausgerüstet und verfügt über einen Spielplatz im Garten; 470–500 Fr/Wo.

Casa Canepa, ✆ 091/8721270. Das hübsche Stadthaus mit solider Grundausstattung inklusive Telefon bietet Platz für 4 Personen. 100 Fr/Tag, 560–700 Fr/Wo.

Sehenswertes

San Martino: Die mehrfach umgebaute Pfarrkirche (16.–18. Jh.) mit einem romanischen Campanile wirkt für das kleine Dorf ein wenig zu gewaltig; deutlich überbetont wird dieser Eindruck durch den überdimensionierten Kirchplatz. Üppig auch die Innenausstattung: Illusionsmalerei, Renaissancefresken und barocke Stuckaturen.

Heimatmuseum Cà da Rivöi: Gegenüber der Kirche im ehemaligen Amtssitz des Steuereintreibers (15. Jh.) hat die Stiftung Jacob-Piazza ein Heimatmuseum eingerichtet, in dem neben bauerlichen Arbeitsgeräten und Trachten allerlei Kunstgegenstände und kirchliche Schätze zu bewundern sind. Das Museum war zur Renovierung bis Ende 2004 geschlossen – wir hoffen, dass sich derweil Eintrittspreise und Öffnungszeiten nicht geändert haben.

Öffnungszeiten Ostern–Okt. Di–Fr 14–17 Uhr; Eintritt 4 Fr/Erwachsene, 2 Fr/Kinder.

Skifahren

Campo Blenio/Ghirone: Die beiden Dörfer im 6 km entfernten **Val Camadra** wurden zu familienfreundlichen Wintersportorten ausgebaut. Vier kleine Lifte führen auf die 1600 m hoch gelegenen 5 Pisten von insgesamt 8 km Länge. Außerdem ist eine Loipe (4 km) und eine Snowboard-Piste vorhanden. Eine Schneekanone sorgt für sichere Wintersportbedingungen ab Weihnachten.

Preise Liftkarte 25 Fr/Tag; Skischule 45 Fr/Std., 240 Fr/Wo; Leihski 70 Fr/Tag.

Acquarossa

Einst war Acquarossa ein hochherrschaftlicher Kurort. Wer ein paar Schritte aufsteigt, findet in einem üppigen Park das stillgelegte Thermalbad, das irgendwann einmal wiederbelebt werden soll.

Das Bad bezog sein Wasser aus zwei eisenhaltigen Thermalquellen, die im Park aus dem Felsen treten. Daher rührt auch der Name der kleinen Gemeinde, die 2002 nach einem Zusammenschluss mit neun kleinen Nachbargemeinden zum Hauptort des Tales mit dann 1.800 Einwohnern aufgestiegen ist. Heute ist Acquarossa in erster Linie als *der* Folkloretreff des Tales bekannt: Die Musikergruppe *Vox Blenii* gräbt vergessene Volkslieder aus, presst sie in neuen Arrangements auf CD und führt sie beim alljährlichen Folklorefestival im Oktober live vor.

• *Information* Acquarossa beherbergt das **zentrale Fremdenverkehrsbüro** des Tals; es liegt an der Durchgangsstraße. ✆ 091/8711765, 📠 091/8712545. www.bleniotourismo.ch (bislang nur in italienischer Sprache), Mo–Fr 8.30–11.30 Uhr.

• *Übernachten/Essen* **Rubino**, ✆ 091/8711995, 📠 091/8712761. Der 300 m von der Hauptstraße entfernte Berggasthof im Grünen bietet neben 5 hübsch-rustikalen Zimmern (Du/WC) auch einen Grottino und eine Pizzeria sowie einen Spielplatz für die Kleinen. DZ 125 Fr, EZ 75 Fr.

Stazione, ✆ 091/8711123. Zentral gelegen und mit kleinem Restaurant versehen, vermietet die Pension fünf einfache Zimmer (nicht alle mit Du). DZ 80–110 Fr, EZ 40–60 Fr.

Camping Acquarossa, ✆ 091/8711603. Der ganzjährig geöffnete 80-Parzellen-Platz ist der einzige in der Talmitte. Gute Sanitäranlage, kleiner Laden, eigenes Schwimmbad, ein Schlafsaal und leicht überdurchschnittliche Preise: 20 Fr.

Sehenswertes in der Umgebung

Negrentino: Das einsame Kirchlein *San Carlo* auf der Anhöhe gilt als Höhepunkt romanischer Baukunst in der Schweiz und geradezu als Museum für mittelalterliche Tessiner Wandmalerei. Das zweischiffige Gotteshaus stammt aus dem 11. Jh. Die ältesten Fresken an der Westwand sind byzantinisch beeinflusst und werden auf das frühe 12. Jh. datiert. Mailänder Maler des 16. Jh. schufen die spätgotischen

Malereien der nördlichen Apsis. Der Campanile trägt die Wappen der Leventina und des Kantons Uri, der einstigen Herrscher über das Tal. Machen Sie aber nicht nur in Kultur – genießen Sie auch die herrliche Aussicht: Parkbänke laden zum Picknick ein, auch der unvermeidliche Souvenir-Shop (nur im Sommer) fehlt nicht.

Anfahrt San Carlo ist nur auf ausgeschilderten Wanderwegen erreichbar: 40 Min. von Pruginasco, gut 10 Min. ab Leontica (Parkplatz Nara-Seilbahn). Schlüssel in den Gasthöfen beider Orte.

Lottigna: In dem kleinen Ort am gegenüberliegenden Talhang findet man die *Casa dei Landvogti* (frühes 16. Jh.), in der das *Museo Storico di Blenio* untergebracht ist. Von außen ist das Haus mit den Wappen eidgenössischer Vögte geschmückt. Drinnen zeigt das offizielle Regionalmuseum, 2002–2004 gänzlich renoviert, bäuerliches Gerät aus den letzten 500 Jahren, aber auch sakrale Kunst. Sehenswert zudem die reiche Waffensammlung sowie Werke des im Bleniotal geborenen Bildhauers *Emilio Genucchi* (1904–1979).

Öffnungszeiten Ostern–1. Wochenende im November. Mo–Fr 14–17 Uhr, Sa/So und feiertags 10–12, 14–17 Uhr; Eintritt 5 Fr, Kinder 2 Fr.

Skifahren

Wintersportzentrum Nara: Ski-, Langlauf und Rodeln im Winter, Wandern und Reiten im Sommer – all das steht in der touristisch erschlossenen Region rund um den Bergsattel Bassa di Nara (2123 m) auf dem Programm. Zwei Sesselbahnen starten oberhalb von **Leontica**, drei Skilifte und ein Babylift erschließen das Gebiet, das mit 10 Abfahrten (30 km, leicht bis mittelschwer), einer 4 km langen Loipe, einer Halfpipe und einer 5 km langen Rodelbahn aufwartet. An der Zwischenstation Cancori (1460 m) gibt es außerdem ein Restaurant, und auf dem Pian Nara (1937 m) kann man sich in einer Ski-Bar entspannen. Im Sommer werden überdies ab Cancori geführte Ausritte (zwischen einer und neun Stunden) angeboten.

Preise **Lift**, Tageskarte 35–45 Fr, Wochenkarte 210–250 Fr; **Rodelbahn** 19–25 Fr; **Skischule** 340–380 Fr/Wo; **Loipe** 5 Fr/Tag. Buchung/Information: ✆ 091/8712361, 📠 091/8711034. **Reittouren**: 30 Fr/Std, 130 Fr/Tag Buchung/Information wie oben oder ✆ 091/8711425.

Malvaglia

Dem 1160-Einwohner-Städtchen wenige Kilometer nördlich von Biasca am Anfang der Strada del Lucomagno sieht man noch heute an, dass hier einst der Schauplatz einer gewaltigen Naturkatastrophe war.

1512 war eine Geröllawine durch das Bleniotal gedonnert, hatte mehrere Ortschaften unter sich begraben, Überschwemmungen ausgelöst und eine Flutwelle durch den Ticino gedrückt, die verheerende Verwüstungen noch bis Bellinzona anrichtete. 4 km südlich von Malvaglia findet man in **Loderio** eine Kirche, die noch immer aus dem Geröll ragt. Und in Malvaglia selbst gibt es kaum ein Gebäude, das aus der Zeit vor der Katastrophe stammt. Der Bergsturz *Buzza di Biasca* hat eindeutige Spuren hinterlassen.

• *Verbindungen* 14-mal tägl. Anschluss an den **Postbus** Biasca–Olivone (dreimal mit Weiterfahrt zum Lukmanierpass); von Semione auf der gegenüberliegenden Talseite 6-mal tägl. Anschluss an die Linie Biasca–Ludiano.

• *Übernachten* **Notari**, ✆ 091/8701130. Die ganzjährig geöffnete Sieben-Zimmer-Pension auf der Malvaglia gegenüberliegenden Flussseite vermietet ihre einfach möblierten Räume (Du/WC) für 80 Fr (DZ) bzw. 40 Fr (EZ). Das Restaurant im Haus bietet zudem HP (plus 15 Fr) und VP (plus 30 Fr).

• *Essen* **Grotto della Ganna**, ✆ 091/8701507. Das Lokal auf halbem Weg nach Semione ist keine besondere Schönheit (ausgenom-

Romanische Rarität – San Carlo in Negrentino

men die Terrasse); angeboten werden selbst gemachter Käse und Wurst.

Grotto al Sprüch, ✆ 091/8701060. Der womöglich ursprünglichste Grotto des Landes liegt 3 km nördlich von Malvaglia in Ludiano: wenige Tische unter einem Granitvorsprung, an denen man deftige Hausmannskost zu erstaunlich niedrigen Preisen bekommt.

Grotto Milani, ✆ 091/8702197. Wahrlich ursprünglich auch dieser Grotto oberhalb von Ludiano. 6 der 50 Sitzplätze befinden sich in einem Kastanienbaum, die anderen im Schatten darunter. Zu empfehlen: selbst gemachter Käse und Risotto.

Grotto al Morign, ✆ 091/8701181. Schöner Berggasthof in Pontirone (südöstlich von Malvaglia): frische Luft, ungestörte Ruhe, uriges Ambiente, rustikale Küche und niedrige Preise.

Sehenswertes in Malvaglia und Umgebung

Kirche San Martino: Nur der Campanile hat den Bergsturz von 1512 unbeschadet überstanden, die übrigen Gebäudeteile stammen aus der Zeit kurz nach der Katastrophe. Eindrucksvoll das gewaltige Fassadenfresko, das St. Christopherus darstellt, den Schutzheiligen der Reisenden. Im Kircheninneren sind vor allem die spätgotischen Fresken an der Nordwand und die Barockmalereien an der Chorbogenwand sehenswert.

Burgruine Serravalle: Auf der Straße nach Semione (2 km westlich und ausgeschildert) zweigt neben einem Gehöft und hinter dem klotzigen Holzbau einer modernen Schreinerei der kurze, steile Weg zur einst mächtigen Festung Serravalle (erbaut um 1070) ab. Noch heute ist die talbeherrschende Lage der Burg (*Serravalle* = Talsperre) erkennbar, die im Mittelalter mehreren deutschen Kaisern als Station auf ihrem Weg nach Italien diente. Friedrich Barbarossa kehrte 1158 allerdings nicht ganz freiwillig ein: Aufmüpfige Bauern setzten ihn vier Tage fest, damit er sich selber ein Bild vom Treiben der verhassten Vögte machen konnte. 1402 wurde die Festung endgültig von den Bauern geschleift. Die leider verschlossene Schlosskapelle S. Maria (14. Jh.) im Süden der Anlage birgt spätgotische Fresken.

Burgruine Serravalle – Talsperre und Kaiserquartier

Collezione di minerali e fossili: In der *Casa San Carlo*, einem schiefergedeckten Haus in Semione, zeigt die örtliche Stiftung Paolo Frei Mineralien und Fossilien aus der Juraformation.

Öffnungszeiten Ostern–Okt. tägl. 15–17 Uhr; Schlüssel im Gemeindeamt; Eintritt frei.

Val Malvaglia

Östlich von Malvaglia erstreckt sich das schöne, selbst bei Tessinern weitgehend unbekannte Malvagliatal. Um es dem Tourismus zu öffnen, wurde 1999 eine kleine Seilbahn auf den Monte Dagro installiert (1419 m). Ansonsten muss man sich noch mit einem kleinen, 12 km langen Sträßchen begnügen, das sich aber hervorragend für eine kurze Spazierfahrt eignet. Die reizvolle Strecke führt an einem Stausee vorbei und geht weiter zu den kleinen Dörfern **Anzano** und **Dandrio**, Letzteres mit einer alten Mühle, die noch immer durch die vielen kleinen Wasserfälle am Ende des Tales betrieben wird.

Seilbahn Ganzjährig betrieben, von 9–17 Uhr stündliche Abfahrten; einfache Fahrt 12 Fr.

Wanderung 2:
Auf dem Sentiero basso von Olivone nach Loderio

Für die klassische, 20 km lange Route brauchen geübte Wanderer 7 Stunden. Da die Wanderung fast alle Talorte berührt, kann man beinahe überall in den Bus einsteigen. Mit Ausnahme weniger Steigungen ist der Weg abschüssig (Olivone 889 m, Loderio 353 m) und daher kaum anstrengend.

1. Etappe: Olivone–Aquila: Startpunkt der Wanderung ist die Pfarrkirche San Martino in Olivone. Von dort verlässt man das Dorf in südöstlicher Richtung und folgt dabei der Ausschilderung nach *Sallo.* Diesen Weiler durchquert man zunächst auf einem Weg, dann auf einer Straße und folgt der ersten Abbiegung zwischen den Häusern links den Hang hinauf.

Der von Haselnusssträuchern gesäumte Weg zweigt dann oberhalb von Sallo rechts in ein Seitental ab und erreicht im Talgrund einen Bach, der überquert wird. Auf der anderen Talseite steigt der Weg an und trifft auf der Höhe auf einen breiten Saumpfad, der zunächst von Steinmauern, später von Büschen eingerahmt ist. Dieser Weg führt westwärts nach gut einer Stunde in das Dörfchen *Pinadee.* An den Häusern vorbei geht es zu einer Fahrstraße, der man mehrere Kehren abwärts nach *Ponto Aquilesco* folgt; an der Kirche erreicht man den Ort und durchquert ihn in südlicher Richtung.

Weiter auf einer kleinen Straße (Ausschilderung *Aquila*) geht es bergab, bis nach wenigen Serpentinen der Weg als Hohlweg rechts abbiegt und – immer geradeaus – nach *Aquila* führt. Das malerische 500-Einwohner-Dorf mit herrlichen Talaussichten und typischen Tessin-Häusern ist nach 1,5 Wanderstunden erreicht – Zeit für eine erste Einkehr. Wer will, kann aber auch zurückfahren; der Postbus hält in der Hauptstraße.

2. Etappe: Aquila–Acquarossa: Der Abstieg führt durch steile Dorfgassen (vorbei an der Post) zur Hauptstraße. Unterhalb davon findet man einen Wiesenweg, der links den Ort verlässt. Bis zu einer Unterführung begleitet der Weg noch die Straße, dann aber steigt er hinauf in das Dorf *Dangio,* das auf der alten Dorfstraße durchquert wird. An der Schokoladenfabrik vorbei geht es bis zu einer Abzweigung, die auf der südlichen Talseite links ansteigt. Über eine bewaldete Kuppe und durch Wiesenhänge gelangt man nach *Torre.*

Wanderung 2:
Auf dem Sentiero basso von Olivone nach Loderio

Valle di Belnio
Karte S. 68

Der Weg trifft an der Kirche auf die Hauptstraße, der man gute 500 m folgt. An der *Trattoria al Barraca* knickt der Weg dann nach rechts unten ab und führt zum Weiler *Grumo.* Nach Überquerung eines Hügels stößt der stille Wiesenweg – parallel zum Brenno – auf eine Bogenbrücke und die Fahrstraße nach *Ponto Valentino.* Der Straße nach Süden folgend, zweigt auf der Höhe eine kleinere Straße ab, über die man das hübsche, nur 83 Einwohner zählende *Lottigna* erreicht. Am Südrand des Ortes schließlich kommt man zu einem rechts abzweigenden Wiesenweg, der später als gemächlicher Waldweg nach *Acquarossa* führt – nach dreieinhalb Wanderstunden ist die Hälfte der gesamten Wegstrecke zurückgelegt. Wenn Sie die Wanderung abbrechen wollen, können Sie von Acquarossa aus mit dem Postbus nach Olivone zurückkehren.

3. Etappe: Acquarossa–Ludiano: Die alte Straße führt talauswärts am linken Brenno-Ufer aus dem Ort heraus. Nach wenig mehr als 1 km wechselt der Weg auf die rechte Talseite, quert die Hauptstraße und leitet zur Kirche San Remigio, die auf ihrem Felsvorsprung seit 800 Jahren über dem Tal wacht. Der Wiesenweg führt dann weiter zunächst an den schrofferen Brennohang, dann durch den Wald zum Kirchlein Santa Maria und als stellenweise mit Natursteinen gepflasterter „Königsweg", später als Forstweg über den Brenno nach *Ludiano.* An den ersten Häusern von Ludiano sollten Sie den mit Steinmauern gesäumten Weg nach rechts zum *Grotto al Sprüch* wählen – in diesem wohl urigsten Landgasthaus des Tessins lohnt nach fünfstündiger Wanderung eine weitere Rast (s. „Malvaglia/Essen").

4. Etappe: Ludiano–Loderio: Von Ludiano aus folgt man den Schildern nach *Serravalle.* Die Festungsruine ist nach halbstündigem Weg durch Rebhänge und Kastanienwälder erreicht. Der Abstieg führt auf ein Gehöft, dessen zwei- und vierbeinige Besitzer längst an den Durchgangsverkehr der Wanderer gewöhnt sind. Auf der Ebene nimmt man den Feldweg nach *Semione,* das schon von der Burgruine aus sichtbar gewesen ist. Das nur noch eineinhalbstündige Reststück der Wanderung beginnt am Südausgang von *Semione* auf einer Piste, die, von einem Wassergraben begleitet, in die kleine Straße nach *Loderio* einmündet: Hinter der Brücke erkennen Sie die Bushaltestelle, von der Sie nach Olivone zurückfahren können.

Wanderung mit Experten

Organisierte Wanderungen durch das Bleniotal veranstaltet der Verein *Accompagnatori Escursionisti* an Sommerwochenenden: Gegen ein geringes Entgelt – meist nicht mehr als 20 Fr – gibt es neben der Führung, die vor allem auf botanische und geologische Informationen setzt, ein Essen und freien Transfer. Informationen beim Verkehrsverein Blenio, ✆ 091/8711765.

Urig, urwüchsig, aber anstrengend – Wanderwege bei Biasca

Riviera

Riviera heißt Gestade. Treffend beschreibt der Name das neue Landschaftsbild, denn die bis dahin enge, felsig-graue Leventina wird hinter dem Zusammenfluss von Brenno und Ticino zur grünen Ebene mit prallen Weinbergen am Ufer und dichten Wäldern am Hang.

Dabei wurde die Riviera von der Natur nicht immer verwöhnt. Überschwemmungen und herabstürzende Geröllawinen verwüsteten die Region in beinahe regelmäßigen Abständen. Höhepunkt in einer Kette von verheerenden Katastrophen war das Jahr 1514. Der zwei Jahre vorher durch die Geröllmassen eines gewaltigen Bergsturzes zum See aufgestaute Brenno entwickelte einen solchen Druck, dass der vom Schutt gebildete Damm brach und sich die Wasser- und Steinmassen bis hinunter nach Bellinzona ergossen. Neben den unmittelbaren Folgen für Leib und Leben der einheimischen Bevölkerung hatte das auch Konsequenzen für die Infrastruktur der Region. Wichtige Verkehrsverbindungen wurden zerstört – selbst die Verbindung zum Lago Maggiore über eine Brücke bei Bellinzona war davon betroffen –, so dass die Bewohner des Tals für lange Zeit von der Außenwelt abgeschottet waren.

Andererseits hatten Überschwemmungen wie diese (das Problem ist mittlerweile durch die Regulierung der Flussläufe von Brenno und Ticino weitgehend erledigt) auch eine Reihe positiver Langzeiteffekte. Zum einen schufen sie fruchtbare Schwemmlandterrassen, auf denen sich Bauern und Winzer ansiedeln konnten. Und zum anderen höhlten die immer wieder ins Tal stürzenden Wassermassen langsam die Hänge aus, so dass der zum Dachdecken begehrte Glimmergneis gebrochen werden konnte, der heute noch in den Steinbrüchen der Region abgebaut wird.

Biasca

Die Spuren der ehemaligen Römersiedlung Aviasca sind längst verschwunden. Nur die alte Kirche und die überwucherten Burgreste, die über der Kleinstadt thronen, lassen eine ruhmvolle Vergangenheit erahnen. Heute ist Biasca ein wuseliges Städtchen mit spürbarem Gewerbefleiß.

Der Verwaltungssitz der Riviera liegt nicht nur am Zusammenfluss von Brenno und Ticino, sondern ist auch Scheitelpunkt der Transitlinien von Gotthard und Lucomagno. Herbergen und Handel prägten das Leben seit jeher; Industrie und Verwaltung kamen später hinzu. 5900 Einwohner zählt die Gemeinde inzwischen; man arbeitet in der Textilbranche oder im Holzhandel, repariert Eisenbahnen oder fördert Steinplatten zutage.

Biascas Vergangenheit ist überschattet von Flutkatastrophen und Pestepidemien. Außerdem setzten stets neue Eroberungen dem Städtchen ordentlich zu: Deutsche Kaiser, Mailänder Fürsten (von ihnen stammt der Brauch, die Fastnacht eine Woche später als anderswo zu feiern) und Schweizer Vögte waren die Herrscher über das Bergstädtchen, das immer im Schatten des nur 25 km entfernten Bellinzona stand – hier fehlen große Bauwerke, seien es Theater und Kirchen, es fehlt insgesamt das Städtische. Es fehlt aber auch die touristische Infrastruktur; selbst einen Stadtplan suchen interessierte Urlauber immer noch vergebens.

Information/Verbindungen/Adressen

- *Information* **Ente turistico Biasca e Riviera**, ✆ 091/8623327, ✆ 091/8624269. info@biascaturismo.ch; www.biascaturismo. ch. Das Fremdenverkehrsbüro ist seit kurzem im Kulturzentrum Pellanda (s. u.) untergekommen. Jetzt ist der Service auch besser als noch vor wenigen Jahren. Mo–Fr 8.30–11.30 u. 14–18 Uhr, Sa 8.30–11.30 Uhr.

- *Verbindungen* Der **Fernzug** Luzern–Chiasso (mit Anschlüssen nach Locarno und Mailand) hält zwischen 7.02 und 22.41 Uhr 14-mal in Biasca (mit weiteren Stopps in den größeren Talorten), der Fernzug Zürich–Chiasso 6-mal zwischen 10.39 und 22.41 Uhr. Außerdem haben Sie zwischen 6.18 und 19.18 Uhr 6-mal Anschluss mit dem. **Regionalzug** Bellinzona–Airolo.

Bus: Tägliche Verbindungen mit dem Postbus nach Olivone (11-mal), nach Ludiano (6-mal) und hinauf auf den Lukmanierpass (3-mal). Zwischen 6.29 und 17.18 Uhr überdies 10-mal Anschluss an die Linie Bellinzona–Airolo mit Haltestellen in allen wichtigen Talorten.

- *Adressen* **Apotheke** auf der Piazza Centrale , **Post** und **Bank** gegenüber dem Hotel Al Giardinetto, **Tankstellen** an beiden Ausfallstraßen.

Einsam, aber einladend – Biascas Umgebung ist für seine Grotti berühmt

Riviera
Karte S. 78

Übernachten/Essen und Trinken

• *Hotels/Restaurants* **Lucernese**, Via Bellinzona 6, ✆/℻ 091/8622465. In der einfachen Pension gegenüber vom Bahnhof werden 5 Zimmer ohne Bad oder Dusche für 70–90 Fr (DZ) bzw. 45–60 Fr (EZ) vermietet.

Posta, Via Bellinzona, ✆/℻ 091/8622121. Besitzerwechsel und Renovierung haben sich ausgezahlt. Seit 2003 gibt es 10 funktional eingerichtete Zimmer (WC/Du) in einem Betonkasten neben dem Bahnhof für 120–140 Fr (DZ) und 80–100 Fr (EZ); angeschlossen ein ansprechendes Lokal. HP für 25 Fr, VP für 50 Fr zusätzlich.

Svizzero, Via Gottardo 10, ✆ 091/8621120, ℻ 091/8621065. Schmuckes Hotel am Stadtrand mit sehr gutem, von zahlreichen Lesern gelobten Restaurant; es bietet 13 ruhige, geschmackvolle Zimmer (Du/WC, Tel.) für 140–160 Fr (DZ) bzw. 90–100 Fr (EZ).

Nazionale, Via Bellinzona 24, ✆ 091/862 1331, ℻ 091/8624362; nazionale@swissonline.ch. Schräg gegenüber vom Bahnhof werden in einem stilechten Tessiner Stadthaus 25 ebenso stilvolle Zimmer (nicht alle mit Du/WC) zu etwas überhöhten Preisen vermietet. DZ 100–180 Fr, EZ 50–100 Fr. Das Restaurant im Haus hat zu Recht einen guten Ruf.

Al Giardinetto, Via Pini 21, 091/8621771, ℻ 091/8622359; info@algiardinetto.ch; www.biasca.giardinetto.Qrooms.ch. Das beste und teuerste Hotel am Ort verfügt über 30 sehr hübsche Zimmer (viele mit Du/WC, TV/Tel.). Außerdem werden Wander- und Ausflugsprogramme angeboten. DZ 145–185 Fr, EZ 110–135 Fr.

• *Lokale* Am nördlichen Ausgang von Biasca, für geübte Spaziergänger unschwer auch zu Fuß zu erreichen, haben sich in der Via ai Grotti etliche typische Grotti angesiedelt, in denen Tessiner Hausmannskost und guter Merlot-Wein serviert werden:

Del Mulo, ✆ 091/8621258. Hier sitzt man auf Steinbänken unter riesigen Kastanien. Gerühmt werden die selbst gemachten Wurstwaren und die Polenta.

Lino, ✆ 091/8624547. Der Besitzer kann auf 30 Jahre Grotto-Erfahrung zurückblicken. Insbesondere den Hausmacherplatten merkt man das an. Außerdem empfehlenswert die Minestrone und der selbst gemachte Käse. Geöffnet von Mai bis Okt.

Grotto Pini, ✆ 091/8621221. Die Wirtin kocht selbst, am besten ist die Gemüsesuppe mit Kutteln. Häufig wird nur ein Menü angeboten, im Herbst meistens Raclette und Käsefondue. Geöffnet von Mai bis Okt.

Sehenswertes

Infocentro Gottardo: Seit 2004 ist Biasca um eine Attraktion reicher: Im nördlichen Vorort **Pollegio** kann man den Fortschritt der Baumaßnahmen für den später einmal längsten Eisenbahntunnel der Welt begutachten. Im Infocentro Gottardo wird mit Hilfe modernster Kommunikations-Technologie das Jahrhundert-Bauwerk der neuen St-Gotthard-Tunnelröhre vorgestellt. Eine moderne, sehr eindrucksvolle und informative Schau.

Öffnungszeiten Di–So 09.30–18 Uhr. Eintritt kostenlos; Führungen: 10 Fr (Kinder 5 Fr), www.infocentro.ch und www.alptransit.ch.

Stiftskirche Pietro e Paolo: Es gibt Touristen, die Biasca nur dieser Kirche wegen besuchen. Und tatsächlich zählt die vor einigen Jahren renovierte Basilika aus dem 11. Jh., malerisch an den schroffen Felsen geschmiegt, zu den wichtigsten romanischen Sakralbauten der Schweiz. Unübersehbar die architektonische Meisterleistung, mit der die Kirche in ihre Umgebung integriert wurde – so ist der nackte Felsen, auf dem die dreischiffige Pfeilerbasilika ruht, im Chor noch sichtbar, der Fußboden steigt an, zwei Treppen überwinden Höhenunterschiede und vergrößern gleichzeitig die Raumwirkung. Bewundernswert auch die hervorragenden Wandmalereien, sämtlich von lombardischen Künstlern zwischen dem 13. und 17. Jh. geschaffen: Achten Sie auf den Sennenheiligen Luzius, der am Käserad in der Hand zu erkennen ist, oder auf den Heiligen Karl Borromäus, den einstigen Mailänder Bischof, der während seiner Biasca-Besuche in der Casa Pellanda (s. u.) abstieg. Der harmlose 15-Minuten-Aufstieg zu dem sehenswerten Kirchlein lohnt allemal.

Der Kirchenschlüssel hängt an der Tür eines weißen Hauses 50 m links unterhalb der Kirche.

Stationenweg Santa Petronilla: Oberhalb der Peter-und-Paul-Kirche führt ein von mächtigen Kastanien und verfallenen Kapellen gesäumter Spazierweg über eine Steinbogenbrücke zur größeren Kapelle Santa Petronilla. Über dem Portal die Jahreszahl 1632 – Datum einer Pestepidemie. Als Dank für die Befreiung von der Seuche wurden Kreuzweg und Kapelle gestiftet und 1779 geweiht. Oberhalb der Kapelle lugen die Reste der mittelalterliche Burg des Simone Orello durch den Wald; der Sitz des verhassten Fürsten wurde von den Bewohnern der Stadt im 17. Jh. geschleift. Die Bogenbrücke kurz vor der Kapelle überspannt den dreistufigen Wasserfall der Froda. Aus dem Wasserfall wurden einstmals die Brunnen der Stadt gespeist, heute ist die Mulde unterhalb des Falls ein beliebtes Freibad der Stadtjugend.

Casa Pellanda: Der Pallazo der einst einflussreichen Patrizierfamilie Pellanda an der Piazza Centrale ist eines der wenigen historischen Gebäude in Biasca. Der prächtige Renaissancebau aus dem Jahre 1586 wird nach einer umfangreichen Renovierung 1998 heute als Kulturzentrum genutzt, in dem wechselweise Konzerte und Ausstellungen stattfinden. Neuerdings ist er auch Sitz des Ente turistico.

Öffnungszeiten Fr 17.30–21.30 Uhr, Mi, Sa/So und feiertags 14–18 Uhr (gesonderte Öffnungszeiten bei Sonderausstellungen); Eintritt frei, Sonderpreis bei Sonderveranstaltungen.

Osogna

Der 900-Einwohner-Ort am linken Tecino-Ufer war bis 1789 Sitz der eidgenössischen Landvögte und bietet dem Reisenden zwei sehenswerte Kapellen: **San Rocco** in der Dorfmitte und vor allem **Maria del Castello** oberhalb der Häuserflucht, deren Name sich von einer mittelalterlichen Burg ableitet, von der allerdings nur noch Reste zu sehen sind. Besonderheit ist zum einen der Schnitzaltar (1494), der dem schwäbischen Bildhauer Ivo Striegel zugeschrieben wird. Zum anderen besticht die schöne Lage neben einem malerischen Wasserfall mit kleinem See. Das ansonsten harmonisch-schöne Bild wird allerdings durch den Militärflughafen getrübt, der längs der Autobahn bei Osogna liegt.

Lodrina

Ebenfalls vom Flughafen beeinträchtigt ist die gegenüber von Osogna am anderen Ticino-Ufer gelegene Nachbargemeinde Lodrina. Dass der idyllische Ort am Eingang des gleichnamigen Tals von der Natursteinindustrie lebt, ist schon an der Vielzahl der steinplattengedeckten Dächer zu erkennen. Überdies wartet Lodrina mit der spätbarocken Pfarrkirche *San Ambrogio* auf; beachtenswert die Skulpturen am Seitenschiff. Lohnenswert auch ein halbstündiger Spaziergang auf die den Ort überragende Terrasse, auf der das romanische, schon 1215 erwähnte Kirchlein *San Martino* mit einer beeindruckenden Aussicht über das gesamte Tal ruht.

Pietro e Paolo – Kirche im Fels

Claro

5 km von Bellinzona und 25 km von Biasca entfernt, ist das zersiedelte Claro auf der linken Talseite fast schon ein Vorort der Tessin-Hauptstadt. Man übersieht dabei leicht, dass der Ort mit seinen fast 2000 Einwohnern gerade dem Urlauber einiges zu bieten hat. Zum Beispiel die strahlendweiße, hypermoderne, vielleicht etwas überdimensionierte Fußgängerbrücke (1998) über den Ticino nach Gnosca, die durchaus das Zeug hat, zum neuen Wahrzeichen des stattlichen Dorfs zu werden.

• *Übernachten* **Camping Al Censo**, ✆ 091/8631753. Der von April bis Sept. geöffnete Vier-Sterne-Platz mit 130 Stellplätzen ist die einzige offizielle Campinganlage der Riviera. Der ruhige Rasenplatz, fast schon ein Park mit botanischem Flair am Fluss, ist mit allem ausgerüstet, was das Camperherz begehrt: sehr gute Sanitäranlagen, Schwimmbad und Sauna, TV- und Aufenthaltsraum für Jugendliche, Sportmöglichkeiten, Spielplatz, gute Entsorgungsmöglichkeiten, ein kleiner Shop (aber kein Restaurant). 20 Fr/Person.

Sehenswertes

Kirchen: Einen Besuch wert ist die Pfarrkirche *Nazario e Celso* aus dem 13. Jh. (16./17. Jh. umgebaut) und das barocke Kirchlein *Rocco e Sebastiano* mit reichen Fresken aus dem 17. Jh. und schönen Stuckaturen im Chor.

Santa Maria Assunta: Der Clou des Ortes liegt oberhalb der Häuserflucht. 20 Minuten dauert der Aufstieg am Hang des Pizzo de Molinera zum 1490 gegründe-

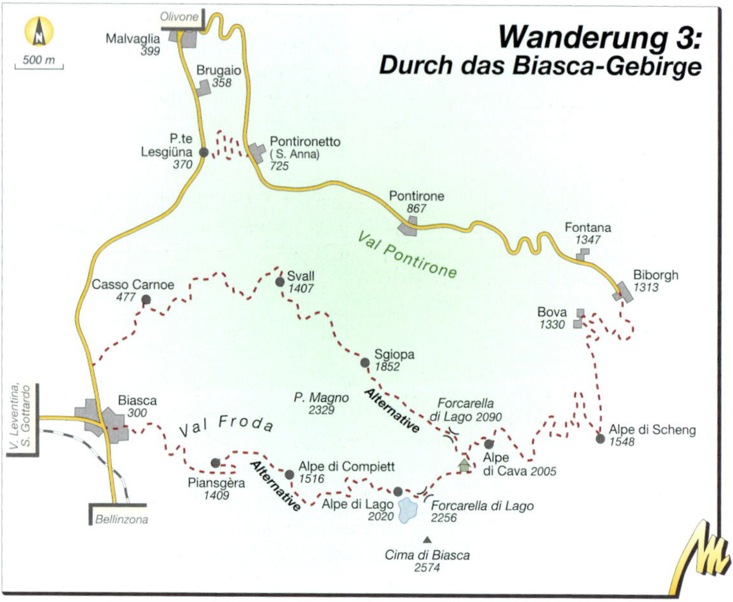

ten Benediktinerinnenkloster *Santa Maria Assunta* mit spätgotischen Fresken in der Klosterkirche. Ebenfalls nicht zu verachten: die atemberaubende Aussicht über das Tal.

Wanderung 3: Durch das Biasca-Gebirge

Die abwechslungsreiche, anstrengende Wanderung durch das Pontirone-Tal und über den „Buzza di Biasca" dauert eigentlich zwei Tage. Da das erste Teilstück aber gut per Pkw oder Bus erledigt werden kann und langes Asphalt-Laufen nicht zu den größten Wanderfreuden zählt, wird allein die zweite Etappe als noch sechsstündige Wanderung empfohlen.

Anfahrt: per Pkw oder Bus via Malvaglia ins Pontirone-Tal bis zum Ende der asphaltierten Wegstrecke in Biborgh.

Auf einem Fahrweg, der sich durch prächtige Tannenwälder schlängelt, geht es von *Biborgh* (1313 m) über *Bova* (1330 m) zunächst zur *Alpe di Scheng* (1548 m), die bei einer zweitägigen Wanderung eine ideale Zwischenstation ist. Hinter der im Sommer bewirtschafteten Hütte steigt der Fahrweg durch tiefen Lärchenwald weiter an und erreicht in einer Wegbiegung mit der Alpe di Cava (2005 m) eine weitere Berghütte. Bis hier hat man die drei anstrengendsten Wanderstunden hinter sich gebracht, denn es ging stetig bergauf, auch wenn der Anstieg selten unangenehm steil ist.

Kurz hinter der Cava-Hütte muss man sich entscheiden: Entweder man nimmt den Weg nach rechts über Svall nach Biasca, oder – so unsere Empfehlung – man geht in Richtung *Forcarella di Lago* (nochmals ein Anstieg von 200 m), um von dort in das Tal der Froda abzusteigen, das ohne weitere Orientierungsprobleme auf dem folgenden Weg direkt nach Biasca führt:

Hinter einer Brücke läuft man 50 m oberhalb eines Sees auf die stets geöffnete Hütte *Alpe di Lago* zu. Rechts der Hütte geht es steil bergab, man überquert eine Quelle und erreicht nach einem weiteren Abstieg und insgesamt vier Wanderstunden die *Alpe di Compiett* (1516 m). Ab hier geht es jetzt stetig bergab. Zunächst verläuft die Route über die bequeme Fahrstraße, die nach *Piansgèra* führt (weite Aussichten über das Leventinatal). Dann verlässt man die Straße kurzzeitig, geht weiter über Treppenwege und kommt in Windungen erneut auf den Fahrweg. Fast zwei, nun allerdings geruhsame Wanderstunden bei einem Höhenverlust von 1000 m brauchen Sie noch bis Biasca (genauer: bis zur Busstation von Vallone).

Bellinzona

Seit 130 Jahren ist Bellinzona Hauptstadt des Tessins. Dennoch sind Lugano, Locarno und sogar Ascona weit bekannter. Womöglich hat das mit der Behäbigkeit Bellinzonas zu tun, die gegen die südländische Leichtigkeit der Konkurrentinnen nicht ankommt. Denn der diskrete Charme der verschnörkelten Hauptstadt erschließt sich erst auf den zweiten Blick.

Zum Beispiel samstagvormittags: Dann bauen Bauern und Händler zwischen *Piazza Nosetto* und *Piazza Collegiata* ihre Marktstände mit frischem Käse und selbst gemachter Salami auf, mit Obst und Torta di pane. Und ganz Bellinzona scheint auf den Beinen. Völlig aus den Fugen gerät die Hauptstadt allerdings erst in den tollen Karnevalstagen, wenn Maskengruppen und Musikkapellen unter höllischem Lärm durch die Altstadt ziehen.

Die „Stadt der drei Burgen" wird noch heute von den trutzigen Festungen und der *Murata* beherrscht, einer befestigten Mauer, die einst das ganze Tal verriegelte (die gesamte Anlage wurde 2001 von der UNESCO zum Weltkulturerbe ernannt). Zwischen den Burghügeln breitet sich die Altstadt aus. Die Verbindung zum Bahnhof im Norden (und damit auch zur Neuzeit) stellt die Allee *Viale Stazione* her. Gewaltige Geschäftshäuser zeugen von der Aufbruchstimmung des 19. Jh., als Bellinzona nach jahrelanger Konkurrenz mit den anderen größeren Städten endgültig Hauptstadt des Kantons wurde.

Die meisten der fast 19.000 Einwohner des Städtchens leben im modernen Norden, wo sich in der Ticino-Biegung auch ein wenig Industrie angesiedelt hat. Den Wohlhabenderen ist der grüne Süden vorbehalten; dort sind neben dem Regionalkrankenhaus auch Museen, Villen und Parks zu finden.

Bellinzona ist nichts für Ungeduldige. Auf die Schnelle lässt sich der Stil der Straßencafés und die altmodische Betulichkeit der Läden und Werkstätten in den Hinterhöfen nicht erkunden. Wer aber der Betriebsamkeit der Seestädte entrinnen will, kann in der kleinstädtischen Atmosphäre Bellinzonas viel Reizvolles entdecken.

Stadtgeschichte

Auf der *Piazza del Sole* wurde jahrelang gebuddelt: Bei den 1992 abgeschlossenen Restaurierungsarbeiten für das *Castel Grande* fand man über der heutigen Tiefgarage etliche Siedlungsspuren aus der Jungsteinzeit (5. Jt. v. Chr.) – Indiz für die große Geschichte dieser kleinen Stadt. Seit 2000 ist die Piazza zur nicht von allen geliebten Plattenwüste geworden, auf der Open-Air-Konzerte und Karnevalsveranstaltungen stattfinden. Und im Untergeschoss wartet Bellinzonas gewaltige Tiefgarage.

Den strategisch optimalen Standort der Stadt am Schnittpunkt dreier Alpenübergänge (Gotthard, Lukmanier, Bernardino) nutzten schon Ligurer, Kelten und Römer, um von hier aus die Nordtessiner Täler zu kontrollieren. Der Ausbau der Befestigungsanlage auf den heute noch sichtbaren Stand wurde allerdings erst unter der Herrschaft der Mailänder Herzöge des Visconti- bzw. Sforza-Geschlechts vorangetrieben, an die die Stadt Mitte des 14. Jh. gefallen war. Doch die Großmannssucht des Herzogs Ludovico Sforza brachte die Mailänder ins Hintertreffen – 1503 mussten sie einen schmachvollen Frieden mit den Eidgenossen schließen, und in das Burgentrio *Castello di Sasso Corbaro, Castello di Montebelli* und *Castel Grande* zogen die Vögte von Uri, Schwyz und Unterwalden ein.

Zur Hauptstadt des eigenständigen Kantons Tessin wurde Bellinzona aber erst 1803, also genau 300 Jahre später. Dabei sah die eidgenössische Verfassung zunächst noch einen turnusmäßigen Wechsel mit Locarno und Lugano vor, denn alle sechs Jahre sollte die Hauptstadtwürde von der einen an die andere Stadt weitergereicht werden. Endgültig durchsetzen konnte sich Bellinzona erst 1878. Man entschied sich damit für die Stadt in der Kantonsmitte, gleich weit von der Nordgrenze zum Kanton Uri und von der Südgrenze zur italienischen Lombardei entfernt.

König Rabadan bittet zum Tanz

Was *Naregna* in Biasca und *Kapiler* in Locarno ist *Rabadan* in Bellinzona: der König des Karnevals. Doch während sich andernorts im Tessin das bunte Treiben der tollen Tage auf ein öffentliches Risotto-Essen beschränkt, ist in Bellinzona der Bär los – tagelang gibt es im Fernsehen übertragene Karnevalssitzungen; Stadtteilgruppen schwofen in einer eigens errichteten Zeltstadt, und Gäste von weither feiern das Spektakel mit. Höhepunkt ist nicht Rosenmontag, sondern Karnevalssonntag. Dann ziehen über die Viale Stazione nicht weniger als 30 Kapellen und ebenso viele Motivwagen und Maskengruppen zum Rathaus (15 Fr Eintritt für die abgesperrte Innenstadt). Und wenn es das Winterwetter zulässt, tanzen Jung und Alt bis zum Aschermittwoch: Karnevalskönig Rabadan (übersetzt: lärmendes Durcheinander) bittet zum Tanz.

Information/Verbindungen

• *Information* **Bellinzona Turismo.** Zum dritten Mal in fünf Jahren umgezogen, hat das Fremdenverkehrsbüro endlich im Rathaus, dem Palazzo Civico, eine Bleibe gefunden (Eingang im Innenhof). ✆ 091/8252131, ℻ 091/8253817; www.bellinzonaturismo.ch; Nov.–März Mo–Fr 9.30–18.30, Sa. 9.30–12.30 Uhr; Apr.–Okt. Mo–Fr 8–18.30, Sa 9–12 Uhr. Die Touristeninformation für Bellinzona und Umgebung (nicht zu verwechseln mit der offiziellen Tessin-Information in der Via Lugano) bietet Zimmernachweis, Eintrittskarten, Broschüren und Wanderkarten. Zusätzlich gibt es ein Info-Desk des Ente turistico im Castel Grande.

• *Verbindungen* **Fernzüge** nach Zürich 8-mal tägl. zwischen 6.26 und 20.20 Uhr; nach Mailand (via Lugano und Chiasso) 8-mal tägl. zwischen 5.07 und 20.37 Uhr, nach Locarno 16-mal tägl. zwischen 5.38 und 0.32 Uhr. Darüber hinaus **Regionalzüge** 20-mal tägl. nach Cadenazzo, 12-mal tägl. nach Airolo, 10-mal tägl. ins italienische Luino (via Gamborogno). Den Bahnhof erreicht man unter ✆ 091/8247242.

Postbus: Jeweils 15-mal tägl. nach Airolo (mit Stopps im Leventinatal), nach Biasca (mit

Riviera
Karte S. 78

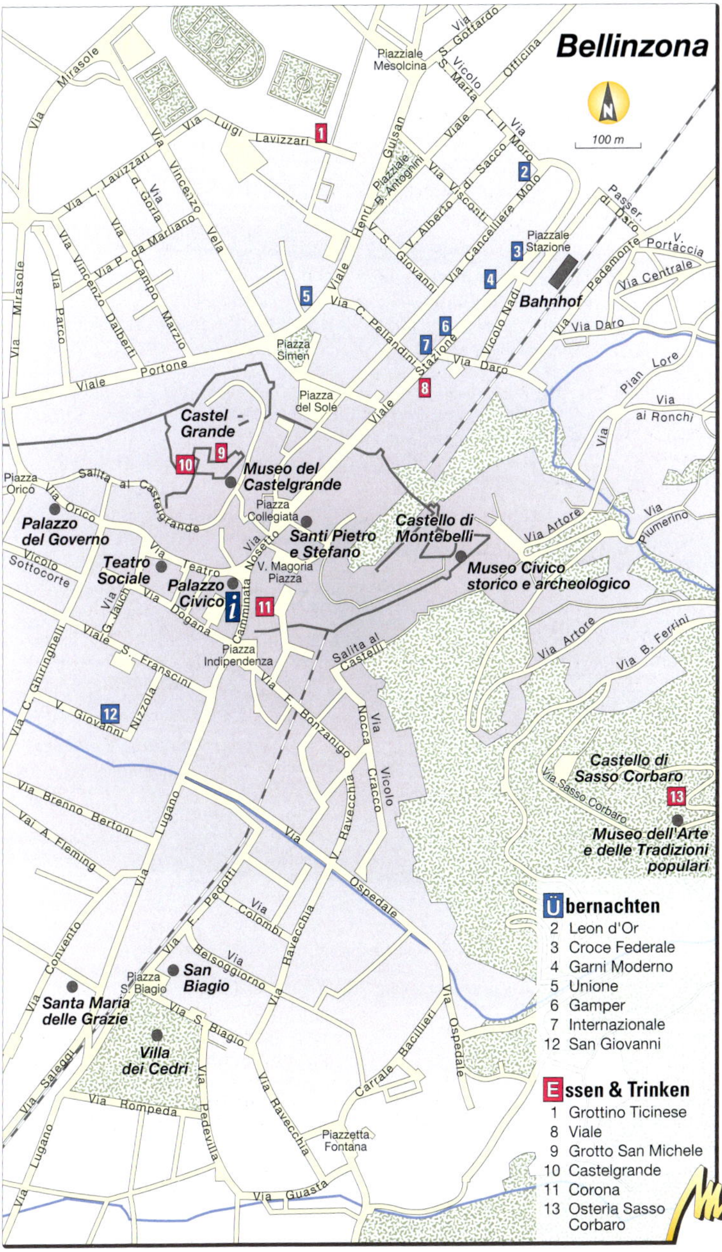

Anschluss ins Bleniotal) und nach Locarno (via Sementina). Abfahrt ist am Bahnhof. Auskunft und Tickets in der Via Molo, ✆ 091/8076775.

Stadtbusse: Sechs Linien decken das gesamte Stadtgebiet im 30-Minuten-Takt ab. Die Haupthaltestelle ist ebenfalls am Bahnhof.

Adressen/Telefonnummern/Einkaufen

- *Apotheke* in der Rathausarkade.
- *Medizinische Versorgung* ✆ 091/8252222.
- *Post* Viale Stazione.
- *Radverleih* am Bahnhof.
- *Tankstelle* Via San Gottardo und Via Saleggi.
- *Delikatessen* **Gastronomo della Piazetta**, im Hinterhof der Piazza Collegiata 1. Bietet frische Teigwaren, Salate, Fische und Meeresfrüchte von hervorragender Qualität.

Galli, ebenfalls Piazza Collegiata 1 (Mo geschlossen). Hat neben Delikatessen unterschiedlichster Art auch 50 Biersorten, Merlot-Weine und ein reiches Cognac-Sortiment im Angebot.

- *Fotogeschäft* an der Piazza Nosetto.
- *Markt* zwischen Piazza Nosetto und Piazza Collegiata, samstags zw. 8 und 11.30 Uhr.
- *Supermärkte* **Migros**, Piazza del Sole; **Coop**, Viale Potone.
- *Wein* **Vini Chiericati**, Via Convento 10 (im Stadtteil Giubiasco). Die Vinothek verkauft Merlot-Weine sowie Grappa aus eigener Produktion.

Cantina Gubiasco, Gubiasco, Via Linoleum 11. Spitzenweine von umliegenden Hängen.

Übernachten (siehe Karte S. 85)

San Giovanni (12), Via San Giovanni 7, ✆/℻ 091/8251919. Die nach den Campingplätzen preiswerteste Unterkunft im Stadtzentrum vermietet ihre 11 Zimmer (ohne Du/WC) für 100 Fr (DZ) und 50 Fr (EZ).

Leon d'Or (2), Via Lodovico il Moro 5, ✆ 091/8251179, ℻ 091/8254607. Die in die Tage gekommene Signora Roncelli hat ihre Pension an eine Hotelkette verkauft, die jetzt 20 funktionale Zimmer unweit des Bahnhofs anbietet. DZ 120 Fr, EZ 80–100 Fr.

Garni Moderno (4), Viale Stazione 17b, ✆/℻ 091/8251376. Das Appartement-Haus in der Verbindungsstraße zwischen Bahnhof und Rathaus lockt mit 10 einfachen Zimmern. DZ 120 Fr, EZ 50 Fr.

Croce Federale (3), Viale Stazione 12, ✆ 091/8251667, ℻ 091/8252550. Das Hotel mit 14 ruhigen Zimmern (WC/Du, TV/Tel.) kann sich sehen lassen. DZ 140 Fr. EZ 100 Fr. Und das Restaurant mit der großen Terrasse zur Bahnhofsstraße ist ein guter Platz für den Genuss hausgemachter Teigwaren.

Gamper (6), Viale Stazione 29, ✆ 091/8253792, ℻ 091/8254689. Drei-Sterne-Hotel mit Café, italienischem Restaurant und 28 Zimmern (Du/WC,TV/Tel.) in einem großen Haus mit Fahrstuhl in befriedigender Qualität. EZ 110 Fr, DZ 140 Fr.

Internazionale (7), Viale Stazione 35, ✆ 091/8254333, ℻ 091/8251359; E-Mail: hotel-international@ticino.com. Das Drei-Sterne-Bahnhofshotel aus der Gründerzeit offeriert 20 geschmackvolle Zimmer (Du/WC, TV/Tel.) und ein ansprechendes Restaurant. DZ 130–180 Fr, EZ 100–130 Fr. HP 20 Fr, VP 40 Fr zusätzlich. Im Winterhalbjahr sind Ausflugstouren im Programm.

Unione (5), Via Generale Guisan 1, ✆ 091/8255577, ℻ 091/8259460; info@ hotel-unione.ch. Das beste und teuerste Haus am Platz liegt hinter Bäumen an der Hauptverkehrsstraße. Angeboten werden in dem Drei-Sterne-Hotel 33 piekfeine Zimmer (Du/WC, TV/Tel.); auch Restaurant und Bar bestechen durch geschmackvolles Ambiente. DZ 210—220 Fr, EZ 120–147 Fr. Über Weihnachten/Neujahr geschlossen.

- *Übernachten außerhalb Bellinzonas*

BenjamInn, Autobahnausfahrt Bellinzona Süd (Richtung S. Gotthard), ✆ 091/8570171, ℻ 091/8577635; hotel.benjaminn@moevenpick.ch. Das Autobahnhotel (drei Sterne) des Mövenpick-Konzerns fällt mit seiner postmodernen Architektur meilenweit auf. Die 55 funktional eingerichteten Zimmer sind sämtlich lärmabgewandt, haben extrabreite Betten und bieten einen wunderschönen Ausblick auf die Berge. DZ 190 Fr, EZ 125 Fr.

Cereda, Sementina, ✆ 091/8578080, ℻ 091/8578070. 6 km von Bellinzona an der Kantonalstraße nach Locarno. Die geschmackvolle 20-Zimmer-Pension mit Schwimmbad und hervorragender Küche wurde kürzlich modernisiert und liegt schön und ruhig inmitten der Weinberge. DZ 180–200 Fr, EZ 98–130 Fr.

Anita, Gudo, ✆ 091/8591107, ✆ 091/8590001. Die familienfreundliche Pension in dem kleinen Dorf Gudo an der Kantonalstraße nach Locarno (12 km von Bellinzona) ist eine echte Empfehlung: In der altertümlich-verwinkelten Pension mit gemütlicher Terrasse gibt es 11 rustikal eingerichtete Zimmer und einige Appartements sowie ein sehr gutes Restaurant mit noch besseren Tessiner Spezialitäten. Vor allem das überbackene Kalbfleisch und der abends besonders gemütliche Restaurantgarten sind nicht zu verachten. DZ 150–170 Fr, EZ 45–65 Fr, App. 80–100 Fr/Tag.

• *Camping* **Bosco di Molinazzo** in Bellinzonas nördlichem Stadtteil Arbedo, ✆ 091/8291118, ✆ 091/8292355. Der von Mai bis Okt. geöffnete Drei-Sterne-Platz liegt am Ticino-Ufer, nur durch eine kleine Straße vom Fluss getrennt. Lokal, Sportmöglichkeiten und gute Sanitäranlagen. 24 Fr/Person (inkl. Zelt).

Isola, Gudo, ✆ 091/8593244, ✆ 091/8593245. Der Vier-Sterne-Platz (vielleicht der beste im ganzen Tessin) kann das Camperherz komplett zufrieden stellen und verlangt dafür nicht einmal mehr Spitzenpreise. 24 Fr/Person, 35 Fr/Zelt, 30–40 Fr/Wohnwagen.

La Serta, Gudo, ✆ 091/8591155. Die preiswerte Alternative zu Isola bietet außer einem Shop und akzeptablen Sanitäranlagen nicht viel. 15 Fr.

Camping + Pool, Cadenazzo, ✆ 091/8587155. Rasenplatz ohne besonderen Komfort an der N 2 (5 km südlich von Bellinzona); einziger Luxus ist das Schwimmbad. 18 Fr/Person.

Riviera Karte S. 78

Essen und Trinken (siehe Karte S. 85)

Osteria Sasso Corbaro (13), ✆ 091/8255532. Das Gasthaus im Burghof ist ein Tipp für Gourmets. Nirgends im Tre Valli würden Tessiner Spezialitäten raffinierter zubereitet als hier, schwärmen Kenner. Die wenigen Plätze im Hof und in der Stube sind demzufolge auch schnell besetzt (So-abend, Mo und von Nov. bis Ostern geschl.).

Grotto San Michele (9), nur ein rustikal renovierter Raum mit wenigen Tischen, vielen Bildern und einer spaßig formulierten Speisekarte; die geräumige Terrasse auf der Burgmauer des Castel Grande mit einer grandiosen Aussicht spricht ganz eindeutig für diese Wirtschaft. Und trotz der herausragenden Lage sind die Preise zivil. 9–24 Uhr, Mo geschlossen.

Corona (11), Via Camminata 5, ✆ 091/8252844. Spezialität des stimmungsvollen Altstadtlokals sind hausgemachte Nudelgerichte. Und die niedrigen Preise.

Grottino Ticinese (1), Via Lavizzari, ✆ 091/8263964. Wer im Urlaub einheimische Großfamilien erleben will, ist in diesem Grotto am Altstadtrand genau richtig. Der riesige Spielplatz sorgt für Kinderunterhaltung, und für die kulinarischen Freuden sorgen die famosen Gnocchi. Tägl. 9–22 Uhr, Sa und Jan. geschlossen.

Viale (8), Viale Stazione, ✆ 091/8257303. Die kleine Bar im Postgebäude ist ideal für den Snack während der Sightseeing-Tour.

Castelgrande (10), ✆ 091/8252353. Wer in dem edel renovierten Restaurant im ebenso edel hergerichteten Schloss essen will (Clou ist die Weinkarte), sollte vorbestellen. Denn die vortreffliche Küche überlassen die Tessiner nicht allein den auswärtigen Gästen. 12–14 und 19–22 Uhr, Mo geschlossen.

Grotto al Ticino, Carasso, ✆ 091/8251493. Auf der anderen Ticino-Seite (am Nordeingang des Vororts Carasso) befindet sich dieser 100 Jahre alte Grotto mit einer schönen weinüberspannten Terrasse. Nicht billig, aber lecker sind die selbst gemachten Gnocchi und die pikanten Risotto-Gerichte. Mi, Jan./Feb. geschlossen.

Grotto Americano, Gorduno, ✆ 091/8294096. In der ersten Linkskurve hinter der Ticino-Brücke findet sich dieser einfache Familienbetrieb. Doch „einfach" bezieht sich nur auf die Ausstattung, nicht auf das Essen. Probieren Sie das tägl. wechselnde, meist fünfgängige Menü zu 45 Fr, vor allem wenn Fohlenfleisch angeboten wird. Mo geschlossen.

Sehenswertes: Festungsanlagen

Castel Grande: Mit dem Lift ins Mittelalter – die größte Festung der Stadt ist zwar auch über die Straße erreichbar, aber die Fahrt mit dem Aufzug von der Piazza del Sole auf den Burgberg *Monte San Michele* gibt einen ersten Eindruck von der

Restaurierte Macht – Castel Grande über der "Drei-Burgen-Stadt"

gelungenen Restaurierung der Anlage. Der Stararchitekt Aurelio Galfetti ersetzte von 1980 bis 1992 alles brüchige Gestein durch getünchten Stahlbeton und schuf ein würde- und geschmackvolles Ensemble mit Restaurant, urigem Grotto und sehenswertem Museum. Besonders eindrucksvoll ist die Aussicht über Stadt und Tal vom *Torre Bianca*, der mit 27 m zwar einen Meter niedriger ist als der *Torre Nera*, aber den aussichtsreicheren Rundumblick bietet (mit Hinweistafeln).

Murata: Die zinnenbewehrte Stadtmauer, die einst alle drei Festungen verband und das Tal sperrte, ist vom Castel Grande aus auf einem kleinen Stück begehbar. Die Zerstörung der Murata, die einst wie eine kleine chinesische Mauer gewirkt haben muss, war das Werk der Schlammlawine, die sich 1514 aus dem Bleniotal zum Lago Maggiore wälzte und allen Verkehr im Tal lahm legte.

Museo di Castelgrande: Das elegant renovierte Museum mit zwei Abteilungen ist im Südflügel der Burg untergebracht. Die historisch-archäologische Abteilung zeigt die Entstehung der Stadt von der ersten Besiedlung bis ins 20. Jh. Die künstlerische Abteilung stellt 280 Temperazeichnungen aus, die ein Stadthaus im Jahr 1470 schmückten. Zudem gibt es regelmäßig Sonderausstellungen mit dann Sondereintrittspreisen.

Öffnungszeiten Burg und Murata tägl. 8–12 und 14–18 Uhr (im Winter Sa/So geschlossen); Eintritt (auch Lift) frei. Museum tägl. 10–18 Uhr; Eintritt 4 Fr.

Castello di Montebelli: Das Kastell mit zwei Zugbrücken und kleinem Palazzo (ausgeschilderte Auffahrt von der Viale Stazione vor der Post) ist behutsamer renoviert als das Castel Grande und auch insgesamt eindrucksvoller. Dazu kommt die vorzügliche Lage: Bei gutem Wetter kann man von hier aus den Lago Maggiore sehen. Verbinden Sie das Ganze mit einem Picknick im Burghof, auf dem zwischen mittelalterlichen Mauern und wehrhaften Rundtürmen gemütliche Parkbänke unter Schatten spendenden Kastanien warten.

Museo Civico storico e archeologico: Das Stadtmuseum belegt den restaurierten Hauptturm und den Palazetto. Neben einer Waffensammlung und Steinmetzarbeiten aus dem 15. Jh. sind die regionalen Funde aus der Bronzezeit ebenso sehenswert wie die Werke zahlreicher Tessiner Künstler.

Öffnungszeiten Burg tägl. 8–18 Uhr; Museum tägl. 10–18 Uhr; Eintritt 4 Fr/Erwachsene, 2 Fr/Kinder.

Castello di Sasso Corbaro: Die höchstgelegene und kleinste der drei Burgen, von den Einheimischen *Castello di Cima* (Gipfelburg) genannt, wurde 1478 in nur sechs Monaten gebaut. Die quadratische Anlage mit Wachturm, Kapelle und kleiner, aber feiner Osteria im mauerumschlossenen Burghof (nur im Sommer geöffnet) bietet einen noch grandioseren Rundumblick als Montebelli.

Museo dell'Arte e delle Tradizioni popolari: Das Volkskundemuseum in einigen Räumen des Hauptturms zeigt Dokumente und Kostüme, Textilien und Geräte aus dem Tessin der vergangenen 500 Jahre.

Öffnungszeiten Burg tägl. 8–18 Uhr; Museum Apr.–Okt. Di–So 9–12, 14–17 Uhr; Eintritt 4 Fr/Erwachsene, 2 Fr/Kinder.

Montebelli – Tor zur weiten Aussicht

Sehenswertes in der Altstadt

Die Altstadt mit ihren versteckten Plätzen und Patrizierhäusern, mit schattigen Gassen und Durchgängen, schmiedeeisernen Portalen und kunstvollen Arkaden ist fast Tageserlebnis genug. Nutzen Sie dennoch die Zeit für ein paar Sehenswürdigkeiten.

Piazza Collegiata: Das Herzstück der Altstadt mit schönen Rokokofassaden, überbordenden Stuckaturen an der *Casa Chicherio* und kunstvollen Balkongittern am Pfarrhaus. Und nicht zu vergessen das reizende Straßencafé.

Kollegiatskirche Santi Pietro e Stefano: Eine monumentale Freitreppe führt von der Piazza Collegiata in die 1517 gestaltete Kirche, die zu den wichtigsten Renaissancebauten des Tessins zählt. Außen beeindruckt die lombardische Marmorfassade und im einschiffigen, zu beiden Seiten von Kapellen gesäumten Innenraum der Hochaltar und das Weihwasserbecken aus dem 15. Jh.

Palazzo Civico: Das Rathaus auf der *Piazza Nosetto*, wenige Schritte von der Piazza Collegiata entfernt, sieht zwar alt aus, wurde aber erst 1924 im Renaissancestil gebaut. Schön ist es trotzdem, vor allem aber praktisch: In der Arkade verstecken sich

Bellinzonas Chic – der Charme der Hinterhöfe

Boutiquen, im Hof der einzige Altstadtparkplatz sowie neuerdings das Fremdenverkehrsbüro und um die Ecke die Apotheke.

Artificio: Die Galerie mit dem Untertitel „Zentrum für Kunst und Kommunikation“ wurde 2003 von einer Künstlergruppe auf der Innenstadt-Piazza Magoria gegründet. Sie stellt vornehmlich zeitgenössische – auch regionale – Kunst aus und setzt einen besonderen Schwerpunkt bei Video-Installationen. Die Öffnungszeiten sind unterschiedlich und abhängig von den Ausstellungen, aber aktuell unter ✆ 079/4098948 zu erfragen.

Teatro Sociale: Das älteste Theater der Schweiz, 1998 nach der Renovierung wieder eröffnet, liegt nur einen Steinwurf vom Rathaus entfernt. 1848 erbaut, bietet es ein über die Kantonsgrenzen hinaus beachtetes Programm mit Schauspiel, Oper, Jazz-Festivals und Kabarett: Bellinzonas neuer kultureller Mittelpunkt.

Palazzo del Governo: Wieder nur wenige Schritte in Richtung Westen findet sich das Ursulinenkloster von 1743. Seit dem Umbau 1848 ist es Sitz der Tessiner Kantonsregierung.

Sehenswertes außerhalb der Innenstadt

Villa dei Cedri/Civica Galleria d'Arte: Im Süden der Stadt ist in einem prachtvollen Park mit Zedern, Palmen und einem Bambushain in einer ebenso prächtigen Villa die städtische Kunstgalerie untergebracht. Zu nicht immer genau eingehaltenen Öffnungszeiten werden Werke italienischer und Tessiner Künstler des 19. und 20. Jh. gezeigt (u. a. Chiesa, Longini, Vela und Tallone).

Öffnungszeiten täglich 10–12, 14–18 Uhr; Eintritt 8 Fr.

San Biagio: Unmittelbar neben Park und Villa dei Cedri ist die gotische Kirche mit viereckigem Campanile (15. Jh.) zu bewundern. Sehenswert die Fassadenfresken aus dem 14. Jh. sowie die Wandmalereien im Innern der dreischiffigen Basilika.

Chiesa Santa Maria delle Grazie: Der schlichte Bau aus dem 15. Jh. ist letztes Überbleibsel des 1848 geschlossenen Franziskanerklosters. Im Innern der einschiffigen Kirche finden sich Renaissancefresken lombardischer Schule (15. Jh.).

Chiesa Rossa: Eigentlich heißt die kleine romanische Kirche im Norden der Stadt *San Paolo*, ihrer roten Fassade wegen wird sie aber immer nur Chiesa Rossa genannt. Die hässliche Lage zwischen Bahndamm und Industriebauten lässt die historische Bedeutung des Ortes kaum erahnen: 1422 wurden hier 1500 Eidgenossen von Mailänder Söldnern niedergemetzelt; ihre Gebeine ruhen auf dem Kirchhof. Die einschiffige Kirche, zum Gedenken an die Schlacht vor über 500 Jahren erbaut, weist als Sehenswürdigkeiten ein Monumentalfresko und eine verzierte Kassettendecke auf.

Kraxeln im Palestra di Roccia

Der 10 Minuten nördlich des Bahnhofs gelegene Klettergarten bietet seit 35 Jahren vollständige „Touren" in allen Schwierigkeitsgraden an; entsprechend gut ist sein Ruf unter europäischen Kletterern. Auf 24.000 qm Fläche sind 23 Routen verteilt, die durch bequeme Waldwege miteinander verbunden sind. Darunter rote Routen für Könner, aber auch Übungsfelsen für Anfänger. Auf Anfrage kann man sogar am Fuße des Felsens übernachten.

Information ✆ 091/8292862. Kletter-Taxe 6 Fr/Tag, mit Übernachtung im Zelt 17 Fr. Zimmer kosten 35 Fr (mit eigenem Schlafsack 25 Fr).

Umgebung von Bellinzona

Funivia Baltico: Die Seilbahn startet vom Ortsteil Carasso, der gegenüber von Bellinzona am rechten Ticino-Ufer liegt. Von 230 m auf 1100 m klettert die Bahn nach Baltico auf den *Monte di Carasso* und in ein famoses Wandergebiet mit weiten Aussichten ins Valle Morobbia.

Abfahrtszeiten Mai–Sept. Mo–Fr 7–9 und 17–19 Uhr, Sa/So 7–11, 13.30–19 Uhr; Nov.–März tägl. 8.30 und 16.30 Uhr; Apr. und Okt. Mo–Fr 8–8.30, 17–17.30 Uhr, Sa/So 7.30–11, 13.30–17.30 Uhr. 9–12 Fr hin und zurück.

Monte Carasso: Der südliche Nachbarort von Carasso ist für sich schon ein neuzeitliches Museum. Ab 1970 gestaltete der Tessiner Stararchitekt Luigi Snozzi das gesamte Ortsbild um; er hat für diese Arbeit bereits mehrere Preise eingeheimst. Aus dem einstigen Kloster *Convente delle Agostiniane* wurde ein Kulturzentrum mit Café; harmonisch daneben Rathaus, Bank und Turnhalle, etwas weiter entfernt eine Neubausiedlung und etliche Einfamilienhäuser. Allerdings: Nach 30 Jahren sind auch diese Bauten schon in die Jahre gekommen und kaum mehr lohnenswert.

Über dem Ort erhebt sich die Pfarrkirche *San Bernardo* mit einer sehenswerten Freskenfassade. Fast eindrucksvoller aber einmal mehr der großartige Rundumblick an diesem ruhigen Ort; sicher lehrreicher die Ausblicke auf dem Weinlehrpfad „Sentiero delle Vigne", der über dem Ort beginnt, und nebenbei lehrreiche Einblicke in den traditionellen wie den neuzeitlichen Merlot-Anbau bietet.

Mornera: Von Monte Carasso aus in 12 Minuten mit der Seilbahn zu erreichen. Idealer Ausgangspunkt für Wanderungen (vgl. Wanderung 4).

Abfahrtszeiten Die Zeiten ändern sich täglich und monatlich; sichere Zeiten sind aber immer 8, 11, 13.30 und 17 Uhr. 9 Fr/Erwachsene, 4,50 Fr/Kinder.

Giubiasco: Das umtriebige Städtchen 3 km südlich von Bellinzona mit seinen zahlreichen Palazzi mit Loggien, Lauben und lauschigen Hinterhöfen ist schlicht schön. Überdies verfügt der Ort mit *Maria Assunta* (13. Jh.) und *San Giobbe* (17. Jh.) über zwei sehenswerte, fresken- und stuckreiche Kirchen.

Camorono: Die dritte Seilbahn im Umkreis von weniger als 10 km führt von Camorono (2 km südlich von Giubiasco) auf den Monti Croveggia (1050 m); schöne Panoramen und abwechslungsreiche Wandermöglichkeiten.

Abfahrtszeiten Auch hier wieder täglich bzw. monatlich neue Zeiten. Nur 8.30, 13 und 17 Uhr sind sichere Zeiten. 10 Fr/Erwachsene und 6,50 Fr/Kinder.

Valle Morobbia: Von Motti, dem südlichen Stadtteil Giubascos, führt eine abenteuerliche Serpentinenstraße in das einsame, kastanienreiche Valle Morobbia. Der 10 km lange Ausflug lohnt allein schon wegen der schönen Bergdörfer Sant'Antonio (mit einer eindrucksvollen Kirche), Melera und Carena. Von hier aus führt eine schöne, ausgeschilderte Wanderung in vier Stunden zum Comer See.

Wanderung 4: Rundweg bei Mornera

Die leichte, nur gut zweistündige Wanderung in den Bergen über Bellinzona beginnt und endet an der Bergstation der Seilbahn Monte Carosso–Mornera (s. o.). Da der Weg die Zwischenstation streift, kann man die Route sogar verkürzen.

Die Wanderung startet auf einem alten Fahrweg, der Mornera in südöstlicher Richtung verlässt. Schon nach 15 Minuten ist der romantisch gelegene See *Laghetto* erreicht, den man an seinem Südufer passiert. Hinter dem See (die Höhe 1396 als Orientierungspunkt rechter Hand) gelangt man in einen Wald und erreicht schon weitere 15 Minuten später die 100 m tiefer gelegene Alpe Monda (weite Aussicht nach Südosten).

Von dort geht es 200 m bergab nach *Belcorte* (erneut weite Panoramablicke, jetzt ins Sottoceneri). Nach insgesamt einstündiger Wanderung – im letzten Stück fast ebenerdig – ist die Zwischenstation der Seilbahn *(Pientina)* erreicht; wer will, kann schon von hier aus abfahren.

Der weitere Wanderweg verläuft von der Seilbahnstation zunächst nur leicht bergauf zum *Piano del Fò* (1100 m) und weiter nach *Frighiscio.* Dann beginnt der eigentliche Wiederaufstieg zum Ausgangspunkt der Wanderung nach Mornera (1400 m).

Variante: Von *Alpe Monda* führt eine klassische Route nach *Baltico* (ausgeschildert); auch dort kann man mit der Seilbahn nach *Carasso* abfahren. Dieser Weg bietet einmalige Aussichten in das *Val Morobbia.*

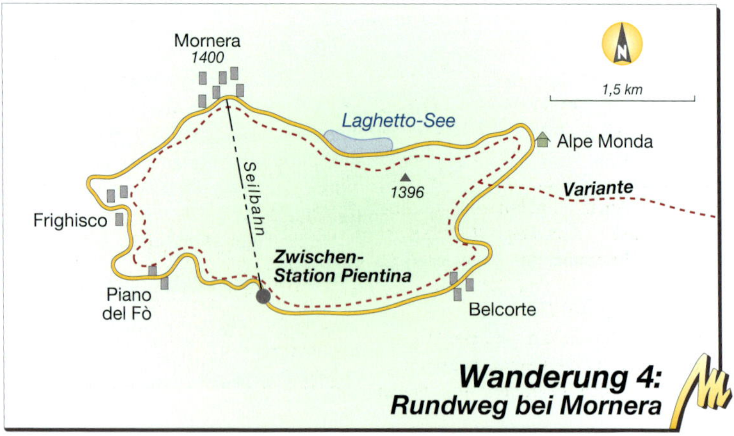

Valle Verzasca

Sieben kurvige Tunnel und fünf hohe Brücken führen in das bekannteste Tal des Tessins, das für die Blechlawine der Touristen viel zu eng ist. Lassen Sie deshalb lieber Ihr Auto in der Tenero-Ebene stehen, und erkunden Sie das Tal per Postbus.

Tenero, eigentlich ein kleines Städtchen am Eingang des Verzascatals, bezeichnet im Tessiner Sprachgebrauch auch das nordöstliche Ufer des Lago Maggiore zwischen den Mündungen von Ticino und Verzasca. Der Lido, nur durch eine Stichstraße mit dem Norden verbunden, ist gepflastert mit Campingplätzen, die zwischen dem See und dem Naturschutzgebiet **Bolle di Magadino** eingezwängt sind. Tatsächlich soll es Touristen geben, die dieses Lido-Ghetto während ihres Aufenthalts nicht verlassen. Dabei liegt die eindrucksvolle Naturschönheit des 29 km langen Verzascatals gerade mal 5 km entfernt.

Schnurgerade von Norden nach Süden hat die **Verzasca** eine tiefe Furche in die über 2000 m hohe Bergwelt gegraben, und wie nirgends sonst im Tessin beweist das Wasser hier seine Kraft und Tücke. Unmittelbare Zeugen dieses gewaltigen Kräftespiels sind die glatt polierten Gneisbrocken, die dem Tal das einzigartige Gepräge einer bizarren Erosionslandschaft verleihen. Die Kehrseite: 35 Menschen haben während der letzten 30 Jahre im Wildwasser des Flusses den Tod gefunden. Plötzliche Strudel und unvorhersehbare Wasserstandsänderungen waren (und sind) die häufigsten Unfallursachen – und getroffen hat es nicht nur unerfahrene Planscher.

Leidlich gebändigt ist der Wildwasserfluss nur kurz hinter dem Taleingang, wo die gewaltige Staumauer *La Selvatica* (mit 220 m Höhe und 380 m Länge die größte in ganz Europa) die Wassermassen in einem 7 km langen, fjordähnlichen Stausee, dem **Lago di Vogorno**, bündelt. Unterhalb des Dammes liegt ein Kraftwerk, das mit 235 Mio. kW Jahresleistung die Gemeinden des Locarnese mit Strom versorgt. Der Stausee hat die schwindelerregenden Steinbrücken unter sich begraben, von denen

Valle Verzasca
Karte S. 93

das Tal einst überzogen war. Heute kann man nur noch eines dieser mittelalterlichen Bauwerke bewundern, die *Ponte dei Salti* bei Lavertezzo.

James Bond lässt springen

Der erste, der am Gummiseil von der Verzasca-Staumauer sprang, war der Stuntman von James-Bond-Darsteller Pierce Brosnan. Für den Film „Goldeneye" war dies nur eine von vielen spektakulären Szenen, für das Verzascatal wurde es der Start zu einer neuen Touristeninvasion. Seitdem ist Bungee-Jumping von der 220 m hohen Mauer zur Attraktion für Extremsportler aus ganz Europa geworden, die den Sprung in die Tiefe mit einer Wildwasserfahrt auf der Verzasca oder einem zweiten Sprung von der Centovallina-Brücke (70 m) bei Intragna kombinieren.

Veranstalter Trekking-Team AG (☏ 091/7807800, ℻ 091/7807801, tessin@trekking.ch) zwischen Apr. und Sept.; 90–250 Fr.

Tenero

Das Städtchen ist das Eingangstor zum Verzascatal: Hier hält die Eisenbahn, hier ist das zentrale Fremdenverkehrsbüro, von hier startet der Bus, hier beginnt die Talstraße, und hier findet man auch die meisten Lokale und Übernachtungsmöglichkeiten.

Der 2200-Einwohner-Ort, mit der einen Nachbargemeinde **Contra** kommunal verschmolzen, mit der anderen, **Gordola**, natürlich zusammengewachsen, weist ansonsten wenig Besonderheiten auf – eine stets verschlossene Kapelle hoch über der Häuserzeile, ein einziger Palazzo, *Casa Pedrazzini*, den man nur von außen anschauen kann; höchstens das Weingut Matasci in der Villa Jelmini (Via Verbano), das wochentags während der Bürozeiten besichtigt werden kann, mag auch Nicht-Weinkenner interessieren. Und Sportbegeisterte werden das Sportzentrum gleich hinter den Campingplätzen besuchen, wo 2001 das zentrale Schweizer Sport-Internat eröffnet wurde und wo nahezu jeder Outdoor-Sport möglich ist, seit 2003 überdies Start- und Zeilpunkt des Tessin-Marathons.

Information/Verbindungen/Einkaufen

• *Information* In einem Bungalow am Ende der rechteckigen Piazza versteckt sich das kleine Fremdenverkehrsbüro **Ente turistico Tenero e Valle Verzasca**, ☏ 091/7451661, ℻ 091/7454230; www.tenero-tourism.ch. Mo–Fr 8–12 und 14–18 Uhr, im Juli/Aug. auch Sa 9–12 und 15–17 Uhr. Da das Valle Verzasca vornehmlich von Tagesbesuchern angesteuert wird, gibt es insgesamt nur wenig Informationsmaterial über die Region. Um so wichtiger sind die freundlichen Auskünfte der netten mehrsprachigen Mitarbeiterinnen. Das gilt ebenso für den kleinen Info-Shop in Gordola.

• *Verbindungen* Der **Schnellzug** Bellinzona–Locarno hält in Tenero tägl. 26-mal zwischen 5.34 und 0.58 Uhr.

Der **Postbus** startet an der Piazza; ins Valle Verzasca 10-mal (So nur 4-mal) zwischen 7.47 und 18.24 Uhr und nach Locarno 18-mal tägl. (So nur 7-mal) zwischen 6.30 und 19.20 Uhr.

Der **Kantonsflughafen Magadino** bei Gordola dient allein Sportfliegern und -springern, dem Militär sowie privatem Charterverkehr.

Linienschiffe fahren zwischen Mai und Ende Sept. 5-mal tägl. zwischen 8.40 und 17.45 Uhr nach Locarno. Die Anlegestelle (Debarcadero) befindet sich zwischen dem Campingplatz Tamaro und dem Strandbad. Das Ganze ist kostenlos.

• *Einkaufen* Längs der Durchgangsstraße ein neues, riesiges Einkaufszentrum mit SB-Markt, Frisör, Bank und Andenkenladen; Supermarkt, Apotheke und eine zweite Bank findet man auf der Piazza. Kleinere Läden gibt's auf den Campingplätzen.

Übernachten

• *Hotels* **Centro**, ✆ 091/7451039. Das einfache Hotel im Zentrum von Tenero bietet 9 bescheidene Zimmer über einer Cafeteria an. DZ 90 Fr, EZ 45 Fr.

Dei Ferrovieri, ✆ 091/7456659. Die Pension jenseits der Bahnhofsgleise von Tenero ist eher für ihre gute und preiswerte Küche bekannt (das gilt vor allem für Vorspeisen und die Menüs zu 50 Fr) als für ihre Zimmer mit Du/WC. DZ 90 Fr, EZ 50 Fr.

Motta, ✆ 091/451021. Die nur von Apr. bis Okt. geöffnete Herberge auf der anderen Seite der Bahnlinie hat 16 unterschiedlich hübsche Zimmer (nicht alle mit Du/WC) im Angebot. DZ 86–106 Fr, EZ 48–94 Fr.

Rivabella, ✆ 091/7452214, ✆ 091/7456638. Der Bungalowbau auf dem Campingplatzterrain in der Nähe der Schiffsanlegestelle wartet mit 12 gut ausgestatteten Zimmern (Du/WC, Tel./Radio) auf. Und alle mit Seeblick, was in Tenero eine Seltenheit ist. DZ 110–130 Fr, EZ 58–68 Fr.

Garni Campofelice, ✆ 091/7456300, ✆ 091/7456363; www.campofelice.ch. Das große Drei-Sterne-Hotel liegt an der Verzascamündung in den Lago Maggiore (dicht bei den Tennisplätzen und am gleichnamigen Campingplatz). Die 25 geschmackvoll-funktionalen Zimmer (mit Du/WC, TV/Tel., fast alle mit Balkon) bieten eine weite Aussicht zu akzeptablen Preisen. DZ 125–160 Fr, EZ 90–160 Fr. Für Tagesmieten von 80–200 Fr sind zudem Appartements im Angebot.

• *Ferienhäuser und -wohnungen* **La Ginestra**, ✆ 091/7452650. Zwei möblierte Zimmer in unmittelbarer Nähe der Piazza von Tenero vermietet Signore Calogero für nur 45 Fr/Tag.

Al Gerbione, ✆ 043/214407. Das Ein-Zimmer-Studio im Stadtzentrum von Tenero ist für preiswerte 65 Fr/Tag zu haben.

Casa Pescatori, ✆ 041/3112919. Auf dem Campingplatzterrain liegen die gut ausgestatteten Wohnungen, die für 80–140 Fr (saisonal unterschiedlich) zu mieten sind.

Cà Renscia, ✆ 041/7806452. Das Häuschen oberhalb der Kirche von Contra, fast schon im Verzascatal, bietet in drei nicht zu üppig ausgestatteten Zimmern genügend Platz für bis zu 5 Personen und kostet 80–100 Fr/Tag.

Contra, ✆ 091/7454716. Einen schmucken Rustico am Hang zwischen Tenero und Contra (Via Contra 419) vermietet Susanne Brughelli. Da das Zwei-Zimmer-Haus mit Schlafgelegenheit für bis zu 5 Personen zudem noch nett eingerichtet ist, darf der Mietpreis von 95–110 Fr/Tag durchaus als Schnäppchen gelten. Frau Brughelli hat noch zwei weitere preisgünstige Unterkunftsmöglichkeiten im Angebot.

• *Camping* Wie an einer Perlenschnur aufgereiht bilden die Campingplätze in Tenero fast so etwas wie eine sommerliche Satellitenstadt mit eigener Infrastruktur. Wir empfehlen Ihnen sieben Plätze, die allesamt zu den besten Europas zählen, so dass man über die Ausstattung im Einzelnen nicht allzu viele Worte verlieren muss.

Lido Mappo, ✆ 091/7451437, ✆ 091/7454808; www.lidomappo.ch. Der Fünf-Sterne-Platz

Verzasca – der Fluss der glatt geschliffenen Steine

ist der nördlichste der Edelplätze von Tenero und mit 430 Parzellen auch einer der größten. Übernachtungspauschale für zwei Personen 42–75 Fr/Tag in der Hochsaison.

Tamaro, ✆ 091/7452161, 📠 091/7456636; www.campingtamaro.ch. Der zweite Fünf-Sterne-Platz am Seeufer ist mit 377 Parzellen unwesentlich kleiner als Lido Mappo und hat den Vorteil, direkt neben Schiffsanleger und Freibad zu liegen. Außerdem kann man hier Wohnwagen mieten. Saisonpauschale: 48–83 Fr/Tag.

Miralago, ✆ 091/7451255, 📠 091/7452878; www.camping-miralago.ch. Dieser Platz liegt auf der anderen Seite des Schwimmbads und bietet ebenfalls Fünf-Sterne-Standard; im Preis neuerdings tiefer als Tamaro, obwohl sich das Angebot nicht unterscheidet. 30–62 Fr/Tag.

Rivabella, ✆ 091/7452213, 📠 091/7456638; tognetti.filippo@bluewin.ch, www.swisscamps.ch. Der kleinste der Fünf-Sterne-Plätze grenzt an das Sportzentrum und weist nur 55 Parzellen auf, ist aber das ganze Jahr geöffnet. Saisonpauschale für zwei Personen: 50–60 Fr/Tag.

Verbano-Lido, ✆ 091/7451020, 📠 091/7451622; www.campingverbana.ch. Der Drei-Sterne-Platz auf der anderen Seite des Sportzentrums liegt etwas verschachtelt und hat die kleinste Uferfläche. Sicher ist das der Grund für die fehlenden Sterne, denn die Anlage an sich hält dem Vergleich mit den anderen Plätzen durchaus stand. Pauschale: 38–52 Fr/Tag.

Lago Maggiore, ✆ 091/7451848, 📠 091/7454318; www.clm.ch. Der Vier-Sterne-Platz am Ende der Stichstraße ist von April bis Oktober geöffnet. Er gehört, was Größe (194 Parzellen), Ausstattung und Preise anbelangt, in die Mittelgruppe der „Perlenschnur"-Plätze: 32–66 Fr/Tag.

Campofelice, ✆ 091/7451417, 📠 091/7451888; www.campofelice.ch. Rund um das gleichnamige Hotel (s. o.) weitet sich der mit 970 Parzellen größte Platz zwischen Seeufer und Flussmündung aus. Der Fünf-Sterne-Platz ist in jeder Hinsicht top – seltsamerweise nur bei den Preisen nicht: 46–74 Fr/Tag (die Preise sind seit 3 Jahren unverändert).

Essen und Trinken

Grotto Scalinata, ✆ 091/7452981. Oberhalb der Kirche von Tenero (an der Biegung von Via Pergole und Via Contra) liegt der alte, mehrfach renovierte (und dadurch nicht unbedingt verschönte) Grotto. Unverfälschte Tessiner Küche, unübertroffen der selbst gemachte Grappa und der Merlot-Wein. Di geschlossen.

Grotto La Fraccia, ✆ 091/7456333. Nur wenige Meter weiter bergauf auf der Via Contra finden Sie diesen rustikalen Grotto mit großem, schattigem Garten und weiter Aussicht. Das bei Einheimischen sehr beliebte Lokal wird zu Recht seiner Polenta und des Fohlensteaks wegen gelobt. Mo geschlossen.

Grotto La Tincinella, am Ortseingang von Contra gelegenes typisches Lokal mit ebenso typischen lombardischen und Tessiner Spezialitäten. Einen besonderen Genuss bieten das gesottene Ziegenfleisch und die hausgemachten Gnocchi. Nov.–Feb und Mi geschlossen.

Ristorante Aeroporto, ✆ 091/7451921. Hinter dem Campingplatzterrain (beim Flugplatz) stößt man auf dieses Restaurant, dessen wunderschöner Garten und großer Spielplatz Nähe und Lärm der Flieger vergessen machen. Insbesondere die sommerlichen Barbecue-Abende erfreuen sich großer Beliebtheit, speziell bei Campingplatzbewohnern. Mo geschlossen.

Vogorno

Der Ort fällt durch seine Rustici-Skyline auf: Das Steinhaus scheint hier erfunden worden zu sein.

Allerdings stammt längst nicht alles, was alt und authentisch aussieht, tatsächlich aus vergangener Zeit. Viele Rustici sind luxuriös renoviert oder sogar neu gebaut worden und dienen als nur gelegentlich genutzte Zweitwohnsitze, die in den Sommermonaten an Touristen vermietet werden. Entsprechend bietet der Ort ohne besondere Sehenswürdigkeiten ein reiches Angebot an Übernachtungsmöglichkeiten, vor allem aber die Nähe zum wohl schönsten Ort im Tal, Corippo (s. u.).

• *Übernachten* **Verzasca**, ✆ 091/7451597, 📠 091/7454055. Vier kleine, sehr einfache, aber auch sehr preiswerte Zimmer am Dorfausgang. DZ 70–86 Fr, EZ 35–47 Fr.

Pizzo Vogorno, ✆/📠 091/7451256. Über dem Grilllokal mit lauschiger Terrasse in aussichtsreicher Lage am Dorfeingang werden 7 Zimmer unterschiedlicher Qualität zu unterschiedlichen Preisen angeboten. DZ 70-100 Fr, EZ 45–70 Fr.

Al Lago, ✆ 091/7453232, 📠 091/74511198. Das Neubau-Ristorante auf der linken Flussseite bietet acht achtbare Zimmer (Du/WC) im ersten Stock über der Wirtschaft an. DZ 95–120 Fr, EZ 65–80 Fr.

• *Ferienhäuser und -wohnungen* **Irma**, ✆ 032/3891930. 5 Personen finden in dem Drei-Zimmer-Häuschen gut Platz und brauchen auf gewohnte Annehmlichkeiten (Radio, TV, Tel.) auch nicht zu verzichten. 350–550 Fr/Wo.

Cà Mia, unter ✆ 056/4964326. Jenseits des Flusses und ein wenig außerhalb von Vogorno, dafür aber in ungestörter Natur findet sich dieser kleine Rustico mit 2 Zimmern, ideal für zwei Personen. Küche, Bad, Garten, Parkplatz, Waschmaschine, TV, Tel. und Radio. 100–120 Fr/Tag.

Uccellini, ✆ 079/4443945. 1-Zimmer-Ferienwohnung in einem urigen Rustico für 2 Personen. Garten, Bad und gut ausgerüstete Küche. 90–120 Fr/Tag.

Stacher, ✆ 061/6010501. Ausreichend und hübsch eingerichtetes 1½ Zimmer-Appartement für 80–100 Fr/Tag.

Gelsomino, ✆ 031/3296633. Zwei kleine Appartements (2 bzw. 1 Zimmer für 4 bzw. 2 Personen) mit bescheidener Ausstattung und angemessenen Preisen. 55–155 Fr bzw. 44–91 Fr.

• *Essen und Trinken* **Grotto da André**, liegt in der Nähe des Dorfeingangs auf mehreren Terrassen in bester Hanglage über dem See. An typischen Granittischen unter einer ebenso typischen Pergola erwarten Sie einfache, aber leckere Speisen – probieren Sie mal die Saltimbocca oder den leckeren Käse aus eigener Herstellung.

Sehenswertes

San Bartolomeo: Die Pfarrkirche oberhalb des Dorfes ist die älteste des Tals; ihre byzantinisch anmutenden Fresken stammen vermutlich aus dem frühen 13. Jh. (Schlüssel in der Pension Verzasca).

Structura: Das Holzpuppen-Atelier mit einer hübschen Ausstellung zeigt in Handarbeit vom Ehepaar Schmid gefertigte Trachtenpuppen. Der Laden an der Talstraße (Parkplatz bei der Pension Pizzo Vogorno) lebt von seinen Verkäufen, aber niemand grollt, wenn Sie einfach nur zum Anschauen reinkommen.

Öffnungszeiten Mo–Fr 9–12 und 14–18 Uhr, Sa nur vormittags.

Geführte Wanderungen

... bietet das schon seit langem in Vogorno lebende Ehepaar Kunz mit seinem Unternehmen *Aqua verde Tours* an. Ob ein- oder mehrtägige Wandertouren, ob ein Besuch auf einem Bergbauernhof oder nur ein Spaziergang durch den Kastanienwald: Gisela und Heinz zeigen Ihnen alle Facetten des schönen Verzascatals. ✆ 091/7452269.

Corippo

Das schönste Dorf des Verzascatales, Vogorno direkt gegenüber, ist schon von weitem deutlich zu sehen. Umrahmt vom satten Grün der Bäume heben sich die grauen Granitsteine der Rustici, die sich auf zwei Terrassen um das Kirchlein *Santa Maria del Carmine* (17./18. Jh.) drängen, kontrastreich ab. Kein neues Haus stört das historische Ortsbild. Wohl darum steht das ganze Dorf, in dem nur noch 30 Menschen leben, geschlossen unter Denkmalschutz. Corippo, einst Zentrum der Leinenweberei im Tal, ist 2 km hinter Vogorno über eine kleine Stichstraße zu erreichen. Tun Sie sich, Ihrem Auto und den Einwohnern von Corippo den Gefallen, und gehen Sie zu Fuß. Zumal Sie weiterlaufen können: Schöne Wanderwege führen nach Mergoscia oder Brione (s. u.).

Essen **Grotto al Bivio**, typische Tessiner Teller (mit selbst gemachtem Käse und Salami) sind die Spezialität des schattigen Grottos unterhalb des Dorfes Corippo (auf dem anderen Flussufer). Doch auch die Pilz-Polenta schmeckt direkt über der Schlucht.

Lavertezzo

Berühmt ist der ehemalige Gerichtsort mit noch 600 Einwohnern für seine Badestellen und die mittelalterliche Doppelbogenbrücke Ponte dei Salti. Aber beides wäre längst nicht so aufregend, wenn das Verzascawasser hier nicht so besonders smaragdgrün schimmern würde.

Die Farbe rührt vom Serizitgneis, der im Ort noch immer abgebaut wird. Das grünlich glänzende Gestein verleiht dem Wasser der Verzasca diesen verzaubernden Schimmer, der im Kontrast zu den grauen, seltsam rund geschliffenen Felsbrocken besonders beeindruckend wirkt. Das empfinden wohl auch die Badenden so, die an schwülen Sommertagen zu Hunderten von weither kommen, um hier Erfrischung zu finden. Aber Vorsicht: Unberechenbare Pegelhübe (nach Regenfällen kann der „hinreißende" Fluss innerhalb einer halben Stunde um 1,5 m steigen) und Strudel an unterirdischen Verbindungskanälen machen das eben noch so ruhige Wasser unversehens gefährlich. In den letzten fünf Jahren sind hier sieben Menschen ertrunken, die meisten unweit der beliebtesten Badestelle unterhalb der Ponte dei Salti, wo auch die größten Felsen zu bewundern sind.

Corippo – das schönste Dorf im Tal

• *Übernachten* **Posse**, ✆/℻ 091/7461796. Das urige Ristorante am Dorfeingang vermietet 10 durchaus zufrieden stellende DZ (Du/WC) für 110 Fr. März–Nov. geöffnet.

Vittoria, ✆ 091/7461581, ℻ 091/7461008. Zwei Balkonreihen in den beiden oberen Stockwerken des einstigen Gutshofs am Dorfende garantieren eine weite Aussicht. Auch sonst können die 9 Zimmer (Du/WC) gefallen. Und das Essen schmeckt nicht nur der schattigen Pergola wegen. DZ 130 Fr, EZ 85 Fr.

• *Ferienhäuser und -wohnungen* **Pergola**, ✆ 079/8591491. In den 2 großen Zimmern dieses typischen Rusticos haben 4 Personen genügend Platz. Neben Bad, gut eingerichteter Küche und Waschmaschine gibt es TV, Radio und Telefon. 80–130 Fr/Tag.

Benz, ✆ 052/3361637. Der abgelegene Rustico (ideal für Naturfreunde) ist nicht großzügig, aber funktional eingerichtet; mit 350 Fr/Wo außerdem preiswert.

Cà San Rocco, Friedrich Rochus aus Aalen (✆ 07361/8672) vermietet seinen Rustico für 80–110 Fr/Tag. In 2 großen Zimmern ist Platz für bis zu 4 Personen.

Ponte dei Salti – die „Römerbrücke" stammt aus dem Mittelalter

• *Essen und Trinken* **Grotto al Ponte**, jenseits der berühmten Brücke. Berühmt ist aber auch der Grotto selbst für die hausgemachten Würste und den Käse (die ebenfalls hervorragenden Weine kommen aus Gudo). Als warmes Gericht, in dieser Hinsicht traditionell, gibt es nur Minestrone.

Osteria Vittoria, das Lokal zum Hotel (s. o.) liegt vis-à-vis der Kirche. Auf der großen Terrasse mit großartiger Aussicht schmecken Risotto alla Milanese und hausgemachte Polenta. Am besten aber ist der Wein. Mo geschlossen.

Sehenswertes

Santa Maria degli Angeli: Die einzige Barockkirche des Tals mit ihrer breiten Freitreppe stammt ursprünglich aus dem 15. Jh., wurde aber im 18. und 19. Jh. grundlegend umgebaut. Das Denkmal vor der Kirche gilt dem berühmtesten Sohn des Ortes, dem Bischof Aurelio Baccarini.

Ponte dei Salti: Die mittelalterliche Brücke, der ein gewaltiger Felsen als Mittelpfeiler dient, ist nicht nur ein beliebtes Fotomotiv, sondern auch der einzige befestigte Flussübergang weit und breit. Über sie führt auch der Weg in die kaum bewohnten Seitentäler Valle Pincascia und Val di Agro.

Brione Verzasca

Der mit 200 Einwohnern größte Ort des oberen Verszascatals schmückt sich mit einem kleinen Schlösschen und der bedeutendsten Kirche im Tal. Zusammen mit der Nachbargemeinde **Gerra Verzasca** hat der Ort in den letzten Jahren bei der Tourismuswerbung aufgeholt und macht mit hübschen Ferienhäusern den berühmteren Talorten heftig Konkurrenz.

• *Übernachten/Essen* **Ai Piee**, ✆ 091/7461544, ✆ 091/7461558; pieesa@bluewin.ch. Der gelbe, schiefergedeckte Gasthof auf halbem Weg zwischen Brione Verzasca und Lavertezzo fällt schon von weitem auf. Die 4 DZ (Du/WC) sind in dieser Abgeschiedenheit schon etwas Besonderes, das gilt auch für den Preis: DZ 130 Fr.

Froda, ✆ 091/7461452, ℻ 091/7461862. Zwölf stattliche Zimmer (nicht alle mit Du/WC) sind in dem stattlichen zweistöckigen Haus in der Nachbargemeinde Gerra Verzasca zu mieten. Und das niedliche Ristorante im Haus bietet HP (plus 24 Fr) bzw. VP (plus 35 Fr) gleich mit. DZ 100–120 Fr, EZ 60 Fr.

• *Ferienhäuser und -wohnungen* **Sceltra**, ✆ 031/3820101. Der perfekt eingerichtete Rustico liegt im Nachbarweiler Motta und bietet in 3 großen Räumen (nebst Küche, Bad und Garten) 4 Personen genügend Platz. 75–140 Fr/Tag. Derselbe Vermieter hat überdies ein ebenso schön eingerichtetes 4-Zimmer-Appartement im Programm (ebenfalls in Motta). 80–135 Fr/Tag.

Füeg, ✆ 079/2070579. Im Zentrum von Brione Verzasca liegt der kleine Rustico von Doris Füeg, der für 140 Fr/Tag vermietet wird. Nicht zu viel für drei Schlafgelegenheiten in zwei großen Zimmern mit TV, Radio und Tel.

Ylenia, ✆ 079/3566435. Das Haus (kein Rustico) liegt im Nachbardorf Gerra Verzasca und kann sich mit seiner schönen Einrichtung sehen lassen. Platz für 4 Personen in 2 Zimmern. 700 Fr/Wo.

Casa ai Fiume, ✆ 091/7461131. Das „Haus am Fluss" in Gerra Verzasca mit 2 großen Zimmern und 5 Schlafgelegenheiten bietet neben einer Küche mit modernen Geräten, Balkon und Garten auch TV, Radio und Tel. 650–750 Fr/Wo.

Sehenswertes

Santa Maria Assunta: Die Pfarrkirche von Brione Verzasca gilt als bedeutendste Kirche des Verzascatals. Und das, obwohl ihr größter Kunstschatz, ein 1502 von Mathias Müller aus Lindau geschnitzter Altar, ins Landesmuseum von Zürich „entführt" wurde. Geblieben sind der Kirche aus dem 13. Jh. kostbare Fresken, die wohl um 1350 entstanden sind und Giovanni Baronzio zugeschrieben werden.

Casa dei Marcacci: Das Schlösschen am Kirchplatz ließ sich die einflussreiche Locarner Adelsfamilie Marcacci im 17. Jh. als Sommerresidenz bauen; der polnische Adler mit seinen breiten Schwingen über dem Kamin verrät, wer der Tessiner Familie einst den Baronstitel verlieh. Derzeit sind ein Restaurant sowie ein Lebensmittelladen in dem Anwesen untergebracht.

Sonogno

Überhaupt nicht weltabgeschieden ist der letzte bewohnte Ort des Verzascatals. Man meint, alle Autofahrer düsten die 29 km nur herauf, um hier Rustici zu fotografieren. Unmengen von Bussen sammeln sich auf den Parkplätzen vor dem Dorf, in das Motorisierte zum Glück nur mit Sondergenehmigung kommen.

Tatsächlich ist Sonogno mit kaum 100 ständigen Einwohnern auf fast 1000 m Höhe ein Schmuckstück Tessiner Baukunst. Der mittelalterliche Campanile überragt die schmucken Natursteinhäuser, die auch hier – edel renoviert und herausgeputzt – größtenteils als Zweitwohnsitz genutzt werden. Aber das Ganze ist so hübsch, so geschickt gemacht, dass man die Erneuerung erst auf den zweiten Blick wahrnimmt. Das Ortsbild scheint unberührt und wohlerhalten. Vielleicht macht es Ihnen ja Lust auf einen Besuch im kleinen Museum oder einem Grotto.

Darüber hinaus ist Sonogno ein idealer Ausgangspunkt für Wanderungen ins Verzascatal oder hinauf in die beiden menschenleeren Quelltäler der Verzasca, **Val Vegorness** und **Val Redorta**.

• *Übernachten* **Alpino**, ✆ 091/7461163, ℻ 091/7461017. Die Schwestern Perrozi betreiben die einzige Pension im Dorf (mit großem Lokal und kleinem Souvenirshop). Die 7 ordentlichen Zimmer (nicht alle mit Du/WC) sind bescheiden und ganz auf Wanderer eingestellt. DZ 70–110 Fr, EZ 33–38 Fr. HP 22 Fr, VP 40 Fr zusätzlich (ganzjährig geöffnet).

• *Ferienwohnungen* **Protection civil**, ✆ 091/7461684. Ideal für anspruchslose Wanderer: In einem kasernenähnlichen Neubau hat der Schweizerische Zivilschutz seine Notwohnungen für die Bevölkerung untergebracht; in friedlichen Zeiten werden die kargen Zimmer (Du) für sensationelle 12–20 Fr vermietet.

Pro Verzasca, ✆ 091/7451661. Der gleichnamige Umweltschutzverein vermietet in einem großen Rustico eine geräumige, bestens (sogar mit TV und Tel.) ausgestattete 2½-Zimmer-Wohnung, die Platz für 3 Personen bietet. 70–110 Fr/Tag.

Betulla, ✆ 091/7461255. Eine 2-Zimmer-Wohnung für 4 und ein Studio für 2 Personen sind in dem hübschen Haus mitten in Sonogno zu mieten. Beide gut ausgestattet und durchaus preiswert. 90 Fr/Tag bzw. 40 Fr/Tag.

• *Essen und Trinken* **Grotto Redorta**, mitten im Dorf. Der beliebteste Grotto weit und breit: drinnen zwei rustikale Schankräume, draußen ein großer Garten mit Granittischen zwischen Granitrustici. Zu essen gibt's leckere Kleinigkeiten wie Alpkäse und selbst gemachte Salami und ab und zu eine Lasagne.

Grotto Efra, das genaue Gegenstück: Mitten im Grünen neben dem Wasserfall della Froda mit einmaligem Bergpanorama liegt dieser Grotto hinter dem Dorf am Eingang zum Val Redorta. Auch hier ist der Speiseplan traditionell: als warmes Gericht nur Minestrone und ansonsten bloß Vorspeisen.

Santa Maria Assunta – immer noch anschauenswert

Sehenswertes

Museo di Val Verzasca: Das Talmuseum an der Piazetta ist in der *Casa Genardini* untergebracht, einem 200 Jahre alten Bauernhaus gleich hinter der ersten Kurve der Hauptstraße. Ohne jeden museumspädagogischen Ehrgeiz wird in ein paar kleinen Räumen ausgestellt, was mehr zufällig gefunden wurde: Einrichtungsgegenstände, Geräte zur Hanf- und Wollverarbeitung, Waffen und Trachten.

Öffnungszeiten Mai–Okt. tägl. 11.30–16.30 Uhr; Eintritt 2,50 Fr.

Santa Maria di Loreto: Die Pfarrkirche aus dem 19. Jh. mit einem sehr viel älteren, stets verschlossenen Glockenturm lohnt wegen eines Freskos von Cherubino Patà, einem im vorigen Jahrhundert in Sonogno geborenen Maler.

Artigianato Pro Verzasca: Der staatliche Kunsthandwerksladen präsentiert und verkauft Holzwaren und Keramik, Wolle und Gewebtes – alles hergestellt von den Frauen des Tals. So wird versucht, das traditionelle Handwerk wiederzubeleben und neue Erwerbsquellen zu erschließen. Besonders reizvoll sind die Wollarbeiten aus handgesponnener und -gefärbter Wolle.

Öffnungszeiten Apr.–Okt. Mo–Sa 10–18 Uhr.

Wanderung 5: Durch das Verzascatal von Sonogno nach Lavertezzo

Vom Talschluss bei Sonogno bis zur Brücke von Lavertezzo sind es 13 km, die in nur 3,5 Stunden bewältigt werden können. Der Grund: Der gut ausgebaute und markierte Weg führt stetig bergab und ist nur nach Regenfällen morastig.

Anfahrt: per Postbus ab Tenero nach Sonogno (vgl. „Tenero/Verbindungen").

Startpunkt ist die Kirche Santa Maria di Loretto in *Sonogno*. Der Durchgang zwischen Campanile und Kirche führt zum Kirchplatz, auf dem rechts abbiegend der Wanderweg beginnt. Der Fluss wird auf der modernen Brücke überquert. Danach geht man leicht bergauf, um in einen steinigen Pfad einzubiegen, der sich über verschiedene Bäche nach Süden in Richtung *Frasco* wendet. Ein breiter Feldweg läuft auf den Weiler am anderen Flussufer zu; eine komfortable Hängebrücke führt über die hier breite Verzasca.

Erlebnis im Verzascatal – Kunst am Wegesrand

Ihr Wanderweg aber verläuft weiter am rechten Ufer, rechts unterhalb der Brücke. Nach knapp 1 km stößt der Pfad auf die Talstraße, die Sie über den Fluss führt. Unmittelbar hinter der Brücke zweigt ein Uferweg rechts ab; dem folgen Sie in leichtem Auf und Ab bis zum verlassenen Dorf *Cordasc*. Dort geht der Weg über verwitterte Steinstufen weiter.

Hinter *Cordasc* führt der jetzt befestigte Weg am Hang auf *Gerra Verzasca* am anderen Ufer zu. Doch Ihre Route bleibt auf der linken Flussseite, überquert auf einer modernen Stahlbrücke das *Val Motta* (großartig die Sicht auf den Wasserfall) und führt am Hang um Lawinenreste und Felsen herum auf die ersten Häuser von *Brione* zu, das bereits aus der Ferne an seiner gewaltigen Kirche auszumachen ist.

Der deutlich erkennbare Pfad erreicht hinter dem Dörflein *Alnasca* eine große Wiese, an deren Ende der Weg mitten durch eine markante Felsformation aufsteigt. Zwei Wegweiser werden passiert – Sie folgen jeweils der Richtung *Lavertezzo*.

Nach gut 1,5 Wanderstunden ist auf dem mittlerweile rot-gelb markierten Wanderweg die Höhe von Brione auf der anderen Flussseite erreicht. Immer

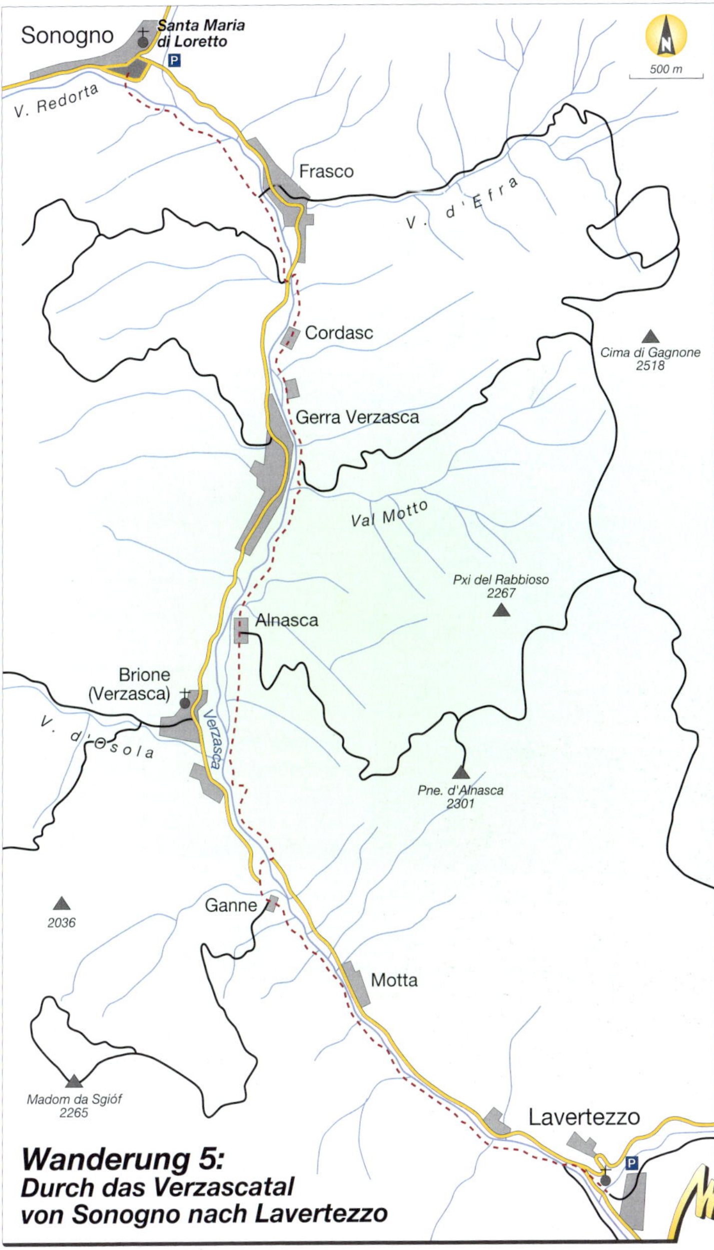

Wanderung 5: Durch das Verzascatal von Sonogno nach Lavertezzo

noch bleibt die Route auf dem linken Flussufer, steigt nun aber zu der immer steileren Verzasca-Schlucht ab. Unterhalb von Brione wird der Fluss auf der

Baden mit Risiko – Flussfelsen bei Lavertezzo

Straße überquert. Hinter der Bushaltestelle zweigt der Wanderweg links von der Straße ab und führt, von Steinmauern gesäumt sowie an Ackerfeldern und Häusern vorbei, nach Süden auf den Weiler *Ganne* zu; insgesamt 2,5 Wanderstunden liegen nun hinter Ihnen.

Auf dem folgenden Teilstück werden Sie mit moderner Kunst konfrontiert: Rechts und links des Weges haben 1995 einheimische, deutsche und italienische Künstler im Rahmen eines Wettbewerbs etliche Kunstobjekte aus Holz, Plastik oder Metall geschaffen, die allerdings meist der Witterung nicht standhielten. Man braucht etwas Phantasie, um die Kunstwerke auszumachen.

Auf der gegenüberliegenden Flussseite erscheint *Motta*, das über eine Hängebrücke erreicht werden könnte – die Wanderroute aber bleibt im letzten Abschnitt auf dem rechten Flussufer und führt über das kastanienbewaldete Steilufer. Nur an einer Stelle erfordert ein Geröllfeld etwas Aufmerksamkeit. Der Weg knickt hinter einer breiten Wiese unversehens zur Doppelbogenbrücke Ponte dei Salti bei *Lavertezzo* ab. Drei Möglichkeiten bieten sich an: Sie können den Weg weiter nach *Mergoscia* (2,5 Std.) fortsetzen, können an den Badeplätzen unterhalb der Brücke ein erfrischendes Bad nehmen oder von *Lavertezzo* aus per Postbus zum Ausgangspunkt dieser unvergesslichen Wanderung zurückkehren.

Locarnos Promenade – überall ein ruhiges Plätzchen mit Seeblick

Locarno

Der Geburtsort des Tessiner Tourismus wartet mit vielen touristischen Superlativen auf: mit 205 m die tiefstgelegene Schweizer Stadt, mit 2300 Sonnenstunden die sonnigste und mit 15,5 °C Durchschnittstemperatur die wärmste.

Ihren Beinamen als „Sonnenstube der Schweiz“ verdankt die Stadt auf der in den See hineinragenden Landzunge am Nordende des Lago Maggiore und an der Mündung der Maggia ihrer geschützten Lage: Im Rücken die **Cimetta-Flanke** (1672) und zum See hin offen, so dass der Blick zu den schneebedeckten Alpen reicht, bleibt Locarno häufiger als der Rest des Tessins von Regenwolken verschont. Das mildeste Klima der Schweiz nutzt man im ältesten Ort des Kantons seit 100 Jahren für den Fremdenverkehr. 100 Hotels und Pensionen, viele noble Restaurants und schicke Shops verteilen sich auf Seeufer und Stadt – auch in dieser Hinsicht fühlt man sich in dem Seeort voller Palmen und Magnolien fast an die Côte d'Azur verschlagen.

Aber längst nicht alles, was Locarno heißt, ist auch Locarno. Erst durch Einverleibung der Nachbargemeinden vor rund 80 Jahren wurde aus dem 15.000-Einwohner-Städtchen ein Ballungsraum mit nahezu 60.000 Menschen. So liegen Bahnhof und Uferpromenade auf dem Gebiet der Gemeinde **Muralto**, die Villen drängen sich im nordöstlichen **Minusio**, und das Wahrzeichen Locarnos, die Wallfahrtskirche Madonna del Sasso hoch über der sehenswerten Altstadt, gehört zu **Orselina**. Locarno im engen Sinne ist eigentlich nur **Borgo**, das historische Zentrum der Stadt.

Stadtgeschichte

Die Gegend von Locarno (von keltisch „Leukera" = die Weiße) war bereits in der Bronzezeit bewohnt und ist damit das früheste nachgewiesene Siedlungsgebiet im Tessin. Unter den Römern, die die Stadt „Luggarus" nannten, entwickelte sie sich schon früh zu einem Zentrum der Glaskunst; diese Epoche ist noch heute im Museum des Visconti-Schlosses gut dokumentiert.

789 wird Locarno dann erstmals urkundlich erwähnt. 1164 bekommt die Stadt von Kaiser Barbarossa die Stadtrechte, 20 Jahre später die Reichsunmittelbarkeit zuerkannt. Im 14. Jh. gerät die Stadt unter italienischen Einfluss. Die lombardischen Adelshäuser Orelli, Muralti und Visconti bauen Burgen und Palazzi, führen aber auch den Seidenhandel ein, mit dem sich im Mittelalter eine neue Händler- und Bürgerschicht in Locarno etabliert. Zwei Ereignisse unterbrechen jedoch den Aufschwung der Stadt: 1514 wird Locarno durch den Biasca-Bergsturz von seiner Verbindung nach Norden abgeschnitten – die Stadt bleibt auf Jahrhunderte ohne nennenswerte Verkehrsanbindung. 1555 weist der Magistrat die reformierten Familien der Seidenhändler aus der Stadt – Zentrum des Seidenhandels wird Zürich, das den Vertriebenen nicht ganz uneigennützig Asyl gewährt.

Jagd auf Leoparden

Locarno ist nicht nur voller Hotels und Boutiquen, sondern vor allem voller Autos, die nur zum geringeren Teil vom City-Tunnel und einer riesigen Tiefgarage an der Uferpromenade geschluckt werden. Ein weiteres beliebtes Parkziel ist die Piazza Grande. Immer Anfang August wird die Piazza allerdings von Autos geräumt – stattdessen reihen sich 7000 Stühle um die 14 mal 26 Meter große Leinwand, auf der Abend für Abend immer um 21.30 Uhr für 22 Fr Eintritt einige der Filme gezeigt werden, die sich um die „Leoparden", die Locarner Filmpreise, bewerben. Seit 1946 ist das „Locarno International Film Festival" nach dem Festival von Venedig zur größten Movieshow Europas geworden. Mit der neuen Leiterin Irene Bignardi erhofft man sich in Locarno frischen Wind für die Veranstaltung.

Kontakt und Information unter ✆ 091/7562121 bzw. 📠 091/7562149 und im Internet unter www.pardo.ch.

Es folgten Jahrhunderte der Provinzialität, nur kurz unterbrochen durch die Konkurrenz um die Hauptstadtwürde mit Bellinzona und Lugano zwischen 1803 und 1878. Bedeutender wurde das Städtchen erst wieder um die vorige Jahrhundertwende, als mit dem Bau des Grande Albergho, des Grandhotels, der Tourismus dem Ort neuen Aufschwung bescherte – seitdem zählt Locarno mit zwei Millionen jährlichen Übernachtungen zu den Touristenhochburgen der Schweiz.

Information

Ente turistico Lago Maggiore, Kurhaus, Largo Zorzi 1, ✆ 091/7910091, 📠 091/7581941; buongoirno@maggiore.ch, www.maggiore.ch. März–Okt. Mo–Fr 9–18.30, Sa 9–17, So 10–12, 13–15 Uhr; übrige Zeit Mo–Fr 9–12.30, 14–18 Uhr. Das mit Ascona und Brissago fusionierte Tourismusbüro residiert in einem Haus mit Kasino und Theater im Kursaal unweit der Promenade. Die hilfsbereiten, deutschsprachigen Damen kennen jede Adresse, vermitteln jedes Ticket, geben monatlich einen Veranstaltungsplan heraus und beschaffen Unterkünfte überall am Lago Maggiore mit einem immer freundlichen Lächeln.

Verbindungen

- *Zug* Der **Schnellzug** nach Bellinzona (mit Anschluss an den Fernzug Richtung Nordschweiz) verkehrt 26-mal zwischen 5.30 und 1.09 Uhr.

Die **Centovalli-Bahn** ins italienische Domodossola (dort Anschluss an die Simplon-Bahn nach Bern) dient bis Intragna als Vorortzug, ansonsten 20 Stopps im Pedemonte und Centovalli, je nach Jahreszeit 16 bis 23 Züge pro Tag zwischen 6.05 und 19.12 Uhr. Einfache Fahrt 19 Fr/Person. Auskunft am Bahnhof oder im Fart-Reisebüro.

- *Busse* Postbus, Stadtbusse der Fart-Linien und Busse der Centovallina verkehren von 6 Uhr bis Mitternacht mehrmals tägl. nach Ascona (6 Fr), Brissago (8 Fr), ins Valle Maggia (bis zu 12 Fr), Valle Verzasca und Val Onsernone. Haltestellen am Bahnhofsplatz und der Piazza Grande.
- *Seeschiffe* Zwischen Ostern und 25. Okt. pendeln vom Anlegesteg der Uferpromenade (debarcadero) Liniendampfer mehrmals tägl. zwischen 8.30 und 17.30 Uhr nach Ascona und den Isole di Brissago, nach Stresa, Cannobio, Magadino und Tenero. 90-minütige Rundfahrten in der Bucht von Locarno gibt es tägl. zwischen 8.30 und 18.30 Uhr. Kreuzfahrten (nur Juli/Aug.) finden zwischen 10 und 23 Uhr statt. Preise: von 4 Fr im Linienverkehr bis 55 Fr für Rundfahrten (Schiffsvermietungen und -ausflüge, nur von Apr. bis Okt. ✆ 091/7511865).
- *Seilbahnen* Die Standseilbahn nach Orselina und damit zur Wallfahrtskirche Madonna del Sasso (Talstation nahe Bahnhof Locarno) verkehrt zwischen 7 und 22 Uhr im 15-Minuten-Takt. Erwachsene 6 Fr, Kinder 3 Fr.

Die neue Kabinenbahn nach Cardada (an der Wallfahrtskirche nur die Straße überqueren) und der anschließende Sessellift nach Cimetta fahren zwischen 9 und 18 Uhr (Fr–So bis 20 Uhr) alle 30 Minuten – bei großem Andrang auch häufiger. Hohe Preise für die einfache Fahrt: 25 Fr/Erw. bis Cardada, 29 Fr bis Cimetta (13/15 Fr/Kinder). Gleitschirm- und Drachenflieger zahlen für die Tageskarte 20/22 Fr (Tipp: Wenn Sie Ihr Auto im Parkhaus abstellen und mit der Standseilbahn fahren, erhalten Sie 50% Rabatt auf die Parkgebühren).

Straßencafés – schick, teuer, immer „in"

> Denken Sie daran, dass Ihnen der **Ferienpass** in Locarno und Umgebung Preisermäßigungen auf öffentliche Verkehrsmittel gewährt (s. „Unterwegs im Tessin", S. 21).

Adressen/Telefonnummern

- *Apotheke* Via Antonio Ciseri 1; Via Franzoni und Via Stefano.
- *Bahnhof* 091/7436564.
- *Banken/Geldwechsel* dreimal auf der Piazza Grande und einmal Via S. Francesco 1.
- *Fahrradverleih* Wie überall im Tessin kann man Räder am **Bahnhof** für 10 Fr/Tag leihen. Aber auch am Campingplatz oder in den Sportgeschäften **Belotti**, Via Citadella, sowie **Nessi**, Via Varenna 79, wird man fündig.

- *Fundbüro* ✆ 091/7563311.
- *Krankenhaus* ✆ 091/7510252 oder 091/7430101.
- *Mietwagen* Die internationalen Vermieter **Avis** und **Hertz** vermieten Wagen ab 80 Fr/Tag, ✆ 091/7914455 (Avis), 091/7435050 (Hertz).

Limousine Service Ticino vermietet Karossen nebst Chauffeur ab 350 Fr/Tag, ✆ 091/7439545.

- *Post* Hauptpost auf der Piazza Grande. Mo–Fr 7.30–12 und 13.45–18.30 Uhr, Sa 8–11 Uhr, ✆ 091/7513070.
- *Postbus* 091/7436115.
- *Rundflüge* 091/7452027.
- *Schiffstaxi* ✆ 079/4099000.
- *Stadtrundfahrt* Mit dem „Zuegli", einem kleinen Elektrozug, werden halbstündige Rundfahrten durch die Altstadt organisiert, vor allem für Kinder ein großer Spaß. Abfahrt ab 11 Uhr am Largo Zorzi neben dem Kurhaus. 17 Fr/Person.
- *Tankstellen* Esso in der Via Monzeglio, Shell in der Via Giovanni Antonio.
- *Taxi* Droschkenstände gibt es nur vor den großen Hotels, ansonsten kommen Taxis auf Anruf: ✆ 091/7431133 oder 091/7512323.
- *Wäscherei* Via Antonio Ciseri 9.

Einkaufen

- *Delikatessen* Teuer, aber ausgefallen und manchmal exotisch ist das Angebot an Weinen und Früchten, an Obst und Gemüse bei **Cattaneo** in der Via Citadella 19 (Mo geschlossen).

Ökologisch korrekt ist das Sortiment von **Il Diavolo**, Via Panigari 5 (Mo geschlossen).

Typisch italienisch sind die Teig- und Wurstwaren bei **De Bernardi**, Piazza Grande 28.

- *Flohmarkt* Originelles und Ramschiges aus aller Welt jeden zweiten Samstag in der Altstadt von 8–13 Uhr (nur Apr.–Okt.).
- *Markt* Frischer Fisch, leckeres Obst und Gemüse der Umgebung immer donnerstags von 9–17 Uhr (im Winter bloß bis 14 Uhr) auf der Piazza Grande. Sehr viel kleiner der tägliche Markt in der Via Naviglio Vecchio.
- *Schmuck* Wer handgefertigten Schmuck oder Edelsteine der teuren Art mag, ist bei **Tommasi**, Piazza del Capitani 10, richtig.

Bucherer auf der Piazza Grande führt vor allem Edelmarkenuhren.

- *Supermarkt* **Migros** in der Via S. Franscini 31 (geöffnet 9–21 Uhr); **Coop** auf der Piazza Grande.

Locarno
Karte S. 108/109

Sport/Unterhaltung

• *Baden* Der am südlichen Uferstreifen gelegene Lido mit Freibad, Planschbecken und Spielplatz ist wohl eines der schönsten Strandbäder der Schweiz. Mai–Sept. tägl. von 9–18.30 Uhr; 9 Fr/Erwachsene, 5 Fr/Kinder. Ein zusätzliches echtes Freibad befindet sich ein Stück weiter südlich vom Lido. Der Eintritt ist gratis.

• *Fitness* Wer auf sein Training im Urlaub nicht verzichten mag, findet Möglichkeiten im **B-Fit-Club**, Via Orelli 19, bei **Fisioterapia Ergofit**, Piazza Stazione 3, oder bei **Lazzarin Antonio** in der Via Vallemaggia.

• *Golf* Der 18-Loch-Platz des **Golf-Clubs Locarno** liegt im Dreieck zwischen Lago Maggiore und Maggiamündung. Für weniger als 100 Fr können Sie eine Runde spielen.

• *Minigolf* Der **Minigolf-Club Locarno** hat sein Gelände am Ende der Promenade (unweit der Giardini Jean Arp). ✆ 091/7516330.

• *Segeln* In der Segelschule **Vela Verbano** am Lido di Locarno werden Unterrichtsstunden angeboten. Außerdem kann man Boote für 20–40 Fr/Std. mieten. ✆ 079/4098410.

• *Tennis* Im **Hotel Reber au Lac** und im Grand Hotel (Adressen s. u.) kann man ebenso das Racket schwingen wie im **Tennis Club Locarno** (Bosco Isolina), ✆ 091/7511116.

• *Kasino* Zusammen mit einem Nightclub und einer Piano-Bar im Kurhaus am Largo Zorzi.

• *Kino* **Cinema Rex** auf der Piazza Grande und **Cinema Rialto** mit drei Kinosälen und Billardbar an der Via San Gottardo in Muralto.

• *Theater* Hauptsächlich Boulevardstücke und Konzerte bietet das **Teatro di Locarno**, das ebenfalls im Kurhaus untergebracht ist. ✆ 091/7510333.

Übernachten (siehe Karte S. 108/109)

• *Hotels* **Ostello Giaciglio (23)**, Via Rusca 7, ✆ 091/7513064, ✆ 091/7523837. Die von März bis Nov. geöffnete Herberge (200 m von der Piazza Grande) hat nur Kajütenbetten für 4, 6 und 8 Personen und nimmt 20 Gäste auf. 40 Fr.

Garni Città Vecchia (15), Via Toretta 13, ✆/✆ 091/7514554; cittavecchia@datacomm.ch. Sieben Nichtraucher-Zimmer ohne Du/WC hat die Jugendpension in einem rosafarbenen Altstadthaus von März bis Okt. im Angebot. DZ 80 Fr, EZ 40 Fr, Frühstück 4,50 Fr extra.

Vecchia Locarno (21), Via Motta 10, ✆/✆ 091/7516502, www.hotel-vecchia-locarno.ch. Mit dem Besitzer haben auch die Preise gewechselt. Geblieben ist der Palazzo aus dem 17. Jh. im autofreien historischen Stadtkern und die 22 netten Zimmer, ein gutes Restaurant, ein hübscher Innenhof und ein gemütliches Kaminzimmer: 95–140 Fr (DZ) bzw. 50–75 Fr (EZ).

Olanda (5), Via ai Monti 139 a, ✆/✆ 091/7514727. Die einfache 9-Zimmer-Pension über der Stadt wirbt mit südländischem Charme und einmaliger Aussicht zu erstaunlich günstigen Preisen. DZ 100–130 Fr, EZ 50–60 Fr.

Müller Garni (4), Via ai Monti 160, ✆ 091/7511971, ✆ 091/7523445. Das innen geschmackvolle 16-Zimmer-Hotel mit herrlicher Aussicht auf Berge und See (Dez.–Feb. geschlossen) bietet mit 86–130 Fr (DZ) und 52–75 Fr (EZ) annehmbare Preise.

Rondinella (13), Via Dogana Nuova 4, ✆ 091/7516221, ✆ 091/7522534; rondinella@cybernet.ch, www.rondinella.ch. Gut ausgestattete Zimmer mit Balkon (Du/WC, Tel./TV, Radio/Föhn) in einem funktionalen Betonbau mit famoser Seesicht; dazu ein Restaurant, das besser ist, als es aussieht. DZ 120–160 Fr, EZ 70–85 Fr.

Garni Cittadella (14), Via Cittadella 18, ✆ 091/7515885, ✆ 091/7517759, www.cittadella.ch. Das ansehnliche, ruhige Altstadthotel bietet 10 hübsche Zimmer (Du/WC, Tel./TV) und ein beliebtes Fischrestaurant. DZ 120–160 Fr, EZ 60–100 Fr.

Nessi Garni (20), Via Varenna 79, ✆ 091/7517741, ✆ 091/7519209; garninessi@ticino.com. Nordisch-nobel, aber etwas abgelegen präsentiert das moderne Hotel 21 Zimmer (Du/WC, Tel./TV), dazu eine schicke Bar und einen beheizten Pool. DZ 150–200 Fr, EZ 90–160 Fr (März–Nov. geöffnet).

Ristorante Cervo (12), Via Toretta 11, ✆ 091/7514131. Nur 4 gemütliche Zimmer (Du/WC) sind im charmanten Altstadthotel unweit der Piazza Grande zu haben. Im Preis (DZ 140 Fr, EZ 85 Fr; Seniorenrabatt) ist das Frühstück inbegriffen.

Rosa-Seegarten (9), Viale Verbano 25, ✆ 091/7438731, ✆ 091/7435002; www.rosa-seegarten.ch. Das herrschaftliche Drei-Sterne-Hotel direkt am See mit feinem Restaurant und großer Terrasse ist seinen Zimmerpreis (Du/WC, Tel./TV) wahrlich wert: DZ 200–300 Fr, EZ 100–160 Fr.

Mirafiori (2), Via al Parco 25, ✆ 091/7431877, ✆ 091/7437739; www.mirafiori.ch. Der edle Geschmack der 1960er Jahre durchweht das Drei-Sterne-Hotel am Südhang von Locarno. Der Garten, der hübsche Pool, die 4 Bungalows mit 25 gediegenen Zimmern und nicht zuletzt die famose Aussicht sowie der kostenlose Fahrradverleih machen das Haus in Orselina trotz gehobener Preise (DZ 190–240 Fr, EZ 100–130 Fr) zum echten Schnäppchen.

Dell 'Angelo (18), Piazza Grande, ✆ 091/7518175, ✆ 091/7518256; www.hotel-dellangelo.ch. Zentraler geht's nicht, doch der Lärm kommt nicht von draußen, sondern von den Kids in Disko und Bar. Wer sich daran nicht stört, findet in dem Drei-Sterne-Hotel 49 bieder-gemütliche Zimmer (Du/WC, Tel./TV) und ein preiswertes Grill-Restaurant. DZ 110–210 Fr, EZ 75–135 Fr.

Reber au Lac (10), Viale Verbano 55, ✆ 091/7358700, ✆ 091/7358701; www.hotel-reber.ch. Die heimliche Number one unter den Locarno-Hotels: üppiger Park, Strandbad, 70 piekfeine Zimmer. DZ 280–420 Fr, EZ 200–285 Fr.

Grand Hotel (6), Via Sempione, ✆ 091/7430282, ✆ 091/7433013; www.grand-hotellocarno.de. Das älteste Hotel am Ort wurde vom Best-Western-Konzern aufgemöbelt: Vier-Sterne-Standard mit Park, Pool und Tennisplatz. DZ 160–340 Fr, EZ 110–160 Fr.

• *Ferienhäuser und -wohnungen* **Via ai Monti 84 (3)**, Vermietung: E. Broennimann, Greifensee, ✆ 01/9409893. Das 3½-Zimmer-Häuschen über Locarno ist bestens ausgestattet (offener Kamin, TV, Heizung) und kostet 120 Fr pro Tag.

Via Balestra 43c (25), In dem Appartementhaus in der City werden etliche Wohnungen mit 2 bis 4 Zimmern vermietet. ✆ 056/4701812, ✆ 031/7910120 und ✆ 061/8316270. 50–100 Fr/Tag.

Via Albaredo 42a (1), ✆ 041/8701955. Oberhalb von Minusio und damit abseits des City-Trubels liegt das hübsche, rundum zufrieden stellende Haus der Familie Bruecker, in dem bis zu 5 Personen ausreichend Platz finden. Der Preis von 150–180 Fr/Tag ist bei der Lage gerechtfertigt.

• *Camping* **Delta Camping (26)**, ✆ 091/7518081, ✆ 091/7512243. Direkt am See im Süden Locarnos liegt dieser edle Fünf-Sterne-Platz mit perfekter Ausstattung (auch Fahrradverleih) am Rande eines großen Parks. 43 Fr pro Tag und Person (weitere Campingplätze, z. B. in Tenero oder Losone, siehe dort).

• *Jugendherberge* **Ostello Palagiovani (19)**, Via Varenna 18, ✆ 091/7561500, ✆ 091/7561501, www.youthhotel.ch. Der lichte Bau (10 Min. vom Zentrum entfernt) hat eher Jugendhotelniveau. Insgesamt 174 Betten, davon viele in netten Einzel- und Doppelzimmern mit WC. Entsprechend liegen die Preise deutlich über dem für Jugendherbergen üblichen Standard. DZ 75–118 Fr, EZ 63–85 Fr, Mehrbettzimmer 33–47 Fr plus 5 Fr Zuschlag für Nichtmitglieder.

Essen und Trinken (siehe Karte S. 108/109)

Antica Osteria (7), Via dei Pescatori 8, ✆ 091/7438794. Das hübsche Lokal mit weinumrankter Gartenterrasse bietet, auch nachdem Eva und Sereno sich aufs Altenteil zurückgezogen haben, neben schöner Aussicht und raffiniert italienischer Küche erstaunlich niedrige Preise. Menüs 30–60 Fr. Di und Feb. geschlossen.

Trattoria da Luigi (16), Via Dogana Vecchia 1, ✆ 091/7439746. Trotz postmoderner Architektur ist das Lokal zum Treff für Tessiner Großfamilien geworden. Das hat sicher mit Luigis vortrefflichen Desserts und den annehmbaren Preisen (Gericht ab 18 Fr) zu tun.

Grotto Campagna, Minusio, ✆ 091/7432054. Der einzige Grotto im Stadtgebiet von Locarno liegt unterhalb der Kirche von Minusio, dem östlichen Vorort von Locarno. Das von Apr.–Okt. geöffnete Lokal mit attraktiver Aussicht auf den See hat einen vortrefflichen eigenen Wein und leckere Tessiner Spezialitäten zu bieten – probieren Sie einmal „piccata e risotto".

Navegna, Via alla Riva 2, ✆ 091/7432222. Auch in Minusio und direkt am See liegt der Landgasthof mit großem Ufergarten. Spezialitäten sind Fischgerichte und die riesige Dessertauswahl. Apr.–Okt. geöffnet.

Carbonara (11), Piazza Stazione 7, ✆ 091/7436714. Wenige Schritte vom Bahnhof entfernt besticht in dieser Trattoria das tägl. frische italienische Buffet; für den kleinen Hunger gibt es Pizza oder Pasta ab 9 Fr.

Osteria Borghese (8), Via Borghese 20,

Locarnos Wahrzeichen – Madonna del Sasso

✆ 091/7510498. Das familiäre Lokal in der City wird für seine Fondue- und Raclette-Gerichte nach Schweizer Art ganz zu Recht gelobt. Am Wochenende geschlossen.

Universo (22), Via Cattori 4, ✆ 091/7439513. Gutbürgerliches Lokal hinter dem Kursaal mit phantasievoller italienischer Küche. An Feiertagen geschlossen.

Reginetta (17), Via della Motta. Das rustikale Restaurant am Ende der Piazza Grande bietet Gerichte der Region nach Art der Nouvelle Cuisine. Und das ist einfach köstlich, aber nicht billig: 85 Fr kostet z. B. das hervorragende Fischmenü.

Centenario (24), Lungolago Motta 17, ✆ 091/7438222. Hier, in einem der besten Tessiner Restaurants, wird das Speisen zelebriert: Das beginnt mit erwärmten Brioche, einem feinen Hefegebäck, zu Beginn des Essens und endet bei der Weinkarte, die ihresgleichen sucht. Solcher Luxus hat seinen Preis – für das Normalmenü müssen 150 Fr hingeblättert werden. So, Mo und 15 Tage im Feb. und Aug. geschlossen.

Cafés/Kneipen/Bars

Den besten Platz auf der Piazza Grande bietet vom morgendlichen Espresso bis zum abendlichen Frascati das **Café Verbano**; besonders begehrt sind die Stühle unter der großen Pergola.

Bevorzugte Weinkneipen auf der Piazza Grande sind **Canetti** (Livemusik am Freitagabend) und **Veritas** (100 Weine aus aller Welt) am Rathaus.

Den besten Kuchen, allerdings nur für Nichtraucher, gibt es im **Tearoom Marnin** auf der Piazza San Antonio.

Die Jugend trifft sich in der **Bar Sport** und im **Record Rock Café** unmittelbar neben der Piazza Grande, Nachtschwärmer in den Nightclubs **Dineas** und **Tarantella** zwischen Piazza Grande und dem Seeufer und Spieler im **Casino** im Kurhaus.

Sehenswertes in der Innenstadt

Piazza Grande: Der Marktplatz ist das Herzstück Locarnos. Mit den eleganten Arkadenhäusern und dem urigen Kopfsteinpflaster könnte er zu den schönsten

Plätzen Europas zählen, wenn er nicht überwiegend zugeparkt wäre. Nur donnerstags, wenn Händler ihre Marktstände aufschlagen; oder immer Anfang August, wenn die Festivalbeiträge über eine riesige Leinwand flimmern; oder im Juli, wenn, wie seit 1997 regelmäßig, 140 Kubikmeter Sand aufgeschüttet werden, um die Piazza Grande in eine Beach-Volleyball-Arena zu verwandeln – nur dann werden die Blechkarossen verbannt. Dann wird der Blick frei auf das schöne Rathaus im *Palazzo Marcacci* und den *Torre del Comune* am Nordende der Piazza, auf die stets überfüllten Straßencafés und die schicken Geschäfte, vor allem aber auf Tausende Tessiner.

Giardini Pubblici: Vom einst prächtigen Stadtgarten am Südrand der Piazza ist nur wenig geblieben. Heute wird das Gelände vom Kursaal beherrscht, einem 1992 stilvoll renovierten Bau der vorigen Jahrhundertwende, der Theater, Kasino und Fremdenverkehrsbüro beherbergt. Darunter die zweistöckige Tiefgarage, die Platz für 2000 Autos bietet.

Palazzo della Conferenza: Die *Via della Pace*, die Friedensstraße, führt vom Stadtgarten nach Süden. In der Villa hinter der zweiten Straßenecke tagte die Friedenskonferenz, die 1925 den Locarnopakt aushandelte. Pikanterweise ist das altehrwürdige Haus heute Sitz der örtlichen Polizei und darum auch nicht zu besichtigen. Aber der Saal, in dem die Verhandlungen stattfanden, ist im *Castello Visconteo*, nur vier Straßenzüge nordwärts, nachgestellt.

Locarno
Karte S. 108/109

Der Locarnopakt

In Wahrheit wurde der Schlussstrich unter den 1. Weltkrieg nicht 1918, sondern erst 1925 in Locarno gezogen: In einer Villa in der seitdem *Via della Pace* genannten Avenue trafen sich die Außenminister von Frankreich (Briand), Deutschland (Stresemann) und England (Chamberlain), um die Westgrenze Deutschlands festzulegen. Die Weimarer Republik verzichtete auf Elsass-Lothringen, stimmte der Entmilitarisierung des Rheinlandes zu und wurde dafür in den Völkerbund aufgenommen. Die Westmächte bürgten für die Einhaltung der deutschen Westgrenze und garantierten eine friedliche Regelung jeglicher Streitigkeiten. Gustav Stresemann und Aristide Briand erhielten für den Friedensschluss, der als Locarnopakt in die Geschichte einging, 1926 den Friedensnobelpreis.

Castello Visconteo: Nach jahrelangen Bauarbeiten ist die *Piazza Castello* zum autofreundlichen Kreisverkehr umgestaltet worden, so dass die Burg der Mailänder Visconti-Herzöge aus dem 15. Jh. nur hinter einer nie endenden Blechkarawane zu vermuten ist. Doch wer den Kreisverkehr umrundet hat, wird drinnen belohnt: zum einen mit dem sehenswerten Arkadeninnenhof und seinen geschnitzten Balkendecken, zum anderen, weil im 1. Stock der 1929 restaurierten Anlage, bis 1798 Sitz eidgenössischer Landvögte, das *Städtische und Archäologische Museum* zu besichtigen ist:

Museo Civico e Archeologico: Die beiden Abteilungen des Museums bieten einen anschaulichen Schnelldurchgang von der ersten Besiedlung des Tessins bis zur Neuzeit. Dabei spannt sich der historische Bogen von der Frühgeschichte mit Glasfunden aus der Römerzeit über Trachten des 18. Jh. bis hin zur Ausstellung über

den Locarnopakt mit der Nachbildung des historischen Verhandlungssaales. Darüber hinaus gibt es Nymphenburgporzellan zu sehen.
Öffnungszeiten Apr.–Okt. Di–Fr 10–12 und 14–17 Uhr, Sa 10–17 Uhr; Eintritt 6 Fr/Erwachsene, 3 Fr/Kinder.

Casorella: Neben dem Castello Visconteo liegt dieser Palazzo aus dem 16. Jh. Auffällig die Stuckverzierungen der kleinen Loggia, die auf den Innenhof geht, und der von Giovanni Caldelli 1787 ausgeschmückte Adelssaal. Dieser Saal ist nach einer Renovierung im Jahre 2003 zum Herzstück der städtischen Kultursammlung mit Gemälden und Grafiken geworden.
Öffnungszeiten Di–So 10–12 und 14–17 Uhr; Eintritt 7 Fr für Erwachsene, 5 Fr für Kinder.

Kirche San Francesco: Westlich bergauf und vorbei an der *Casorella*, gelangt man auf die *Piazza S. Francesco* mit der Kirche aus dem 13. Jh. Die dreischiffige Basilika, Sitz der deutschsprachigen Gemeinde, gehörte bis 1848 zu einem Franziskanerkloster, in dem heute ein Lehrerseminar untergebracht ist. Vor dem Portal steht ein Denkmal für Giovanni Orelli, den Spross einer aus Locarno stammenden Künstlerfamilie, die wesentlich für die Gestaltung der Kirche verantwortlich zeichnet. Giovanni baute sie 1572 um, von Giuseppe Orelli stammen die Wandmalereien im Hauptschiff und von Baldassar Orelli die Fresken im Refektorium des Klosters, das am Wochenende für Besucher geschlossen ist.

Kirche San Antonio Abate: Auch die riesige Hauptkirche von Locarno am nordwestlichen Altstadtrand ist mit Gemälden zweier Orelli-Brüder geschmückt. Bemerkenswert ist die löchrige Natursteinfassade, in der – einzig in Mitteleuropa – Fahlsegler nisten, an Schwalben erinnernde Flugkünstler aus dem Mittelmeerraum.

Casa Rusca: Gleich nebenan, in einem stilvoll restaurierten Bürgerhaus aus dem 17. Jh., befindet sich die *Pinacoteca Comunale*, die städtische Kunstsammlung. Grundstock der Sammlung ist eine Schenkung des Künstlerpaars Jean und Sophie Arp. Der 1966 verstorbene Elsässer Hans (Jean) Arp gehört als Maler, Bildhauer und Dichter zu den Wegbereitern des Dadaismus; sein Grab kann man auf dem Friedhof der Kirche *Santa Maria* besuchen, nur wenige hundert Meter westlich der Casa Rusca.

Unter den 100 Gemälden und Skulpturen, die das Künstlerpaar der Casa Rusca vermachte, sind neben eigenen Werken auch Arbeiten von Braque, Chagall, Ernst und Picasso. Ergänzt wird die Ausstellung durch die Sammlung von Nestor Jacometti, der Werke von Vasarély, Max Bill und Valenti gesammelt hat, sowie durch Kupferstiche des Berner Künstlers Rudolf Mumprecht. Natürlich kann das viel zu kleine Haus nie gleichzeitig alle Schätze zeigen, zumal zusätzlich noch andere Ausstellungen im Programm sind. Deshalb sollten Sie vor dem Besuch den fachkundigen Herrn im Kassenhäuschen fragen.
Öffnungszeiten 1.4.–31.10 jeweils Di–So 10–12 und 14–17 Uhr. Eintritt 6 Fr/Erwachsene, 3 Fr/Schüler und Studenten, 1 Fr/Kinder bis 12 Jahre.

Giardini Jean Arp: Am Südende der Uferpromenade mit dem schwungvollen Namen *Guiseppe Motta Lungolago* erstreckt sich der auf den ersten Blick unscheinbare Park mit Arp-Skulpturen. Darüber hinaus bieten die riesigen Bäume genügend Schatten für ein Picknick.

Kirche San Vittore: Auf der gegenüberliegenden Buchtseite – vorbei am Bahnhof und auch vorbei an der Talstation der Standseilbahn – erreicht man die Stiftskirche San Vittore, neben San Nicolao die wohl bedeutendste romanische Kirche im Tessin mit gut erhaltenen Fresken vor allem in der Krypta. Die über 1000 Jahre alte

Kirche wurde im 16. Jh. erweitert. Aus dieser Zeit stammt das „Pfingstwunder" des Augsburger Malers Hans Schmidt; aus viel späterer Zeit, nämlich den 1930er Jahren, die Aufstockung des 1524 errichteten Campaniles.

Sehenswertes in der Umgebung

Madonna del Sasso/Museo Casa del Padre: Die „Madonna auf dem Felsen", mit vollem Namen *Madonna del Sasso Santa Maria Assunta*, ist das Wahrzeichen Locarnos und sicher die meistfotografierte Kirche im Tessin – vor allem dann, wenn die gelbe Fassade im Abendrot erstrahlt und im Hintergrund die wolkenlose Kulisse von See und Gebirge erscheint. Kaum nötig zu erwähnen, dass sich von der Terrasse vor dem Hauptportal und der seitlichen Arkadengalerie ein schöner Rundumblick eröffnet.

Die auf dem 350 m hohen Felsen gelegene Kirche wurde 1487 von Franziskanermönchen gegründet; Anlass war – zumindest der Überlieferung nach – eine Marienerscheinung. Im 17. und noch einmal im 19. Jh. wurde die Kirche dann beträchtlich erweitert und überreich ausgestattet. Die letzte Renovierung besorgte 1984 der Tessiner Stararchitekt Luigi Snozzi. Dennoch weisen Hauptschiff und zwei angeschlossene Kapellen im Vergleich zu anderen Tessiner Kirchen kaum nennenswerte Schätze auf; am auffallendsten sind noch die Gemälde „Flucht nach Ägypten" aus dem 16. Jh. und „Grablegung Christi" von Antoni Ceseri aus dem 19. Jh.

Das kleine Kirchenmuseum *Museo Casa del Padre* im angeschlossenen Kapuzinerkloster präsentiert Monstranzen und Weihegaben, Votivbilder und liturgische Gewänder; sehenswert vor allem Ceseri-Skizzen zu seinem Bild „Grablegung Christi".

- *Anfahrt* Zu erreichen ist die Wallfahrtskirche auf verschiedene Weise: bequem mit der Standseilbahn von der Via Ramogna (s. „Locarno/Verbindungen") oder per Bus bzw. Auto über die ausgeschilderte Strecke nach Orselina (bzw. zum Monte della Trinitá), dem hochgelegenen Stadtteil von Locarno. Mühsam dagegen ist der 45-minütige Aufstieg zu Fuß über einen steilen Stationenweg (als Via Crucis markiert und von typischen lombardischen Kreuzwegkapellen gesäumt).
- *Öffnungszeiten Museum* Ostern–Okt. So–Fr 10–12 und 14–17 Uhr; Eintritt 4 Fr/Erwachsene, 1 Fr/Kinder.

Cardada/Cimetta: Locarnos Hausberg mit seiner Aussichtsterrasse auf 1670 m Höhe ist 2001 wieder zur Touristen-Attraktion ausgebaut worden (wieder einmal vom Tessiner Stararchitekten Mario Botta): Eine hypermoderne Gondelbahn nach Cardada, wo zwei rustikale Gaststätten und zwei schwindelerregende Aussichtsplattformen warten, sowie ein auch im Sommer betriebener Sessellift nach Cimetta zu einem kleinen Skigebiet erschließen ein Ausflugsgebiet, das sich zum Wandern ebenso wie für einen Nachmittags-Spaziergang eignet (ausgeschilderter Rundweg von 1,5 km Länge; Fahrplan und Preise der Gondelbahn unter „Verbindungen", S. 107).

Monte Brè/San Bernardo: Das 1000 m hoch liegende Bergdörfchen Monte Brè (nicht zu verwechseln mit dem Hausberg von Lugano) ist nach acht kurvenreichen Kilometern oberhalb der Wallfahrtskirche erreicht; noch einen Kilometer weiter gelangt man nach San Bernardo. Und in jeder Kehre ist die Aussicht noch großartiger als in der vorigen. Zwischenzeitlich war der Ort auch mit der Kabinenbahn nach Cardada zu erreichen: Um 9, 12, 13.30, 17 und 18 Uhr hält sie auch in den schmucken Dörfern Brè/S. Bernardo. Allerdings war 2004 die Haltestelle Bernardo bis auf weiteres gesperrt.

Locarno
Karte S. 108/109

Mehr als Tracht und Tradition –
die Urgroßväter dieser Milizionäre kämpften für Napoleon

Centovalli und Nebentäler

Was dem regelmäßig überlaufenen Locarno fehlt, macht den Reiz der im Nordwesten angrenzenden Landschaften aus. Abgeschiedenheit und einzigartige Naturschönheit sind Markenzeichen von Pedemonte, Centovalli, Val Onsernone und Valle di Vergeletto.

Andererseits ist die Landschaft zwischen Lago Maggiore und dem italienischen **Piemonte** bis auf den heutigen Tag der ärmste Teil des Tessins. Ohne Subventionen aus Bern wären insbesondere die abgeschiedenen Grenztäler kaum überlebensfähig. Die schwierige wirtschaftliche Situation führte in der Vergangenheit immer wieder zu Auswanderungswellen nach Italien oder Frankreich. Wirtschaftlich etwas besser gestellt ist lediglich die fruchtbare Ebene Pedemonte, die von Locarno aus den Wechsel von der üppigen Seenlandschaft zu den wildromantischen Tälern im Nordwesten vollzieht und Mitteleuropas nördlichstes Reisfeld aufweist.

Pedemonte

Wo die **Melezza** aus dem Centovalli in die **Maggia** mündet, hat sich neben dem reichen Auenwald, der freilich vielerorts Neubauten weichen musste, auf feuchten Schwemmböden viel Landwirtschaft und Weinbau angesiedelt. Städtebaulich ist die Pedemonte-Ebene das gutbürgerliche Vorzimmer von Locarno, und in einigen kleinen Städtchen wurde das ursprünglich bäuerlich geprägte Ortsbild gründlich und nicht immer vorteilhaft verändert.

Tegna

Das verschlafene Dorf, bis zu ihrem Tod 1995 Wohnsitz der scheuen Krimiautorin Patricia Highsmith, erkennt man schon von weitem am Campanile der Pfarrkirche Santa Maria Assunta aus dem 14. Jh.

Ansonsten lohnt eine Rast auf der schattenreichen Piazza mit den beiden Bürgerhäusern *Casa Zorbala* und *Casa Zurini* aus dem 18. Jh. und dem Ristorante „Alla Cantina" mit einem sehenswerten Orelli-Fresko. (Die Cantina aus dem 17. Jh. ist im Übrigen auch wegen ihres kulinarischen Angebots empfehlenswert; vor allem die frischen Forellengerichte sollten Sie probieren.) Und wer den Stopp in Tegna mit einem Spaziergang verbinden will, findet nordöstlich über dem Dorf die Reste einer mittelalterlichen Burg und am westlichen Ortsausgang noch einen reich bemalten Bildstock.

• Verbindungen s. „Locarno/Verbindungen".

• Übernachten **Barbaté**, ✆ 091/7961430, ✆ 091/7962530. Das familiäre Kleinhotel bietet 12 Zimmer (Du/WC), von denen jedes einen direkten Zugang zum blumenreichen Garten und zur eigenen Terrasse hat. DZ 140–160 Fr, EZ 60–112 Fr. Dez./Jan. geschlossen.

Al Fiume, ✆ 091/7962284, ✆ 091/7961530; info@alfiumehotel.ch. Das 7-Zimmer-Haus am Fluss hat eine traumhafte Lage und bietet vielfältige Sportmöglichkeiten in unmittelbarer Nähe: Baden, Tauchen, Free Climbing und Tennis. Die Preise sind nach einer gründlichen Renovierung durchaus angemessen: DZ 240–280 Fr, EZ 120–140 Fr, Mehrbettzimmer für Gruppen ab 35 Fr/Person.

• Ferienwohnung **Casa Tara Bianca**, ✆ 091/7962037. Die große 2-Zimmer-Wohnung bietet genügend Platz und Komfort für 5 Personen: ideal für Familien. 120 Fr/Tag.

Verscio

Das Straßendorf auf dem Weg ins Centovalli ist in erster Linie bekannt als abendlicher Magnet für kulturbeflissene Städter.

Die zieht es in die *Casa Leoni* nahe der Kirche (an der Bahnlinie), wo das *Teatro Dimitri* sein Domizil hat. Dabei hat der Hauptort des Pedemonte einiges mehr zu

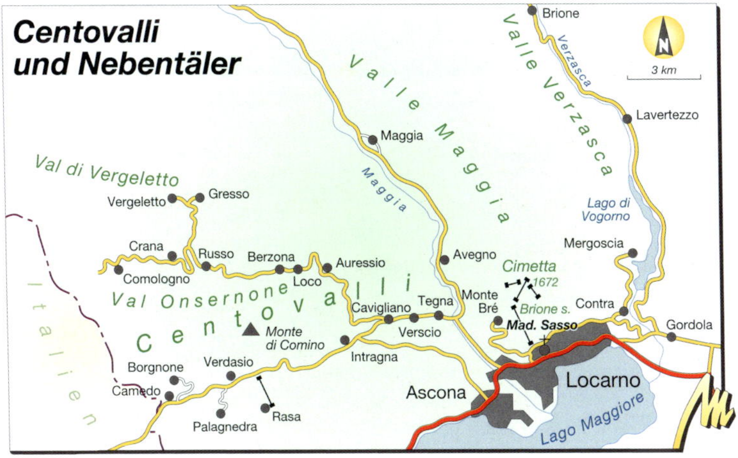

bieten: zum Beispiel die Piazza mit sehenswerten Häusern aus dem 17. und 18. Jh. oder die Pfarrkirche *San Fedele* mit Fresken aus dem 12. und 16. Jh. Und nicht zuletzt kann man hier und in der Umgebung gut essen und angenehm wohnen (s. u. Cavigliano).

• *Ferienwohnungen und -häuser* **Casa San Rocco**, ✆ 041/3703260. Das schmucke 4-Zimmer-Häuschen ist mit allem auf alles eingerichtet: Garten im Sommer, Kamin im Winter. 130–160 Fr/Tag.

Casa Wulff, ✆ 056/2455550. Ein kinderfreundliches Häuschen für 5 Personen, das ohne Luxus und mit niedrigen Preisen auskommt. 60–100 Fr/Tag.

• *Essen und Trinken* **Grotto Pedemonte**, Doppel-Pergola und Steintische, Torta di pane und Lasagne, Bistecca und Polenta – und dann noch günstige Preise (Menü 20 Fr). Was will man mehr über den Grotto an der Kantonalstraße sagen? Mi geschlossen.

Grotto Cavalli, Bärlauch-Risotto im Frühling, Costine alla griglia (gegrillter Brustspieß) im Sommer und Wildgerichte im Herbst. Pau-

Eine Institution – Dimitri und sein Theater

Im Haus des Clowns

Als „Clown von Ascona“ war Dimitri längst weltberühmt, als er 1971 sein Teatro Dimitri eröffnete; seitdem ist er kulturelle Institution im Kanton. Zunächst wurde die 350 Jahre alte Casa Leoni restauriert (eine Bar nebst stimmungsvollem Innenhof ist gleich mitentstanden), eine Compagnia formiert – das einzige feste Ensemble im Tessin – und schließlich 1975 eine Schauspielschule gegründet. Die Abschlussvorstellung der jungen Pantomimen ist Saisonhöhepunkt (März–Oktober), obgleich Gastspiele mit Musik-, Tanz- und Pantomimevorführungen mehr Zuspruch finden. Mittlerweile ist dem Theater ein Museum angegliedert, und der Meister denkt über seine Nachfolge nach: Tochter Masha, eine in der Schweiz gerühmte Schauspielerin, wird bald Hausherrin im Teatro Dimitri.

Information/Karten unter ✆ 091/7962544,www.teatrodimitri.ch.

lo Albertoni kocht in seinem 100-jährigen Lokal unterhalb des Bahnhofs manchmal saisonal, immer aber ausgezeichnet. Und wenn dann noch die Bandella aufspielt, muss man auf Plätze unter den Linden lange warten. Sa geschlossen.

Cavigliano

Das malerische Dorf liegt unweit von Verscio am Eingang der Isornoschlucht. Sehenswert die mit Fresken und Skulpturen geschmückten Häuser sowie die Pfarrkirche *San Michele* aus dem 17. Jh.

• *Übernachten* **Ristorante Poncioni**, ✆ 091/7961273. Neun ruhige, preiswerte Zimmer (Etagen-WC) mit schöner Aussicht. DZ 70 Fr.

Bellavista, ✆ 091/7961134. Das typische Tessin-Haus bietet lediglich 4 einfache, saubere Zimmer (alle ohne Du/WC). Aber die hausgemachten Teigwaren sind lecker und die Preise niedrig. DZ 90–120 Fr, EZ 50–70 Fr.

Casa Solidaria, ✆ 091/7961115, ✆ 091/7961325, www.soledaria.ch. Das Heim ist vornehmlich für Gruppen gedacht, aber auch Familien (Kinderprogramm im Sommer) und Paare finden eine ruhige Unterkunft. DZ 110–192 Fr, EZ 55–96 Fr, Mehrbettzimmer 45 Fr.

• *Ferienwohnung* **Casa Meridiana**, ✆ 091/7961293. Das 3-Zimmer-Häuschen außerhalb von Cavigliano ist schön, liegt schön und ist schön preiswert. 90 Fr/Tag.

• *Essen und Trinken* **Ponte dei Cavalli**, Vollwertkost und Vegetarisches gibt es nicht selten im Tessin, wirklich gut ist es aber nur in diesem Grotto 800 m außerhalb des Dorfes. Und da es auch noch preiswert ist, ist die Nachfrage (besonders am Wochenende) beachtlich. Di/Mi geschlossen.

Centovalli

Der Name signalisiert, was Besucher erwartet: Zwar sind viele der „hundert Täler" nur Senken oder Schluchten, aber die zerklüftete Landschaft mit ihren wilden Wasserläufen und den bis knapp über 2000 m hohen, steilen Hängen, über die sich großartige Wanderwege schlängeln, garantiert Natur pur.

Man kann das nur 26 km lange, von der **Melazza** tief eingeschnittene Tal auf einer viel zu schmalen Straße oder einer atemberaubenden Bahnlinie durchfahren – so oder so präsentiert sich zwischen **P. di Ruscada** (2004 m) im Norden und **Monte Limidário** (2187 m) im Süden ein „Tessin im Kleinen": Südliche Flora vereint sich mit alpiner Bergwelt, Kastanienwälder mischen sich mit Palmenhainen; Dörfer, auf Druck der Einwohner restauriert, wechseln mit städtischem Ambiente; der kühne Schwung der Brücken der Centovalli-Bahn steht im Kontrast zu den asphaltierten Schlangenlinien, die in verschlafene Dörfer hinaufführen.

Intragna

Schon von weitem macht der Hauptort des Centovalli auf sich aufmerksam: Der höchste Glockenturm im Tessin, der 69 m hohe Campanile der Pfarrkirche *San Gottardo*, überragt die Dächer des städtisch wirkenden 900-Einwohner-Dorfes, das zwischen Flussbett und Hang eingezwängt scheint. Eine zweite Architekturattraktion bei Intragna hat noch mehr Berühmtheit erlangt: Die 72 m hohe Eisenbahnbrücke über den Isorno ist zum Mekka für Bungee-Jumper geworden (✆ 091/7518731).

Ansonsten kann Intragna mit einem mittelalterlichen Stadtbild (die Autos werden in eine pfiffige Tiefgarage am Hang verbannt) und mit einer viel zu großen Kirche aus dem 18. Jh. aufwarten; beachtenswert die Chor-Balustrade aus verschiedenfarbigem Marmor. Außerdem ist hier das Regionalmuseum angesiedelt, das in einem

Centovalli und Nebentäler
Karte S. 117

300 Jahre alten Patrizierhaus außer den üblichen Trachten und bäuerlichen Geräten auch einen Saal in deutschem Barock sowie Bilder und Skulpturen Tessiner Künstler zeigt.

• *Öffnungszeiten* Das **Museo delle Centovalli e del Pedemonte** ist von Ostern–Okt. Di–So 14–18 Uhr geöffnet; Eintritt 5 Fr/Erwachsene, 1 Fr/Kinder.

• *Verbindungen* Die Centovalli-Bahn hält 20-mal im Ort; zwischen 6.23 und 19.30 Uhr Richtung Domodossola (Italien), zwischen 6.53 und 23.20 Uhr in Richtung Locarno.

• *Übernachten* **Antico**, ✆ 091/7961107, ℻ 091/7963115; Paris@nikko.ch. Das gemütliche Hotel oberhalb der Durchgangsstraße mit 26 Zimmern (Du/WC, Tel./TV, teilweise Balkon) teilt sich den Innenhof mit dem altehrwürdigen Museum und ist auch sonst stilvoll: gute Küche, kleine Sauna, große Terrasse, morgendliches Glockengeläut. DZ 120–200 Fr, EZ 80–110 Fr (Preisreduzierung in der Vorsaison und ab 3 Tagen Aufenthalt).

Intragna Garni, ✆ 091/7961077, ℻ 091/7963115; Paris@nikko.ch. Mit Antico kombiniert, unterscheidet sich das hübsche Hotel außer durch den Pool in nichts vom Antico. Oder doch: Die Managerin drüben ist die Ehefrau des Managers hüben. DZ 110–200 Fr, EZ 80–110 Fr.

Grotto di Rii – eine Schenke wie aus dem Bilderbuch

Da Agnese Ristorante Stazione, ✆ 091/7961212, ℻ 091/7963133. Das von März bis Nov. geöffnete Hotel bietet nur 9 hübsche Zimmer mit allerdings schöner Aussicht. Dennoch sind die Preise unverständlich hoch, zumal das Frühstück zusätzlich zu zahlen ist: DZ 150–240 Fr, EZ 95–120 Fr.

Madonna, ✆ 091/7961695, ℻ 091/7961953. In Golino, 1 km von Intragna entfernt, findet sich in der Via Nazionale mit 6 einfachen Zimmern die preiswerteste Unterkunft weit und breit. DZ 80–90 Fr, EZ 40–45 Fr.

• *Ferienhäuser und -wohnungen* **Casa di Sasso**, ✆ 079/2300361. Haus plus Einliegerwohnung in schöner Lage; insgesamt 6 Zimmer für 6 Personen. Und das zum günstigen Preis von 80 bzw. 120 Fr/Tag.

Cento rustici, ✆ 091/7807440. Der vielsprachige Stefan Früh bietet in seinem Piazza-Büro viele Ferienwohnungen an. www.centorustici.ch

Cortasca, ✆ 01/3710731. Das geräumige, sehr ruhig gelegenen 4-Zimmer-Haus ist hübsch eingerichtet, nur die Wäsche müssen die Gäste mitbringen. 85–110 Fr/Tag.

Casa Gerbio, ✆ 01/2226124. Fünf große, optimal eingerichtete Räume (TV/Tel.) garantieren Urlaubsglück; Kinder genehm, Haustiere unerwünscht. 120–150 Fr/Tag.

Casa al Cücch, ✆ 091/7962235. Vier Personen finden Platz in den 3 optimal ausgestatteten Zimmern der schönen Wohnung. 70–120 Fr/Tag.

• *Essen und Trinken* **Grotto di Rii**, ✆ 091/7961861. Ohne Übertreibung: Dieses Restaurant mit einem in die Schlucht gebauten Garten am westlichen Dorfausgang zählt zu den besten Grotti des Kantons. Die Speisen sind nicht immer typisch (kein Wunder bei den Besitzern, die aus der Deutsch-Schweiz stammen), aber allzeit famos: Hier werden Sie zum Risotto-Fan, das Reisgericht ist immer mit Gewürzen der Saison garniert; hier erfahren Sie, wie frische Forellen aus dem Gartenbassin schmecken müssen. Und die Blumen auf dem Essen sind nicht nur frisch und hübsch, sondern ungemein schmackhaft und gesund obendrein.

Osteria Centrale, das einfache Lokal auf der Piazza von Intragna ist weit besser, als es aussieht. Hier ist alles hausgemacht. Und mehr noch als die Tessiner Spezialitäten schmeckt die Eiscreme.

Maggini, ✆ 091/7961809. Hinter dem Bahnübergang findet man in der ersten Rechtskurve den mit seinen Plastikstühlen zwar typischen, aber nicht unbedingt attraktiven Grotto. Doch Einheimische bevorzugen das Lokal seiner Preise und der Livemusik am Freitagabend wegen.

Ristorante Stazione, ✆ 091/7961212, ℻ 091/7963133. Das äußerlich unscheinbare Restaurant am Bahnhof ist seit fast 40 Jahren „Endstation Sehnsucht" für Tessiner Gourmets: Die nur von Frauen betriebene Küche von Agnese Broggini ist im ganzen Kanton für ihre traditionsbewussten und doch raffinierten, natürlichen und allzeit frischen Gerichte bekannt – alle Zutaten stammen aus dem Centovalli. Und am erstaunlichsten: Die Preise (Menü ab 75 Fr.) sind anders als die Speisen nur Durchschnitt (im 1. Quartal geschlossen).

Palagnedra

Man wundert sich über die vielen mehrstöckigen Häuser, die in dieser Einöde auf 600 m Höhe etwas deplatziert wirken.

Sie stammen von heimgekehrten Arbeitsemigranten, die stolz ihre Ersparnisse verbauten. Auch die 600 Jahre alte Kirche *San Michele* zeugt vom einstigen Reichtum des Ortes, denn die Einwohner ließen sich ihr ohnehin schon üppiges Gotteshaus im 17. Jh. für viel Geld durch Florentiner Maler zusätzlich mit farbenfrohen Fresken ausstatten. Und dieser Kunstsinn wurde in die Neuzeit übernommen: Mit dem „Projekt Via 2000" hat der Zürcher Eisenplastiker *Alain Garnier* die Zugangsstraße nach Palagnedra mit einem Dutzend überlebensgroßer Plastiken gepflastert – in Kürze soll der Skulpturenpark mit einem Brunnen am Stausee vollendet werden.

Palagnedra liegt auf einer Terrasse oberhalb des fjordartigen Palagnedra-Stausees und schmiegt sich, umgeben von Kastanien- und Nussbaumhainen, an den Hang des 2187 m hohen **Monte Limidário**. In der attraktiven Bergwelt finden sich viele Wanderwege (s. u. Rasa). Man erreicht den Ort vom Stausee aus über eine 5 km lange, ausgeschilderte Asphaltstraße.

• *Übernachten* **Ostello Palagnedra**, ✆ 091/7581153, ℻ 091/7581585. Auch diese Gemeinde will ihren Teil vom Tourismus-Kuchen und hat folgerichtig diese Herberge mit 30 JuHe-Betten restauriert. Zielgruppe sind offenkundig Wandergruppen, denen auf Wunsch HP/VP geboten und der Mini-Bus der Gemeinde zur Verfügung gestellt wird. Und das alles kostet nur 35 Fr pro Tag und Person.

Umgebung von Palagnedra

Rasa: Von Palagnedra aus führt ein schöner Wanderweg nach 30 Minuten in das attraktive, überwiegend im Sommer bewohnte Bergdörfchen. Neben Gandria und Indemini ist es der einzige autofreie Ort im Tessin (die Gemeindeverwaltung verleiht Fahrräder) und kann nur zu Fuß oder per Seilbahn von Verdasio (s. u.) aus erreicht werden. Deshalb ist Rasa mit seinen 200 Jahre alten Häusern bis heute unverfälscht geblieben (hier passt das abgenutzte Wort tatsächlich); insbesondere die Pfarrkirche *Santa Anna* besticht mit dem Blau ihrer einfachen Malereien.

Essen und Trinken Der **Grotto Ghiridone** ist der Dorftreffpunkt, den sich Einheimische in der Bauernstube oder unter der Pergola auch nicht streitig machen lassen. Lassen Sie sich die hausgemachte Salami und die verschiedenen Käsesorten schmecken.

Verdasio: Der alte Festungsort oberhalb der Durchgangsstraße mit seinen reizvollen Palazzi und Arkaden sowie der anschauenswerten Pfarrkirche zählt zu den besterhaltenen Bergdörfern im Tessin. Zu erreichen ist Verdasio mit einer Kabinenbahn; dieselbe Bahn führt dann über 1200 Höhenmeter weiter bis zum Monte Comino (vgl. Wanderung 6 und da besonders den Tipp: Berggasthaus „Alla Capanna". Die Berghütte ist nur 10 min von der Bergstation entfernt). Die zweite von der Talstation Verdasio aus startende Seilbahn geht nach Rusa.

• *Seilbahnen* **Verdasio–Rasa**, Die Seilbahn war bis Ende 2004 gesperrt – wir hoffen, dass unsere Angaben auch nach der Wiedereröffnung zutreffen: alle 20 Min. zwischen 9–12.40 und 14.30–18.10 Uhr; 8 Fr/einfach, 12 Fr/hin und zurück (am ersten Dienstag im Monat verkehrt die Bahn nicht).

Verdasio – Monte di Comino, alle 30 Min. von 9.00–12.30 und 14–17 Uhr; 15 Fr/einfach, 20 Fr/hin und zurück (am ersten Mittwoch im Monat kein Bahnbetrieb).

Camedo: Der Grenzort zu Italien liegt gerade mal 13 km von der Endstation der Centovalli-Bahn im italienischen Domodossola entfernt und ist nur über steile Treppen, Brücken und Terrassen zugänglich. Vom Hang hat man eine weite Aussicht ins Tal; darüber hinaus kann man von hier ins 500 m höher gelegene, stimmungsvolle **Borgnone** mit seinen alten bzw. auf alt getrimmten Rustici aufsteigen. Und von dort geht es weiter ins 1 km entfernte **Costa**, das derzeit aufwendig restauriert wird, um es für den Tourismus zu erschließen.

Wanderung 6: Durch das Centovalli von Intragna nach Camedo

Die 16 km lange 6-Stunden-Wanderung auf der Sonnenseite des Tales nutzt befestigte Wege, ist wegen des streckenweise schwindelerregenden 800-Meter-Aufstiegs auf den Monte di Comino aber nicht ganz einfach.

Anfahrt: am besten mit der Centovalli-Bahn (s. „Intragna/Verbindungen"). Gleich hinter dem Grotto di Rii am westlichen Ortsausgang von *Intragna* steigt ein ausgebauter Pfad bergauf – Start unserer Wanderung. Bereits nach 20 Minuten ist über den gemächlich ansteigenden Weg *Calezzo* erreicht, das sich mit seinen Obstterrassen schon vorher angekündigt hat. Im Weiler geht man auf der mittleren dreier Straßen auf den Wald zu, um am Ende den Saumpfad zu erreichen, der schließlich auf den *Monte di Comino* (1166 m) ansteigt. Hier empfiehlt unser Leser David Zaugg den Gasthof „Alla Capanna", in dem man gut essen und behaglich schlafen kann (40 Fr pro Person).

Der Saumpfad umrundet etliche Schluchten, steigt wegen seiner Serpentinen aber nicht übermäßig steil an, ist ausreichend breit und an den wenigen steilen Stellen zudem durch Drahtseile gesichert. Immer wenn der Kastanienwald die famose Sicht auf das Tal freigibt (am Hang gegenüber ist *Rasa* immer deutlicher zu erkennen), brennt die Sonne heiß auf den Nacken, überwiegend aber verläuft die Wanderung durch dichten, schattigen Wald.

Während des Aufstiegs lösen Birken und Buchen langsam den Kastanienwald ab; deutlich wird das besonders, wenn nach einer Wanderzeit von 3,5 Stunden der Wald direkt unter dem Kabel der Gondelbahn, die *Verdasio* mit dem *Monte di Comino* verbindet, verlassen wird. Der Berggasthof „Ritovo Romantico" ist wenige Minuten später erreicht – eine Rast auf der großen Terrasse bleibt nicht aus.

Auf einem schmalen, deutlich erkennbaren Weg verläuft die Route von hier ebenerdig durch satte Bergwiesen – der Ausblick reicht über das Centovalli bis nach Italien. Auf einem Bergsattel erscheint die Wallfahrtskirche *Madonna della Segna* am Scheitelpunkt der Wege von Centovalli- und Onsernone-Tal. Früher kehrten Wanderer dort ein, um für einen sicheren Weiterweg zu beten. Auf dem mit 1266 m höchsten Punkt

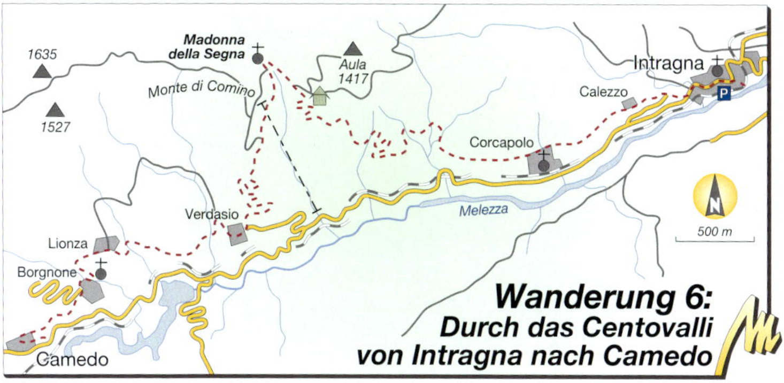

der Wanderung ist auch die Hälfte der Wegstrecke erreicht – nun geht es fast nur noch bergab.

Links der Wallfahrtskirche weist der Weg durch immer noch gesunde Bergwiesen hinab nach *Verdasio*. Kleine Gehöfte, die sich bei näherem Hinschauen als Ferienhütten erweisen, tauchen längs des Weges auf, der nach fast fünfstündiger Wanderzeit das hübsche *Verdasio* erreicht. Unterhalb der Dorfkirche stößt der Weg auf ein Bachbett, knickt bei einer Hausruine steil ab und gelangt über eine neue Brücke zu einem Wegweiser, der die Richtung nach *Lionza* zeigt.

Auf der anderen Seite des Bachbettes geht es erneut bergauf. Einige kleinere Bäche müssen überwunden werden, bis die Kirche von *Lionza* ins Blickfeld kommt. Aber in der Kehre vor dem Ortsschild biegt der schwer erkennbare Weg ab, mündet kurz darauf in einen Saumpfad, der durch eine Schlucht führt, und erreicht die alte Via Locarno, erkennbar noch an letzten Asphaltresten auf dem einstmals stark befahrenen Reiseweg.

Der Weg führt ebenerdig weiter nach *Borgnone* und über den Kirchplatz zur Asphaltstraße nach *Camedo*, das nach 500 m erreicht ist. Vom Bahnhof kann man dann nach gut sechsstündiger Wanderung mit der Centovalli-Bahn die Heimfahrt antreten.

Val Onsernone

Das „schwarze Tal", wie Max Frisch es nannte, verläuft nördlich und fast parallel zum Centovalli, in das es bei Intragna einmündet. Das waldreiche Tal des Isorno ist nur zur Hälfte von einer 14 km langen Bergstraße erschlossen – wohl auf immer ein Mekka nur für Wanderer.

Zum Leben scheint das Tal zu rau. Zum Verstecken taugt es eher. Im 2. Weltkrieg war es Zufluchtsort italienischer Partisanen, die um **Domodossola** gegen deutsche Besatzer kämpften; außerdem diente es als Asyl für deutsche Antifaschisten (Ernst Toller, Kurt Tucholsky, Max Ernst) während der Nazi-Herrschaft. Eher freiwilliger Rückzugspunkt war es für den Schweizer Schriftsteller Max Frisch, der, wie vor ihm schon Golo Mann und das Autorenpaar Gisela und Alfred Andersch, das Onsernone-Dorf **Berzona** zum Lebensmittelpunkt wählte. Frisch und A. Andersch verlebten auch ihre letzten Tage in dem winzigen „Literatendorf".

Bitte nicht stören – das Max-Frisch-Haus in Berzona

Das schmale Tal, eher eine schroffe Schlucht mit nur neun Dörfern und doppelt so vielen Wasserfällen, hatte wirtschaftlich eigentlich nie etwas zu bieten. Keine Bodenschätze, kaum Platz für Ackerbau oder Viehzucht, nur die Strohflechterei als einzige Erwerbsquelle: Strohhüte und Strohzöpfe wurden bis 1900 ins nahe Italien exportiert, bevor fernöstliche Billigkonkurrenz auch dieses Geschäft kaputt machte.

Man musste seinen Lebensunterhalt also notgedrungen andernorts verdienen. Die Dichter hatten es in dieser Hinsicht noch am leichtesten, denn sie konnten ihre Bücher in ganz Europa verkaufen, ohne das vom nassen Granit „schwarze Tal" verlassen zu müssen. Die Einheimischen hingegen mussten auswandern, z. B. nach Italien oder nach Frankreich. Einige von ihnen – wie die Familie Remonda aus Comologno – kehrten wohlbegütert zurück und stellten den erworbenen Reichtum in der Heimat unbekümmert zur Schau.

Auressio

Gerade einmal 60 Menschen leben in dem verwegen am Hang platzierten Dörfchen, in dem alles nur über enge, steile Gassen zu erreichen ist. Das gilt auch für die Pfarrkirche *Antonio Abate* mit ihrer eindrucksvollen Barockausstattung, die neben dem malerischen Ortsbild die einzig echte Sehenswürdigkeit Auressios ist. In die Schlagzeilen geriet das Dorf Anfang der 1990er Jahre, als ein Berner Objektkünstler rund um den Ort bemalte Konserven verstreute – mittlerweile dürften Sammler die Kunstwerke längst eingesackt haben. Noch vor Auressio, an der Straße nach Cavigliano, findet sich eine anschauenswerte Madonna in der Kapelle *Maria delle Grazie* aus dem 17. Jh.

• *Übernachten* **Villa Margherita**, ✆/℻ 062/ 2981969. Das große Haus bietet Platz für 12 Personen, ideal also für Kegelvereine und Wandergruppen. Zudem garantieren schöne Lage und gediegene Ausstattung (z. B. TV und Tel.) bei nicht ganz angemessenen Preisen (150–195 Fr/Tag) einen erholsamen Aufenthalt.

Loco

An einen terrassierten Steilhang schmiegt sich der Hauptort des Tales, der auch nur 250 Einwohner zählt. Vor 100 Jahren war Loco noch Zentrum der Strohflechterei, an die heute nur noch die Loggien erinnern, auf denen das Stroh getrocknet wurde. Derzeit versucht man, subventioniert von der Regierung in Bern, die Hutmacherei zu neuem Leben zu erwecken – die neuen Hüte allerdings sind aus Filz.

• *Verbindungen* 7-mal tägl. verkehrt der **Überlandbus** zwischen Locarno und Spruga (etwas über eine Std.), dem letzten Dorf auf Tessiner Seite, und hält in jedem Talort. In Loco z. B. zwischen 6.22 und 17.05 Uhr. Die Busfahrt von Loco nach Berzona dauert 5, nach Russo 14 und nach Spruga 32 Min. und kostet 4,20 bzw. 6,60 Fr.

• *Übernachten* **Casa Schira**, Loco, ✆ 091/7971251, ✆ 091/7971335. Die Gemeindeverwaltung hat das alte, rote Herrenhaus zu einer Herberge mit 5 Räumen und 30 Betten umgestalten lassen. In dem ganzjährig geöffneten Haus kann man in der erstaunlich guten Küche auch HP und VP ordern. DZ 60 Fr, EZ 30, Bett im Matratzenlager 20 Fr.

• *Ferienhäuser und -wohnungen* **Casa San Rocco**, ✆ 091/7671485. Das stilvolle Häuschen in Berzona (4 km entfernt) mit 4 Zimmern für 6 Personen ist trotz komfortabler Ausstattung recht preiswert: 90–120 Fr/Tag.

Berzona, ✆ 091/9812525, ✆ 091/9813141. Die große Wohnung nahe der Bushaltestelle in Berzona verfügt über 4 große, ausreichend ausgestattete Zimmer, in denen 6 Personen genügend Platz finden. 80–120 Fr/Tag.

• *Essen und Trinken* **Onsernonese**, das große Plus des Lokals in Loco ist seine wunderschöne Lage: Unter der Pergola schaut man direkt in den Talschlund, aber auch weit bis ins Centovalli. Und gut und preiswert essen und trinken kann man auch. Probieren Sie den Grappa und den Bergkäse, beide von Muttern gemacht. Do geschlossen.

Sehenswertes

Museo Onsernonese: Das Regionalmuseum in der 200 Jahre alten *Casa Degiorgi* versucht nicht, die Armut des Tales und seiner Bewohner zu beschönigen, die sich in den ausgestellten Trachten, Werkzeugen und Waffen eindrucksvoll widerspiegelt. Auch die Werke des lokalen Malers Agostino Meletta (1800–1875) widmen sich der wirtschaftlichen Notlage der Talbewohner. Eine Außenstelle des Museums bildet die restaurierte Mühle am westlichen Dorfausgang, in der die Produktion von Polenta-Maismehl demonstriert wird.

Öffnungszeiten Apr.–Okt. Di–So 14–17 Uhr (die Mühle nur Mi und Do); Eintritt 3 Fr/Erwachsene, 1,50 Fr/Kinder.

San Remigio: Die Pfarrkirche des Ortes ist gleichzeitig Hauptkirche des Tales. Im 13. Jh. erbaut und im 16. Jh. erweitert und neu geweiht, kann sie zwar nicht mit Kunstschätzen aufwarten, aber mit einer selten schönen Aussicht.

Wandern in der Umgebung von Loco

Man kann über das verlassene Dörfchen **Niva** in knapp drei Stunden ins Centovalli wandern oder in einer Stunde ins westlich gelegene **Mosogno**, wo zwei Kirchen aus dem 16. Jh. zu bewundern sind (Allerdings, so kritisiert unser eifriger Leser Roland Didra, verläuft die gesamte Strecke über eine zwar wenig befahrene, aber durchgehend asphaltierte Straße). Auch das „Literatendorf" **Berzona** mit ansehnlichen Herrenhäusern aus dem 17. Jh. und der Pfarrkirche *San Dependente* ist nach 4 km zu Fuß oder per Bus zu erreichen; die durchaus bescheidenen Wohnhäuser der einst hier ansässigen Schriftsteller Andersch und Frisch befinden sich weiter in Privatbesitz und sind deshalb nur von außen anzuschauen.

Russo

Wer hätte eine solch eindrucksvolle Mischung zeitgenössischer und historischer Tessiner Baukunst in diesem weltabgeschiedenen Tal erwartet?

Neben stattlichen Palazzi und Herrenhäusern wie dem *Arkaden-Palazzo Bezzola*, in dem jetzt die Post untergebracht ist, der *Casa Garbini* oder der *Casa Remonda* stößt man unterhalb der Straße auf das *Centro sociale*, das noch über fünfzehn Jahre nach der Grundsteinlegung 1989 zu den herausragenden Arbeiten moderner Tessiner Architektur zählt. Entworfen wurde das Centro, das ein Altersheim und ein kleines Hospital beherbergt, von den Architekten-Brüdern Franco und Paolo Moro. Darüber hinaus noch sehenswert sind die schöne Piazza und die Pfarrkirche *Santa Maria Assunta*, deren Fassade ein Christophorus-Fresko aus dem 14. Jh. schmückt. Der Chor, ebenfalls aus dem 14. Jh., scheint dagegen etwas barock überladen.

• *Übernachten* **Leila Garni**, ✆ 079/2390356, ✆ 091/7971480. Das von März bis Nov. geöffnete Hotel in einem großen Tessin-Haus ist das einzige Hotel im Tal, vermietet 10 hübsche Zimmer (Du/WC) und gibt sich kinderfreundlich: Kids bis 14 Jahre zahlen nur die Hälfte. DZ 108 Fr, EZ 60 Fr.

Casa Nisa, das 1-Zimmer-Appartement mit Platz für zwei Personen in bester Lage ist geschmackvoll eingerichtet, ausreichend ausgestattet und kostet nur 70 Fr pro Tag.

• *Essen und Trinken* **Della Posta**, ein Platz unter den Arkaden des Belozza-Palazzos mit freiem Blick auf den selten schönen Dorfplatz reicht als Argument für dieses Lokal schon aus. Zu allem Überfluss kocht die Wirtin auch noch famos (frisch-saisonal) und will dafür nicht einmal viel Geld.

Comologno

Der Ort, der u. a. Kurt Tucholsky und Ernst Toller während der Nazi-Herrschaft eine Zeit lang als Asyl diente, ist reich an schönen und aufwändig gebauten Herrenhäusern. Mindestens vier davon sind im Besitz der Familie Remonda, deren Söhne einst unter Napoleon ihr Geld machten – als beutebewusster General der eine, als geschäftstüchtiger Waffenhändler der andere. Die Gemeinderäte meinten wohl, der alten Kunst neue hinzufügen zu müssen, und pflasterten den Ort mit modernen Fresken, über deren Kunstwert sich zumindest streiten lässt.

Wandern in der Umgebung: Kaum streiten muss man über den Erholungswert der näheren Umgebung von Comologno. Da sind zum Beispiel der Weiler *Spruga*, der letzte Talort auf Tessiner Seite, und unweit davon, nur noch steil abwärts zu Fuß zu erreichen, die gespenstigen Ruinen von *Bagni di Craveggia*: Bevor 1927 eine Geröll-lawine die Bauten zerstörte, war Craveggia an der grünen Grenze zu Italien 500 Jahre lang ein Kur- und Badeort von überregionaler Bedeutung.

Valle di Vergeletto

Das häufig übersehene Valle zweigt bei Russo nach Norden ab. In dem kargen Bergtal des Ribo finden Naturfreunde und Wanderer ihr unverfälschtes Trekker-Eldorado.

Was der Tourist als seltene Unberührtheit erlebt, stellt sich für die Bewohner des Tals weit weniger romantisch dar: kaum eine Straße, überhaupt schlechte Verkehrsverbindungen und keine nennenswerte Infrastruktur. Schon früher trieb die Armut die Menschen ins benachbarte Italien, und noch heute zieht es einige bis hin nach Mailand, um dort als Fabrikarbeiter unterzukommen. Entsprechend verlassen wirken die meisten Talorte, die ohne die finanzielle Unterstützung aus Bern nicht über die Runden kämen.

Crana: Der erste Ort des Valle ist nur 1 km von Russo entfernt. Außer einer 300 Jahre alten Pfarrkirche hat er immerhin einige der wenigen Unterkünfte im Tal zu bieten.

Vergeletto: Die Aktivitäten beschränken sich auf den nur 100 Einwohner zählenden Hauptort des Tales. Eine viel fotografierte Steinbogenbrücke, die alte Mühle am Fluss und eine barocke Kirche sind die Sehenswürdigkeiten des Dorfes. Ansonsten weit und breit nur Natur mit dem Startpunkt für großartige Wanderungen in das Maggiatal: entweder über den Passo della Cavegna nach *Cimalmotto* oder über die Capanna di Alzasca nach *Someo*.

• *Übernachten* **Locanda ai Zott**, ✆ 091/7971098, ℻ 091/7971233. Die einfache Pension mit angeschlossenem Restaurant liegt 2 km außerhalb Vergelettos (auf Voranmeldung wird der Transfer organisiert). Die 9 funktionalen Zimmer, nicht alle mit Du/WC, kosten 110 Fr (DZ) und 45–50 Fr (EZ).

Villa Olandese, ✆/℻ 091/7971433. Die nur von Mai bis Okt. geöffnete „Holländische Villa" ist ein wunderschön gelegenes Natursteinhaus unterhalb des Dorfes Gresso (2 km von Vergeletto entfernt). Die 9 hübschen, aber einfachen Zimmer mit Etagenbad kosten 95 Fr (DZ) und 60 Fr (EZ).

• *Ferienwohnungen* **La Ganna**, ✆ 021/9644896. Das 3-Zimmer-Appartement in Crana ist für 2 Personen konzipiert. Pluspunkt der Wohnung ist der Balkon mit weiter Bergsicht. 100 Fr/Tag bei mindestens einer Woche Mietdauer.

Casa al Ronco, ✆ 091/7971245. Sehr günstige 2-Zimmer-Wohnung mit feiner Ausstattung in Crana. 75 Fr/Tag.

Politischer Farbtupfer im Steingewirr

Wanderung 7: Von Loco nach Intragna

Die 6 km lange 2-Stunden-Wanderung stellt kaum Anforderungen an geübte Wanderer. Nur schwindelfrei sollte man für die Überquerung der 50 m hohen Isorno-Brücke sein.

An- und Rückfahrt sind mit Bus und Bahn machbar (s. „Loco/Verbindungen" bzw. „Intragna/Verbindungen").

Startpunkt der Wanderung ist die Bushaltestelle von *Loco*. Bis zum Dorfende geht es auf der Hauptstraße abwärts, am Postamt erscheint ein Wegweiser, der die Richtung zum Talgrund und zum verlassenen Weiler *Niva* anzeigt. Vorbei an stark bewachsenen Steinmauern, zunächst über Terrassen und Weinberge, hinter Niva dann durch sattgrüne Wiesen, erreicht der Weg die Waldhänge. In sanften Serpentinen, manchmal durch Stufen unterstützt, fällt der Pfad in einem schattigen Wald 300 m tief zur *Isorno-Schlucht* ab. Die Ruinen der uralten Steinbrücke über den Fluss sind noch auszumachen, doch der Weg führt über die neue, viele höhere Stahlbrücke.

Der befestigte Pfad auf dem gegenüberliegenden Hang ist 200 Jahre alt und diente einst zum Transport der Strohwaren, mit denen die Menschen im Val Onsernone ihren kärglichen Lebensunterhalt verdienten. Wegkreuze und Bildstöcke säumen den Weg – stumme Zeugen angstvoller Wanderungen in früheren Zeiten. Alte Holz- und neuere Eisengeländer sichern den Saumpfad, der zunächst in einen Kastanienwald ansteigt und dann im steten Auf und Ab einige Bäche quert, um

Wanderung 7:
Von Loco nach Intragna

nach einem letzten, leichten Anstieg das nur im Sommer bewohnte Dörflein *Scherpia* inmitten eines schönen Mischwaldes zu erreichen.

Weinfelder und Obstwiesen, dann aber wieder tiefer Wald begleiten den deutlich markierten Weg zur nächsten Ortschaft *Vosa* hoch über dem Talgrund. Farne und Efeu überwuchern den Granitwall, der wie ein Zaun den Weg begrenzt und nur durch Brücken unterbrochen wird, die über etliche kleine Bäche führen. Nach einem nur 15-minütigen Anstieg ist *Vosa* und damit der Übergang vom Onsernone-Tal zum Centovalli-Tal erreicht.

Nächster Orientierungspunkt ist das Gehöft *Pila*, erkennbar an der Materialbahn, die aus dem Tal heraufführt. Dorthin aber steigt der Weg noch auf, um dann einen großartigen Rundumblick freizugeben: Unten Intragna mit dem weithin sichtbaren Kirchturm und der kühnen Brückenkonstruktion, im Osten die Luganer Berge mit dem Monte Generoso und im Westen die Cimetta-Höhe.

Der Abstieg der letzten halben Stunde ist mit einem eisernen Geländer gesichert; an der Weggabelung verläuft der Weg nach links (aber nicht in Richtung Costa) und stößt auf einen „Balkon-Ausguck" über Intragna. Noch drei sanfte Serpentinen, und der Endpunkt der Wanderung ist nach gut zwei Stunden mit dem Bahnhof in Intragna erreicht.

Basse Valle – wo das Maggiatal noch lieblich und südländisch ist

Valle Maggia und Nebentäler

Alpenrosen und Palmen, Alpines und Mediterranes, Deutsches und Italienisches: Das Maggiatal ist wie keine andere Region typisch für die kontrastreiche Südschweiz. Das „steinerne Herz des Tessins" bedeckt mit 570 qkm ein Fünftel der Kantonsfläche und gilt als Ferienziel für jene, denen Naturerlebnisse wichtiger sind als der Trubel des nahen Locarno.

Bei **Ponte Brolla** steigt das 56 km lange Tal steil nach Norden, bis es sich bei **Cevio**, der alten Hauptstadt des Tals, in die wichtigsten Nebentäler **Lavizzara**, **Bavona** und **Rovana** verästelt.

Im breiten unteren Tal, dem Basse Valle, wächst Wein, gedeihen Zistrosen und Palmen. Kastanienwälder, dazwischen Birken, Eschen und Linden begrünen die Talflanken – die Talsohle ist noch vom milden Seeklima geprägt. Ganz anders das Obertal: 2000 m hohe Bergwände, zerfurcht von wilden Wasserfällen, umschließen den 1200 m hoch gelegenen Talgrund. Oben nahezu 40 glitzernde Bergseen, unten Wiesen, Weiden und ein wenig Ackerbau. Hier kann man noch erahnen, mit welcher Kraft einst die Maggia durch das Tal donnerte und mit ihrem Schlamm- und Geröllmassen Angst, Tod und Schrecken verbreitete: 1747 überflutete der Fluss das Dorf Avegno im Untertal, 1834 wurde das Marmorstädtchen Peccia im Val Lavizzara vom Hochwasser fast fortgerissen, und noch 1978 – 20 Jahre nach dem Bau des regulierenden Maggiakraftwerks – wütete das letzte Hochwasser.

Die Zweiteilung in Ober- und Untertal zeigt sich auch an der Architektur: Während unten das plattengedeckte Tessiner Steinhaus vorherrscht, trifft man oben viele Holzblockhäuser, die dem Gotthardhaus ähneln. Die Walsersiedlung **Bosco Gurin**, das einzige deutschsprachige Tessin-Dorf, besteht weitgehend aus Holzstrickbauten, wenn auch in den letzten Jahren die modernen Betonbauten immer mehr zunehmen.

Ponte Brolla

Das Haufendorf liegt am Eingang des Maggiatals und wird so zum Scheitelpunkt ins Centovalli. Berühmt ist es für die beliebten Badestellen in unmittelbarer Nähe der Straßenbrücke – glatt geschliffene Felsen laden zum Sonnenbaden ein, kleine Bassins zum Planschen, Schwimmen und Tauchen. Doch Vorsicht: Alljährlich sind Tote zu beklagen, und nicht nur Leichtsinnige zählen zu den Opfern. Neben dem regelmäßigen Frühjahrshochwasser sind vor allem die Strudel um die Felsen gefährlich, die selbst geübten Tauchern zum Verhängnis werden können. Im letzten Jahrzehnt waren 35 Todesopfer in der Maggia zu beklagen. Gleichwohl fröhnt man in Ponte Brolla weiter dem Extremsport: Mit Monte Garzo und Speroni di Ponte sind gerade in den letzten Jahren zwei Klettergärten eröffnet worden, die europaweit für Aufsehen sorgen.

• *Verbindungen* Die **Centovalli-Bahn** passiert den kleinen Bahnhof südlich der Hauptstraße 20-mal tägl. zwischen 6.13 und 23.08 Uhr in Richtung Domodossola (Italien) und zwischen 6.40 und 23.32 Uhr in Richtung Locarno.

Der **Überlandbus** von Locarno ins Val Onsernone hält täglich zwischen 5.50 und 16.30 Uhr vor dem Bahnhof. Für Verbindungen im Valle Maggia s. u. „Maggia/Verbindungen".

• *Übernachten/Essen* **Centovalli**, ✆ 091/7961444, ℻ 091/7963159; www.centovalli.com. In einer klassizistischen Villa mit 9 feinen Zimmern (Du/WC, Tel./TV) unweit der Straßenkreuzung Centovalli/Maggiatal lässt es sich gemütlich wohnen und vortrefflich essen. Das Restaurant gilt als eines der besten im Tessin, der Risotto gar als der allerbeste. Der Standort ist überdies ideal für Wanderungen. DZ 138–178. Fr, Jan./Feb. geschlossen.

Ristorante Stazione, ✆ 091/7961453, ℻ 091/7963053. Von dem ungemütlichen Namen, der unangenehmen Lage direkt am Bahnhof und der unansehnlichen Fassade sollten Sie sich nicht abschrecken lassen: Hier gibt es eine schon legendär gute Küche, vor allem vortreffliche Fischgerichte, Forellen aus der Maggia beispielsweise, und einfache, saubere Zimmer. DZ 110–130 Fr, EZ 55–70 Fr.

Grotto Vattagne, am Eingang des Valle Maggia führt rechts eine ausgeschilderte Fahrstraße auf 800 m hinauf zu diesem natursteinernen Grotto, der wegen seiner familiären Atmosphäre beliebt und deshalb häufig überfüllt ist. Nov.–März und Mo geschlossen.

Grotto America, 300 m hinter dem Bahnübergang Richtung Centovalli. Die Granittische sind gerade so gerade, dass die Weingläser nicht umfallen. Und das Essen (Spezialität: Polenta con spezzatino, Gulasch mit Maisbrei) ist in dem 100 Jahre alten Grotto so urig wie das Ambiente. Apr.–Okt. Mo–Fr 17–24 Uhr, am Wochenende 10–24 Uhr.

Mamma Mia, ein beschrifteter Felsen weist am Anfang des Maggiatals auf das Restaurant mit großer Terrasse und Grillbar unter freiem Himmel hin. Trotz der guten Küche – Tessiner Spezialitäten, französisch verfeinert – sind die Preise (Tagesgericht ab 12,50 Fr und Menü ab 30 Fr) niedrig.

Maggia

Inmitten großer Weinberge liegt das Dorf im hier besonders breiten Tal. Schattige Lauben und blumenübersäte Holzbalkone verschönern die Rustici, die allerdings von neuen Wohnhäusern zugedeckt werden. Am schönsten ist Maggia an der Piazza, deren Brunnen eine geradezu beruhigend-harmonische Stimmung schaffen. Doch die meisten Touristen machen nur Halt, um die Kirche *Santa Maria delle Grazie* mit ihrer fröhlich bemalten Holzdecke zu besuchen, die in **Campagna** liegt, dem knapp 1 km entfernten Nachbardorf, das eigentlich schon zum Stadtteil von Maggia geworden ist.

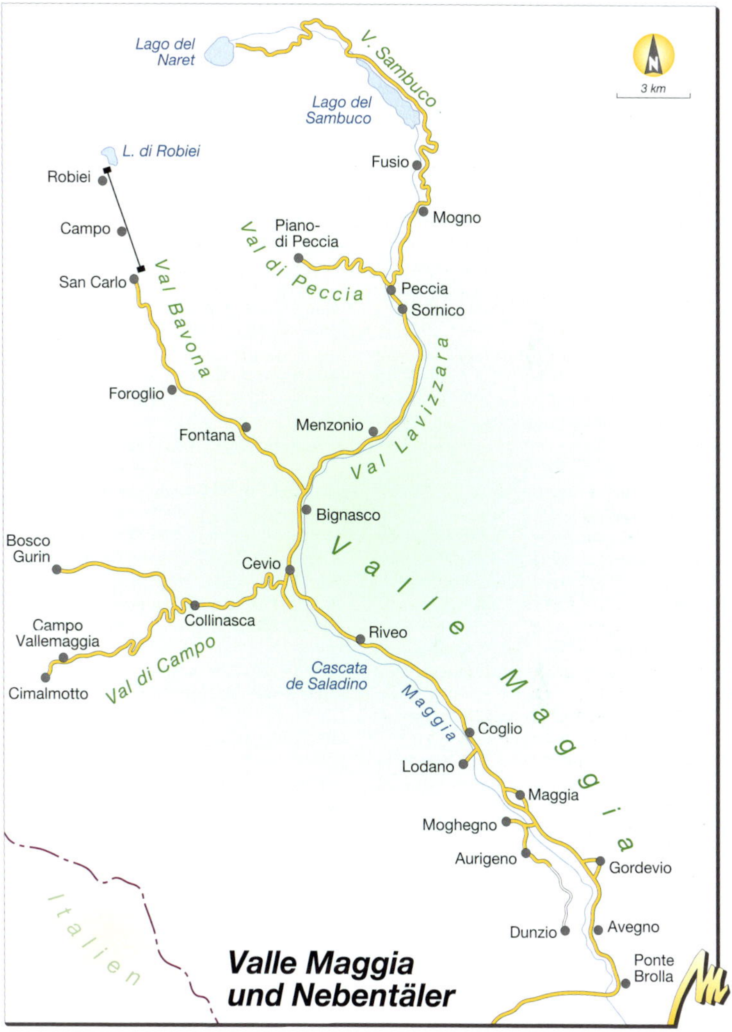

Valle Maggia und Nebentäler
Karte S. 131

Information/Verbindungen

• *Information* Im kleinen Einkaufszentrum links an der Durchgangsstraße hat **Ente turistico di Vallemaggia** sein Büro; ✆ 091/7531885, 📠 091/7532212; www.vallemaggia.ch. Mo–Fr 9–12 und 14–17 Uhr, vom 1.6.–30.9. auch Sa 9–12 Uhr. Der Fremdenverkehrsverein ist für das Valle Maggia und die Seitentäler zuständig. Man bekommt Fahrräder (15 Fr/Tag, 90 Fr/Woche), Broschüren, Wanderbeschreibungen und jeden erdenklichen Tipp von den deutschsprachigen Damen.

• *Verbindungen* Der **Überlandbus** der Locarner Verkehrsgesellschaft Fart bedient jeden Ort des Haupttals (bis Bignasco). 16-mal tägl. Zwischen 6.14 und 20.35 Uhr ist Abfahrt in Maggia, an Sonn- und Feiertagen nur 6-mal. Von Bignasco übernimmt dann der Postbus mindestens viermal täglich den Transport in die Seitentäler (siehe „Bignasco/Verbindungen".)

Übernachten/Essen und Trinken

• *Hotels/Restaurants* **Baracca Backpacker**, ✆ 079/2071554; backpacker.ch. Die neue JuHe in Aurigeno (1 km südlich von Maggia) macht ihrem Namen alle Ehre – verschroben, aber gepflegt und sauber, freundlicher Service und der Preis von 25 Fr/Bett und 60 Fr/DZ ist kaum zu unterbieten.

Poncini Ristorante, ✆ 091/7609070, ℻ 092/7609071; rsiponcini@poncini.ch; www.poncini.ch. Im ockerfarbenen Tessin-Haus (gute Hausmannskost, Mi geschlossen) werden auch 5 hübsche Zimmer (nicht alle mit Du/WC) angeboten. Gerade recht für anspruchslose Wanderer. DZ 90–110 Fr, EZ 50–65 Fr.

Villa d'Epoca, ✆ 091/7565000, ℻ 091/7565001; hotelgarni@villaepoca.ch; www.villaepoca.ch. Aus dem betulichen Vorgänger Millefiori in Aurigeno ist die aufwendig renovierte Villa d'Epoca mit 9 funktionalen Zimmern geworden. DZ 100–200 Fr, EZ 60–100 Fr.

Pension Pergola, ✆ 091/7531928. Neun hübsche Zimmer vermietet die Pension in Gordevio (3 km südlich von Maggia). Die Nähe zu Locarno beschert dem Haus viele Gäste vom See, deshalb ist rechtzeitige Reservierung anzuraten. DZ 100 Fr, EZ 60 Fr.

Uno Più, ✆ 091/7531012, ℻ 091/7532658. Seit die Besitzer gewechselt haben, hat das Palazzio-Hotel mitten in Gordevio mit nur 7 Zimmern viel von seinem Charme und guten Service verloren. Und auch das Restaurant hatte schon mal bessere Zeiten. Es empfiehlt sich dennoch, frühzeitig zu reservieren. DZ 136–176 Fr, EZ 78–94 Fr.

• *Ferienhäuser und -wohnungen* **Achermann**, ✆ 041/3610557. Der Rustico mit Terrasse und schönem Garten liegt direkt in Maggia und verfügt über 4½ Zimmer, in denen bis zu 8 Personen genügend Platz haben. Angesichts des günstigen Preises ist die Ausstattung nur Nebensache. 100–160 Fr/Tag.

Buchmann, ✆ 061/2610124. Auch dieser Rustico mit 6 Zimmern ist einfach in der Einrichtung (allerdings gibt's einen Kamin) und günstig im Preis. 85–120 Fr/Tag.

Lea, ✆ 091/7531242. Das große 3-Zimmer-Appartement ist nur im Sommer zu mieten, aber Garten und Terrasse entfalten gerade dann ihren besonderen Reiz. 80–90 Fr/Tag.

Grundlehner, ✆ 071/4461118. Mit 5½ Zimmern ist der Rustico in Gordevio (3 km südlich von Maggia) recht für größere Familien, die ein gut ausgestattetes Häuschen mit Kamin, Tel. und TV für 190 Fr/Tag vorfinden.

Kuthan, ✆ 091/7531948. Zwei Appartements vermietet Michael Kuthan an der Hauptstraße von Gordevio: 1½ und 2½ Zimmer groß mit Platz für 2 bzw. 4 Personen und beide ausreichend ausgestattet. 55–65 Fr/Tag bzw. 83–93 Fr/Tag.

• *Camping* **Piccolo Paradiso**, ✆ 091/7961581, ℻ 091/7963180. Manchem scheint der ebene Rasenplatz direkt am Maggia-Ufer kurz vor Avegno der schönste Campingplatz im Tessin; zumindest für Kinder ist die natürliche Badewanne ein Erlebnis. Auch sonst kann der mit 240 Parzellen recht große Vier-Sterne-Platz unter schattigen Bäumen mit einigem aufwarten: gute Sanitäreinrichtungen, TV-Bude, kleiner Laden. Nur ein Restaurant fehlt, man muss mit einem Imbiss vorlieb nehmen. Reservierung empfehlenswert. Pauschale, alles inkl. 27–32 Fr.

Bella Riva, ✆ 091/7531444, ℻ 091/7531764. Der Vier-Sterne-Platz liegt bei Gordevio (2 km talaufwärts vom Piccolo Paradiso) und ist darum weniger von Besuchern der Seeregion frequentiert. Nur wenig kleiner als Piccolo Paradiso und landschaftlich attraktiv gelegen (am Rand des berühmten Auenwaldes, s. u.), verfügt er über alle Camper-Annehmlichkeiten inklusive Lokal. 37–51 Fr.

• *Lokale* **Grotto Mai Morire**, ✆ 091/7961537. Der erste wahre Grotto des Maggiatals liegt am Nordausgang von Avegno. Man sitzt gemütlich in und vor dem 70 Jahre alten Lokal, das etwas verkrampft auf „antik" macht. Das Essen ist kaum typisch, aber die Preise können sich sehen lassen, was leider auch dazu führt, dass Busgesellschaften häufig hier Station machen.

Grotto al Bosco, ✆ 091/7961996. Diesen schattigen Grotto am Ortsrand von Avegno (in Sichtweite zum Mai Morire) können Sie auch an kühlen Herbsttagen aufsuchen, der Kamin heizt jedem ein. Was man von den einfachen Gerichten – meist nur Imbisse, lecker aber die Lasagne – nicht unbedingt sagen kann.

Grotto ai Ronchini, ✆ 091/7532225. In Aurigeno-Ronchini (1 km hinter Gordevio) liegt dieser geräumige Grotto mit zwei Terrassen im großen Garten. Hier sollten Sie die von Mutter Maria täglich frisch hergestellten Teigwaren probieren. Auch nicht schlecht sind die von Tochter Pirette gezauberten Desserts. Mit einem Wort: nicht typisch, aber gemütlich

Grotto Lafranchi, ✆ 091/7531836. Der urige Grotto am Südeingang von Coglio (nördlich von Maggia) ist über drei Terrassen angelegt. Fischgerichte und der hausgemachte Ziegenkäse sind hier zu empfehlen.

Sport

Das Maggiatal verfügt über 700 km markierte Wanderwege und vielfältige Sportmöglichkeiten; fast alle in der Umgebung von Maggia.

- *Angeln* Überall im Fluss, die Lizenz gibt's im Ente turistico in Maggia.
- *Baden* Ebenfalls überall im Fluss und natürlich gratis, allerdings nicht jederzeit: Achten Sie auf plötzliches Hochwasser im Frühjahr und auf Regenfälle, die das Baden zur gefährlichen Angelegenheit machen können. Das einzige **Freibad** im Tal befindet sich in Bignasco (Mitte Juni bis September täglich 10–18 Uhr; 5 Fr/Erw., 4 Fr/Kinder).
- *Eislaufen* Im Winter auf der neuen **Natureisbahn** in Riveo nördlich von Maggia oder auf dem **Vita-Parcours** bei Ronchini südlich von Maggia.
- *Klettern* Klettergärten in Avegno am Taleingang, in Arcegno und Ponte Brolla.
- *Mountainbiking* Zwei Mountainbike-Parcours; Fahrskizzen im Ente turistico in Maggia, dort auch Fahrradverleih.
- *Reiten* Pferde und geführte Ausritte direkt in Maggia, ✆ 091/7532853.
- *Skifahren* *Bosco Gurin:* 30 km Piste, 6 km Loipe, fünf Skilifte, Half Pipe, Schlittenbahn, Skischule (160 Fr/Tag); *Mogno:* 1 Skilift, 6 km Loipe; *Peccia*: 2 Kinderlifte (nur am Wochenende in Betrieb).
- *Tauchen* Geführte Tauchgänge mit ausleihbarer Ausrüstung organisiert **Diving Center Maggia**, Maggia, ✆ 091/760 9070.
- *Tennis* **Centro Ronchini** in Aurigeno-Ronchini, ✆ 091/7532197.
- *Wandern* Geführte Touren mit **Enzo Bosshard** in Moghegno (auf der anderen Flussseite), ✆ 091/7532361.

Sehenswertes/Wanderungen in Maggia und Umgebung

Campagna: Die Kirche *Santa Maria delle Grazie* an der Kreuzung der neuen Umgehungsstraße mit der alten Kantonalstraße gilt als älteste im Tal. Im 15. Jh. erstmals erwähnt, bekam sie ihre berühmte Ausschmückung erst 100 bzw. 400 Jahre später. Besonders hübsch sind die mit farbigen Bauernmotiven bemalte Holzdecke von 1528 und die Fresken. Sehenswert auch die vielen Votivtafeln, von denen die eindrucksvollsten von Antonio Vanoni stammen. Der 1810 im Nachbardorf Aurigeno geborene Maler hat seine Heimat nie verlassen, was für Tessiner Künstler eher ungewöhnlich ist. Bis zu seinem Tod 1896 hat er viele seiner rustikalen Malereien im Locarnese hinterlassen; so stammen beispielsweise die Chorfresken der Bartolomeo-Kirche in seinem Heimatdorf sowie der restaurierte Bildstock oberhalb des Dorfes von ihm.

Öffnungszeiten Mai–Sept. Di–So 14–16 Uhr.

Auenwald Saleggio: Der Wald zwischen Gordevio und Aurigeno ist eine Seltenheit im Alpengebiet, das ansonsten kaum Auen kennt. Man kann den 2 qkm großen Märchenwald, in dem sich Libellen und Wasserläufer tummeln, in einem einstündigen Spaziergang erkunden (Orientierungshilfe ist die moderne Hängebrücke) oder als Teil einer größeren Wanderung erleben (vgl. Wanderung 8, S. 143).

Dunzio: Auch eine kleine Wanderung wert ist dieses Bergdorf südlich von Aurigeno. Die 200 Höhenmeter (1,5 Stunden) lohnen vor allem wegen der wohl besten Aussicht über das Tal und die angrenzenden Zweitausender (siehe das Foto auf S. 129).

Coglio: Das beschauliche Winzerdorf 3 km nördlich von Maggia besitzt neben der Kirche *Santa Maria di Monte Carmelo* mit Vanoni-Malereien und historischem Weihwasserbecken ein Beinhaus, das mit seinen symbolträchtigen Fresken zum Thema Tod aus der Vielzahl der Karner im Tal herausragt.

Cascada del Soladino: 7 km nördlich von Coglio stürzt sich linker Hand der Soladino-Bach über 100 m die Felswand hinunter in die Maggia.

Das Projekt „Pietraviva"

Bei Ihrer Fahrt durch das Maggiatal werden Sie immer wieder auf den Slogan „Pietraviva" (etwa: lebendiger Stein) stoßen. So heißt die neue Image-Kampagne der Tal-Gemeinden. Aus Anlass des 20-jährigen Bestehens der Bildhauer-Schule in Peccia (s. S. 141) im Jahre 2004 wurde dieses neue Marketingkonzept für den Maggia-Tourismus ausgeheckt – neue „Steinlehrpfade" sollen nach und nach angelegt und „Steinkünstler" des Tales gefördert werden. Ob damit allerdings langfristig die Arbeitslosenquote gesenkt und die Urlauberzahlen gesteigert werden können, darf bezweifelt werden.

Cevio

Wo Rovana- und Maggiatal zusammentreffen, wacht Cevio, das wohl schönste und kunstsinnigste Dorf der Gegend und seit knapp 600 Jahren der Hauptort des Basse Valle.

Seit 1403 war Cevio der Sitz sowohl der italienischen wie der eidgenössischen Statthalter. Kein Wunder also, dass im Gegensatz zum ansonsten eher armen Tal gerade hier viele ungewöhnlich große und reich verzierte Herrenhäuser zu finden sind – der zweistöckige *Palazzo Franzoni* zum Beispiel, in dem heute das Talmuseum untergebracht ist, oder die *Casa Respini* mit ihrer pompösen Barockfassade, einst Wohnsitz der Schweizer Vögte. An der großen Piazza schließlich *Pretorio*, der an seiner wappengeschmückten Fassade erkennbare ehemalige Gerichtssitz der Vögte.

Hinter den hochherrschaftlichen Gebäuden stehen die nicht minder ehrwürdigen Steinhäuser der Altstadt, in denen die meisten der heute etwa 450 Einwohner wohnen. Dort gibt es auch ein paar Pensionen, Läden und Kneipen sowie ein Kunstgewerbezentrum, das als Ausbildungsstätte für Handwerker, aber auch als Mehrzweckhalle genutzt wird. Cevio Vecchio, der alte Ortskern, ist immer einen Besuch wert.

• *Verbindungen* Für die **Busfahrt** in die drei Seitentäler ist Bignasco – 2 km nördlich von Cevio und fast schon Gemeindeteil – der natürliche Knotenpunkt: 4-mal tägl. ins Bavonatal und zurück (im Winter nur 2-mal); 5-mal tägl. ins Lavizzaratal und ebenfalls 5-mal tägl. ins Rovanatal bis nach Bosco Gurin und zurück (zwischen 3 und 9 Fr).

• *Einkaufen* Zwei Banken am Marktplatz, dort auch Supermarkt, Kiosk (deutschsprachige Zeitungen) und Apotheke; Tankstelle am Ortsausgang Richtung Bignasco.

• *Übernachten/Essen* **Osteria Castello**, ✆ 091/7541645, ℻ 091/7541065. Vier einfache Zimmer bietet der ebenso einfache Restaurantbetrieb an. DZ 90, EZ 50 Fr.

Ristorante Posta, ✆/℻ 091/7541896. Die ganzjährig geöffnete Pension in der ehemaligen Posthalterei vermietet 6 einfache Zimmer für wenig Geld. Das angeschlossene Gartenlokal mit traditioneller Speisekarte ist sehr gemütlich. DZ 100 Fr, EZ 50 Fr.

Pension Doris Remund, ✆ 091/7542164, ℻ 091/7542164 Das ruhig gelegene, kleine Familienhotel auf dem Weg nach Boschetto bietet 8 Zimmer (Du/WC) an, die ebenso wie das kleine Restaurant gefallen. DZ140–160 Fr, EZ 90 Fr.

Turisti, ✆ 091/7541165, ℻ 091/7543036. Das mit 26 Zimmern (nicht alle mit Du/WC) größte Hotel im Nachbarort Bignasco bietet sich für den Familienurlaub an; angeschlossen ist ein kleines, aber gutes Restaurant. DZ 90–100 Fr, EZ 50 Fr.

Ca'Stella, ✆ 091/7543434, ✆ 091/7543433; info@ca-stella; www.ca-stella.ch. Ein besonderes Haus für in die Jahre gekommene Alternativ-Reisende (Rauchverbot, Frühstück in der Küche und 7 plüschig-gemütliche Zimmer) hat Helia Blocher in Bignasco (jenseits der Maggia) aufgebaut. DZ 80–130 Fr, EZ 45–100 Fr, Bett im Matratzenlager 15–25 Fr (Frühstück 10–15 Fr).

• *Ferienhäuser und -wohnungen* **Airoldi**, ✆ 091/7541466. Zwei perfekt ausgestattete Rustici (mit TV und Tel.) mit Platz für jeweils 5 Personen (4½ bzw. 5½ Zimmer) und dabei relativ preiswert: 90–130 Fr/Tag bzw. 100–120 Fr/Tag.

Bondy, ✆ 01/4226773. Der große Rustico (6 Zimmer für bis zu 8 Personen) ist komfortabel und geschmackvoll eingerichtet: Heizung (deshalb auch im Winter zu mieten), Waschmaschine, TV, Tel. 120–210 Fr/Tag.

Imotours, ✆ 031/3820101. Der professionell vermietete Rustico (3 Zimmer für bis zu 5 Personen) ist funktional ausgestattet und verfügt über einen schönen Garten. 90–150 Fr/Tag.

Oberholzer, ✆ 091/7542425. Klein, aber gemütlich, preiswert, aber ausreichend ist der 2-Zimmer-Rustico in der Nähe des Museums. 100–130 Fr/Tag.

Rimmi, ✆ 091/7932081. Hübsch eingerichteter 3-Zimmer-Rustico, der Platz für 3 Erwachsene und ein Kind bietet (Haustiere gestattet). 110–130 Fr/Tag.

Cevio – unerwarteter Kunstsinn

Sehenswertes

Museo di Vallemaggia/Casa Respini-Moretti: Das Talmuseum im Palazzo Franzoni dokumentiert das bäuerliche Leben der letzten 300 Jahre. Neben der Ausstellung von Möbeln, Handwerk und Trachten werden in einem kleinen Gewölbe zudem Verfahren der Verarbeitung und Konservierung von Feldfrüchten vorgeführt; interessant auch die riesige Weinpresse. Im Nachbargebäude, der Casa Respini-Moretti, befindet sich eine ständige Ausstellung von Vanoni-Werken.

Öffnungszeiten Apr.–Okt. Di–Sa 10–12 und 14–18 Uhr, So 14–18 Uhr; Eintritt 7 Fr/Erwachsene, 5 Fr/Kinder.

Wallfahrtskirche Madonna del Ponte: An der mittelalterlichen Steinbogenbrücke über die Rovana (800 m südwestlich des Ortes) findet sich die 350 Jahre alte Kirche mit einer auffälligen Vorhalle und ebenso auffälligem Fresken- und Stuckaturenschmuck.

Boschetto: Der verlassene Weiler südwestlich von Cevio ist immer einen Abstecher wert: Nirgends im Tessin findet man so viele, so schöne Bildstöcke – nicht verschandelt von Plastik und Maschenzaun wie häufig anderswo.

Negozio dell'Artigiano: Der Kunsthandwerksmarkt des Maggiatals in der Mehrzweckhalle am Dorfeingang ist kein Souvenirladen voller Nepp, sondern Präsenta-

tions- und Verkaufsraum einer Handwerkervereinigung *(Associazione artigiani)*, die seit 20 Jahren das traditionelle Handwerk im Tal zu bewahren sucht: Gesticktes, Geflochtenes und Gedrechseltes wird ausgestellt und preiswert verkauft.
Öffnungszeiten Apr.–Okt. Di–Sa 10–18.30, So 14–18.30 Uhr.

Pinto Verde: Das kommerzielle Kunstgewerbezentrum findet man neuerdings längs der Straße nach **Bignasco**: Filzhüte und Schnitzarbeiten, Malereien und Töpfereien gibt es zwischen April und Oktober in verschiedenen Läden zu leicht überhöhten Preisen.
Öffnungszeiten Apr. bis Okt, täglich von 10–13 und 14–16.30 Uhr.

Bignasco: Das 3 km nördlich von Cevio gelegene Dorf besticht schon allein wegen seines unverfälscht mittelalterlichen Ortsbilds. Doch es gibt noch andere Gründe für einen Abstecher hierher: die Pfarrkirche *San Michele* mit einem Glockenturm aus dem 15. Jh., die zwei Kapellen (außerhalb des Ortes) mit schönen Fresken und nicht zuletzt das wirklich schöne Freibad inmitten einer grünen Wiese vor majestätischer Bergkulisse (Mitte Juni bis September täglich 10–18 Uhr; 5 Fr/Erw., 4 Fr/Kinder).

Val Rovana

Viele nutzen das herbe Tal nur zur Durchfahrt nach Bosco Gurin. Es verdient aber weit mehr Beachtung, denn Landschaft und Aussicht sind mitreißend.

Das zeigt sich schon bei der Einfahrt ins Tal unweit von **Cevio**. Die abenteuerliche Serpentinenstraße steigt durch die düstere Rovanaschlucht aufwärts, und in fast jeder Kehre eröffnen sich weite Ausblicke ins Tal der Maggia. Am Zusammenfluss der beiden Rovanaquellarme dann das verschlafene **Collinasca**, das wie ein Wehrdorf über dem Tal zu wachen scheint. Von dort geht es entweder nach Norden ins

Vom Verfall bedroht – Bergdorf im Val Rovana

Valle di Bosco Richtung **Bosco Gurin** oder den linken Seitenarm der Rovana entlang nach **Campo** und **Cimalmotto**, wo das Tal **Valle di Campo** genannt wird.

In diesen unverfälschten und schönen Bergdörfchen wird allerdings auch die Kehrseite der abgeschiedenen Lage deutlich. Viele Häuser in Campo haben Mauerrisse, einige hat man schon aufgegeben, die Dorfkirche hat sich um über sechs Meter abgesenkt, denn der mittelalterliche Ort ist akut vom Abrutschen bedroht. Das Gleiche gilt für Cimalmotto. Unvernünftige Abholzung und planlose Eingriffe in die Flussführung sind die Ursachen.

Bosco Gurin

Riesenparkplatz, Riesenherberge, Riesenhotel und ein Pissoir gleich am Dorfeingang – das einstmals abgeschiedene Walserdorf ist auf dem geraden Weg zur Touristenhochburg. Schneisen werden in den Wald geschlagen und Lifte hochgezogen: Der Charme der Weltvergessenheit ist unwiederbringlich dahin.

Dennoch bleibt das Dorf am Ende des Boscotals in mehrerer Hinsicht einmalig: Es ist der höchstgelegene ständig bewohnte Ort im Tessin (nebenbei: im schneesichersten Tal der Südalpen) und der einzige mit überwiegend deutschsprachiger (exakter: walserdeutschsprachiger) Bevölkerung. Kein Wunder, dass sich gerade in dieser Weltabgeschiedenheit die Musterbeispiele für Walliser Baukunst erhalten haben, auch wenn nach einer Lawine im 18. Jh. mindestens die Hälfte der Dorfbauten durch Tessiner Steinhäuser ersetzt wurde.

Die alemannische Volksgruppe aus dem oberen Wallis hatte sich im 13. Jh. in meist unzugänglichen Tälern angesiedelt, weil sie sich durch die Politik der Feudalherren benachteiligt fühlte und ihre eigene Kultur und Sprache bewahren wollte. Bosco Gurin inmitten der unzugänglichen Höhen war dafür ein idealer Standort. Mühsam rang man den Bergen Weide- und Ackerland ab und führte ansonsten ein abgeschiedenes, eigenbrötlerisches Leben. Der Dorfkirche fehlt deshalb auch die südländische Üppigkeit, und das Dorfmuseum berichtet in geziemender Schlichtheit über die Walserkultur. Doch seit etwa fünf Jahren hat Bosco Gurin ein zweites Gesicht: Fünf Skilifte und 30 km neu angelegter Pisten zerschneiden die Hänge, Halfpipe und Schlittenbahn sorgen für Event-Flair, und aus dem nahen Val For-

Bosco Gurin – bedrohte Walserkultur am Talschluss

mazza in Italien wird an einer unterirdischen Drahtseilbahn gebaut. Die Einwohnerzahl von nun 127 Menschen hat sich in diesen fünf Jahren verdoppelt: Mit Guriner Beschaulichkeit ist es wohl auf alle Zeiten vorbei.

• *Übernachten/Essen* **Giovannibosco Ostello**, ✆ 091/7590202, ✆ 091/7590203; www.bosco-gurin.ch. Die preiswerteste Unterkunft bietet die Jugendherberge mit nur Mehrbettzimmern: 17–48 Fr.

Walser, erreichbar wie die Jugendherberge, www.bosco-gurin.ch. Das schmucke Drei-Sterne-Hotel am Ortseingang bietet 21 Zimmer (TV/Tel., Du/WC) sowie ein rustikales Restaurant zu annehmbaren Preisen. DZ 140, EZ 100 Fr (ganzjährig geöffnet).

Edelweiß, ✆ 091/7541900, ✆ 091/7541946. Biederer, aber auch preiswerter ist diese Pension mit 15 einfachen Zimmern. DZ 110 Fr, EZ 55 Fr.

• *Ferienhäuser und -wohnungen* **Trombini**, ✆ 091/7542457. Der einfach möblierte 3-Zimmer-Rustico passt so recht zu Bosco Gurin. Einfach, hübsch-urig und nicht billig: 130 Fr/Tag.

Tomamichel, ✆ 091/7542171. Sechs Personen haben in dem 3-Zimmer-Rustico Platz, der als einzige Unterkunft im Ort auch im Winter zu mieten ist. 110 Fr/Tag sind nicht zu viel.

Janner, ✆ 01/3210815. Das 3-Zimmer-Appartement von Hannes Janner ist hübsch, aber einfach eingerichtet. 100 Fr/Tag sind dann recht üppig.

Macarinelli, ✆ 091/7532139. Preiswerte 3-Zimmer-Wohnung für 6 Personen mit karger Ausstattung. 75–90 Fr/Tag.

Sehenswertes/Skifahren

Museo Etnostorico: In einem klassischen Walserhaus am Westrand des Dorfes ist das kleine volkskundliche Museum untergebracht. Möbel, Werkzeuge und Glasmalereien erzählen die Geschichte der Einwanderung und der Dorfentstehung. Auffällig der „Seelenbalken", über den die Seele Verstorbener aus dem Haus entweichen sollte. Dabei handelt es sich jedoch um eine fehlerhafte Übertragung ins Hochdeutsche, denn „Balggen" heißt im Guriner Dytsch nichts anderes als Fenster.

Öffnungszeiten Ostern–Okt. Di–Sa 10.15–11.30 und 13.30–17, So 13.30–17 Uhr; Eintritt 3 Fr.

Sesselbahn nach Rossboda: Viermal täglich (von 9.15–16 Uhr) verkehrt die Sesselbahn auch im Sommer. Die einfache Fahrt kostet nur 7 Fr (Kinder 5 Fr).

Skifahren auf der Großalp: Fünf Lifte führen in das Wintersportrevier zu Füßen der Martschenspitz (2688 m). Es gilt als das schneesicherste Gebiet in den Südalpen. Zur Verfügung stehen acht mittelschwere Abfahrtspisten zwischen 1900 und 2300 m Höhe und bis zu 7 km Länge sowie drei Loipen an der Talstation. Außerdem gibt's zwei Skischulen und die nur in der Wintersaison bewirtschaftete Hütte Capana.

Lifte Einzelfahrten 10–25 Fr, Tagespass 60 Fr.

Val Bavona

Das wilde, nur im Sommer von 300 Menschen bewohnte Tal ist immer einen Trip wert: verlassene Weiler, wilde Wasserfälle und ganz am Ende des Tals eine moderne Seilbahn, die in geradezu klassische Wandergebiete führt.

Ab **Bignasco** geht es etwa 12 km in nordwestliche Richtung bis zum Talschluss bei **San Carlo**. Die Fahrt führt über eine erstaunlich breite, aber kurvenreiche Straße, die nur die Trasse des alten Säumerpfads nutzt. Gesäumt wird die Strecke von acht nahezu unbewohnten Weilern, jeder mit seinem Kirchlein, jeder mit einem intakten Ortsbild.

Gleich hinter Bignasco kommt man zunächst nach **Cavergno**. Das südländisch erscheinende Dorf mit richtiger Piazza und einer barocken Pfarrkirche ist Heimatort des populärsten Tessiner Dichters Plinio Martini, der hier als Dorfschullehrer lebte.

Gerra – der vergessene Weiler im Val Canegia

Karte S. 131

Bei **Foroglio** trifft das klitzekleine **Val Canegia** auf das Bavonatal. Das Tal oberhalb des Wasserfalls ist bekannt für seine *Splüia*, an den Fels gebaute Steinhäuser, wie sie auf einer kleinen Wanderung durch das Tal in **Gerra**, einem verlassenen Weiler, zu bestaunen sind (der Aufstieg ins Val Canegia beginnt oberhalb Foroglios – man muss den Weiler also durchqueren, um den Aufstieg zu finden). Direkt an der Einmündung in das Bavonatal befindet sich die Kapelle *Santa Maria Assunta* mit einem geschnitzten Flügelaltar aus dem Jahr 1553. Unweit des Kirchleins der eindrucksvolle Wasserfall *Cascada Canegia* und gleich davor ein schöner Grotto.

4 km weiter nördlich erreicht man das Sommerdorf **Sonlerto**. Hier steht die spätbarocke Kirche *San Giuseppe*, deren Altarbild (es zeigt den Kirchenpatron) Mitte des 19. Jh. vom Tessiner Maler Antonio Rinaldi geschaffen wurde. Kurz darauf im Weiler **Gannariente** dann die Wallfahrtskirche *Santa Maria delle Grazie* (1595). Alljährlich im Mai ist sie das Ziel einer traditionsreichen Prozession, die von Cavergno heraufführt.

In **San Carlo** am Ende des Tals ist das gleichnamige Kirchlein mit einem überdimensionierten Glockenturm und hübschen Fresken aus dem Jahr 1523 zu sehen. Der Ort rühmt sich, das kleinste Postamt Europas zu haben, das in einem Einzimmer-Rustico residiert. Außerdem klettert von San Carlo die Kabinenbahn nach **Robiei**. Als ein unterirdisches Kraftwerk am Fuß des Basodino-Gletschers gebaut wurde, entstanden hier in fast 2000 m Höhe mehrere Stauseen. Robiei mit einem schönen Restaurant und dem größten Hotel des ganzen Tals ist Ausgangspunkt für etliche anspruchsvolle Bergwanderungen.

• *Kabinenbahn nach Robiei* Die 2004 wieder eröffnete Bahn verkehrt von Juni–Okt. 8–17 Uhr stündlich (werktags auch 7.15 Uhr, 13 Uhr Mittagspause). Einfache Fahrt 16 Fr, hin und zurück 20 Fr (Kinder 8/10 Fr).

• *Übernachten/Essen* **Robiei**, ✆ 091/7565020, 📠 091/7565025. Das Drei-Sterne-Hotel thront auf 2000 m Höhe über dem Tal. Die 54 Zimmer (nicht alle mit Du/WC, aber behindertengerecht eingerichtet) sind nur zwischen Juni und Okt. zu mieten; auch das Lokal mit einmaliger Aussicht und schöner Terrasse ist nur im Sommer in Betrieb. DZ 80–140 Fr, EZ 40–85 Fr, Bett im Matratzenlager 25 Fr.

• *Ferienhäuser* **Claudio**, ✆ 091/7542457. Der große 3-Zimmer-Rustico mit großem Garten in San Carlo bietet Platz für 6 Personen. Bei so viel Geräumigkeit nimmt man die karge Ausstattung in Kauf. 100 Fr/Tag.

Diego, ✆ 091/7516528. Zwischen Foroglio und Sonlerto liegt abgeschieden (aber ausgeschildert) der beheizbare 3-Zimmer-Rustico mit Schlafgelegenheiten für 5 Personen. 130 Fr/Tag.

Palmiro, ✆ 091/9452500. Ganz am Anfang des Tals (unweit von Cavergno) liegt der kleine Rustico mit 2 Zimmern und Platz für 4 Personen. Zur kargen Einrichtung gehört immerhin ein Telefon. 80–90 Fr/Tag.

• *Essen und Trinken* **Grotto La Froda**, bei Foroglio. Von der steinernen Terrasse oder dem Kaminzimmer im 1. Stock, aber auch von den Granittischen vor dem urigen Natursteinhaus hat man einen grandiosen Ausblick auf den Wasserfall Cascada Canegia (s. Foto auf S. 3). Essen kann man natürlich auch, aber man sollte es bei hausgemachter Salami, täglich frischer Polenta und frischem Alpkäse belassen.

Grotto Bavona, nur wenig nördlich (am Ausgang des Dörfchens Sonlerto) findet sich auf 850 m Höhe dieser schmucke Grotto: nicht alt, sondern verputzt, keine Granit-, sondern Klapptische, aber uralte Kastanien und leckere Polenta.

Grotto da Bolöi, am Talanfang bei Fontana finden Sie diesen Grotto, der aussieht wie ein österreichischer Berggasthof. Aber „Chicos" Küche ist original: Haxen mit Polenta und hausgemachter Brotkuchen.

Val Lavizzara

Die nordöstliche Verlängerung des Maggiatals wurde nach dem Lavezstein benannt, aus dem schon die Römer ihr Geschirr fertigten. Heute ist es vor allem der Marmor von Peccia, dem das Lavizzaratal seine überregionale Bedeutung verdankt.

Peccia ist aber nicht nur Zentrum der Mamorabbaus, Peccia ist auch der Ort mit der jüngsten Bausubstanz im Tal. Der Grund: 1834 und 1840 vernichteten Überschwemmungen mehr als die Hälfte der Häuser. Heute zügelt der **Sambuco-Stausee** über dem Tal die Macht des Wassers. Gefahr droht aber weiterhin von Lawinen. Die letzte verheerende Katastrophe ereignete sich 1986, als der Ort **Mogno** nahezu komplett zerstört wurde.

Wirtschaftlich steht das Lavizzaratal wie die gesamte Maggiaregion eher schlecht da. Es gibt kaum Arbeitsplätze, und die wenigen in den Marmorbrüchen sind hart und immer noch gefährlich, auch wenn auf Sprengungen schon lange verzichtet wird. Als Folge der wirtschaftlichen Misere lässt sich verstärkte Landflucht beobachten, die selbst durch den Kraftwerksbau samt Stausee nur vorübergehend gestoppt werden konnte. So bleibt für viele Menschen im Tal als einzige ernst zu nehmende Erwerbsquelle der Tourismus, und die Regierung tut viel, um das Tal in dieser Hinsicht attraktiv zu machen – eine neue **Eislaufbahn in Prato Sornico**, eine **Bildhauerschule in Peccia** und bescheidene Anfänge für ein Skirevier im **Valle di Peccia** sind erste Versuche, das schöne Tal neuen Urlauberzielgruppen zu erschließen.

Menzonio: Das winzige Dorf liegt nur ein paar Kilometer hinter der Talabzweigung in Bignasco (s. S. 136), abseits der Kantonalstraße. Hier ist das 1992 restaurierte Kirchlein *Oratorio delle Vergine* zu bewundern. Vor allem die Tafeln, die vom zeitgenössischen Tessiner Künstler Gianfredo Camesi stammen, sind sehenswert. Den Schlüssel zur Kirche gibt's beim Krämer im Dorf.

Prato/Sornico: Das romantische Zwillingsdörfchen am Eingang des menschenleeren **Val di Prato** wartet mit einer Kirche und einem mittelalterlichen Gerichtsge-

Tessin pur – auf dem Weg ins Val Canegia

bäude auf. Darüber hinaus kann man die *Casa Berna* bewundern, die Sommerresidenz der berühmten Luzerner Händlerfamilie Pfyffer. Ein besonderes Urlaubsvergnügen vor eindrucksvoller Bergkulisse bietet schließlich die 1998 eröffnete Kunsteisbahn. Praktisch zudem die einzige Tankstelle im Tal direkt an der Brücke.

Peccia: Das 859 m hoch gelegene Dorf wird von weniger als 30 Menschen bewohnt. Fast alle haben mit dem weißen Marmor zu tun, der im Nachbartal Valle di Peccia abgebaut wird. Kenner nennen den Peccia-Marmor wegen seiner plastisch-transparenten Wirkung in einem Atemzug mit dem berühmten Marmor von Naxos. Außerdem noch sehenswert die barockisierte Pfarrkirche *San Abate* sowie die Bildhauerschule von *Alex Naef*, bei dem auch Touristen den kunstvollen Umgang mit Marmor erlernen können (✆ 091/7551304, 📠 091/7551034; www.marmo.ch, die mehrtägigen Kurse kosten 498–1498 Fr).

Mogno: Das abgeschrägte Dach der Kirche *San Giovanni Battista* ist die auffälligste moderne Attraktion weit und breit, der Vorgängerbau wurde 1986 bei einem Lawinenabgang zerstört. Das Werk des Star-Architekten Mario Botta erhitzt seitdem die Gemüter: Für die einen ist der Botta-Bau (1996 eingeweiht) mit seinen skurrilen Rundungen und dem schwarz-weißen Marmormuster ein Fremdkörper, für die anderen ein Symbol menschlicher Überlebenskunst. Unser Tipp: Unbedingt ansehen und ein eigenes Urteil bilden (geöffnet werktags von 09.30–17 Uhr).

Fusio: Das 50-Einwohner-Dorf unterhalb der gewaltigen Staumauer des Sambuco-Stausees hat ein eher untypisches Erscheinungsbild: Steinhäuser und nicht etwa die andernorts im Tal üblichen Holzblockhäuser dominieren das Bild. Das dürfte damit zu tun haben, dass Fusio einst Passstation war und deswegen verstärkt Einflüssen aus anderen Tessiner Tälern ausgesetzt war. Von Fusio aus führt u. a. eine großartige Bergwanderung ins Cristallina-Gebiet, wo die Quellseen der Maggia liegen.

• *Übernachten/Essen* **Pineta**, ✆ 091/7551616, 091/7551618. Von März bis Okt. geöffnete, recht große Pension in Fusio mit großartiger Aussicht und 23 einfachen Zimmern. DZ 120–140 Fr, EZ 60–70 Fr.

Antica Osteria Dazio, ✆ 091/7551162, 091/75551662. Geschmackvoll eingerichtete, kürzlich renovierte, aber nur im Sommerhalbjahr geöffnete Pension mit 7 Zimmern (Du/WC, TV) mitten in Fusio. Schmackhaftes auf der Speisekarte. DZ 130–150 Fr, EZ 80 Fr, Bett im Matratzenlager 28–40 Fr.

Monaci Ristorante, ✆ 091/7551145. Der 10-Zimmer-Gasthof in Peccia mit sehr einfachen Zimmern ist nur etwas für Anspruchslose; die Preise sind allerdings angemessen. DZ 90 Fr, EZ 45–60 Fr. März–Okt. geöffnet.

Lavizarra, ✆ 091/7551498, 091/7551472. Das schmucke, kleine Hotel liegt in Prato/Sornico. 10 hübsche Zimmer (Du/WC) und ein kleines Lokal zu Preisen, die angesichts des guten Service gerechtfertigt sind. DZ 140 Fr, EZ 78 Fr.

Pianted, www.piantamonda.ch. Diese Landkooperative im Kastanienwald von Menzonio ist etwas Besonderes für Alternative und Jugendliche (den Tipp verdanken wir unserem Schweizer Leser-Fan Erich Haller): Man kann in den fünf kleinen Häusern mit Ökoklo und ohne Telefon arbeiten oder Ferien machen, man kann Jugendlager organisieren oder im Lavizarratal wandern – nur Komfort darf man nicht erwarten. Der Aufenthalt kostet deshalb auch nur lächerliche 7,50–20 Fr. pro Person/Tag.

• *Ferienhäuser und -wohnungen* **Lucia**, ✆ 091/7551370. Der klassische, kleine Rustico mit nur 2 Zimmern und 4 Schlafstellen in Prato/Sornico ist einfach eingerichtet, dafür aber auch preiswert. 85 Fr/Tag.

Mario, ✆ 091/7551169. Klein, aber fein – dieses Motto gilt für den 2-Zimmer-Rustico in Peccia mit hübscher Ausstattung (inkl. TV und Heizung, so dass das Häuschen auch im Winter an Skifahrer vermietet werden kann). 60–80 Fr/Tag.

Plinia, ✆ 091/7551347. Zwei größere Rustici vermietet Foresti Plinia in seinem Heimatort Peccia. Mit 3 bzw. 4 Zimmern sind die fein ausgerüsteten Häuschen durchaus familiengerecht. 70–85 Fr/Tag.

Elvira, komfortabel eingerichtetes 2-Zimmer-Appartement in Peccia (Tel. und TV) und mit 30 Fr/Tag geradezu spottbillig.

Cà in Véla, ✆ 091/7551434. Rechts an der Kantonstraße zwischen Peccia und Piano di Peccia findet sich der Rustico mit zwei Stockwerken, einem Kamin im Wohnzimmer, drei Schlafzimmern, mit Waschmaschine, TV und Telefon.Was will man mehr für 525–735 Fr die Woche oder 75–105 Fr/Tag?

• *Essen und Trinken* **Grotto al Cort**, neben den oben genannten Gasthöfen genießt allein dieser urige Grotto einen weit bekannten Ruf als Ausflugslokal. Er liegt zu Füßen des Wasserfalls Croso an der Straße von Peccia nach Piano di Peccia. Nicht allein die rustikale Ausstattung und die wundervolle Lage, auch die typischen Tessin-Gerichte (Piccata con risotto, Brasato con polenta) machen den Grotto besuchenswert. Mai–Okt. geöffnet, Di geschlossen.

Wanderung 8: Durch das untere Maggiatal von Ponte Brolla nach Gordevio

Die 11-km-Wanderung dauert 4 Stunden und ist mit Ausnahme eines 200-Meter-Anstiegs nicht schwierig. Vorsicht jedoch beim Abstieg in die wilde Maggiaschlucht.

Anfahrt: Sie erreichen Ponte Brolla mit dem Pkw, mit dem Bus oder mit der Centovalli-Bahn (vgl. „Locarno/Verbindungen“). Die Rückfahrt von Gordevio ist per Bus nach Locarno oder Ponte Brolla möglich.

In *Ponte Brolla* ist ein Abstieg in die sehenswerte Maggiaschlucht eine gute Einstimmung für diese Wanderung: Sie folgen dem Wegweiser „Orrido“ und gelangen über eine steile, teils glitschige Steintreppe hinab in die Schlucht voller

Botta in Mogno – eine Kapelle wird zum Zankapfel

Wanderung 8:
Durch das untere Maggiatal von Ponto Brolla nach Gordevio

glatter Felsen und wirbelnder Strudel. Sie können aber auch von der Römerbrücke einfach den Blick hinab genießen und das erste Teilstück der Wanderung nach *Tegna* über die ausgeschilderte Straße zurücklegen. Schon nach 10 Minuten ist der Ort erreicht. Am Dorfplatz weist der Wegweiser „Sentiero di Montagna“ den Hang hinauf – ein Orientierungspunkt mit Karte informiert über die weitere Wegstrecke. Der Aufstieg beginnt hinter den letzten Häusern in einem offenen Eichenwald.

Bereits während des Aufstiegs eröffnen sich weite Ausblicke in die Pedemonte-Ebene. Doch erst kurz vor dem *Oratorio Sant'Anna* und nach knapp einer Wanderstunde kommen die Centovalli-Dörfer bis nach Intragna in Sicht. Den besten Ausblick haben Sie von der Säulenarkade der Eremitage Sant'Anna. Der weitere Weg führt eben und gut erkennbar in westlicher Richtung von der Kirche fort. Durch Kastanienhaine und an verwitterten Bildstöcken vorbei schlängelt sich der Weg nach Norden. Hinter einer neuen Steinbrücke lädt ein gemütlicher Picknickplatz mit Brunnen und Steintischen nach 1,5 Wanderstunden zur ersten Rast ein.

Der Pfad steigt an Steinmauern vorbei durch Wiesen- und Waldstücke auf eine Anhöhe, auf der das verlassene *Streccia* nach fast 2 Wanderstunden erreicht wird. Auf einem Markierungsstein wird der Abstieg nach *Dunzio* gewiesen, der zu Beginn recht steil ist. Hinter einer Holzbrücke ist erstmals ein Ausblick auf das Maggiatal möglich. Um nach 2,5 Wanderstunden *Dunzio* zu erreichen, muss die Asphaltstraße, die später durch den Ort führt, genutzt werden. Die Straße steigt hinter Dunzio zunächst leicht an (in einer Kehre ist erstmals das Ziel der Wanderung, Gordevio, auszumachen), um dann nach *Terra di Fuori* abzufallen.

Ein Wegweiser in *Terra di Fuori* leitet Sie abwärts und über den Fluss in Richtung „Ronchini/Gordevio“; die moderne Brücke kann als Orientierungspunkt dienen. Am anderen Ufer knickt der Weg auf einer Piste nach Süden ab und mündet bald darauf – jetzt immer auf die gelben Hinweisschilder nach Gordevio achten – in einen Pfad, der direkt in den berühmten Auenwald von *Gordevio* führt. Der Weg stößt auf einen Campingplatz, von dem aus unschwer die Hauptstraße erreichbar ist; das Wartehäuschen der Buslinie und damit der Endpunkt dieser Wanderung ist nach gut 4 Wanderstunden erreicht.

Deutsche Gäste, deutsches Bier – Asconas Promenade

Ascona

Palmen, Platanen, Blumen überall, Straßencafés mit offenem Blick über den See, schattige Gassen und begrünte Hinterhöfe, Gaukler, die aus der Promenade ihre Bühne machen: In Ascona ist die Nähe zum lässigen Italien geradezu greifbar.

Im Halbkreis schmiegt sich die autofreie Altstadt **Borgo** um das Seeufer; Mittelpunkt die wahrhaft schöne, platanengesäumte Uferpromenade *Piazza Motta*. Nur wenige Straßenzüge landeinwärts steigen die Gassen an – im Nordwesten hinauf zum 120 m höheren **Monte Verità**, im Norden zur alten Stadtburg *San Materno* und dahinter zum Höhenzug der Centovalli-Berge, an dem sich das eingemeindete **Losone** ausbreitet. Unterbrochen wird die wolkenabweisende Hügelkette durch den begradigten Mündungslauf der Maggia. Zwei moderne Straßenbrücken verbinden Ascona hier mit der nur 4 km entfernten Nachbargemeinde Locarno (s. S. 105). An seinen Rändern fasert der mit 5 qkm kleinste Tessiner Bezirk, von der *Galleria stradale* untertunnelt und so vom Durchgangsverkehr befreit, in Villenlandschaften aus, in denen die sprichwörtlichen Schönen und Reichen leben.

Ascona, das lange Zeit nichts weiter als ein beschauliches Fischerdorf war, hat sich in den letzten 50 Jahren zu *der* Touristenhochburg im Tessin entwickelt. In den Sommermonaten belegt die 5300 Einwohner zählende „Perle am Lago Maggiore“ mittlerweile sogar den absoluten Spitzenplatz in der Schweizer Urlauberstatistik. Begünstigt wurde diese Entwicklung nicht zuletzt durch die formidable Buchtlage am nördlichen Ufer des Lago Maggiore (abgeschirmt vom Gebirgszug des Centovalli), die wiederum für das subtropische Klima verantwortlich ist, das den Ort für Sonnenhungrige so verführerisch macht.

Der Boom begann mit dem Kulturtourismus, der sich im Gefolge der „Alternativbewegung“ vom Monte Verità einstellte (s. u. Kasten.) Ab 1950 setzte dann der Massentourismus ein, der – wen wundert's – natürlich auch seine Schattenseiten hat: Vor allem an Sommerwochenenden ist Ascona überlaufen (Deutsch ist dann Umgangssprache im Ort), Teile des Städtchens sind verbaut, einige ehemals ruhige Gässchen sind zu allzu geschäftigen Boutiquenmeilen und ein paar Hotels zu etwas zu klobigen Nobelherbergen ausgebaut worden. Ascona ist eben auch eine Stätte der Eitelkeiten.

Die Alternativen von Ascona

„Wir sonnen den Leib, ja, wir sonnen den Leib, das ist unser einziger Zeitvertreib. Doch manchmal paddeln wir auch im Teich, das kräftigt den Körper und wäscht ihn zugleich“. Was Erich Mühsam in seinem „alkoholfreien Trinklied“ verspottete, war dem belgischen Fabrikantensohn Henri Oedenkoven und der Münchener Pianistin Ida Hoffmann bitterernste Lebensphilosophie: Im Herbst 1900 kauften sie für 150.000 Franken den Monte Monescia oberhalb Asconas, tauften ihn in Monte Verità („Berg der Wahrheit“) um und gründeten eine „Vegetabile Cooperative“, die schon bald zum Refugium für Aussteiger, Weltverbesserer und Utopisten werden sollte. Man baute Licht- und Lufthütten, gab seinen Wohnhäusern beziehungsreiche Namen (z. B. Casa *Anatta* = „Seele“ im Sanskrit), pflanzte sein eigenes Gemüse an, aß vegetarisch und versuchte in jeder Hinsicht alternativ zu leben. Wer damals als Querdenker galt, gesellte sich dazu: Hermann Hesse und Else Lasker-Schüler, August Bebel und Hans Arp, Isadora Duncan und C. G. Jung – sie alle waren (zumindest kurzzeitig) auf dem Monte Verità. 20 Jahre später war der alternative Schwung allerdings schon wieder erlahmt. Oedenkoven verkaufte den Berg und zog enttäuscht nach Brasilien, wo sich seine Spur verliert. Der neue Besitzer, Eduard von der Heydt, vermachte die Anlage 1964 dem Kanton und wünschte sich eine „ausstrahlende Kulturstätte“. Frommer Wunsch: Monte Verità ist heute geschäftige Seminarstätte; alternativ blieben allein Museum und vegetarische Gaststätte.

Information

Ente turistico Lago Maggiore, ✆ 091/7851950, 📠 091/7851951; www.ascona.ch. Im Sommer Mo–Fr 9–18.30, Sa 10–17 Uhr, im Winter Mo–Fr 9–12 und 13.30–18 Uhr. Die Touristeninformation ist im schönsten Haus der Stadt, in der Casa Serodine, untergebracht. Das kleine Büro ist allerdings mit Informationsmaterial nicht sonderlich gut ausgestattet; selbst den Stadtplan von Ascona bekommt man eher im nahen Locarno.

Verbindungen

- *Zug* Kein Zug fährt nach Ascona; der nächste Bahnhof ist im 4 km entfernten Locarno.
- *Bus* Auch die Busverbindungen sind nicht sonderlich verbraucherfreundlich. Für Fahrten in den Norden (Centovalli, Verzascatal usw.) muss man in Locarno umsteigen. Im Einzelnen hat man Anschluss an die folgenden Verbindungen: Linie 21 (Haltestelle Post, Ecke Via Borgo, Via Locarno) von Locarno nach Brissago via Ascona halbstündlich zwischen 6.40 und 23.45 Uhr; Linie 22 (Haltestelle Ponte Maggia) von Locarno nach Ronco via Losone 18-mal

Borgo und das Seeufer – die Visitenkarte des Tessin

Ascona
Karte S. 150/151

tägl. zwischen 5.35 und 19.06 Uhr; Linie 31 (Haltestelle an der Post) fährt tägl. zwischen 5 und 0.14 Uhr alle 15 Min. nach Locarno-Minusio.

- *Flug* Der Betrieb auf dem kleinen Privatflughafen im Osten der Stadt, bislang Airport des Jetsets, soll eingestellt werden.
- *Seeschiffe* Von der Anlegestelle (debarcadero) an der Uferpromenade fahren von Ende März bis Okt. Dampfer und Tragflächenboote im Linienverkehr (auch nach Italien) und im Ausflugsbetrieb. 11-mal tägl. nach Locarno, 9-mal tägl. zwischen 9.35 und 17.35 Uhr zu den Brissago-Inseln (18 Fr), 6-mal nach Stresa-Arona, 7-mal nach Cannobio-Luino. Überdies werden Ausflugsfahrten zu den Borromäischen Inseln in Italien veranstaltet (65 Fr).

Denken Sie daran, dass Ihnen der **Ferienpass** in Ascona und Umgebung Preisermäßigungen auf öffentliche Verkehrsmittel gewährt (s. „Unterwegs im Tessin", S. 21).

Adressen/Telefonnummern

- *Apotheken* Via Borgo und Via della Buonamano.
- *Banken/Geldwechsel* Via Locarno und Via B. Papio.
- *Busfahrpläne und -information* Reisebüro Fart in Locarno, ✆ 091/7518731.
- *Fundbüro* ✆ 091/7921313.
- *Post* Via Borgo/Via Locarno; Mo–Fr 7.30–12, 13.45–18, Sa 8–11 Uhr.
- *Schiffsverkehr* ✆ 091/7511865.
- *Stadtführung/Wanderungen* Das Touristenbüro organisiert Altstadtrundgänge (5 Fr) sowie geführte Wanderungen auf dem Monte Verità und in der Bolle di Magadino.
- *Tankstellen* u. a. Ponte Maggia.
- *Taxi* ✆ 091/7924444.

Einkaufen

- *Bücher* Im Bücherzentrum **Il Gufo**, Via Borgo (Altstadt), werden Vorträge und Lesungen veranstaltet. Außerdem bietet der Laden ein reiches Bücher- und CD-Sortiment.

Libreria della Rondine, Casa Serodine. Ein erstklassiges Antiquariat mit den Schwerpunkten Italienische Schweiz und Hermann Hesse.

Biblioteca populare, die schöne Bücherhalle an der Uferpromenade hält Bücher in 4 Sprachen bereit. Mai–Okt. tägl. 9.30–11.30 und 16–18.30 Uhr, Nov.–Apr. 9.30–11.30 und 15–17.30 Uhr.

• *Delikatessen* **Naretta**, Via Borgo. Das Lebensmittelgeschäft der besonders feinen Art mit erklecklichen Preisen. Vom einfachen Käse bis zum ausgesuchten Wein, von der Schokolade bis zum frischen Obst ist hier alles etwas besser als anderswo.

Dolcina, Via Collegio. So viele, so gute Pralinés haben Sie noch nie gesehen.

Bottega del Golosone, Piazzetta Ambrosoli/Via Borgo. Die hausgemachten Hefekuchen sind geradezu weltbekannt, aber auch das Konfekt ist empfehlenswert.

• *Fotogeschäfte* Via Borgo und Strada del Rondonico.

• *Markt* Im Sommerhalbjahr jeweils Di von 10–17 Uhr auf der Uferpromenade Piazza G. Motta.

• *Mode* **Arcade**, Via San Pietro. Eine Boutique mit Kleidern und Anzügen der Haute Couture und entsprechenden Preisen.

Renèe, Via Borgo. Zur sportlich-eleganten Mode gibt es den passenden Haarschnitt dazu.

Borgonovo, Via Borgo. Spezialität ist italienische Markenmode.

• *Supermärkte* **Migros** und **Coop** in der Via B. Papio; **Mercato Cattori** in der Via Locarno.

• *Uhren/Schmuck* **Zenger**, Piazza San Pietro. Uhren aller Edel-Marken sowie Schmuck eigener Kreation.

Herschmann, neben dem Rathaus. Der führende Juwelier im Tessin hat eine Filiale auch in Ascona.

Sello, Piazza San Pietro. Bekannt für wertvollen Goldschmuck und kostbare Kunstgegenstände.

• *Zeitungen* Piazza Motta/Vicolo delle Olive.

Sport

• *Baden* **Lido di Ascona** (5 Fr Eintritt, Kinder 2,50 Fr) und **Bagno pubblico** (Eintritt gratis) liegen nebeneinander am Südostufer der Bucht. Beide Familienbäder (Mai–Okt. tägl. 9–18 Uhr) sind mit Spielgeräten ausgestattet; Plus des Lidos ist eine 96 m lange und 10 m hohe Wasserrutsche.

• *Golf* Der 18-Loch-Golfplatz im Südosten von Ascona zählt zu den schönsten in der Schweiz.

• *Segeln* Im 1997 eröffneten Yachthafen von Ascona können auch Boote gemietet werden. ✆ 091/7910397, 📠 091/7910991.

• *Tennis* 7 Tennisvereine mit 25 Sand- und 10 Hallenplätzen gibt es in Ascona, dazu etliche Hotelplätze.

Unterhaltung/Veranstaltungen

• *CSI Ascona* Das internationale Reit- und Fahrturnier um die Monatswende Juli/Aug. gehört zu den mittleren Turnieren Europas.

• *Kino* Asconas einziges Kino heißt **Cinema Otello** und liegt in der Viale Papio. Und es ist weit weniger mondän als anderes in der Stadt.

• *Musik* Von Aug. bis Okt. treten im Rahmen der **Asconeser Musikwochen** internationale Orchester und Solisten auf.

Immer im Juli findet das **Festa New Orleans Music** statt, ein Dixieland-Treffen unter freiem Himmel.

Kurz vor Weihnachten dann der **Hot-Jazz Workshop**, ein Musikerfest mit über 50-jähriger Tradition.

• *Segelregatta* Die Segelregatta Laveno-Ascona im Juni gilt auch deshalb als eine der wichtigsten in Europa, weil sie zu den ersten internationalen Kräftevergleichen im jeweils noch jungen (Segler-)Jahr zählt. Mehrmals gab es auf dem Kurs sogar Weltmeisterschaften der UFO-Klasse.

• *Theater* **Teatro Varieté**, Via Muraccio. Das Haus bietet Varieté vom Feinsten (nur in der Wintersaison), dazu Kabarett und Revue. In der spielfreien Zeit ist das Bistro der Treffpunkt der jungen Schickeria.

Teatro San Materno, Via San Materno. Das frühere Experimentiertheater, 1928 im Bauhausstil erbaut und eine der Geburtsstätten des modernen Tanzes, wird nach Jahren der Verwahrlosung jetzt von Michel Poletti geleitet. Im Sept. ist zusätzlich ein Marionetten-Festival zu bestaunen.

Drei Sehenswürdigkeiten auf einen Blick – Piazza Motta, Casa Serodine und die Pfarrkirche

Übernachten (siehe Karte S. 150/151)

• *Hotels* **Tobler (2)**, Via Collina, 091/7851212, 091/77851213; www.Hotel-tobler.ch. Das große Hotel (45 Zimmer, davon einige Nichtraucherzimmer) noch hinter dem Monte Verità hat trotz seiner Abgeschiedenheit eine schöne Aussicht auf Berge und See. Nov.–Feb. geschlossen. DZ 300–390 Fr, EZ 155–225 Fr.

Sport (4), Via Locarno 25, 091/7910031, 091/7919974. Alle 19 Zimmer in dem modernen, zentral gelegenen Garni-Hotel verfügen über TV, Tel. und Balkon. DZ 150–190 Fr, EZ 80–100 Fr. März–Okt. geöffnet.

Piazza au Lac (19), Piazza Motta, 091/7911181, 091/7912757; www.hotel-piazza-ascona.ch. Das Haus in bester Lage direkt an der Uferpromenade mit Balkonblick auf den See vermietet 24 hübsche Zimmer (TV/Tel.) zu Preisen, die zumindest für Asconeser Verhältnisse nicht übertriebenen sind: DZ 140–220 Fr, EZ 90–120 Fr.

Pergola (10), Via Borgo 42, 091/7913848, 091/7910139; www.hotel-pergola.ch. Mitten in Borgo und optimal in das Altstadtbild eingepasst, verströmen 20 zweckmäßig-modern ausgestattete Zimmer eleganten Charme; Familienhotel mit angemessenen Preisen. DZ 160–220 Fr, EZ 90–110 Fr. Jan./Feb. geschlossen.

Mirador (21), Via Lido 28, 091/7911666, 091/7912062, www.golfhotel-mirador.ch. Ruhig und schön ist die Lage (5 Gehminuten zur Piazza, zum Strand und Golfplatz), ruhig und schön auch der Garten, in dem das klassische Tessin-Haus 20 feine Zimmer (TV/Tel.) bereithält. DZ 160–260 Fr, EZ 90–140 Fr.

Riposo (7), Scalinata della Ruga 4, 091/7913164, 091/7914663, www.hotel-riposo.ch. Zentral gelegen und dennoch ruhig präsentiert sich das romantische 34-Zimmer-Hotel mit idyllischem Hof und Dachterrasse. Die ausgestellten Kunstwerke und die gute Küche machen das hübsche Haus für Kunstliebhaber wie für Feinschmecker zum Geheimtipp. DZ 220–280 Fr, EZ 100–150 Fr. Nov.–Feb. geschlossen.

Al Faro (18), Piazza Motta 27, 091/7918515, 091/7916577,www.hotel-al-faro.ch. Der „Lichtblick an der Promenade" (Eigenwerbung) bietet über einem belebten Café 9 hübsch möblierte Zimmer mit TV/Tel. an. DZ 170–250 Fr, EZ 130–150 Fr. Dez./Jan. geschlossen.

Elvezia (14), Piazza Motta, 091/7911514, 091/7910003, www.hotel-elvezia.ch. Seit 1909 sorgt Familie Crociani in ihrem 20-Zimmer-Hotel mit Straßencafé für eleganten

Komfort und aufmerksamen Service. Für die hinreißende Aussicht sorgt die Natur. DZ 176–246 Fr.

Arancio (12), Via Collinetta 78, ✆ 091/7912333, ℻ 091/7915802; hotel@arancio.ch. Außerhalb Asconas, an der Straße zur italienischen Grenze, bietet das Familienhotel neben einer großartigen Panoramaterrasse und großem Schwimmbad 25 feine Zimmer an. DZ 174–236 Fr, EZ 103–135 Fr (Sonderpreise für Rentner). Nov.–März geschlossen.

Schweizerhof (3), Via Locarno 41, ✆ 091/7851177, ℻ 091/7851520; www.hotel-schweizerhof.ch. Der Neubau ist einem Palazzo nachempfunden, liegt inmitten eines subtropischen Gartens mit beheiztem Pool und hat 42 perfekt ausgestattete Zimmer im Angebot. DZ 180–260 Fr, EZ 100–155 Fr.

Al Porto (17), Piazza Motta, ✆ 01/7858585, ℻ 091/7858586; www.alporto-hotel.ch. Hinter dem Haupthaus mit Restaurant an der Uferpromenade kombinieren sich romantische Häuser, begrünte Innenhöfe und üppige Gärten zu einer Hotelanlage der feineren Art mit 37 geräumigen Zimmern. DZ 205–300 Fr, EZ 99–195 Fr.

Ascovilla (22), Via Albarelle, ✆ 091/7854141, ℻ 091/7854400; www.ascovilla.ch. Luxuriöses Vier-Sterne-Hotel in einer gepflegten Parkanlage, wenige Schritte von Ufer, Golfplatz und Piazza entfernt. Zwischen März und Nov. sind 57 Top-Zimmer zu mieten. DZ 280–330 Fr, EZ 170–195 Fr.

Castello del Sole (24), Via Muraccio 142, ✆ 091/7910202, ℻ 091/7911118; www.castellodelsole.com. Das Sonnenschloss aus dem 16. Jh., errichtet auf den Mauern einer noch 300 Jahre älteren Burg, ist das beste und teuerste Hotel am Platz. Da darf es dann auch neben dem Fünf-Sterne-Standard ruhig noch Besonderes geben, z. B. einen Privatstrand und eigenen Weinanbau, Wellness-Bereich und Gourmet-Restaurant. DZ 680–940 Fr, EZ 360–380 Fr.

• *Ferienhäuser und -wohnungen* **Casa Serena (6)**, Via Vorame 54, ✆ 091/7911836. Ein Studio sowie 3 Wohnungen mit 2, 3 bzw. 4 Zimmern sind in der einstöckigen Villa im Angebot. 10, 130, 170 bzw. 210 Fr/Tag.

Residenzia Sabrina (5), Via Ferrara 83, ✆/℻ 056/4414553. In einer großen, modernen Anlage mit Park und Pool vermietet Familie Vollenweider drei hervorragend ausgestattete Appartements mit 1, 2 bzw. 3 Zimmern zu 120, 180 bzw. 210 Fr/Tag.

Casa Giuseppe (9), Via Gannine 12, ✆ 071/8913871. Im ersten Stock seines Landhauses vermietet Marcel Anderegg eine einfache 3-Zimmer-Wohnung mit Platz für 4 Personen. 93–129 Fr/Tag.

Casa Gamborogno (23), Via Muraccio 110, ✆ 062/8240632. Bungalow mit 6 Zimmern für 5 Personen (viel Platz). 124–190 Fr/Tag (Bettwäsche und Reinigung separat).

Essen und Trinken

Osteria Nostrana (8), ✆ 091/7915158. Ganz so typisch wie der Name ist die Speisekarte des Promenadenlokals nicht: Vor allem Pizzen (ab 15 Fr) sind im preiswerten Angebot.

Al Pontile (16), ✆ 091/7911321. Neben dem beeindruckenden Blick über den See, den man wohl nirgends besser als von dieser Uferterrasse aus hat, kann das Restaurant

mit gelungener internationaler Küche aufwarten; besonders die sparsamen Fleischgerichte (ab 26 Fr) schmecken.

Schiff (20), die beste Fischsuppe der Stadt bekommt man in diesem Traditionslokal an der Piazza Motta. Und: Aussicht inbegriffen.

Casa San Carlo Borromeo (15), ✆ 091/7911298. Das Gemäuer des Spitzenlokals in der Via Collegio Papio stammt aus dem Jahre 1365, die Tessiner Gerichte sind aber garantiert frisch, z. B. der Fisch aus dem nahen See oder die Teigwaren (immer mit Gewürzen der Saison).

Da Ivo (13), ✆ 091/7914656. Nur wenige Schritte weiter, in der Via Collegio 5, steht dieses Patrizierhaus mit schönem Innenhof. Das Restaurant, seit 1800 betrieben, genießt bei Einheimischen hohes Ansehen. Das liegt auch an Ivo Balestras einheimischer Küche, deren eleganter Pfiff an guten Tagen selbst ausgesprochene Gourmets zufrieden stellt. Jan.–März und Mo geschlossen.

Della Carrà (11), ✆ 091/7914452. Drinnen wie draußen sitzt es sich im kleinen, viel besuchten Lokal in der Galleria della Carrà gleichermaßen gemütlich. Vornehmlich Gerichte aus Fluss- wie Seefischen bereitet Gino di Rosa, Besitzer und Koch, besonders lecker.

Grotto Madonna della Fontana (1), der einzige Grotto im Stadtkern (auswärtige finden Sie unter „Losone" und „Arcegno") liegt am Fuße des Monte Verità (auf dem Weg zur Wallfahrtskirche). Kulinarische Besonderheiten dürfen Sie nicht erwarten, aber man sitzt hier ungemein gemütlich.

Ascona
Karte S. 150/151

Collegio Papio – vielleicht der schönste Hinterhof Europas

Cafés/Kneipen/Bars

Alle Welt trifft sich – nicht nur nachts – auf der *Piazza Motta*, jedes Straßencafé dort ist bis spät in die Nacht geöffnet. Das **Schiff** an der Piazza gilt als die Apéro-Kneipe der Stadt; am Abend wechselt man einige Schritte weiter auf der Piazza zum **Mad Wallstreet**, wo Musik, Tanz und Flirt angesagt sind. **Bar Piazetta** auf der Via Borgo ist für Musikliebhaber – ab 16 Uhr klimpert der Pianist, und während des Jazzfestivals gibt es hier Konzerte. Im Sommer, wenn keine Vorstellungen stattfinden, trifft sich die In-Jugend im **Café Teatro Varieté**; abends geht's in die **Bar Pirata** in der Via Moscia, die mit der **Disco Lago** auch für die Nacht vorgesorgt hat.

Sehenswertes in der Altstadt (Borgo)

Piazza Giuseppe Motta: Keineswegs nur Touristen, auch Asconeser flanieren Abend für Abend über die Promenade, die den Namen des Tessiner Bundesrates Guiseppe Motta (1871–1940) trägt. Und es vergeht kein Sommertag, ohne dass nicht Maler oder Musiker, Clowns oder Akrobaten – einige eigens engagiert von der Tourismuszentrale – ihre Künste auf der 5 km langen, platanengesäumten Uferstraße vorführen. Café reiht sich an Café und Hotel an Hotel – viele in alten Häusern wie z. B. dem Rathaus aus dem 16. Jh. am 90-Grad-Knick der Piazza Motta.

Casa Serodine: Dem Rathaus gegenüber, nur durch die Gasse *Pietro e Paolo* getrennt, der prächtigste Profanbau der Stadt – die 1620 erbaute Residenz der Künstlerfamilie Serodine. Vor allem die dreigeschossige Barockfassade mit eindrucksvollen Stuckdekorationen von Battista Serodine, dem jüngeren Bruder des berühmteren Malers Giovanni Serodine, macht den künstlerischen Reiz der Casa aus. 1990 wurde das Patrizierhaus restauriert; die erste Etage – über den Innenhof erreichbar

– wird seitdem für wechselnde Ausstellungen genutzt, im Erdgeschoss ist das Touristenbüro untergebracht.

Öffnungszeiten der Ausstellungsräume März–Dez. Di–Sa 10–17 Uhr; Eintritt frei.

Pfarrkirche Pietro e Paolo: Die dreischiffige Säulenbasilika – hinter dem Rathaus und querab der Casa Serodine – stammt aus dem Jahr 1264. Ihr heutiges Aussehen erhielt sie allerdings erst durch den Um- und Ausbau 1535. In dieser Zeit entstanden auch die drei Gemälde von Giovanni Serodine: „Marienkrönung“, „Christus in Emmaus“ und „Die Söhne des Zebedäus“. Die Fresken aus dem Jahr 1783 werden dem lombardischen Künstler Pietro Pancaldi-Mola zugeschrieben.

Centro del bel libro: Hinter dem blumigen Namen („Zentrum des schönen Buches“) verbirgt sich ein privater Verein, der in einem umgebauten Ziegenstall im Hof eines alten Patrizierhauses eine weltweit anerkannte Fachschule für Buchrestauration und -bindekunst unterhält. Insgesamt zehn Buchbinder und -restauratoren aus ganz Europa werden hier pro Kursus aus- und weitergebildet. Die Werkstätten können auf Anfrage angeschaut werden. Im Kulturzentrum *Beato Pietro Berno* im selben Haus finden Kunstgewerbeausstellungen statt.

Öffnungszeiten März–Okt. Di–So 14.30–18.30 Uhr; Eintritt frei.

Manche nennen ihn Langensee ...

... den Lago Maggiore, und in Italien heißt er „Verbano“ – so oder so die großartigste Sehenswürdigkeit von Ascona. Von seiner 212 qkm großen Wasserfläche gehört nur ein Sechstel zur Schweiz, der Rest reicht weit in die lombardische Tiefebene Italiens hinein. Der nach dem Gardasee zweitgrößte der oberitalienischen Seen ist 65 km lang, maximal 4,5 km breit und bis zu 370 m tief. Und er liegt 197 m über dem Meeresspiegel.

Ascona
Karte S. 150/151

Collegio Papio: Anschauenswert ist in der 1584 als Dominikanerkloster erbauten Anlage der Innenhof, der wegen seiner zweigeschossigen Loggienreihen und toskanischen Säulen als einer der schönsten Renaissancehöfe Europas gilt. Das nach seinem Stifter benannte Anwesen beherbergt heute zwei von Mönchen geleitete Privatschulen. Das Gelände des einstigen Priesterkollegs macht auch deshalb fast ein Viertel der Altstadt aus, weil es mit der Kirche *Maria della Misericordia* verbunden ist. Das Gotteshaus aus dem 15. Jh. ist reich mit spätgotischen Fresken lombardischer Künstler geschmückt.

Castello dei Ghiriglioni: Das einstige Schloss der Mailänder Adelsfamilie gehörte zu den Festungsanlagen der Stadt, die 1518 von den Eidgenossen geschleift wurden. Ursprünglich war es mit vier mächtigen Türmen ausgestattet und von einem nicht minder eindrucksvollen Burggraben umgeben. Auf dem Gelände wurde im 16. Jh. ein neues Schloss gebaut, heute Sitz eines der teuersten Asconeser Hotels mit dem beziehungsreichen Namen „Castello del Sole“.

Castello San Materno: Die älteste, vermutlich aus dem 12. Jh. stammende Stadtfestung wurde auf einer Anhöhe im Norden des Stadtkerns errichtet. Heute sind nur noch Ruinen auszumachen; letzter Überrest ist eine Kapelle aus dem 13. Jh. Auf dem Friedhof am Fuß der Anhöhe sind die Malerin Marianne von Werefkin (s. u.) und der Schriftsteller Hans Habe begraben. Grabüberreste, die auf demselben Gelände gefunden wurden, weisen darauf hin, dass die Gegend um Ascona bereits in der Bronzezeit besiedelt war.

Teatro San Materno: Das Theater im klassischen Bauhausstil wurde Ende der 1920er Jahre gebaut. Auftraggeber war der belgische Fabrikant F. Bara, Vater der berühmten Ausdruckstänzerin Charlotte Bara. Bis in die 1950er Jahre zählte es zu den führenden Tanztheatern Europas. Seit Übernahme der Leitung durch Michel Poletti ist das Teatro zu einem kulturellen Zentrum im Tessin geworden.

Museo Communale d'Arte Moderna: Wesentliche Teile des Museums (etwa 70 Exponate) beruhen auf einer Schenkung der expressionistischen Malerin Marianne von Werefkin (1860–1938), darunter ein Porträt ihres Mannes Alexey Jawlensky. Außerdem sind Bilder von Kubin, Klee, Marc und Arp zu sehen.

Öffnungszeiten März–Dez. Di–Sa 10–12 und 15–18 Uhr, So 16–18; Eintritt: 8 Fr/Erwachsene, 4 Fr/Kinder.

Museum Epper: Das Museum zeigt Gemälde, Holzschnitte und Aquarelle des Schweizer Expressionisten Ignaz Epper (1892–1969) sowie Skulpturen und Terracotta-Figuren seiner Frau, der niederländischen Bildhauerin Mischa Epper (1901–1978). Untergebracht ist es im ehemaligen Atelierhaus des Künstlerpaares.

Öffnungszeiten Apr.–Mai und Sept.–Okt. Di–Fr 10–12 und 15–18 Uhr, Eintritt frei.

Galleria AAA: Die im Schweizer Kulturbetrieb bekannte Galleria ist ständiger Ausstellungsort der 1964 gegründeten Künstlervereinigung AAA (*Associazione Artisti Ascona*). Seit 1988 ist das schön restaurierte Altstadthaus in der Carrà dei Nasi 18 auch zum Touristentreffpunkt geworden: Immer im August veranstaltet AAA dort den Malwettbewerb „Pittori in Piazza“ für angehende Künstler. Die Ausstellungsstücke sind zu kaufen.

Öffnungszeiten Mo–Sa 10–12 und 14–18 Uhr; Eintritt frei.

Sehenswertes auf dem Monte Verità

Mit 312 Höhenmetern überragt der von der Galleria stradale untertunnelte Monte Verità die Stadt um nur 116 m. Der Anstieg zum Berg ist vom zentral gelegenen Hotel Riposo aus markiert (siehe Stadtplan) und dauert 45 Minuten; die Anfahrt ist in der Stadt mehrfach ausgeschildert.

Das Gelände ist eigentlich ein riesiger, von etlichen Wegen und wenigen Straßen durchzogener Park mit schönen Birken- und Kastanienhainen. Arrangiert ist das Ganze wie ein Wagnersches Gesamtkunstwerk, in dem bis zum kleinsten Gewürzgarten alles seinen sinnfälligen Platz hat. Tatsächlich waren die Mitglieder der Cooperative von Wagner beeinflusst; Bezeichnungen wie „Parsifalwiese“ oder „Walkürenfelsen“ belegen das.

Auf dem Gelände findet man neben den Hinterlassenschaften der einstigen Alternativkultur auch zwei neuere Gebäude: das Seminarhaus der Universitäten Lugano und Zürich und das vegetarische Restaurant der *Fondazione Monte Verità*. Die 1988 gegründete private Stiftung veranstaltet auf dem Monte Verità Seminare, Kongresse und Ausstellungen.

Casa Anatta: Das phantasievoll gestaltete Haus mit dem damals noch unüblichen Flachdach, den doppelten Holzwänden und den hölzernen Tonnengewölben in den Räumen wurde 1902 gebaut und zunächst von den Koloniegründern Henri Oedenkoven und Ida Hoffmann bewohnt. Später bezog es der niederländische Baron von der Heydt, danach wurde es für kurze Zeit ziemlich erfolglos als Hotel genutzt und drohte schließlich wie die übrigen Gebäude der Anlage zu verfallen. Erst mit einer 1978 organisierten Ausstellung gelang es, die Geschichte des Berges und seiner Bewohner wieder ins Gedächtnis einer interessierten Öffentlichkeit zu rufen. Zwei

Das „Russen-Haus" – standhafte Ruine auf dem Monte Veritá

Jahre später wurde die Casa renoviert und 1981 als Museum wiedereröffnet; dokumentiert wird die Geschichte der Monte-Verità-Kolonie und früherer utopistischer Reformbewegungen in der Region Ascona.

Casa Selma: Die benachbarte Licht-Luft-Hütte wurde bereits 1901 errichtet und diente den Koloniemitgliedern als erste Unterkunft. Mittlerweile beherbergt sie ebenfalls ein Museum, das die Ausstellung in der Casa Anatta ergänzt.

Chiaro Mondo del Beati: Das dritte Museum auf dem Monte Verità ist ein Neubau, der auf dem Fundament des einstigen Solariums gebaut und 1987 eröffnet wurde. Der Holzpavillon wurde eigens angelegt, um das Riesengemälde „Klare Welt der Seligen" (4 mal 26 m) des baltischen Künstlers Elisar von Kupffer auszustellen.

Öffnungszeiten Alle Museen des Museumsparcours haben die gleichen Öffnungszeiten: Apr.–Okt. Di–So 14.30–18 Uhr; Eintritt 10 Fr (6 Fr für Kinder, Studenten und Rentner).

Madonna della Fontana: Von der Parsifalwiese führt ein markierter Weg an den Nordhang des Monte Verità zu der 1677 fertig gestellten turmlosen Wallfahrtskirche. Die Kirche wurde über einer Quelle gebaut, an der eine taubstumme Schäferin der Legende zufolge ihre Stimme wiedergefunden hat. Neben der Kirche befindet sich der gleichnamige Grotto (s. o.) und hinter ihr die Grotte, in der die Quelle entspringt.

Losone

Der Ort hat sein ursprüngliches Tessiner Stadtbild bewahrt, ohne dabei museal zu wirken. Rustici aus dem 15. Jh. harmonieren mit der Architektur des 20. Jh. Schauen Sie in die Via Ubrio – da hat Stararchitekt Botta einen seiner Wohntürme hingesetzt.

Die 5000-Einwohner-Gemeinde mit den nach den Kirchen benannten Ortsteilen *San Rocco*, *San Lorenzo* und *San Giorgio* hat kaum weniger Einwohner als Ascona. Dennoch geht es hier viel ruhiger zu als in der berühmten Nachbargemeinde. Die

Lokale sind uriger, die Hotels haben weniger Sterne, und die stillere Umgebung lädt zum Wandern ein – sogar ein Naturlehrpfad wurde eingerichtet. Da stört der 600-Mitarbeiter-Betrieb, der Funkenerosionsmaschinen produziert, nur wenig.

Verbindungen/Einkaufen

• *Verbindungen* Anschluss an Buslinie 22 von Locarno nach Ronco; 18-mal tägl. zwischen 5.42 und 19.18 Uhr. Haltestelle an der Post.

• *Einkaufen* Bank, Supermarkt und Apotheke auf bzw. hinter dem Markt in San Giorgio.

Übernachten

• *Hotels* **Abrigo**, Via Abrigo 1, ✆ 091/7911464. Das Restaurant vermietet 10 einfache, preiswerte Zimmer. Aber die Lage unter schattenspendenden Riesenbäumen ist schlicht schön. DZ 90 Fr, EZ 40–48 Fr.

Casa Emmaus, Via Emmaus 15, ✆ 091/7911559, www.ascona.ch/hhm/cemaus. Ein Park, ein Tessiner Landhaus und sieben feine Zimmer sind ein Angebot, das man annehmen sollte: DZ 90–134 Fr, EZ 52–75 Fr. Außerdem werde Appartements (s. u.) vermietet.

Tiziana, Via Truscio 9, ✆ 091/7915563, ℻ 091/7918247; www.hotel-tiziana.ch. Man kann Fahrräder mieten, im Pool baden oder an organisierten Wanderungen teilnehmen; fast alles ist in dem 20-Zimmer-Hotel zum Wohl des Gastes geregelt. DZ 160–190, EZ 100–130 Fr. März–Okt. geöffnet.

• *Ferienhäuser und -wohnungen* **Casa Giovanni**, ✆ 071/3513318, ℻ 071/3514191. Hoch am Berg liegt das moderne Häuschen, das in 3 Zimmern 5 Personen Platz bietet (Haustiere erlaubt). 110–140 Fr/Tag.

Casa Emmaus, ✆ 091/7911559, ℻ 091/7914828. In dem Bauernhaus (s. o.) sind ein Studio und eine 2½-Zimmer-Wohnung zu mieten, beide ausreichend ausgestattet und zudem für wenig Geld. 75 bzw. 95–110 Fr./Tag.

• *Camping* **Riposo**, ✆ 091/7921204, ℻ 091/7921204; www.campingriposo.ch. Trotz seiner nur zwei Sterne ist der gepflegte Rasenplatz befriedigend ausgestattet (gute Sanitäranlagen, kleines Lokal,lockere Atmosphäre). 34 Fr/Person.

Zandone, ✆ 091/7916563, ℻ 091/7910047. Der große Drei-Sterne-Platz am Fluss Melezza (gute Sanitäranlagen, kleiner Lebensmittelladen, Wohnwagen-Verleih) ist uneingeschränkt zu empfehlen, auch wenn die Preise erst auf Nachfrage mitgeteilt werden.

Essen und Trinken

Grotto Arbigo, an der Abzweigung Losone–Centovalli unter uralten Bäumen gelegener, uriger Grotto mit riesigem Garten. Die Polenta ist unübertroffen, und der Risotto mit Pilzen ist kaum schlechter. Di geschl.

Grotto Contratempi, typischer Grotto unter fünf mächtigen Kastanien mitten im Dorf. Wer draußen sitzt, hat es viel gemütlicher als im großen rustikalen Wartesaal drinnen.

Grotto Raffael, Grotto in San Giorgio, der in der feineren Gesellschaft von Ascona „in" ist. An den Berg angelehnt die Küche, unter großen Platanen die wenigen Steintische und das Grillfleisch derb und einfach – so müssen typische Tessiner Grotti sein. Di geschlossen.

Grotto Broggini, die Tische unter den 100jährigen Bäumen sind eingedeckt, auf den Bänken liegen Sitzkissen – der auf alt getrimmte Grotto ist zu schön, um typisch zu sein. Aber die Küche ist raffiniert, und die Pferde- und Straußen-Steaks sind riesig.

Osteria Delea, etwas edlere Osteria im Ortskern von San Giorgio mit Schatten spendenden Sonnenschirmen draußen und feinen Bodenfliesen drinnen. Der Wein und das marktfrische Gemüse sind besser und auch preiswerter als anderswo im Ort.

Sehenswertes

Naturlehrpfad Collina di Maia: Vom Parkplatz an der Via Renecón in San Rocco geht es schnurstracks durch den Wald in die Eiszeit. Der 6 km lange Lehrpfad über Gletscherabschleifungen und Moränenfelder, vorbei an Findlingen und durch Schatten spendenden Wald gibt auf 13 Schautafeln einen verständlichen Überblick über die geologische Geschichte des Tessins – ein ideales, nebenbei preiswertes Ziel für einen Sommerausflug mit Kindern.

Pfarrkirche San Lorenzo: Die 1587 auf dem Fundament einer Vorgängerin errichtete Kirche wurde im 18. Jh. barockisiert und Ende des 19. Jh. erneut umgebaut. Lohnenswert die Beichtstühle und das Taufbecken aus dem 16. Jh., die Gemälde von Orelli und der Altar von Giuseppe Buzzi (1751).

San Giorgio: Campanile und Chor des 1799 gebauten Gotteshauses stammen noch von der alten, längst verschwundenen Kirche aus dem 12. Jh.; die Fresken werden um das Jahr 1420 datiert.

San Rocco: Die Kirche wurde im 16. Jh. aus Dank, der Pest entronnen zu sein, erbaut. Achten Sie darum auf das Gemälde hinter dem Altar – es zeigt die Muttergottes mit den Pestheiligen Rochus und Sebastian.

Arcegno

Der dritte Teil der Großgemeinde kann in vielem mit Ascona und Losone nicht mithalten: viel kleiner, viel dörflicher und außer einem Kirchlein aus dem 14. Jh. ohne nennenswerte Sehenswürdigkeiten. Dafür bietet das Bergdorf mit seinen 300 Einwohnern eine schöne Lage inmitten von Kastanienwäldern; außerdem hat es sich die Kultur gneisgedeckter Rustici bewahrt.

• *Übernachten* **Zelindo**, Via Campo E. Pestalozzi 17, ✆/℻ 091/7913446. Auf der höchsten Straße des hoch gelegenen Dorfes befindet sich die 11-Zimmer-Pension mit schönem Garten, gepflegter Küche und ansprechender Bocciabahn. DZ 130–160 Fr, EZ 75–90 Fr, 25 Fr zusätzlich für HP.

Casa Matefra, ✆ 091/7917615. Wer Ruhe und Aussicht schätzt, wem Komfort nicht so wichtig ist und wer trotzdem ein 3-Zimmer-Haus (Schlafmöglichkeiten für 5 Personen) für die Ferien sein Eigen nennen will, ist hier genau richtig. 80–100 Fr/Tag.

Casa Elleboro, ✆ 091/7914768. Das Nebenhaus – genauso schlicht, genauso groß, genauso teuer. 80–100 Fr/Tag.

Casa al Bosco, ✆ 071/9516767. Das lauschige „Landhaus am Wald" mit 3 großen Räumen (Tel./TV) und Platz für 5 Personen verfügt über Garten und Terrasse. 140–190 Fr/Tag.

• *Essen* **Grotto La Risata**, ✆ 091/7921514. Am Dorfeingang und am Zusammenfluss zweier Bäche liegt dieser stimmungsvolle Grotto im Gemäuer einer ausrangierten Mühle. Genießen Sie die Geselligkeit unter Ulmen und Buchen – der Grotto wird seinem Namen („das Gelächter") immer gerecht. Apr.–Okt. geöffnet, Mo geschlossen.

Grotto Mulin di Cioss, ✆ 091/7913200. Den großen, etwas aufgemotzten Grotto finden Sie an einem kleinen Wasserfall im Wald (nahe dem Dorfeingang). Große Räumlichkeiten und eine große, nicht mehr ganz so preiswerte Speisekarte machen das Lokal zu einem beliebten Ausflugsziel. Apr.–Okt. geöffnet, Di geschlossen.

Grotto Laura, ✆ 091/7914296. Der Chef kocht selbst, und das nicht schlecht – lombardische Spezialitäten wie „coniglio in umido" (geschmortes Kaninchen) sind seine Stärke. Das wissen vor allem Einheimische besonders zu schätzen und stürmen den Grotto hinter der Post regelmäßig in Großfamilienstärke. 15. Jan. bis 15. Feb. und Mo geschlossen.

Wanderung 9: Rundweg über Ascona

Die vierstündige Wanderung hoch über dem Lago Maggiore überwindet knapp 600 Höhenmeter und streift auf Hin- und Rückweg das hübsche Arcegno. Von dort kann man die Route um eine Wanderstunde abkürzen.

Die Wanderung beginnt mit dem Aufstieg zum Monte Verità. An der Post von Ascona geht es über die Strada di Rondonico aufwärts und weiter über die Scalinata della Ruga zur Fahrstraße, die zum Monte Verità hinaufführt.

Ascona
Karte S. 150/151

Doch an der Kreuzung *Ronco/Losone* biegt der Weg nach Norden ab, um über eine baumlose Hochfläche den geteerten Waldweg zur Straße nach *Arcegno* zu erreichen. *Senterio delle betulle* heißt der Weg zur Straße, auf der nach links abgebogen werden muss, um zum *Val Riò* zu kommen – gut eine Stunde ständigen Steigens liegt hinter dem Wanderer. Und weiter geht es bergauf: Der Pfad folgt dem Flusslauf und gewinnt dabei stetig an Höhe.

Bei den ersten Ferienhäusern knickt der Weg nach rechts ab (manchmal ist der Weiterweg von einer Kette versperrt, da hilft ein kleiner Umgehungspfad, der zum ursprünglichen Weg zurückführt). Hinter einem Steg über den Bach teilt sich die Route; unser Weg geht nach links aufwärts. Durch ein Birkenwäldchen ist nach 2,5 Stunden der Weiler *Zota* erreicht, der eigentlich nur noch aus Datschen besteht.

Ein weiter Blick öffnet sich auf die Berge des Centovalli und gibt einen Vorgeschmack auf weitere grandiose Aussichten. Zuvor aber geht es zu den Bergen von Artore, den *Monti di Artore*. Richtung Norden weist der Weg durch einen Tannenwald auf eine tiefer gelegene Alm mit zwei Gebäuden. Nach Überquerung der Wiese führt die Trittspur in den Wald und abwärts zu einem Felssturz mit großartiger Aussicht.

Dort gabelt sich der Pfad, und der schlichte Wegweiser zeigt links nach *Artore*, rechts nach *Arcegno*. Der 20-minütige Abstecher nach Artore lohnt der weiten Aussicht ins Pedemonte wegen. Die eigentliche Route aber führt abwärts nach Arcegno, abschnittsweise auf der Route des Hinwegs. Für die Strecke Artore–Acegno muss man 45 Minuten veranschlagen, für den Abstieg weiter nach Ascona nochmals 40 Min.

Wanderung 9:
Rundweg über Ascona

Ronco Skyline – das Dorf liegt 800 Stufen höher

Brissago und die Inseln

Azaleen, Magnolien und Kamelien gedeihen nirgends in Mitteleuropa so wie hier am südlichen Zipfel des Lago Maggiore.

Geschützt vom **Monte Limidário** (2189 m) und vom **Ghiridone** (2200 m), gesegnet mit Humusböden aus dem Schwemmland des Lago Maggiore und gefördert durch den Temperaturausgleich des Seewassers, hat sich ein ungewöhnliches Klima und eine ungemein artenreiche Vegetation entwickelt. An höchstens 14 Tagen pro Jahr sinkt das Thermometer unter den Gefrierpunkt, Nebel gibt es überhaupt nicht, und neben den Exoten wachsen auch Eichen, Kastanien und Birken auf den Terrassen bis auf 400 m Höhe vortrefflich.

Zwei geschichtsträchtige Orte, **Brissago** und **Ronco**, und zwei geheimnisumwitterte Inseln, die **Isole di Brissago**, kommen in den Genuss dieses Sonnenreichtums. Und mit ihnen die Touristen, die es in erster Linie zum Botanischen Garten auf der größeren der Brissago-Inseln zieht.

Brissago/Stadt

Die Fassaden der prachtvollen Bürgerhäuser spiegeln sich im immer ruhigen Seewasser – der Kurort strotzt nicht nur vor jungem Ruhm, sondern vor allem vor altem Reichtum.

Deutlich wird das zum Beispiel an der *Casa Branca* hinter der Uferpromenade: Zwar wird an dem prächtigen Palast der Kaufmannsfamilie Branca gleich neben der Pfarrkirche immer wieder rumrenoviert, dennoch strahlt der 200 Jahre alte Bau den erlesenen Geschmack seiner einstigen Besitzer aus. Und das gilt ebenso für andere Palazzi am Lago Maggiore, etwa für die *Casa Borani* oder die *Casa Rossini* mit ihren spätgotischen Fresken.

Entstanden ist der Reichtum im Mittelalter. Damals war die heute kaum 2000 Einwohner zählende Kaufmannsstadt reichsunmittelbare Republik und genoss zahlreiche Privilegien für den Handel mit dem Nachbarland (die italienische Grenze ist nur einen Kilometer entfernt), die bis ins 17. Jh. verteidigt wurden.

Und die Händlertradition wirkt bis in die Gegenwart: Als 1847 die Zigarrenfabrik „Blauband" im Süden des Städtchens von Exilanten aus Italien aufgebaut wurde, stand die Schaffung industrieller Arbeitsplätze im Vordergrund. Heute beschäftigt die weitgehend automatisierte Fabrik nur noch 80 Mitarbeiter, zumeist Pendler aus dem nahen Italien. Aber immer noch ist der Vertrieb der als „Brissago" weltweit bekannten dünnen Zigarillos das größte Geschäft in der Stadt (die „Fabbrica Tabacchi Brissago" kann donnerstags kostenlos besichtigt werden; Karten beim Ente turistico).

Daneben wurde schon immer Geld mit Gästen verdient – „Brixagium" galt bereits zur Römerzeit als Sommersitz reicher Besatzerfamilien. Und in den letzten zwei Jahrhunderten lockten die extravaganten Besitzer der Inseln immer wieder Dichter, Maler und Musiker nach Brissago, darunter den neapolitanischen Komponisten *Ruggerio Leoncavallo*, der es zum Ehrenbürger Brissagos brachte und dem ein Ehrenmal in der Kirche Madonna del Ponte gewidmet ist. Im Mai/Juni richtet die Gemeinde auch ein nach Leoncavallo benanntes Opernfestival aus.

Neuen Ruhm erlangte das Städtchen im Oktober 2004, als der Russe Wladimir Kramnik gegen den Ungarn Peter Leko hier seinen Weltmeistertitel im Schach verteidigte. Und diese Mischung passte so recht zu dem kleinen Städtchen: internationale Gäste in illustrem Ambiente.

Information/Verbindungen

- *Information* **Ente turistico Lago Maggiore**, ✆ 091/7910091, www.maggiore. ch. Mo–Fr 8–12 und 14–18 Uhr, im Juli und August auch Sa 8–12 Uhr. Das kleine Büro befindet sich auf der Seeseite der Durchgangsstraße (Via Leoncavallo 25) und bietet außer Zimmernachweis leider nur dürftige Informationen. Tickets für den Besuch der Brissago-Inseln z. B. muss man sich am Schiffsanleger besorgen, Gratis-Besuchsscheine für das Kraftwerk und die Tabakfabrik aber gibt es hier.
- *Verbindungen* Tägliche **Busverbindungen** nach Locarno via Ronco und Ascona (halbstündig zwischen 6.12 und 0.15 Uhr). Haltestelle an der Piazza del Sole. Zudem 6-mal tägl. zwischen 8 und 18.15 Uhr nach Ronco mit Stopps in Porto Ronco und Piodina. Haltestelle an der Post in Brissago.

  Die **Schiffslinie** Locarno – Ascona – Isole di Brissago – Brissago fährt den Ort 12-mal pro Tag zwischen 9.25 und 18.20 Uhr an; im Juli/Aug. über Mittag verstärkt und zusätzlich zwischen 19.15 und 23 Uhr. Zudem zusätzlich 16-mal zu den Isole di Brissago via Porto Ronco. Die Passage zu den Inseln kostet 18 Fr (Kinder 10 Fr) inkl. Eintritt im Botanischen Garten; Fahrpreis nach Ronco: 7 Fr/Erwachsene, 4 Fr/Kinder.

Adressen

- *Post* Via Valmara, auf der Hangseite der Durchgangsstraße in Richtung Italien.
- *Banken/Geldwechsel* Via Leoncavallo.
- *Arzt* Via Leoncavallo, gegenüber Ente turistico.
- *Apotheke* Via Leoncavallo.
- *Parkplätze* Von Porto Ronco kommend, am Ortseingang links.
- *Strandbad* Neben der Tabakfabrik, auf der Straße zur Grenze links abbiegen.
- *Tankstelle* Durchgangsstraße, gegenüber vom Abzweig zum Schiffsanleger.

Alte Pracht – mancher Schmuck stammt noch aus dem Mittelalter

Übernachten/Essen und Trinken

Graziella, ✆ 091/7931420. Besser kann die Lage nicht sein: Direkt am Schiffsanleger bietet die Pension 20 teils einfache Zimmer mit immer famoser Aussicht. Das zum Haus gehörende Restaurant mit Promenaden-Terrasse ist bekannt für seine Fischgerichte. DZ 160 Fr, EZ 60 Fr.

Collina, ✆ 091/7930334. 100 m über dem Stadtzentrum liegt die Pension am Hang. 4 rustikale Zimmer (ohne Frühstück, ohne Service, nicht alle mit Du/WC und nach Meinung etlicher Leser nicht immer gepflegt) und eine schöne Aussicht sprechen für das renovierte Bauernhaus. DZ 80 Fr. April–Okt. geöffnet.

Verbano, ✆/℻ 091/7931232. Der vierstöckige Neubau an der Hauptstraße bietet 31 Zimmer (alle mit Balkon) mit Zwei-Sterne-Standard zu erstaunlich günstigen Preisen: DZ 92–106 Fr, EZ 54–75 Fr.

Rivabella au Lac, Via Leoncavallo 43, ✆ 091/7931137, ℻ 091/7932537. Direkt an der Hauptstraße, aber dennoch ruhig (17 schöne Zimmer liegen zur Seeseite) und direkt am See mit dem vielleicht schönsten Garten in Brissago und eigenem Badeplatz – man muss lange suchen, um zu diesen Preisen eine solche Unterkunft zu finden. DZ 140–220 Fr, EZ 160 Fr.

Bellavista, ✆ 091/7931222, ℻ 091/7932919, www.bellavista-brissago.ch. Hoch über dem Ort (Via Costa di Mezzo) mit hervorragender Aussicht auf den See und die Brissago-Inseln kosten die 12 Zimmer nach Renovierung und Besitzerwechsel 120–210 Fr (DZ) und 95–140 Fr (EZ).

La Favorita, ✆/℻ 091/7930040. Am Hang des Ghiridone und fast 200 Höhenmeter über der Stadt liegt das Drei-Sterne-Hotel inmitten einer ruhigen Villengegend. Die Aussicht, vor allem von der Terrasse, ist ausgezeichnet; der Weg zum See etwas weit, deshalb gibt es auch ein Schwimmbad im üppigen Garten. DZ 130–170 Fr, EZ 90–140 Fr.

Mirto au lac, ✆ 091/7931328, ℻ 091/7931333; info@hotel-mirto.ch. Zusammen mit dem Graziella (s. o.) gleich nebenan die beste Seelage in Brissago. Die 46 Zimmer (Du/WC, TV/Tel.) sind allerdings deutlich edler und teurer als beim Nachbarn. DZ 180–280 Fr, EZ 120 Fr.

Villa Caesar, ✆ 091/7932766, ℻ 091/793 3104; www.villacaesar.ch. Das einzige Vier-Sterne-Hotel am Ort (nur wenige Schritte vom See) bietet 32 elegante Zimmer, einen kleinen Pool und entsprechende Preise: DZ 280–420 Fr, EZ 180–220 Fr.

• *Ferienwohnungen* **Villa Gina**, ✆ 091/7931777. Einen besseren Standort gibt es nicht in Brissago: Direkt am Schiffsanleger bietet das stimmungsvolle und perfekt eingerichtete 2-Zimmer-Häuschen 2 Appartements mit jeweils Platz für 2 Personen. Die Wohnungen sind allerdings nicht ganz billig: 108–170 Fr/Tag.

Lido (✆ 091/79314 63) heißt zwar Strand, liegt aber am Hang, in der ersten Parallelstraße zur Hauptstraße. Dennoch kann die Wohnung im 3. Obergeschoss mit 4 Schlafplätzen und befriedigender Einrichtung gefallen. Das gilt auch für den Preis: 80–100 Fr/Tag.

Mirko, ✆ 061/7512542. Fast 400 m über dem See kann das kleine Studio mit Platz für 2 Personen mehr durch die Ausstattung als durch den Preis überzeugen: 350 Fr/Wo.

Lotus, ✆ 091/7932963. Auch dieses Appartement liegt hoch am Berg und bietet eine weite Aussicht. Die große Wohnung mit 4 Schlafplätzen kostet 110 Fr/Tag.

• *Essen und Trinken* **Grotto „Al Tecett"**, ✆ 091/7832923. Zwei Kilometer oberhalb des Städtchens an der Straße nach Incella findet sich in einem 900 Jahre alten Granithaus der nicht ganz so alte Grotto. Besonders lecker sind die hausgemachte Salami, im Sommer die in Weißwein marinierten Felchen und zu jeder Jahreszeit die guten Weine. Der kleine Grotto gehört dem einheimischen Maler Claudio Baccatà, dessen Studio besichtigt werden kann. Di geschl.

Canvetto Ticinese, ✆ 091/7932996. Als „Canvetto" bezeichnet man eine Tessiner Gastwirtschaft, die fast nur aus Terrasse besteht. So auch dieses Gasthaus oberhalb der Tabakfabrik (erste Querstraße rechts), das mit modernen Variationen traditioneller Tessin-Gerichte gefallen kann.

Al Giardinetto, ✆ 091/7933121. Der etwas feinere und teurere Tessiner Grotto (Muro degli Ottevi) gilt als „heiße Adresse" für kreativ verfremdete Regionalkost. Einen der wenigen Tische sichert man sich darum am ehesten auf Vorbestellung. Fr–So geschl.

Sehenswertes in Brissago und Umgebung

Pfarrkirche Pietro e Paolo: An dieser stattlichen Kirche haben sich zahlreiche Künstler bis ins 20. Jh. versucht: Erbaut zwischen 1526 und 1610 von dem einheimischen Baumeister *Giovanni Beretta* und seinem Sohn *Pietro* als stilechter Renaissancebau (letzte gotische Elemente stammen von einer Vorgängerkirche), wurde die Kirche vor 30 Jahren von dem berühmten Tessiner Architekten Luigi Snozzi renoviert. Aus der Zeit dieses Umbaus stammen das Glasgemälde von Hans Stocker und der Altar des einheimischen Künstlers Giovanni Genucchi. Die prächtigen Zypressen rund um den Kirchplatz sollen übrigens 600 Jahre alt sein; ob es sich dabei auch um die ältesten Zypressen des Tessins handelt – auch das behauptet die Mär –, lässt sich nicht eindeutig ausmachen.

Galleria Amici dell'Arte: Das Haus der Künstlervereinigung in der Hauptstraße (Via Leoncavallo) zeigt Arbeiten regionaler Künstler und Kunsthandwerker. Darüber hinaus veranstalten die „Freunde der Kunst" regelmäßige sommerliche Kunstausstellungen an der Uferpromenade von Brissago und auf dem Dorfplatz von Ronco.
Öffnungszeiten Mo–Sa 10–11.30 und 18–21 Uhr; Eintritt nur bei Sonderausstellungen.

Madonna del Ponte: Wie die Pfarrkirche verdankt Brissago auch diesen Renaissancebau Vater und Sohn Beretta: Giovanni schuf Gotteshaus und Campanile, Sohn Pietro das Portal der Kirche, die als wichtigstes Beispiel lombardischer Kunst in der Schweiz gilt. Sie finden den imposanten Bau mit achteckiger Kuppel und zierlichem Säulengang, mit prächtigem Altar und Fresken (allesamt zwischen 1526 und 1686 entstanden) im Süden des Ortes am See nahe der Tabakfabrik. In einer Nische der Säulenhalle finden sich Grab und Ehrenmal des italienischen Komponisten Leoncavallo, der einige Zeit in Brissago lebte.

Kraftwerk Verbano: An der Straße nach Porto Ronco, 2 km nördlich von Brissago, befindet sich das unterirdische Kraftwerk Verbano („Verbano" ist der heimische Name für den Lago Maggiore). Es zählt zu einem Pumpspeicherwerksystem, das

Wasserkraft aus dem Maggiatal für alle Gemeinden rund um den Lago Maggiore verwertet.

Besichtigung Dienstags können Interessierte (nicht mehr als 20 Personen) das Kraftwerk nach Anmeldung beim Ente turistico in Brissago kostenlos besuchen.

Sacro Monte: Der „Heilige Berg" ist zu Fuß in einer Stunde durch das Valle del Sacro Monte oder per Buslinie 20 erreichbar. Der Aufstieg zu der auf einem Felsvorsprung thronenden Wallfahrtskirche *Sacro Monte* (18. Jh. mit Fresken von Giuseppe Orelli) verläuft über einen mit Fresken geschmückten Kreuzweg; auf der Talseite gegenüber sieht man eine Kreuzigungsgruppe. Insgesamt ein lohnender, nicht zu anstrengender Halbtagesausflug.

Ronco s/Ascona

Fünf Orte mit dem Namen Ronco gibt es im Tessin. Um das berühmteste von ihnen hervorzuheben, hat man ihm den Zusatz „sopra Ascona" (oberhalb Asconas) verpasst.

Und noch ein wenig Sprachkunde: „ronco" heißt im Italienischen „Sackgasse", und deswegen hat man viele Dörfer am Hang, zu denen die sprichwörtlich letzte Straße führt, mit diesem Namen versehen. Was stets auch meint: das Dorf ganz oben, das mit dem schönsten Panorama. Ronco s/Ascona (so die Kurzform) ist dafür geradezu ein Paradebeispiel. 335 m hoch gelegen, bietet der Ort eine wahrlich berauschende Aussicht auf den Lago Maggiore und die Brissago-Inseln – am besten zu bewundern von der Piazza aus, die von der Pfarrkirche *San Martino* und der schlichten Kapelle *San Maria delle Grazie* mit einer allerdings anmutigen toskanischen Vorhalle umschlossen wird.

Natürlich braucht ein solcher Ort einen Seeanschluss: Der Hafen **Porto Ronco** ist über eine 800-stufige „Himmelsleiter" mit der Oberstadt verbunden. Mittlerweile

Markttag – jedes Dorf hat seine eigene Einkaufsmeile

führt allerdings auch eine serpentinenreiche Asphaltstraße in die Oberstadt, die insbesondere den vielen Villenbesitzern die Anfahrt erleichtert. Denn Ronco ist wie viele malerische Tessinorte von Zugezogenen fast überlaufen, neue Zufahrtsstraßen zu immer neuen Anwesen durchschneiden den Wald, Baukräne für immer neue Villen verschandeln den Hang. Nur der Ortskern (sehenswert z. B. die *Casa Ciseri* hinter der Piazza della Madonna) blieb so ursprünglich wie vor 40 Jahren, als Ronco noch eine Art Künstlerrefugium war. Damals lebten hier der Maler Richard Seewald, der die Kirche in Magadino am anderen Seeufer ausmalte, und der Schriftsteller Erich Maria Remarque mit seiner Frau, der aus Chaplin-Filmen bekannten amerikanischen Schauspielerin Paulette Goddard. Remarque, der die Villa Monte Tabor in Porto Ronco bewohnte und dort wohl schöne Stunden mit seiner Freundin Marlene Dietrich verbrachte , starb 1970 und liegt auf dem Dorffriedhof begraben.

Information/Verbindungen

• *Information* Eine Außenstelle von **Ente turistico Lago Maggiore** hat ihr Büro oberhalb der Piazza (erste Querstraße links), ✆ 091/7914650. Nur Juli/Aug. Mo–Fr 8–12 (Di ab 10 Uhr) und 14–18 Uhr. Sa nur vormittags.

• *Verbindungen* Die **Buslinie** 22 von Locarno via Ascona nach Ronco (Haltestelle am Postamt in der Oberstadt) verkehrt tägl. 9-mal zwischen 5.58 und 19.06 Uhr. Die Linie 21 (Brenscino–Brissago–Ascona–Locarno) hält tägl. 23-mal nur in Porto Ronco an der Post.

Porto Ronco wird 12-mal tägl. von der **Schifffahrtslinie** Locarno-Brissago angefahren; zu den Brissago-Inseln gibt es zusätzlich 16-mal tägl. zwischen 8.45 und 17 Uhr einen Shuttle-Service (Zeiten des Sommer-Fahrplans). Preis: 14 Fr/Erwachsene, 7 Fr/Kinder.

Übernachten/Essen und Trinken

Andragogium, ✆ 091/7915453, ✆ 091/7911552. Unter den sündhaft teuren Unterkünften in Ronco ist das VHS-Ferienheim in der Via Ronco (oberhalb des Ortes und am Waldrand) noch die billigste: 60 teilweise mit Drei-Sterne-Standard ausgerüstete Zimmer werden für 90–180 Fr (EZ) oder 110–170 Fr (DZ) vermietet.

Della Posta, ✆ 091/7918470, ✆ 091/7914533. In einem schmucken Tessin-Haus im alten Ortskern stellt das Ristorante 9 feine Zimmer zur Verfügung. Vermietet werden in dem nur von März bis Oktober geöffneten Haus bloß DZ für 240 Fr.

Ronco, ✆ 091/7915265, ✆ 091/7910640; www.hotel-ronco.ch. In schöner Lage gleich neben der Piazza sind 38 geschmackvolle Zimmer mit allem Komfort und prächtiger Aussicht im Angebot. Und ein Schwimmbad sowie ein gutes Lokal gibt's auch. DZ 190–290 Fr, EZ 90–180 Fr.

Da Baffo, ✆ 091/7918095, ✆ 091/7910939. Unten am See in Porto Ronco liegt das rote Haus mit Restaurant und Pension. Die 24 einfachen Zimmer (nur zum Teil mit Du/WC) werden für 120–160 Fr (DZ) und 60–80 Fr (EZ) vermietet.

Eden, ✆/✆ 091/7911968, www.pensione-eden.ch. Die Pension oberhalb der Anlegestelle von Porto Ronco bietet in einem schön, aber nur teilweise renovierten Haus 12 Zimmer unterschiedlicher Güte und Preisklasse an. DZ 148–189 Fr, EZ 75–85 Fr.

La Rocca, ✆ 091/7851144, ✆ 091/7914064; www.la-rocca.ch. Das einzige Vier-Sterne-Hotel am Platz bietet alles, was Urlauber wünschen. Und dazu noch eine schöne Aussicht aus erhobener Hanglage. DZ 290–420 Fr, EZ 195–230 Fr.

• *Ferienhäuser und -wohnungen* **La Farana**, ✆ 091/7914547. Hoch über dem See und noch höher als Ronco liegt das gemütliche 3-Zimmer-Häuschen mit bis zu 7 Schlafplätzen. Das mit allem Komfort ausgestattete Haus in der Via Patrizia ist für 320–520 Fr pro Woche zu buchen.

San Angelo, ✆ 041/2107772. Die katholische Pfarrgemeinde Luzern vermietet dieses 4-Zimmer-Haus im alten Stadtkern von Ronco (unterhalb der Piazza). Das vergleichsweise karg eingerichtete Haus, in dem 5 Personen genügend Platz finden, ist mit 130 Fr Tagesmiete vergleichsweise preiswert.

Aurora, ✆ 091/7914547. Sieben Personen finden in dem 4-Zimmer-Haus in der Via Monte Tabor in Porto Ronco ausreichend Platz. Das Haus in Top-Lage direkt am Seeufer ist mit einer hochmodernen Küche und auch sonst top ausgerüstet. Tagesmiete je nach Saison 270–500 Fr.

San Martino, ✆ 091/7915110. Drei Appartements vermietet Angelo Zucconi unmittelbar über dem Schiffsanleger von Porto Ronco. Die Mini-Wohnungen (1 bzw. 2 Zimmer) bieten bis zu 4 Personen Platz und kosten 50 Fr pro Bett und Tag.

La Perla, ✆ 061/2819072. Das hübsch und trotzdem funktional eingerichtete Studio in der Via Ronco liegt zwischen Ober- und Unterstadt: schöne Aussicht und trotzdem nur wenige Schritte zum See. 120–140 Fr/Tag.

• *Essen und Trinken* **Grotto da Peo**, ✆ 091/7914207. Wer das einmalige Seepanorama genießen möchte, muss sich auf eine längere Anfahrt oder einen zeitraubenden Fußmarsch (mit gut 3 Std. müssen Sie rechnen) einstellen. Aber der Weg auf 950 m nach Monti di Ronco lohnt: schöne Aussicht, uriges Ambiente an den Holztischen vor dem Bauernhaus und deftige Hausmannskost als kulinarisches Angebot. Wenn Sie Fleischgerichte (Kaninchen, Schmorbraten oder Haxen mit Polenta) mögen, sollten Sie am Vortag vorbestellen. Mo geschlossen.

Sie erreichen den Grotto über einen Abzweig (Monti di Ronco) an der Straße Ronco–Arcegno. Nach gut 4 km kommen Sie an die ausgeschilderten Parkplätze, dann noch 2 Min. Fußweg.

Dal Mött, und wenn Sie schon in Monti di Ronco sind, lohnt auch ein Besuch in diesem rustikalen Lokal, das Pilzrisotto zu seinen Spezialitäten zählt. Nur bis 20 Uhr geöffnet. Mi geschlossen.

Della Posta, das Restaurant zum Hotel (s. o.) im Dorfkern von Ronco bietet hervorragende italienische und französische Küche zu leicht überhöhten Preisen. Die atemberaubende Aussicht ist kostenlos, die häufig schlechte Laune des Wirts aber auch.

Sehenswertes

Pfarrkirche San Martino: Die *Piazza della Madonna* mit ihrer erlebenswerten Aussicht wird beherrscht von der klassizistischen Fassade der Dorfkirche. Die Kirche ist zwar schon 500 Jahre alt, aber die Stirnseite wurde erst bei einer Erneuerung im 19. Jh. hinzugefügt. Auch der Turm hat 400 Jahre auf dem Buckel, seine achteckige Kuppe aber trägt er erst seit Mitte des 19. Jh. Im Innern ist der Hochaltar von Antonio Ciseri sehenswert. Der Bildhauer und berühmteste Sohn der Stadt wuchs gleich nebenan auf:

Casa Ciseri: Leider wurde das Museo Ciseri schon vor Jahren geschlossen. Heute wird das hochherrschaftliche Haus mit dem respekteinflößenden schmiedeeisernen Tor neben der Pfarrkirche für Eigentumswohnungen genutzt. Eine kleine Tafel erinnert aber noch an Antonio Ciseri (1821–1891), der es immerhin zum Professor an der Florentiner Kunsthochschule brachte.

Santa Maria della Grazie: Die Piazza-Bebauung wird vervollständigt durch die schmucklose Kapelle aus dem 18. Jh. Sie wäre nicht erwähnenswert, wenn nicht ihr toskanischer Arkadengang berühmt wäre für seine großartige Aussicht auf den See.

Umgebung von Ronco s/Ascona

Monti di Ronco: Der Hang oberhalb Roncos heißt eigentlich *Carona del Pinci* (1295 m), aber der Volksmund begnügt sich mit der schlichten Bezeichnung Ronco-Berg. Der schweißtreibende 3-Stunden-Aufstieg lohnt nicht nur wegen der eindrucksvollen Aussicht und der schönen Grotti (s. o.), sondern auch wegen des – womöglich neidvollen – Blickes auf die verschwenderischen Villen längs des Weges.

Fontana Martina: Vor 75 Jahren sollte das 2 km südwestlich von Ronco gelegene Dorf zu einem zweiten „Monte Verità" (s. Ascona, S. 146) werden: 1923 hatte der Kunstdrucker Fritz Jordi den verlassenen Ort aufgekauft, um eine Künstlerkommune um sich zu scharen. Doch das Unternehmen blieb in den Anfängen stecken. Heute erinnert nur eine Töpferei mit Verkaufsladen an Jordi.

Isole di Brissago – Schweizer Flagge, Hamburger Wappen

Isole di Brissago

Der „Paradies-Garten“ auf der größeren der beiden Brissago-Inseln wird von der Werbung zur Attraktion hochgejubelt – der kleine Tropenpark ist jedoch nicht aufregender als jeder beliebige botanische Garten an jedem beliebigen anderen Ort auch.

Die Anlage auf der **St.-Pankratius-Insel** ist nur 900 m Luftlinie von Porto Ronco entfernt; Linienschiffe und kleinere Boote fahren die Insel im Halbstundenrhythmus an. Während die kleinere Insel, **St. Apollinar**, in ihrer ursprünglichen Flora belassen wurde und für Besucher nicht zugänglich ist, wurde auf der 258 ha großen Isola Grande in den letzten 100 Jahren alles sorgsam arrangiert und mit Bedacht gehegt und gepflegt.

Eukalyptusbäume und Sumpfzypressen, Agaven aus Mexiko, Alpenrosen aus dem Himalaja (!), Azaleen und Akazien – insgesamt 1500 Pflanzenarten u. a. subtropischer Herkunft wurden zusammengetragen und in Gruppen nach ihren Herkunftsländern angeordnet: im Norden amerikanische Pflanzen, im Süden asiatische und in der Mitte australische und afrikanische. Das alles gruppiert sich um den einstigen Herrensitz, der jetzt ein riesengroßes Café sowie Konferenzsäle und Seminarräume beherbergt. Bislang haben über drei Millionen Menschen aus aller Herren Länder den offiziellen Botanischen Garten des Kantons besucht.

• *Öffnungszeiten* Die gepflegte und schattige Anlage ist von Mitte April bis Ende Okt. tägl. von 9–18 Uhr geöffnet (Juli/August bis 21 Uhr) und kostet 8 Fr für Erwachsene und 4 Fr für Kinder; der Obolus wird bereits bei der Überfahrt erhoben.

• *Überfahrt* Drei Linien fahren die Insel an: Die große Lago-Maggiore-Linie von Locarno über Ascona, Brissago und Porto Ronco 12-mal tägl. sowie zwei kleinere Boote von Brissago (15 Min. Überfahrt) bzw. von Porto Ronco (10 Min. Überfahrt). Von Brissago und Porto Ronco kann man mithin jede halbe Stunde mit einer Passage rechnen. Preise: von Brissago 16 Fr, von Porto Ronco 10 Fr.

Baronin Légers Erbe

Sie tauchte 1885 im Tessin auf, und niemand wusste, wer sie war, woher sie kam: russische Großfürstin oder Kurtisane, irisches Landmädel oder doch Deutsche? Antoinette de Saint-Léger jedenfalls kaufte die Brissago-Inseln für 15.000 Franken und schuf sich dort ihren eigenen Garten Eden. Zusammen mit ihrem Mann, dem irischen Baron St.-Léger, trug sie Samen und Pflanzen aus allen Weltecken zusammen, entwarf ein prächtiges Schloss und sammelte Maler, Dichter und Lebemänner um sich – vielleicht der Grund, warum ihr Gatte sie 1897 auf den Inseln sitzen ließ; sicher aber mit ein Grund, warum die „Frau im See" 1927 ihren Besitz verkaufen musste und 1948, 92-jährig und völlig verarmt, im Centovalli verstarb.

Käufer war der Hamburger Kaufmann Max Emden, kaum weniger exzentrisch wie die Frau Baronin. Als Erstes ließ er das Schloss sprengen und einen neoklassizistischen Palazzo nebst Hafen, an dem das Hamburger Wappen prangt, erstellen – das heutige Restaurant. Die Pflanzen hingegen pflegte der weit gereiste Weltmann, baute den Park sogar aus, gab ihm seine heutige Form und machte ihn zum Mittelpunkt wilder Feste, über die Einheimische nur die Nase rümpfen konnten.

St.-Pankratius-Insel – das Vermächtnis der Baronin

Dritter und bislang letzter Akt: 1949 kauften die drei Ufergemeinden Ascona, Brissago und Ronco sowie der Kanton Tessin die Inseln, gründeten den Botanischen Garten und machten ihn durch gewieftes Marketing – so wird eine rege Partnerschaft mit der Insel Mainau am Bodensee gepflegt – zum Urlaubermagneten.

Wanderung 10: Von Ascona über Ronco nach Brissago

Die 8-km-Wanderung auf Römerwegen über dem Lago Maggiore ist gemächlich, schattig und voller Panoramablicke. Gut 3 Stunden wenig steile Anstiege über ausgebaute Wege und kleine Straßen erwarten Sie.

Die Wanderung beginnt in Ascona mit dem Aufstieg zum Monte Verità: An der Post geht es über die *Strada di Rondonico* aufwärts und weiter über die *Scalinata della Ruga* zur Fahrstraße, die zum Monte Verità hinaufführt.

Doch an der Kreuzung *Ronco/Losone* biegt die Route links ab, bis in einer Linkskurve ein Wegweiser auf den *Sentiero Romano* hinweist – der alte Römerweg ist Richtschnur dieser Wanderung.

Zunächst über eine Stiege und eine Steinbrücke führt der von Steinmauern gesäumte Pfad in leichtem Auf und Ab durch die Hänge über Ascona, zunächst noch an Villen und Ferienhäusern vorbei. Sobald der Wald zurückweicht, eröffnet sich der weite Blick auf den Lago Maggiore und die Brissago-Inseln, das Panorama der weiteren Wanderung.

Alle Abzweigungen ignorierend, steuern Sie eine weitere Straße zum Monte Verità an, auf der ein kleiner Wasserfall passiert wird (den erleben Sie allerdings nur im Hebst). Gleich dahinter zweigt der Römerweg rechts ab, um in Serpentinen wieder in den Wald aufzusteigen. Immer geradeaus – Anstiege werden durch Stufen erleichtert – erreicht der Weg an der Bushaltestelle Capella Grippaldo die Fahrstraße nach Arcegno. Ihr Weg geht aber weiter links in Richtung Süden nach *Ronco,* auf diesem Sträßchen wird ein Tessiner Granithaus erreicht und gleich dahinter die untere, schmalere Straße gewählt, die nach knapp zwei Wanderstunden nach *Ronco* führt.

Der schöne Ort wird auf der *Via Barcone* am oberen Ortsrand gequert; nach einem halbstündigen, leichten Anstieg auf dem kaum befahrenen Sträßchen ist *Valle di Cordelo* erreicht. Das Tal des Cordelo-Baches und mit ihm die Straße senkt sich hinab zum Weiler *Porta.* Kurz hinter dem Ort kreuzt die Fahrstraße die abwärts führende Straße nach *Brissago* – das Tourenziel nach dreistündiger Wanderung.

Variante: Statt nach Brissago abzusteigen, lässt sich der Weg nach *Incella* und *Valmara* fortsetzen; danach geht es im Bogen auf der Uferstraße nach Brissago zurück. Die Wanderung würde dann um 2 Stunden und 5 km, die allerdings größtenteils auf Gehwegen zurückzulegen sind, verlängert.

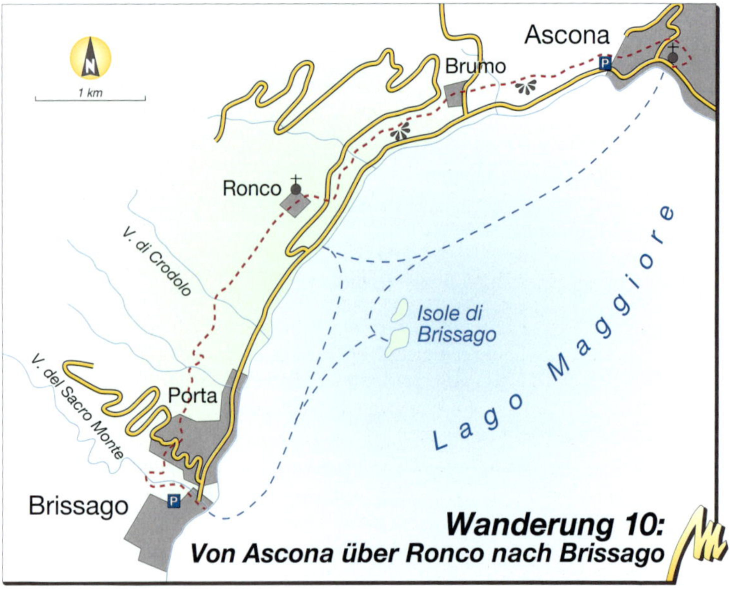

Bolle di Magadino – mit der Urwüchsigkeit ist es bald vorbei

Gambarogno

Die Region reicht von der Magadino-Ebene zu Füßen des Monte Ceneri (554 m) im Norden bis zur italienischen Grenze und umschließt das nordöstliche Ufer des Lago Maggiore. Nur neun Gemeinden verteilen sich auf den 10 km langen Uferstreifen.

Das Seeufer gegenüber von Locarno und Ascona, die **Riviera del Gambarogno**, wird auch Silberküste genannt und ist der einzige touristisch leidlich erschlossene Teil der ansonsten wenig betriebsamen Region. Aber selbst hier geht es im Vergleich zum gegenüberliegenden Küstenstreifen des Lago noch sehr geruhsam zu, denn das Seeufer wird nur mit Sommersonne verwöhnt; im Winter hingegen reichen die Sonnenstrahlen selten über die Gipfel der umliegenden Berge. Deswegen laden auch nur wenige Hotels und noch weniger Restaurants zum Bleiben ein.

Das hätte durchaus anders kommen können: Ende des 19. Jh. war allen Ernstes geplant, die Eisenbahnanbindung von Bellinzona nach Norditalien nicht wie jetzt über Chiasso, sondern über **Luino**, die italienische Grenzstadt zum Gambarogno, zu führen. Überbleibsel solch kühner Pläne sind der viel zu große Bahnhof in Luino und die nun wenig befahrene Bahnstrecke zwischen Bellinzona und Italien, die auch heute noch die größeren Gemeinden im Gambarogno berührt.

Die anachronistische Bahnverbindung ist das einzig Herausragende der verschlafenen Region, die im Osten vom **Monte Tamaro** (1962 m) begrenzt und in ihrer geographischen Mitte vom **Monte Gambarogno** (1734 m) beherrscht wird. Straßen führen fast ausschließlich von Nord nach Süd, das Binnenland, kaum bewohnt, bleibt verkehrstechnisch ausgespart. Eine stille und unberührte Region, und das ist angesichts des Trubels anderswo im Sottoceneri schon wieder ein Pluspunkt.

Piano di Magadino

Die Mündungsebene von Ticino und Verzasca ist Naturschutz- und Öko-Anbaugebiet in einem und bald vielleicht auch Naherholungsgebiet Nummer eins im Tessin.

Der Staatsrat hat eigens eine „Agritourismus-Kommission" gebildet, die das Projekt „Naherholungsgebiet" anschieben will: Ferien auf dem Bauernhof, neue Naturlehrpfade, Vogelbeobachtungstürme und Biologenexkursionen sollen aus der 30 qkm großen Ebene einen Erlebnispark für stressgeplagte Städter aus dem Tessin wie den Ballungsgebieten Italiens machen – und dauerhaft Gäste aus ganz Europa anlocken.

Noch aber ist Piano di Magadino nur das wichtigste Mais- und Gemüseanbaugebiet des Kantons. Und das erst seit 75 Jahren. Davor war die von der Schuttlawine „Buzza di Biasca" (s. S. 72) verwüstete Ebene eine für ihre Fiebersümpfe gefürchtete Region; erst die Begradigung der Ticinomündung 1913 und die Trockenlegung der Sümpfe schufen fruchtbares Land. Eine kleine Ecke wurde dabei allerdings ausgespart: Bolle di Magadino, Reststück des Sumpfes, ist seit 24 Jahren Naturschutzgebiet und ein in Europa einzigartiges Vogelreservat.

Bolle di Magadino

Die Vögel gehen in die Millionen, die Mücken in die Abermillionen. Doch während Zugvögel auf ihrer Reise nach oder von Mitteleuropa hier nur im Frühjahr und Herbst für wenige Wochen rasten, um sich Reserven für den beschwerlichen Weiterflug anzufressen, sind die stechenden Plagegeister immer da: Die Sumpflandschaft aus Röhricht und Auenwald im Mündungsdelta von Ticino und Verzasca ist nicht nur idealer Rastplatz für mehr als 300 Vogel-, sondern auch Siedlungsgebiet für alle europäischen Mückenarten. Wer also einen Spaziergang durch das Naturschutzgebiet wagt (Wege nicht verlassen) oder sich einer geführten Tour anschließt (Information im Ente turistico in Vira, ✆ 091/7951866), sollte nach Sommerregenfällen Gummistiefel und Mückenschutzmittel nicht vergessen.

Monte Ceneri

Mit 554 m Höhe zählt der Berg an der Südflanke der Magadino-Ebene zu den kleineren Aussichtsbergen des Kantons. Dennoch ist er einer der berühmtesten. Das hat einen psychologischen und einen praktischen Grund: Der Berg trennt seit jeher *Sopraceneri* („oberhalb des Ceneri" = Nordtessin) und *Sottoceneri* („unterhalb des Ceneri" = Südtessin). Kulturell und politisch ist diese Grenzlinie bis auf den heutigen Tag eine nicht zu unterschätzende Barriere im Tessin. Der praktische Grund: Der Monte Ceneri ist leicht über eine alte Römerstraße, die in **Quartino**, einem Vorort von Magadino, startet, zu erreichen.

Magadino

Der Ort, von dem die Ebene ihren Namen hat, ist das nördlichste und größte Uferdorf – fast so etwas wie die Hauptstadt der Region.

Größe und Reichtum verdankt das schmucke Hafenstädtchen mit 1400 Einwohnern seiner Vergangenheit als wichtigster Warenumschlagplatz am oberen Langen-

Kein Blick für den See, nur das Müller-Buch im Blick

see; hier wurden italienische Importe auf Schiffe für Locarno und Ascona umgeladen. Die Hoffnung allerdings, Eisenbahnknotenpunkt der Strecke Bellinzona–Luino zu werden, wurde vor 100 Jahren begraben – die Station ist nur noch Provinzbahnhof. Aus jener Aufbruchzeit stammen die Pfarrkirche *San Carlo*, deren berühmte Orgel alljährlich im Juli zum Mittelpunkt internationaler Orgelfestspiele wird, und einige urban anmutende Bürgerhäuser wie die *Villa Ghisler*. Der Lido, einziges Strandbad weit und breit, ist gottlob nicht ganz so alt.

• *Verbindungen* Der **Zug** Bellinzona–Luino verkehrt in Nordrichtung nur noch bis Cadenazzo auf der anderen Seite des Monte Ceneri, dort muss umgestiegen werden nach Bellinzona oder Locarno: tägl. 10-mal in beide Richtungen zwischen 5.21 und 19.21 Uhr. Die halbstündige Eisenbahnfahrt zum erlebenswerten Markt in Luino (s. u.) kostet nur 13,60 Fr und ist der mühseligen Autofahrt auf der einzigen Uferstraße immer vorzuziehen.

Busse: Nach Cadenazzo (dort umsteigen) und Dirinella (Grenzstation im Süden) Mo–Fr 8-mal tägl. zwischen 7.11 und 19.11 Uhr; Sa und So nur 4-mal. Nach Indemini ebenfalls 4-mal tägl. zwischen 10.10 und 19.10 Uhr.

Flug: Der Kantonsflughafen in der Magadino-Ebene, 11 km südöstlich von Locarno und 6 km nördlich von Magadino, dient allein Sportfliegern und -springern, dem Militär sowie dem privaten Charterverkehr. ✆ 091/7451386.

Schiffsverkehr: Zwischen Ostern und Oktober bedienen zwei Linien den Ort: 13-mal tägl. zwischen 7.30 und 19.35 Uhr nach Locarno; 5-mal tägl. zwischen 8.35 und 15.20 Uhr nach Ascona und Brissago.

• *Übernachten/Essen* **Cantione Elvezia**, ✆ 091/7951428. Zehn einfache Zimmer (ohne Du/WC) bietet die Pension am Seeufer; aber das Lokal im selben Haus ist preiswert und nicht schlecht. DZ 75 Fr, EZ 55 Fr.

San Gottardo, ✆/℻ 091/7951076. Auch die 20 Zimmer dieses kleinen Hotels zählen nicht zur Luxusklasse und sind darum zu Recht preiswert. DZ 96 Fr, EZ 48 Fr.

Favini, ✆ 091/7951552, ℻ 091/7952506. Die Qualität der 42 Zimmer ist sehr unterschiedlich, die Preise sind es deshalb auch. Ein kleines Lokal und ein Spielplatz machen das Zwei-Sterne-Hotel auch für Familien attraktiv. DZ 80–120 Fr, EZ 50–65 Fr.

• *Ferienhäuser und -wohnungen* **Spina**, ✆ 041/7615546. Das große Haus mit 5 Zimmern ist hervorragend ausgestattet und bietet seiner schönen Hanglage wegen eine weite Aussicht. 780–1320 Fr/Wo.

Rosa, ✆ 071/7773218. Auch dieses 7-Zimmer-Haus liegt am Hang, hat 7 Schlafgelegenheiten und eine Einrichtung, die keine Wünsche offen lässt. Dafür ist die Miete von 550–850 Fr/Tag fast angemessen.

Stefana, ✆ 01/3818384. Fünf 2-Zimmer-Appartements im Dorfkern bieten jeweils 4 Schlafplätze und sind bei ausreichender Ausstattung mit 45–60 Fr/Tag nicht zu teuer.

Lupa, ✆ 01/3413634. Vier Personen haben Platz in dem Appartement, dessen Einrichtung ebenso zufriedenstellend ist wie der Preis. 100–130 Fr/Tag.

Sehenswertes/Umgebung

San Carlo: Die Pfarrkirche über dem Dorf, 1846 von einem Mailänder Baumeister vollendet, steckt voller Kunstschätze – zum größten Schatz aber wurde die Orgel, die Magadino ein angesehenes Festival beschert. Ansonsten sind in dem klassizistischen Bau die Fresken im Chorgewölbe von Richard Seewald (1899–1976) sehenswert, ebenso die Pietà von Antonio Ciseri und die Gemälde am rechten Eingang, die Bernardino Luini zugeschrieben werden.

Kirche als Konzertsaal

Zu einem Musikereignis, das mit den gleichzeitig stattfindenden Festivals in Ascona und Locarno mithalten kann, sind die Orgelfestspiele in Magadino geworden. Immer im Juli wird die klangvolle Kirche zum Konzertsaal, immer gibt es acht Konzerte internationaler Interpreten, immer dienstags und freitags ab 20.45 Uhr, immer kosten die Karten 25 Fr pro Konzert und das Abonnement für alle acht Konzerte 150 Fr, immer zu beziehen beim Ente turistico in Vira Gambarogno, ✆ 091/7951866.

Contone: Das kleine Dorf, 5 km östlich von Magadino, ist nicht so sehr seiner Malteserkirche wegen, sondern als Startort der alljährlichen „Tour de Sol" bekannt. Bei der „Sonnentour" starten solarenergiegetriebene Fahrzeuge zu einer Wettfahrt durch die Schweiz; 1998 ging es gar zum Nordkap in Nordnorwegen.

Vira

Eine Stadt der Fresken. Wobei Graffiti das bessere Wort wäre, denn die Wandmalereien sind modern, selten schön und kaum älter als 30 Jahre.

Ein merkwürdiger Kontrast: die gut erhaltene mittelalterliche Fassadenfront am Seeufer genau gegenüber von Locarno mit der 500 Jahre alten Pfarrkirche *San Pietro* auf einem Vorbau im See und dann die neuzeitlichen Wandbemalungen. 1970 und in den beiden darauffolgenden Jahren hatte die Gemeinde Mailänder Kunststudenten zu einer „Scuola dell'Affresco" geladen, und die jungen Maler ließen sich nicht lange bitten: Das Ergebnis an etlichen Häuserwänden ist zumindest aber diskussionswürdig.

Ansonsten lohnt der älteste Ort im Gambarogno (Ausgrabungen belegen eine Besiedlung schon zur Etruskerzeit) mit heute rund 600 Einwohnern einen geruhsamen Spaziergang. Der Ortskern östlich der Kirche mit verwinkelten Gassen, überdachten Durchgängen und blumenreichen Innenhöfen ist seit dem Mittelalter fast unverändert geblieben

• *Information* Am Dorfeingang und ohne postalische Adresse das kleine **Ente turistico Gambarogno**, ✆ 091/7951866, ✆ 091/7953340; www.gambarognoturismo.ch. Im Sommer Mo–Fr 8–18.30, Sa 9–12 und 15–18 Uhr, So 15–18 Uhr. Trotz der freundlichen Bedienung lohnt der Besuch kaum, denn das Informationsmaterial ist dürftig.

• *Übernachten* **Casa Vignascia**, ✆/℻ 091/7951020, www.casavignascia.com. Die 6-Zimmer-Pension direkt am See ist keine Schönheit, aber die ordentlichen Räume (nicht alle mit Du/WC) haben fast alle einen schönen Seeblick. DZ 96–144 Fr, EZ 48–78 Fr. April–Okt. geöffnet.

Sargenti, ✆ 091/7952062, ℻ 091/7951128; www.hotelsargenti.ch. In einer ockerfarbenen Tessinvilla sind die 5 hübschen Zimmer (Du/WC, TV/Tel.) mit Zwei-Sterne-Standard zu mieten. Das dazugehörige Restaurant weist zwar keine Sterne auf, hätte aber zwei verdient. DZ 100–140 Fr, EZ 60–80 Fr.

Viralago, ✆ 091/7859200, ℻ 091/7952791; www.viralago.ch. Das schöne Drei-Sterne-Hotel am See mit eigenem Strand, Bootshaus und gepflegtem Garten setzt auf ältere Langzeiturlauber (Senioren-Sonderangebot: 7 Tage zu 670 Fr). Drei Lokale gehören zum Hotel, von denen das spanisch-rustikale wirklich zu empfehlen ist. Die Preise liegen über dem Durchschnitt dieser Region. DZ 155–250 Fr, EZ 95–190 Fr.

Seehotel Cedullo, ✆ 091/7942244, ℻ 091/7942848, www.cedullo.ch. Das nach einer Alb unter dem Monte Gambarogno benannte Hotel in San Nazarro (zwischen Vira und Gera nahe der italienischen Grenze) mit 20 großzügigen Zimmern direkt am See bietet einen Palmengarten mit Seezugang, Appartements in einer Villa nebenan, ein etwas biederes Lokal und einen Rundum-Seeblick. für DZ 130–170 Fr, EZ 80–110 Fr, Suite 200 Fr, Appartement 90 Fr.

Bellavista, ✆ 091/7951115, ℻ 091/7952518; www.hotelbellavista.ch. Der Name stimmt: Die Aussicht vom Hügel über Vira auf den Lago Maggiore ist tatsächlich schön; auch sonst bietet das Drei-Sterne-Hotel mit Park und Garten und 62 schönen Zimmern den höchsten Komfort an der Riviera del Gambarogno. DZ 170–244 Fr, EZ 117–135 Fr.

• *Ferienhäuser und -wohnungen:* **Casafile** ✆ 091/7953590, ℻ 091/7953592, www.casafile.de. Eine famose Adresse für 150 Feriendomizile nicht nur im Gambarogno. Die Familie Keller hat Angebote von schlicht bis edel, von der Villa über den Rustico bis zum Studio im Programm. Und der Service – nicht nur im Internet – ist freundlich bis perfekt rund um die Uhr.

Angela, ✆ 061/4621444. Das hübsche Häuschen am Hang über Vira bietet fünf Schlafgelegenheiten und eine optimale Ausstattung, kostet dafür aber auch 120–240 Fr/Tag.

Vira – die Kirche im Wasser

Luce, ✆ 034/4228639. Preiswerter dieses Häuschen mit Platz für 5 Personen, das auch in den Hügeln über dem See liegt und nicht ganz so aufwendig, aber befriedigend eingerichtet ist. 70–100 Fr/Tag.

Sabrina, ✆ 071/9661017. Vier Personen haben in dem Häuschen Platz und finden Radio, Waschmaschine, TV und andere nützliche Geräte vor. 90–140 Fr/Tag.

La Canva, ✆ 031/3820101. Das familiengerechte Appartement (4 Betten) direkt am See ist auf Langzeiturlauber (Preisreduzierung) eingestellt. Der normale Wochenpreis beträgt 460–910 Fr.

Al Lago, ✆ 071/3888785. Drei Appartements mit jeweils Platz für 4 Personen sind in dem großen Haus am See im Angebot. Preis wie Einrichtung sind guter Durchschnitt. 95–170 Fr/Tag.

• *Camping* **Vira-Bellavista**, ✆ 091/7951477, www.campingtcs.ch. Hier lohnt die telefo-

Luino – Markt plus Panoroma

nische Reservierung, denn der kleine Zwei-Sterne-Platz auf einem flachen, gepflegten Rasen hat keine 30 Parzellen und ist der einzige registrierte Campingplatz an der Riviera del Gambarogno. Da vergisst man dann, dass es weder Einkaufs- noch Essensmöglichkeiten auf dem Platz (aber nur wenige Fußminuten entfernt) gibt. Die sanitären Anlagen sind aber befriedigend. Pauschale: 25 Fr/Tg

• *Essen und Trinken* **Grotto Maiüch**, ✆ 091/7952286. Um den in jeder Hinsicht traditionellen Grotto (es gibt nur kleine Gerichte, Plastikstühle, aber eine tolle Aussicht) zu erreichen, müssen Sie 8 km in Richtung Indemini bis nach Monti di Piazzogna fahren. Aber das lohnt: Unter schattigen Bäumen bei leckerem selbst gemachtem Käse und mit einer Aussicht ins Verzascatal ist ein großartiger Urlaubsnachmittag garantiert.

Grotto Grappolo d'oro, ✆ 091/7951616. Noch vorher an der Straße Vira-Indemini liegt in Fosano dieser trutzige Grotto mit nur 25 Plätzen um einen alten Kamin. Aber die Vesperplatte und der Grappa sind vom Feinsten. Wie auch

La Fosanella, gleich gegenüber. Das edle Restaurant mit lauschiger Terrasse hoch über dem See gehört wie der Grotto der Schweizer Familie Utz-Wältli, was die Öffnungszeiten erklärt: Der Grotto ist Mi, Sa und So geöffnet, das Restaurant im Rest der Woche; dort lohnt sich Risotto mit Piccata (Kalbfleisch mit Kruste) und der ausgesuchte Merlot. Und fünf kleine Zimmer (75 Fr) gibt es auch.

Rodolfo, ✆ 091/7951582. In dem ehemaligen Kloster an der Kantonalstraße mitten in Vira lässt es sich vortrefflich essen; der europaweit gerühmte Küchenchef Waldis Ratti zaubert mit überraschender Kreativität vor allem Fischgerichte und Kaninchenbraten zu allerdings auch überdurchschnittlichen Preisen. Mo und während des Karnevals geschlossen.

Ristorante al Portico, ✆ 091/7942212. Das zumindest im Garten hübsche Restaurant (drinnen ist es etwas bieder) liegt im Dorfzentrum des Nachbarortes Gerra. Otello Stockreither und Sohn Michele verstehen sich auf lombardische Spezialitäten, also nicht nur auf hausgemachte Teigwaren wie anderswo, sondern vor allem auf die leckeren Saucen dazu. Und das ist preiswert: Das billigste Menü gibt es ab 18 Fr. Do sowie Nov.–März geschlossen.

Ronccacio, das moderne Restaurant etwas landeinwärts in Vairano (200 m vor der Dorfkirche) bietet neben Tessiner Hausmannskost (z. B. Kalbshaxen mit Risotto) auch originelle Currygerichte.

Sehenswertes

Pfarrkirche San Pietro: Man sieht der Kirche, die auf einer teilweise künstlichen Plattform im See steht, ihre lange Geschichte, die bis ins 8. Jh. reicht, nicht mehr an. Das liegt vornehmlich an den zahlreichen Umbauten (1617, 1630, 1805), die der Kirche ein Stil-Durcheinander beschert haben. Unschwer datierbar sind immerhin die seitliche Säulenhalle von 1630 und der Taufstein von 1589.

Parco botanico del Gambarogno: Auf 17.000 qm legte Otto Eisenhut neben seiner Baumschule, in der er exotische Pflanzen in alle Welt verkauft, 1989 einen botanischen Garten mit 400 Blumenarten an, darunter Kamelien und Magnolien, Azaleen und Rhododendren. Europäische und exotische Nadelbäume umrahmen die Anlage. Seit 2000 hat eine Stiftung den Park übernommen und daraus den „Parco botanico del Gambarogno" gemacht, für den auf unzähligen Schildern überall im Gambarogno geworben wird. Seitdem ist der Park am Hang mit unverbautem Lago-Blick aufgehübscht und nicht mehr gratis. Aber ein Muss für alle Blumenfreunde und Hobby-Fotografen.

Anfahrt/Öffnungszeiten Sie finden Baumschule und Garten an der Straße Vairano–Piazzogna; geöffnet werktags 9–18 Uhr; Eintritt 5 Fr (unter www.eisenhut.ch gibt es 1500 grandiose Blumenfotos aus dem Park zu bewundern)

Mercato di Luino

Der Markt am lombardischen Ostufer des Lago Maggiore gehört zu den „schönsten Märkten Europas" („Der Feinschmecker", 6/97). Aber er ist längst kein Geheimtipp mehr: Über 50.000 Menschen reisen nach Luino, um mittwochs zwischen 8 und 16 Uhr nicht mehr ganz so kostengünstig wie ehedem Schuhe, Lederwaren und leckere Köstlichkeiten zu erstehen – Salami oder *toma*, der in Stroh und Kräutern gebettete Ziegenkäse, sind ebenso Verkaufsrenner wie die lombardischen Käsesorten *bel casale* oder *grano padano* Tipp: Nutzen Sie zur Anfahrt die Bahn (s. „Verbindungen" Magadino), denn die Fahrt auf der schmalen Uferstraße ist reichlich stressig, die Parkplatzsuche in Luino am Markttag nahezu aussichtslos.

Indemini

Der Ort, 17 km von Vira entfernt und fast an der italienischen Grenze, gilt als eines der besterhaltenen Tessiner Bergdörfer. Die Natursteinhäuser mit bis zu vier Stock-

Indemini – kein Platz für Autos

werken schmiegen sich auf teilweise künstlichen Terrassen eng an den Steilhang und lassen kaum Platz für das Gassenlabyrinth und für Autos schon gar nicht. Typisch die „portigh“, tunnelartige Straßendurchgänge, die dem Ort ein unverwechselbares Aussehen geben. Indemini, heute wieder von 70 Menschen bewohnt (größtenteils Gebrauchskünstler und Andenkenhändler, die eine kleine Galerie und ein noch kleineres Museum betreiben, aber auch ein Wirt, der eine schmucklose Kneipe bewirtschaftet), zählte vor 50 Jahren dreimal so viele Einwohner, die vom nicht immer legalen Grenzverkehr mit Italien lebten.

• *Anfahrt* Sie erreichen das dennoch unverfälschte Dorf nur mühsam über eine 17 km lange, kurvige Passstraße, die es seit 1917 gibt: entweder mit dem Postbus (s. „Magadino/Verbindungen“) oder im eigenen Pkw ab Vira via Fosano und die Passhöhe Alpe di Neggia (vgl. Wanderung 11, S. 177). Auch zu Fuß ist das Dorf in gut drei Stunden erreichbar: von Piazzogna über die Alpe Cedullo und den Pass Santa Anna.

Monte Tamaro

Seit 1996 ist der Berg, eigentlich ein Aussichtsberg wie viele im Tessin, um eine Attraktion reicher: Stararchitekt Mario Botta baute mit der Kapelle Santa Maria degli Angeli nicht nur die höchstgelegene Kirche Europas, sondern ein Kunstwerk, das weltweit seinesgleichen sucht.

Die Kirche, zwischen 1992 und 1994 erbaut und 1996 geweiht, liegt genau genommen nicht auf dem Monte Tamaro (1961 m), sondern 400 m unter dem Gipfel an der Bergstation der Gondelbahn, die von **Rivera** zur Alpe Foppa (1567 m) hinauffährt. Man braucht also nicht Bergsteiger zu sein, um *Santa Maria degli Angeli* besuchen zu können. Hochzeitsgesellschaften in Stöckel- und Lackschuhen schaffen das auch unversehrt.

Botta und Cucchi

65 m ist der Steg lang, der in zwei Ebenen vom Berghang viaduktartig auf eine Aussichtskanzel zuführt. Die ist gleichzeitig das Dach der Kirche, die man über abwärts führende Stufen oder durch den langen Gang im unteren Stockwerk erreicht. Der Innenraum wirkt wie ein Amphitheater von 15 m Durchmesser, durch zwei Betonbänder dreigeteilt. Licht fällt durch trittohe, schmale Fenster, die auch Blicke ins Tal freigeben und mit zauberhaften Marienmotiven verziert sind. Das Kunstwerk lebt zum einen vom Dialog zwischen der Architektur Mario Bottas und den Bildern Enzo Cucchis, zum anderen von der gelungenen Einbettung eines hypermodernen Baus in die urwüchsige Berglandschaft.

Nicht nur für Wanderer ist Monte Tamaro ein Eldorado; die moderne Gondelbahn bringt immer mehr Gleitschirmflieger, Mountainbiker und Skifahrer auf fast 2000 m Höhe. Zwei Skilifte um die Alpe Foppa erschließen ein Gebiet von 15 km präparierten Pisten jeden Schwierigkeitsgrades, das durch den Wald zur Mittelstation verläuft; außerdem sind eigens Carving- und Snowboard-Hänge vorhanden. Für die Organisation ist ein Sportzentrum zuständig, das im Winter Skikurse abhält und im Sommer Unterricht im Gleitschirmflug erteilt; außerdem kann man hier Skier und Bikes gegen Gebühr entleihen.

Kanzel, Kirche, Kunstwerk – Santa Maria auf dem Monte Tamaro

Aber nicht nur Sportler zieht es auf den Berg. Für gewöhnliche Ausflügler gibt es ein Restaurant mit großer Terrasse und 68 Übernachtungsmöglichkeiten, einen Spielplatz mit Rutsche und Kletterfelsen. Zudem lässt es sich an dem kleinen See vor dem Restaurant wenn auch nur selten baden, so doch immer kräftig sonnenbaden.

• *Anfahrt* Sie erreichen Rivera am Ende des Vedeggiotales mit dem Pkw von Lugano über die Autobahn (erste Ausfahrt hinter Lugano).

Darüber hinaus gibt's zwei **Busverbindungen**: entweder per Postbus von Lugano oder per Shuttlebus von Miglieglia. Dieser Bus pendelt zwischen den Talstationen der Monte-Lema-Bahn (Miglieglia) und der Monte-Tamaro-Bahn (Rivera): ab Miglieglia 17 Uhr, an Rivera 17.40 Uhr; ab Rivera 17.45 Uhr, an Miglieglia 18.30 (zwischen Juni und Okt. tägl. eine Verbindung). Fahrpreis: 40 Fr/Erwachsene, 22 Fr/Kinder.

• *Gondelbahn* Die 4-Personen-Kabinen verkehren tägl. durchgehend von 8.30 bis 17 Uhr; letzte Bergfahrt 16.30 Uhr, letzte Talfahrt 17 Uhr. Preise: Berg- und Talfahrt 20 Fr/Erwachsene, 13 Fr/Kinder; Bergfahrt 16 Fr bzw. 11 Fr; Tageskarte für Skifahrer, Mountainbiker und Gleitschirmflieger: 27 Fr bzw. 20 Fr; Kombinationsticket Tamaro-Lema: 30 Fr bzw. 18 Fr.

• *Übernachtung* Das **Restaurant Alpe Foppa** bietet 68 Betten im Matratzenlager an; Bett pro Nacht 22 Fr. ✆ 091/9462251.

• *Skischule* Skikurs 320 Fr, Privatstunde 50 Fr.

Wanderung 11: Über den Monte Gambarogno

Die 10-km-Rundwanderung dauert 4 Stunden und ist wenig anstrengend, denn dank des schon hoch liegenden Ausgangspunktes beschränkt sich der Anstieg auf gut 300 m.

Anfahrt: Der Start- und Endpunkt, die *Alpe di Neggia*, ist per Pkw auf der Passstraße von *Vira* nach *Indemini* oder per Postbus ab *Magadino* (s. „Magadino/Verbindungen") leicht und jederzeit zu erreichen.

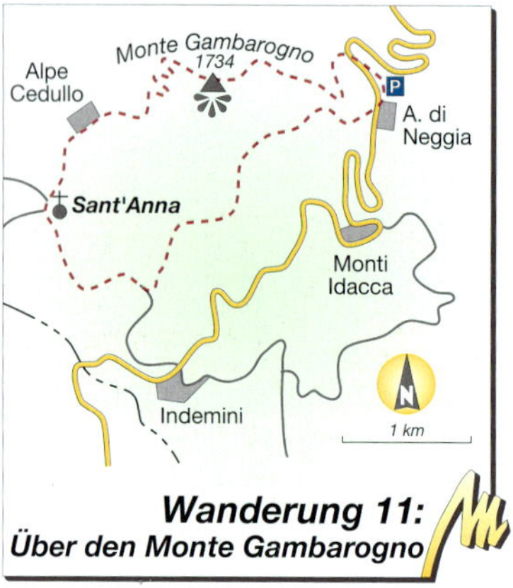

Der Wanderweg beginnt auf einer Piste, die am Pass in nordwestlicher Richtung und vorbei an einer auffälligen Buchengruppe aufsteigt. In einer Kehre knickt der steile, serpentinenreiche Weg auf den *Monte Gambarogno* ab – genau gegenüber der Grat des *Monte Tamaro.*

Nun beginnt der gut 300 m hohe Aufstieg. Aber die steile Steigung wird versüßt durch grandiose Fernblicke zunächst auf den Lago Maggiore, später die Magadino-Ebene und, auf der anderen Seite, auf Ascona und Locarno bis hin zum Verzascatal mit dem auffälligen Vogorno-Stausee.

Kurz unter dem Gambarogno-Gipfel – die Steigung flacht ab, und eine Wanderstunde liegt hinter den Wanderern – steigt an zwei verlassenen Steinhäusern ein Pfad zum Aussichtspunkt auf, vom dem bei klarer Sicht der Blick bis zum Monte-Rosa-Massiv reicht. Von hier aus sind es noch 15 Minuten bis zum Gambarogno-Gipfel auf 1734 m Höhe.

Um die Wanderung fortzusetzen, muss man vom Aussichtspunkt bis zu einer Weggabelung zurückgehen. Dort biegt man nach links in Richtung *Alpe Cedullo* und *Sant'Anna* ab. 450 Höhenmeter geht es auf dem deutlich sichtbaren kurvigen Weg hinab durch Farn- und Wacholderbüsche. In einem kleinen Buchenhain nach jetzt zwei Wanderstunden stößt der Pfad auf das Steinhaus der *Alpe Cedullo.*

Dort weist ein Schild den Weg zur Kapelle *Sant'Anna.* Ein kurzer Aufstieg führt zum schlichten Kirchlein, in dem die Bauern einst für ihren Weg von Indemini zum Lago Maggiore geistigen Beistand erbaten; der Weg zum See läuft an der Kapelle vorbei. Und auch heute noch kann die Kapelle von Wanderern als Schutzraum bei plötzlich aufziehendem Unwetter genutzt werden.

An der Kapelle steht ein Wegweiser nach *Indemini,* dem nächsten Orientierungspunkt der Tour. Durch Birken- und Buchenwald schlängelt sich der Pfad sanft abwärts ins *Veddascatal* und quert später einen Ginstergürtel. Der Weg gabelt sich kurz vor einer Hochspannungsleitung, die nach knapp 2,5 Wanderstunden erreicht ist: Abwärts geht es nach *Indemini.* (Wenn Sie mit dem Bus gekommen sind, lohnt sich jetzt der 30-minütige Abstieg in das schöne Dorf (s. S. 175), dort erreichen Sie den Postbus ebenso; wenn Ihr Wagen an der Passhöhe abgestellt ist, bleibt nur der Rückweg).

Links aber geht es auf dem geplanten Rückweg zur *Alpe di Neggia.* Zunächst ein kurzer Anstieg über Serpentinen, dann durch einen Lärchenwald und über einige Geröllfelder bis zur Bergstraße, die von der Alpe nach Indemini führt. Vorbei an einzelnen Natursteinhäusern ist jetzt der Weg zur Alpe di Neggia, dem Endpunkt nach vierstündiger Wanderung, nicht mehr zu verfehlen.

Rio im Kleinformat – zwischen Stadt und Monte Brè schiebt sich der See

Lugano

Vom See her ist die Annäherung an die heimliche Hauptstadt des Kantons am eindrucksvollsten, denn man überschaut alles auf einen Blick: die Hausberge San Salvatore und Monte Brè, an deren Hängen prachtvolle Villen kleben, die geschwungene Promenade, flankiert von zwei üppigen Parks, und die verwinkelte Altstadt mit ihren drei verschachtelten Marktplätzen – Rio im Kleinformat, und San Salvatore ist der europäische Zuckerhut.

Die Annäherung als Autofahrer ist weniger atemberaubend. Endlose Straßenschleifen leiten von den Autobahnausfahrten in den Ortskern. Plötzlich und unvorbereitet ist man da – und sucht vergebens einen Parkplatz. Denn die Altstadt ist autofrei, das übrige Straßennetz heillos überlastet. Autotouristen flüchten sich deswegen gerne in eines der sechs Parksilos im Innenstadtbereich. Aber auch hier ist gewöhnlich wenig Platz, denn Lugano ist mit 28.500 Einwohnern die größte Stadt des Kantons und überdies ein florierender Bankenstandort, der jede Menge auswärtiger Kundschaft, insbesondere italienische Großverdiener, anlockt. In den zahlreichen Geldinstituten lässt man das Geld arbeiten und – Gerüchten zufolge – bisweilen auch waschen. Entsprechend wird das Bankenviertel im Jahresrhythmus von Skandalen erschüttert. So kürzlich, als sich ein italienischer Zigarettenschmuggler und der oberste Tessiner Richter als Komplizen und Angeklagte vor Gericht wiedertrafen.

Doch Lugano lebt nicht von Banken allein. Radio und Fernsehen der italienischen Schweiz haben hier ihre Zentralen, drei von vier Tessiner Zeitungen kommen aus Lugano, die wichtigsten Schulen sind hier zu Hause, und die einzige Universität des Kantons wurde 1996 in Lugano gegründet. Im *Palazzo dei Congressi*, dem neuen

Karte vorderer Umschlag

Kongresszentrum, gastieren die besten Orchester der Welt, und im Juli treffen sich die kreativsten Jazzmusiker beim Festival auf der laubengesäumten *Piazza della Riforma*. Zudem jede Menge Sehenswürdigkeiten und natürlich die Lage am See – alles gute Gründe, im so geschäftigen wie charmanten Lugano einige Urlaubstage genussvoll zu verbringen.

Seen aus Gletschern

Gewaltige Geröllmassen schoben die Alpengletscher vor einer Million Jahren vor sich her in die lombardische Ebene, höhlten Täler aus und schabten Felswände glatt. Als dann vor 13.000 Jahren eine Klimaerwärmung die Gletscher schmelzen ließ, entstanden Lago di Como, Lago di Lugano und Lago Maggiore. Der Luganer See, mit 49 qkm Fläche, 35 km Länge und einer max. Breite von 3 km der kleinste der drei Seen, gehört zu zwei Dritteln zum Kanton Tessin. Lediglich der nordöstliche Seearm und das Südwestufer liegen auf dem Gebiet der italienischen Provinzen Varese bzw. Como. Seine Ufer bilden bewaldete Bergrücken, die häufig zum Wasser steil abfallen und kaum Platz für Häuser oder durchgehende Straßen lassen. Die Seeorte wurden deswegen an den Mündungen der größeren Zuflüsse Cassarate und Vedeggio angesiedelt.

Stadtgeschichte

Lugano war immer Handelsstadt. Die bevorzugte Lage (Passstraße über den Monte Ceneri als Fortsetzung der Alpenpässe) nutzten Etrusker, Römer, Franken und Italiener für ihren Warenverkehr. Im Mittelalter gehörte der wichtige Marktort zum Bistum Como und wurde deshalb zum Zankapfel zwischen Bischof und Mailänder Herzögen, die das Städtchen im 14. Jh. kurzerhand besetzten und 1498 eine Burg direkt am Seeufer bauten.

Die stolze Burg und das aufstrebende Städtchen wurden 1512 von den Eidgenossen eingenommen, die ihre reiche Beute – von der Besetzung durch französische Truppen zwischen 1798 und 1814 abgesehen – nicht mehr hergaben. Unter den Schweizer Vögten wurde die „Messe zu Lugano" zum wichtigsten Umschlagplatz im Handel mit Italien. Im 19. Jh. hatte Lugano sogar Chancen, zur Hauptstadt des neuen Kantons aufzusteigen – im sechsjährigen Wechsel mit Bellinzona und Locarno trug die Stadt die Hauptstadtwürde, bis sich die Berner Zentralregierung 1878 für Bellinzona als alleinige Hauptstadt entschied.

Einen Stadtplan, dem auch die Lage der einzelnen Hotels und Ferienhäuser und -wohnungen zu entnehmen ist, finden Sie in der vorderen Umschlagklappe.

Die Vormachtstellung Luganos als Wirtschaftsmetropole im südlichen Alpenraum bekam in den 80er Jahren des 19. Jh. mit der Eröffnung der Gotthardbahn zusätzlichen Schub. Jetzt kamen nicht nur Händler, sondern auch Touristen an den Luganer See und fanden eine bereits entwickelte Infrastruktur vor.

Der wirtschaftliche Boom, der sich heute auf die drei Sektoren Banken, Versicherungen und Tourismus verteilt, hat das alte Lugano zu einem zersiedelten Ballungsraum werden lassen, der gerade in den Außenbezirken beständig anwächst. Dabei sind insbesondere die Touristenherbergen mit Ausnahme weniger Traditionshotels an den Rand des Stadtgebiets gedrängt worden – Paradebeispiel der Stadtteil Paradiso, der fast schon ghettoartige Züge angenommen hat.

Information

Um der Eigenart des Luganer Tourismus besser gerecht zu werden, trägt der Fremdenverkehrsverein einen neuen Namen: **Lugano Turismo & Congressi**. Deutlich mehr als die Hälfte der 2 Mio. Übernachtungen pro Jahr gehen nämlich auf das Konto von Geschäftsreisenden, wissbegierige Urlauber sind deshalb leider im Palazzo Civico direkt an der Uferpromenade zweite Wahl.

Sie finden das **Informationsbüro** in der Riva Albertolli, ✆ 091/99133232, 📠 091/9227653; www.lugano.ch. Apr.–Okt. Mo–Fr 9–19 Uhr, Sa 9–17 Uhr, So und feiertags 10–17 Uhr; Nov.–März Mo–Fr 9–12 und 14–17 Uhr.

Die Region Lugano unterhält zudem einen **Info-Schalter** im Flughafen Lugano-Agno.(✆ 091/6051226). Am Bahnhof wie am Flughafen gibt es überdies Hotel-Reservierungs-Automaten.

Verbindungen

Vorweg zwei Besonderheiten Luganos: Vom Bahnhof führt zwischen 5.20 und 23.50 Uhr eine **Drahtseilbahn** im 10-Minuten-Takt in die tiefer gelegene Innenstadt (Piazza Ciocarro); Fahrpreis: 90 Rappen/Pers.

Zweite Besonderheit: Lugano verfügt als einzige Tessin-Gemeinde über ein **lokales Eisenbahnnetz**, das Reisende alle 20 Min. über Bioggio, Agno (Flughafen) und Magliaso nach Ponte Tresa bringt.

Fernzüge fahren 17-mal tägl. zwischen 5.57 und 23.33 Uhr nach Bellinzona (dort weiter nach Zürich) sowie 17-mal tägl. zwischen 5.38 und 21.48 Uhr nach Mendrisio und Chiasso (dort weiter Richtung Mailand). Öffnungszeiten der Bahnhofsschalter: tägl. 5.20–20.45 Uhr; ✆ 091/1572222.

Nahverkehrsbusse: Haupthaltestellen der Busse in die Vororte und in die Valli di Lugano sind das Autosilo Balestra in der Via Pretorio gegenüber vom Migros-Markt und der neue Terminal am Bahnhof): nach Tesserete 17-mal tägl., nach Sonvico 14-mal, nach Comano und nach Brè 17-mal, nach Miglieglia 8-mal, nach Bioggio, Morcote und nach Torricella je 12-mal tägl.

Stadtbusse: Die 7 Linien, die das gesamte Gemeindegebiet abdecken, verkehren im 10-Minuten-Takt zwischen 6 Uhr und Mitternacht. Die City-Stopps sind am Bahnhof und der Piazza Manzoni. Ein **Flughafen-Shuttle** verkehrt zwischen 8 und 21 Uhr. Auskünfte unter ✆ 091/9733131 oder 091/8078520.

Flug: Der einzige Flughafen des Kantons mit überregionalen Verbindungen liegt in Agno, 6 km südwestlich von Lugano (✆ 079/2214243). Der klitzekleine Flughafen wird im Auftrag von Swiss, der neuen/alten Schweizer Fluggesellschaft, und vereinzelt von Air Engiadina bedient: Swiss bietet tägl. 4 Flüge nach Zürich (von 6.15 bis 20.45 Uhr). Nur werktags im Sommerhalbjahr fliegt Air Engiadina 2-mal tägl. nach Basel.

Eine Alternative bietet sich seit Eröffnung des **Großraumflughafens Malpensa bei Mailand**: Vom Bahnhof Lugano fährt 5-mal

Das Fenster zum See

Lugano
Karte vorderer Umschlag

täglich (6.55, 10.30, 13.30, 17 und 20 Uhr) für 35 Fr/Pers. ein Bus in einer Stunde zum Mailänder Airport. 5-mal täglich auch von Malpensa nach Lugano (zwischen 9 und 22 Uhr).

Schiffsverkehr: Die Linienschiffe über den Luganer See laufen in Lugano 3 Anlegestellen an: Paradiso, Lugano centrale und Castagnola. 4 Linien verkehren zwischen März und Okt.: Lugano–Gandria (14-mal tägl. zwischen 8.30 und 21.15 Uhr); Lugano – Melide – Morcote – Ponte Tresa (9-mal tägl. zwischen 8 und 21.15 Uhr); Lugano–Capolago (4-mal tägl.); Lugano–Porlezza (2-mal tägl.).

Überdies gibt es jede Menge **Ausflugsfahrten** im Sommer, z. B. eine zweistündige Abendkreuzfahrt (30 Fr), die große Seerundfahrt (3 Std., 35/25 Fr) oder die Mittagskreuzfahrt (2,5 Std., 25/12,50 Fr). Buchung und Reservierung unter ✆ 091/9715223.

Denken Sie daran, dass Ihnen der **Ferienpass** in Lugano und Umgebung Preisermäßigungen auf öffentliche Verkehrsmittel gewährt (s. „Unterwegs im Tessin", S. 21).

Adressen/Telefonnummern

- *Apotheken* Via Nassa, Via Adamini, Via Pioda.
- *Banken* Nicht alle 80 der in Lugano vertretenen Kreditinstitute betreiben eine Schalterhalle, aber auf der Piazza Riforma (Credit Suisse) und der Piazzetta della Posta (UBS) finden sich die größten Banken. Wechselstuben und Bankautomaten finden Sie zusätzlich im Bahnhof und auf dem Flughafen.
- *Deutsches Konsulat* Via Soave 9, ✆ 091/9227882. Mo–Fr 9–11.30 Uhr.
- *Österreichisches Konsulat* Via Pretorio 7, ✆ 091/9235681. Mo–Fr 10–12.
- *Fahrradverleih* Wie überall können Sie Fahrräder auch in Lugana auf dem **SBB-Bahnhof** mieten. Mofas kann man im Parkhotel Nizza leihen.
- *Kommunalpolizei/Fundbüro* Piazza Riforma, ✆ 091/8007110.
- *Krankenhaus*, Via Tesserete, ✆ 091/8056111.
- *Mietwagen* Die internationalen Anbieter finden Sie auf dem Flughafen Agno und im Bahnhof Lugano. Zudem: **Avis**, Via C. Maraini 8, ✆ 091/9226256; **Hertz**, Via San Gottardo 13, ✆ 091/9234675; **Europcar**, Via M. Boglia 24, ✆ 091/9710101.
- *Parken* Die Parkhäuser (autosili) und Parkplätze sind 24 Stunden geöffnet und kosten tagsüber viel Geld: mindestens 3 Fr pro Stunde, bis zu 35 Fr für 6 Stunden. Einige Parkplätze können nachts kostenfrei genutzt werden, vollkommen gratis parkt man nur auf dem **Parkplatz Cornaredo** im Norden.
- *Post* Via della Posta. Mo–Fr 7.30–18.30 Uhr, Sa 8–11 Uhr. Ein weiteres Postbüro befindet sich in Paradiso, Via San Salvatore.
- *Stadtführungen/-rundfahrten* Das Fremdenverkehrsbüro bietet zwischen Apr. und Okt. kostenlose zweistündige Stadtführungen an; jeweils Di um 9.30 Uhr (Treffpunkt: Kirche Santa Maria degli Angioli). Außerdem finden in dem kleinen Elektrozug „La freccia rossa" (roter Pfeil) tägl. Stadtrundfahrten statt (Abfahrt: Via Giusan, 8 Fr, Kinder 5 Fr).
- *Taxi* Die Wagen warten vor dem Flughafen Agno, vor dem Bahnhof Lugano und vor einigen größeren Hotels in Paradiso. Taxiruf: ✆ 091/9228833 oder ✆ 091/9220222.
- *Zahnarzt-Notdienst* ✆ 091/9350180.

Einkaufen

Die Geschäfte in Lugano sind üblicherweise werktags von 8–12 Uhr und von 13.30–18.30 Uhr geöffnet (Do bis 21 Uhr, Sa bis 17 Uhr). Stellen Sie sich auf die Mittagspause ein, die schon mal länger ausfallen kann.

- *Märkte* Ein **Wochenmarkt** für Obst, Blumen und Gemüse findet Di und Sa zwischen 8 Uhr und 12 Uhr auf der Piazza Riforma (am Sa auch in den umliegenden Straßen) statt. Einen **Trödelmarkt** gibt es auch: immer samstags von 8–17 Uhr im Quartiere Canova.
- *Kunsthandwerk* Keramik, Holzarbeiten und Textilien bester Qualität und Preise bekommt man im Laden der Tessiner Kunsthandwerker: **Bottega dell'Artigianato**, Via Canova 18.
- *Schmuck/Uhren* Sicherlich eine der besten (und teuersten) Adressen für Markenuhren, Schmuck und Juwelen ist **Bucherer**

Piazza della Riforma – Marktplatz und Flaniermeile

in der Via Nassa 56. Etwas preiswerter ist es bei **Somazzi** nebenan, Via Nassa 36.

• *Supermärkte* **Migros**, Via Pretorio 15; **EPA**, Via Nassa 22 (jeweils 8–18.30 Uhr); Kaufhaus **Innovazione**, Piazza Dante (8.15–18.30 Uhr). Größere Einkaufszentren (Migros und Ikea) gibt im 6 km entfernten Agno.

• *Weitere Lebensmittelmärkte* Die **Gabbani-Läden** sind eine Institution in Lugano: ein exklusives Weinsortiment in dem einen, Obst und Gemüse im anderen Laden, Käse vom Feinsten, dann Blumen und Wurstwaren und Fleisch – man muss lange suchen, um irgendwo in der Altstadt von Lugano ein besseres Angebot zu finden als in der Via Pessina 12–15.

Wer es eher international mag, wer Nahrungsmittel aus Nepal oder Feuerland sucht, wird im **Nüesch**, Via della Posta 8, fündig. Und zum Dessert verwegene Süßigkeiten von **Vanini**, Pizza Riforma.

Sport/Unterhaltung

• *Angeln* Nur im Juli und Aug. dürfen Angler zur Rute greifen und brauchen dafür eine Lizenz, die es in der Touristeninformation gibt.

• *Baden* Etliche Hotels und viele Appartementanlagen verfügen über ein Schwimmbad. Dennoch bleibt das Baden im See ein besonderes Erlebnis, zumal sich seine Wasserqualität im Lauf der 1990er Jahre entscheidend verbessert hat:

Lido di Lugano in Cassarate. Mai–Sept. 9–18 Uhr, Eintritt 7/5 Fr Erwachsene/Kinder.

Piscina Conca d'Oro, Riva Paradiso. 9.30–18 Uhr, Eintritt 7,50/2,50 Fr.

Bei schlechtem Wetter ist das öffentliche **Hallenbad Campo Marzio**, Viale Castagnola 4 (11.30–21.30 Uhr, Eintritt 6/4 Fr), eine Alternative.

• *Fliegen* Man kann für nur 120 Fr Alpenrundflüge buchen (✆ 091/2214243), kann Flugstunden nehmen (✆ 091/6053934), kann vom Monte Tamaro im Gleitschirm abfliegen (✆ 091/9462303) oder im Deltaflug den Monte Lema bewundern (✆ 091/6091168).

• *Golf/Minigolf* Der 18-Loch-Golfplatz (Par 71) des **Luganer Golfclubs** (✆ 091/6061557) liegt 8 km außerhalb in Magliaso; die Minigolfanlagen im **Centro sportivo** in Carona.

• *Jogging* Einheimische Jogger laufen im **Bosco Luganese** (2,7 km) oder im **Stadion Cornaredo** im Norden der Stadt (1,7 km).

• *Kinderspielplätze* gibt es im **Stadtpark** (Parco Ciani), im **Parco Tassino** und **im Parco Guidino** im Stadtteil Paradiso.

Lugano
Karte vorderer Umschlag

• *Reiten* 12 Reitställe gibt es in der Umgebung von Lugano – im Angebot sind Kutschfahrten oder geführte Touren oder nur Mietpferde. Probieren Sie es bei **Scuderia Schimmel** (✆ 091/9676097) oder bei **Scuderia Holiday** (✆ 091/6056997).

• *Squash/Badminton* Die beste Adresse für Squash ist das **Sportcenter Palextra** in der Via Mariani 15; fürs schnelle Federballspiel reicht ein Anruf bei **Sig. Bianchetto** (✆ 091/9452893).

• *Tennis* Es gibt Hallen-, Sand- und Hartplätze zuhauf; man kann in vielen Hotels spielen oder auch Stunden nehmen. Oder man meldet sich beim **TC Lido** (✆ 091/9719821) an; der Tennisclub verfügt in Cassarate über 11 offene und überdachte Plätze.

• *Wassersport* **Motorboote** kann man beim Club Nautico (✆ 091/9941256) leihen; **Ruderboote** sind in Caslano (✆ 091/6062159) zu mieten; **Taucher** finden Gleichgesinnte beim Lugano Sub (✆ 091/9943740); **Wasserski fahren** oder **surfen** kann man beim Club Nautico (✆ 091/9496139); **segeln** an der Foce Cassarate (✆ 091/9710975).

• *Kasino* Roulette und Black Jack, Video Poker und jede Menge Slotmachines bietet das Spielkasino in der Via Stauffacher 1. Disko, Restaurant und Piano-Bar gibt's außerdem.

• *Kinos* 7 Häuser (mit bis zu 6 Vorführräumen) im Luganer Stadtgebiet laden zu abendlicher Kurzweil ein: z B. **Lux Multicinema** in der Via Motta 61, **Paradiso** in der Via Geretta, **Iride** im Quartiere Maghetti, **Cittadella 2000** am Corso Elevizia, **Corso** in der Via Pioda 4 und **Cinema** im Kursaal, Via Stauffacher 1.

• *Lesesäle* Zeitungen und Zeitschriften aus aller Welt findet man in der **Biblioteca Cantonale**, Viale Cattaneo 6. Mo–Fr 9–19 Uhr, Sa 9–12 und 14–17 Uhr.

Übernachten (siehe Karte Umschlag vorne)

• *Hotels* **Villa Antica (5)**, Via del Tiglio 5, ✆ 091/9718461, ℻ 091/9718485. Das romantische Renaissancehaus in Cassarate liegt ruhig und zentral – Stadtpark, Lido, Kongressgebäude in unmittelbarer Nähe. Die einfachen Zimmer sind zudem preiswert: DZ 106–126 Fr, EZ 53–78 Fr.

Selva (2), Via Tesserete 36, ✆ 091/9236017, ℻ 091/9236009. Das typische Tessiner Haus mit 26 einfachen Zimmern liegt zwar etwas abseits, aber sehr schön in einem großen Garten mit Pool; ein weiteres Plus ist die hervorragende Regionalküche. DZ 120–148 Fr, EZ 70–95 Fr.

Pestalozzi (6), Piazza Independenza 9, ✆ 091/9214646, ℻ 091/9222045; www.attuale.com Immerhin 97 ansprechende Zimmer (Du/WC) bietet das Jugendstilhotel in der Altstadt; außerdem Sonderpreise für Gruppen. DZ 98–1640 Fr, EZ 58–98 Fr.

Fischer's Seehotel (11), Sentiero di Gandria 10, ✆ 091/9715571, ℻ 091/9701577. Eigener Strand, Seelage, tolle Aussicht – das Traditionshotel im Nobelvorort Castagnola verblüfft bei allen Vorzügen auch noch mit seinen Preisen: DZ 128–168 Fr, EZ 64–78 Fr.

Schmid (14), Via delle Scuole 13, ✆ 091/9949121, ℻ 091/9941813. Der schlichte Name täuscht – 40 moderne Zimmer (Du/WC, Tel./TV) im hochherrschaftlichen Bau in Paradiso mit Restaurant und Bar sind erste Wahl. DZ 120–160 Fr, EZ 75–95 Fr.

Ceresio (4), Via Balestra 19, ✆ 091/9231044, ℻ 091/9237930 (nicht mit dem gleichnamigen Hotel im Vorort Figinio verwechseln). In der Casa del Populo, dem vom bekannten Tessiner Architekten Tita Carlini erbauten Zentrum der Tessiner Gewerkschaften mitten im Bankenviertel, lässt es sich komfortabel wohnen – nur Busgesellschaften stören bisweilen. DZ 110–180 Fr, EZ 80–135 Fr.

Diana (8), Via Pico 8, ✆ 091/9714141, ℻ 091/9701732, www.hoteldianalugano.ch. Die 30 Zimmer haben allen Komfort, und in der Küche sorgt Sig. de Simone eigenhändig für das Wohl seiner Gäste. DZ 160–190 Fr, EZ 110–130 Fr.

Conca d'Oro au Lac (17), Riva Paradiso 7, ✆ 091/9943131, ℻ 091/9946982. Das vierstöckige Haus ist nicht schön, aber sonst ist alles vom Feinsten: schöne Lage, Seeterrasse, kleiner Garten, hoteleigener Strand. Das hat seinen hohen Preis: DZ 160–250 Fr, EZ 120–180 Fr.

Elvezia al Lago (12), Sentiero di Gandria 21, ✆ 091/9714451, ℻ 091/9727840, www.elvezialago.ch. Das Minihotel mit nur 7, allerdings edlen Zimmern mit eigener Seeterrasse und Bootssteg ist fast ein Geheimtipp. DZ 170–210 Fr, EZ 140–150 Fr.

Alba (13), Via delle Scuole 11, ✆ 091/9943731, ℻ 091/9944523;www.hotel-alba.ch. Das „Paradies in Paradiso" ist mit 22 Zimmern nur ein kleines Grandhotel, aber es liegt inmitten eines großen Gartens mit Pool am San Salvatore und ist schlicht schön – und

San Salvatore – Hausberg mit Seilbahn, Restaurant, Museum und Aussicht

das will bezahlt sein: DZ 130–190 Fr, EZ 100–145 Fr.

Villa Principe Leopoldo (9), Via Montalbano 5, ✆ 091/9858855, ℻ 091/9858825; www.leopoldohotel.com. Unter den 8 Fünf-Sterne-Hotels von Lugano das beste – und das nicht nur wegen seiner Lage auf der Collina d'Oro. DZ 470–730 Fr, EZ 370–620 Fr.

• *Ferienhäuser und -wohnungen* **Gran Paradiso (10)**, ✆ 091/9857030. Zwei Appartements gibt es in einem riesigen Haus in der V. D. Fontana 1 in Paradiso zu mieten: 3 Zimmer groß das eine, nur ein Zimmer das andere. Beide sind perfekt ausgestattet und kosten 240 bzw. 100 Fr/Tag.

Samrud (3), ✆ 091/9423879. Das 2-Zimmer-Appartement in der Via Ciani 29 hat Platz für 3 Personen, eine Terrasse und ist mit Haushaltsgeräten bestens ausgestattet. Und eine Garage gibt's auch. Da ist der Preis nicht zu verachten: 80 Fr pro Tag/Person.

Riva Paradiso (15), ✆ 055/442 5843. Drei Appartements für je 4 Personen vermietet Frau Bischofberger direkt am See. Die Wohnungen kosten pro Woche zwischen 600 und 800 Fr.

La Residenza (16), ✆ 01/4227478. Nur 1½ kleine, aber schöne Zimmer sind in der Via Carona 17 für 450–550 Fr/Woche zu mieten.

• *Jugendherberge* **Casa della Gioventù**, Via Cantonale 13, ✆ 091/9662728, ℻ 091/9682363. Die Jugendherberge im nördlichen Stadtteil Savosa, 2 km vom Bahnhof entfernt (Buslinie 5 bis Crocifisso), bietet Schlafsäle, Doppelzimmer und Appartements an, alles funktional eingerichtet mit Duschen und Einbauküchen. Das Ganze liegt in einem schönen Park mit Schwimmbad. Die Preise in dem von Ende März bis Okt. geöffneten Haus pendeln zwischen 18 Fr (Schlafsaalunterkunft mit eigenem Schlafsack) bis 140 Fr (5-Personen-Appartement).

Casa della Gioventù Figino (1), Via Casaro 2, ✆ 091/9951151, ℻ 091/9951070. Die JuHe im Vorort Figino ist kleiner und schlichter als die großstädtische. Aber mit 35 Schlafplätzen (15 Fr ohne Bettwäsche) doch eine preiswerte Alternative.

Backpacker-Hotel Montarina (7), Via Montarina 1, ✆ 091/9667272, ℻ 091/9951070, www.montarina.ch. Ein wahres Schnäppchen: In einem 200 Jahre alten Palazzo (5 min Fußweg schräg hinter dem Luganer Bahnhof) lässt sich inmitten eines hochherrschaftlichen Parks schön preiswert wohnen: In Schlafsälen zu 25 Fr, in Mehrbettzimmern ab 25 Fr, im DZ zu 100 Fr, EZ 70 und im Komfortzimmer (nur die haben Du/WC) zu 120 Fr (DZ) und 70 Fr (EZ).

• *Camping* In der Flughafenstadt **Agno** (6 km südwestlich von Lugano) gibt es 4 Campingplätze (s. S. 206), in **Caslano** (s. S. 209), nochmals 3 km südlich, einen weiteren.

Essen und Trinken

Osteria del Porto, ✆ 091/9715035. Die einstige Zollstation am Hafen liegt an der Cassaratemündung gleich neben dem Parco Ciani. Es wird deftige Hausmannskost zu vernünftigen Preisen geboten, besonders vom Bergkäse sollten Sie naschen.

Grotto Canvetto Federale, ✆ 091/9725219. Sie verlassen Lugano in Richtung Tesserete und stoßen auf der Hauptstraße des Dorfes Canobbio auf den wohl letzten Grotto von Lugano und Umgebung. Die Spezialität von Signora Dell'Acqua sind Fleischgerichte vom Grill und hausgemachte Lasagne. Mi und Sa nur bis 16 Uhr geöffnet.

La Tinera, ✆ 091/9711497. Das rustikale Restaurant in der Altstadt (Via dei Gorini 2, nahe der Piazza Riforma) bringt Spezialitäten aus der Lombardei und dem Tessin auf den Tisch. Und das zu reellen Preisen, Tellergericht ab 18 Fr.

Gambrinus, ✆ 091/9711955. Das gutbürgerliche Lokal auf der Piazza Riforma lohnt sich für Fischgerichte. Aber auch die Salate oder hausgemachten Desserts sind lecker.

Cyrano, Corso Pestalozzi 27, ✆ 091/9222182. Wir folgen der Empfehlung unserer Leserin Katharina Steinkutz, die in diesem Lokal („nicht günstig bei den Preisen, eher etwas zum Gönnen") die Entenfilets (32 Fr) und die leckeren Vorspeisen (13–18 Fr) sowie den „sehr liebenswerten Service" lobt. Also probieren wir Maria Zonis Küche.

Cassarate, an der Flussmündung, bekannt für die Überraschungsgerichte des Besitzers – legen Sie die Speisekarte getrost zur Seite, und fragen Sie nach der Tagesempfehlung.

Bianchi, das Restaurant in der Via Pessina 4 hat Geschichte geschrieben, Geheimdienstgeschichte: Man munkelt, dass hier gegen Ende des 2. Weltkriegs die nie bewiesenen Geheimverhandlungen zwischen Himmler-Abgesandten und Alliierten stattgefunden hätten. Sei's drum – heute tafelt man auf zwei Etagen gut und teuer, vor allem italienisch.

Parco Saroli, ✆ 9235314. Das Edelrestaurant befindet sich im Gebäude der Banca del Gottardo in der Viale Franscini 8 – ein weiterer Botta-Bau, dessen Stil auch auf das Ambiente des Lokals durchschlägt. Ansonsten gilt – wohl leicht übertrieben – die Küche von Frau Irene als die beste im Tessin. Man sollte also vorbestellen. An Sonn- und Feiertagen geschlossen.

Al Portone, ✆ 091/9715995. Unser Favorit in Lugano – das Lokal der Spitzenklasse ist seine hohen Preise wert. Probieren Sie nur einmal Kalbsnieren à la Roberto, und versagen Sie sich ausnahmsweise nicht die ausgezeichneten Desserts. Sie finden das Restaurant in der Viale Cassarate 3.

Cafés/Bars/Kneipen

Vor allem junge Leute treffen sich im **Biblio Café Tra**, dem ersten Internet-Treff Luganos, mit Restaurant, Snackbar und Leseraum in der Via Vanoni 3.

Immer und auch tagsüber ist das **Casino** in der Via Stauffacher eine Adresse, wo man essen oder auch einen Drink nehmen kann.

Weitaus uriger geht es in der **Birreria Al Forte** (Via al Forte 1) zu, einer Kneipe mit viel Lokalkolorit.

Abends ist ganz Lugano und die halbe Welt auf der **Piazza Riforma**, wo die Volta der Jungen und Schönen vorbeizieht. Und dann ab in die Disko: Immer noch heißester Tipp ist die Latino-Live-Disko **Mango-Club** an der Piazza Dante, doch auch **No ties** in der Via Cantonale und **Discobar Underground**, Via Soave 7, sind noch im Rennen. Die älteren Semester zieht es, wenn sie denn ihre Hotelbars verschmähen, ins **Cécil**, ins **La Canva** oder ins **Il Nibbio**, alle an der Riva Paradiso.

Sehenswertes in der Altstadt

Piazza della Riforma: Auf dem weltstädtischen Hauptplatz, regelmäßig für den Markt und unregelmäßig für Umzüge genutzt, reiht sich ein Kaffeehausstuhl an den nächsten; in den mächtigen Patrizierhäusern aus dem vorigen Jahrhundert haben sich Banken und Restaurants, Geschäfte und Hotels niedergelassen. Mit einer Ausnahme: Der **Palazzo Civico** (1845 gebaut) mit einem repräsentativen Innenhof ist Sitz des Rathauses; beachten Sie die schmiedeeisernen Tore und die teils kitschigen Skulpturen Tessiner Künstler, allen voran das Spartakus-Standbild von Vincenzo Vela. Eingefasst wird der „Platz der Reform“ von der **Piazza Rezzonico** im Süden und der begrünten **Piazza Manzoni** im Norden. Dazwischen die Hauptgeschäftsgassen Via Pessina und Via Nassa, deren lombardischer Charakter nur an den Arkaden und Fassaden ablesbar ist. Die Bürgerhäuser aus dem 19. Jh. sind entkernt, die reizvollen Innenhöfe zugebaut und durch gesichtslose Neubauten ersetzt.

Immer im Oktober – Blumenkorso beim Winzerfest

Santa Maria degli Angioli: Die äußerlich schmucklose Kirche am Ende der Via Nassa ist nicht zu verfehlen. Nebenan nämlich verhüllen riesige Staubplanen offenkundig auf unabsehbare Zeit Luganos größte Baustelle: Hier war von 1850 bis 1994 das sagenumwobene Palace-Hotel in den Gebäuden eines einstigen Minoritenklosters untergebracht – nach Kauf durch die Gemeinde wurde seit Jahren über die weitere Nutzung gestritten, seit dem Sommer 2004 wird das immer noch unansehnliche Gelände bislang vergeblich zum Kauf angeboten. Die Klosterkirche selbst – 1515 erbaut und 1922 letztmalig renoviert – zählt zu den kulturellen Highlights im Tessin: Nicht ihre Größe oder Architektur beeindrucken, sondern das wohl berühmteste Renaissancegemälde der Schweiz, die „Passion“ (1529) des Leonardo-Schülers Bernardino Luini am Lettner, der dreibogigen Abtrennung zwischen Mönchschor und eigentlichem Kirchenschiff. Weitere Luini-Arbeiten befinden sich im linken Teil des Kirchenschiffs und rechts in einer Seitenkapelle.

Kathedrale San Lorenzo: Die Hauptkirche Luganos, die zwischen Bahnhof und Zentrum gelegene Kathedrale (Aufstieg durch die Via Cattedrale), beeindruckt in erster Linie durch ihre Renaissancefassade im lombardischen Stil, die leider seit 2001 für wohl einige Jahre eingerüstet ist. Bereits im frühen 9. Jh. gab es an dieser Stelle eine Kirche, das heutige Gotteshaus stammt im Kern aus dem 13./14. Jh. und wurde im Laufe der Jahrhunderte mehrfach verändert. Erst Ende des 19. Jh. wurde San Lorenzo schließlich Bischofskirche.

Museo storico: Das kleine Geschichtsmuseum der Gemeinde in der Villa Saroli (Viale Franscini 9) zeigt bislang nur wechselnde Ausstellungen zu besonderen Abschnitten und Aspekten der Luganeser Historie. Für die Zukunft ist aber eine Dauerausstellung geplant.

Öffnungszeiten Mo–Fr 10–12 und 14–17 Uhr; Eintritt 5 Fr/Erwachsene, 3 Fr/Kinder.

Banca del Gottardo/Galleria Gottardo: Kaum 20 Jahre alt und schon Sehenswürdigkeit. Der 1988 entstandene klotzige Neubau der größten Tessiner Bank gehört zu den prominentesten Bauten von Mario Botta. Der Besuch der Bank lohnt sich auch der Galleria Gottardo wegen: Die Kulturstiftung der Bank präsentiert jährlich mindestens vier Ausstellungen (Di–Sa 10–17 Uhr; Eintritt frei).

Botta-Bau – Bank und Kunstwerk

Neben dem Bau in der Viale Franscini gibt es weitere schöne Beispiele für die weltberühmte moderne Architektur aus dem Tessin, z. B. die Geschäftshäuser in der Via Balestra oder am Corso Pestalozzi.

Museo Cantonale d'Arte: Das kantonale Kunstmuseum ist in einem Komplex aus drei Palazzi des 15. Jh. untergebracht (Piazza Manzoni, Via Canova). Gezeigt werden vornehmlich Gemälde europäischer Künstler aus dem 19. und 20. Jh. (Klee, Bill, von Werefkin, aber auch französische Impressionisten wie Renoir oder Degas) sowie Werke der Tessiner Künstler Vela, Genucchi und Ciseri. Neben der Dauerausstellung, die auf einer Schenkung des Schweizer Kunstmäzens Tschannen fußt, finden auch Sonderausstellungen statt.
Öffnungszeiten Di 14–17 Uhr, Mi–So 10–17 Uhr; Eintritt 7 Fr/Erwachsene, 5 Fr/Kinder, Sonderausstellungen 10/7 Fr.

Fondazione Aligi Sassu e Helenita Olivares: Die noch recht junge Galerie in der Altstadt (Via Ospedale 13) zeigt 217 Zeichnungen, 130 Grafiken und 15 Skulpturen aus dem Nachlass des Künstler- und Sammlerpaares Sassu und Olivares.
Öffnungszeiten Di–So 10–12 und 14–18 Uhr; Eintritt 5 Fr/Erwachsene, 3 Fr/Kinder.

Sehenswertes im Parco Civico

Der 63.000 qm große Stadtpark zwischen der Altstadt und dem Fluss Cassarte wird im Volksmund „Parco Ciani" genannt. Er hat neben uralten Bäumen, subtropischen Pflanzen, einem kleinen Wildgehege, jeder Menge meist besetzter Sitzbänke und einigen kunstvollen Statuen vor allem zwei Museen zu bieten. Das neue Kongresszentrum, der *Palazzo dei Congressi*, im Nordwesten der Anlage zählt dagegen nicht unbedingt zu den Sehenswürdigkeiten Luganos (ein Um- und Neubau ist allerdings in Planung).

Museo Civico di Belle Arti: Die städtische Kunstsammlung ist in der *Villa Ciani* untergebracht. Das rote Klassizismus-Schlösschen neben dem Kongresszentrum gehörte den Brüdern Giacomo und Filippo Ciani, die – selber Exilanten – von hier aus den italienischen Freiheitskampf gegen die Österreicher Mitte des 19. Jh. unterstützten. Damals war die Villa Ciani Fluchtburg für Asylanten und Druckerei für Freiheitsliteratur. In dem vor einigen Jahren renovierten Bau sind außer den

Werken von Tessiner Künstlern wie Serodine, Petrini und Vela auch Arbeiten von Tintoretto, Palmezzano, Pissarro, Cézanne und Rousseau zu sehen.

Öffnungszeiten Apr.–Dez. Di–So 10–12 und 14–18 Uhr; Eintritt 8 Fr/Erwachsene, 3 Fr/Kinder.

Museo Cantonale di Storia Naturale: Das naturhistorische Museum des Kantons im *Palazzo degli Studii* im Osten des Parks ist eine nach allen Regeln der Museumspädagogik aufgebaute Sammlung, die mit 200.000 Exponaten die Entstehung und die Fauna und Flora des Tessins dokumentiert.

Öffnungszeiten Di–Sa 9–12 und 14–17 Uhr; Eintritt frei.

Sehenswertes südlich der Altstadt

Zwischen Stadtkern und Monte San Salvatore schmiegt sich **Paradiso** an die Bucht. Aus dem Villenvorort ist längst eine Hotelhochburg geworden. Aber der Name macht immer noch Sinn, denn die atemberaubend schöne Lage des Stadtteils lässt sich auch durch Hochhausbauten und verstopfte Straßen nicht wirklich verschandeln.

Giardino Belvedere: Die Uferpromenade, die von Lugano nach Paradiso führt, wird von dieser originellen Gartenlandschaft gesäumt, auf die man gegenüber der Kirche Santa Maria degli Angioli trifft. Nicht nur gepflegte subtropische Pflanzen ziehen die Blicke an, auch etliche Skulpturen international bekannter Bildhauer (Arp, Zadkine, Travaglini) machen den Grünstreifen zu einem Park der besonderen Art.

Santa Maria di Loreto: Man glaubt es kaum, aber dieser Palazzo mit seiner Rokokovorhalle ist eine Kirche. 1524 als Kapelle eines Karlistenklosters gebaut und mit sehenswerten Fresken versehen, liegt das Gotteshaus wie eine stille Oase zwischen Geschäftshäusern im Stadtteil Loreto, der Lugano und Paradiso verbindet.

Museo d'Arte Moderna: Gleich im Anschluss an den Belvedere-Park die *Villa Malpensata* mit dem Museum für moderne Kunst. Die lichtdurchfluteten Räume der Seevilla eignen sich ideal zur Präsentation der Luganer Sammlungen, die seit der Restaurierung des Hauses in den 1970er Jahren hier in Wechselausstellungen gezeigt werden (nur dann ist die Villa geöffnet) – die Munch- und Chagall-Ausstellungen in den Jahren 2000 und 2001 fanden weltweites Echo. Zu den Schmuckstücken gehören Werke von Munch, Monet, Rousseau und Pissarro.

Öffnungszeiten Di–So 9–19 Uhr, Eintritt 11 Fr/Erwachsene, 5 Fr/Kinder.

Belvedere – Park und Kunstschau

Monte San Salvatore: Der nach dem Monte Brè (s. u.) beliebteste Hausberg von Lugano. In Geretta, dem Zentrum von Paradiso, startet die *Funicolare*, die 1700 m lange Drahtseilbahn auf die Aussichtsplattform (10 Minuten Fahrtzeit, bis zu 60 Prozent Steigung). Oben dann eine tatsächlich unvergleichliche Aussicht über den Luganer See und die benachbarten Täler sowie den Lago

Lugano Karte vorderer Umschlag

Maggiore und die Lombardei bis hin zu den Schweizer und Savoyer Alpen. Auf dem Gipfel, der allerdings noch 40 Höhenmeter über der Bergstation liegt, wartet eine hübsche Gaststätte mit riesiger Terrasse (März–November in Betrieb), dazu ein kleines Mineralienmuseum sowie ein Naturlehrpfad.

Seilbahn Auf den Monte San Salvatore mit Zwischenhalt in Pazallo zwischen Juni und Oktober tägl. zwischen 8.30 und 19 Uhr alle 30 Min. (im Hochsommer bis 23 Uhr). Einfache Fahrt 14 Fr, Hin- und Rückfahrt 18 Fr (Kinder jeweils die Hälfte). Das Museum ist geöffnet Mi–So 10–12 und 13–15 Uhr (Eintrittspreis im Seilbahnticket inbegriffen).

Umgebung von Lugano

Cassarate

Der zunächst noch städtische, später und nach Osten hin immer grünere Vorort mit Schwimmbad und Sportstätten ist vielen nur als Standort des neuen Messegeländes geläufig. Dabei hat Cassarate eine Menge ruhiger Ecken, die schöne Aussichten auf den See gewähren.

Zum Beispiel den *Porto Comunale*, den Gemeindehafen, mit einem Segelzentrum und einer kleinen Werft, wo Fotoamateure jederzeit lohnende Motive finden. Oder den *Parco San Michele* unweit der Monte-Brè-Talstation: Lauschige Wege, gesäumt von Palmen und Zypressen, Hibiskus und Oleander, führen später in einen Kastanienwald. Und mittendrin die Kapelle *San Pietro delle Erbete*, ein Nationaldenkmal mit Fresken aus dem 16. Jh. Doch wichtiger ist die hinreißende Aussicht von der Terrasse aus. Bilder, die das Tessin berühmt machen: der See, klare Bergkonturen, sonniger Himmel und hie und da eine Palmenkrone.

Monte Brè und Brè

Auf den Hausberg Luganos und in das gleichnamige Bergdorf gelangt man am besten mit der Stadtseilbahn ab Cassarate: 25 Minuten braucht die Bahn für die 1620 m lange Strecke mit fünf Haltestationen auf den 925 m hohen Berg. Sie können aber auch per Bus (Linie 12) oder Pkw (Cassarate–Ruvigliana–Aldesago) die 11 km lange, kurvenreiche Straße nehmen. Oben wartet zunächst das malerische Bergdorf Brè mit einer hübschen Kirche, einem kleinen Museum und einem geschickt angelegten „Künstlerweg“. Dann sind es noch 15 Minuten Fußweg bis zum Gipfel, von wo sich ein grandioser Rundumblick bis hin zu den Walliser und Berner Alpen öffnet – der größte Berg, in gerader Linie über Lugano, ist der Monte Rosa. Knapp unterhalb des Gipfels mehrere Gaststätten, z. B. die „Veta Monte Brè“ (geöffnet von 9.30–18 Uhr).

• *Seilbahn* Auf den Monte Brè tägl. zwischen 9.15 und 18.15 Uhr jede halbe Stunde. Einfache Fahrt 12 Fr, Hin- und Rückfahrt 18 Fr (Kinder zahlen die Hälfte).

• *Übernachten/Essen* **Osteria Monti**, Via Cai 33, ✆ 091/9715751, ℻ 091/9715737. Gerade einmal 3 Zimmer vermietet Urs Etzensperger in seinem romantischen Haus mit klassischer Tessiner Küche, in der das Hausgemachte (Brot, Teigwaren) besonders hervorsticht. DZ 100–108 Fr, EZ 58–62 Fr. Nov.–März sowie Mo geschlossen.

Brè Paese, ✆ 091/9714761. In dem alten, schön renovierten 18-Zimmer-Haus wird Ökologie groß geschrieben – Fax, TV, Kreditkarten gibt es nicht, dafür Gemüse aus dem eigenen Garten und irre Geschichten des Wirts. DZ 136 Fr, EZ 78 Fr.

• *Ferienhäuser* **Ca' Rina**, ✆ 091/9710774. In dem hübschen Häuschen werden 3 Zimmer für 5 Personen vermietet. Sie finden alles für einen gemütlichen Aufenthalt – am besten aber ist die große Terrasse. 750 Fr/Wo.

Edoardo, ✆ 031/3016188. Tolle Aussicht und rustikales Ambiente sind die Pluspunkte in dem 3-Zimmer-Haus für 5 Personen. 550–720 Fr/Woche.

Sehenswertes

Museo Wilhelm Schmid: Erinnerungen an den Schweizer Maler und Architekten Wilhelm Schmid (1892–1971) sowie eine Auswahl seiner Werke (Gemälde, Keramikarbeiten und Skulpturen) sind im ehemaligen Wohnhaus des Künstlers im Ortskern zu sehen. Schmid, der als einziger Vertreter der Neuen Sachlichkeit in seinem Land gilt, arbeitete bis zu seiner Vertreibung 1933 in Berlin (seine Kunst galt als „entartet") und fand dann Zuflucht in Brè.

Öffnungszeiten Apr.–Okt. Do–So 10–12 und 14–18 Uhr; Eintritt frei.

Künstlerweg: Auf dem Weg durch das bergige Brè fällt auf, dass die Wandmalereien schon verblichen und die Skulpturen teils schon demoliert sind. Sei's drum: Die Idee der Gemeindeväter, moderne Kunst zwischen alten Häuserwänden zu präsentieren, sorgt für einen unterhaltsamen Rundgang durch das Dorf.

Kirche Simone e Fidele: Das 1591 erstmals erwähnte Kirchlein fällt durch seine originelle Kirchenglocke auf.

Castagnola

Im Nobelvorort von Lugano sind die besten Bauplätze längst vergeben: Längs des Seeufers, an den Hängen des Monte Brè und zwischen den Oliven- und Lorbeerbäumen des Parco degli Ulivi, der sich am Ufer bis nach Gandria hinzieht, stehen schlossähnliche Villen in Reih und Glied.

An diesem schönsten Fleck am Luganer See haben sich u. a. die Familien Thyssen und Horten angesiedelt. Doch auch Normalsterbliche finden in Castagnola ihre Ziele: Den Park der *Villa Favorita* und das nicht minder besuchenswerte Museum für außereuropäische Kultur dürfen sich Interessierte nicht entgehen lassen; dazu eine kleine Kirche und ein weiteres Museum – einen Besuchstag sollten Sie dafür schon einplanen.

Sehenswertes

Archivo Storico (Casa Carlo Cattaneo): Dokumentiert wird die Arbeit des italienischen Politikers und Publizisten Carlo Cattaneo, der nach der Revolution 1848 aus Italien floh und 1869 in Castagnola starb. Einige Räume widmen sich auch dem Leben und Werk des lettischen Dichter- und Freiheitskämpferpaares Jänis und Aspazija Rainis. Das Archiv ist im einstigen Wohnhaus Cattaneos in der Strada di Gandria 4 untergebracht.

Öffnungszeiten Mo–Fr 9–12 Uhr; Eintritt frei.

San Giorgio: Die Barockkirche oberhalb des Ortes mit Stuckarbeiten aus dem 18. Jh. ist etwas für Freunde der schönen Aussicht und Freunde des Rennsports. Der Rundumblick von dort oben ist – klare Sicht vorausgesetzt – postkartenverdächtig, und auf dem kleinen Friedhof nebenan ruht die Rennfahrerlegende Rudolf Caracciola. Der im rheinischen Remagen geborene Pilot der legendären Mercedes-Silberpfeile lebte im Tessin und wurde nach seinem Unfalltod 1959 in Castagnola begraben.

Villa Favorita: Der Palazzo der rheinischen Stahlbarone Thyssen-Bornemisza hat eine seltsam-aufregende Geschichte, die bis in die Gegenwart reicht. Bis 2003 nämlich war die Villa als Museum noch zugänglich, letzte Reste der weltberühmten Thyssen-Sammlung waren hier ausgestellt. Seitdem aber ist das Haus für das Publikum geschlossen – nur mit Glück gelangt man durch das schmiedeeiserne Tor und kann einen Blick auf den schmucken Palast und den gepflegten Park werfen.

Selten gab es um ein Museum solchen Wirbel. 700 Werke vornehmlich alter Meister aus der weltberühmten Kunstsammlung des Stahlbarons wurden nach langem öffentlichen Hickhack 1992 nach Madrid verlegt. Spanien zahlt dafür eine jährliche Miete von 8 Millionen Franken an die Erben.Begonnen hatte die Kunstkabale 1932. Da fand Baron Heinrich Thyssen-Bornemisza (1875–1947) in der Villa Favorita den geeigneten Ort für die über 1000 Werke seiner Sammlung, die schon damals als wertvollste private Gemäldegalerie der Welt galt und u. a. Arbeiten flämischer, spanischer und französischer Meister vom Mittelalter bis zur Neuzeit umfasste. Thyssen, der sein Geld mit Ruhrstahl gemacht hatte, kaufte das Schloss am Luganer See von Prinz Friedrich Leopold von Preußen, dem das Anwesen die Zypressenallee verdankt. 1948 wurde die Sammlung dem Publikum zugänglich gemacht; nach 40 weiteren Jahren ungebrochener Sammellust der Familie Thyssen wurde das Haus zu klein. Als weder der Kanton noch der Schweizer Staat ein größeres Haus für die Ausstellung bereitstellten, ging der Großteil der unschätzbaren Werke nach Spanien. Die meisten sind nun im Palacio de Villahermosa in Madrid und einige im MNAC-Museum in Barcelona zu bestaunen.

Museo delle Culture Extraeuropee: In dem 1989 eröffneten Museum in der *Villa Heleneum* wird eine einmalige Sammlung außereuropäischer Kultur ausgestellt. 600 Objekte aus Ozeanien, Indonesien und Afrika (Masken, Totems und Skulpturen) haben die einstigen Bewohner des Schlösschens, das Surrealistenpaar Serge und Graziella Brignoni, zusammengetragen und schließlich der Stadt Lugano gestiftet. Die Villa, 1930 im neoklassizistischen Stil nach dem Vorbild des Versailler Trianonschlösschens erbaut, findet man am Uferweg (Via Cortivo 24) im *Parco degli Ulivi* mit seinen schönen subtropischen Bäumen.

Öffnungszeiten April–Okt. Mi–So 10–17 Uhr; Eintritt 5 Fr/Erwachsene, 3 Fr/Kinder.

Gandria/Cantine di Gandria

Sie kommen zwar auch per Auto oder Schiff in den ehemaligen Fischerort, aber am besten machen Sie es zu Fuß. Denn nirgends sonst bekommen Sie einen besseren Eindruck vom Luganer See als auf dem 3 km langen Uferweg nach Gandria.

Sie starten an der Luganer Uferpromenade, passieren den Parco Civico, nutzen dann die Viale Castagnola bis zur Villa Favorita (für dieses Teilstück lässt sich auch die Buslinie 11 benutzen) und gehen schließlich vorbei an Villa und Gärten durch den Olivenpark nach Gandria. Zweitbeste Annäherungsart ist die per Schiff (siehe „Lugano/Verbindungen"), denn nur vom See her können Sie den Ort ganz überblicken. Die Fahrt mit dem Pkw bringt Ihnen dagegen wenig. Gandria, das förmlich am Uferhang klebt, ist autofrei – Parkplätze warten an der Durchgangsstraße, und Sie müssen ohnehin aussteigen und zu Fuß weitergehen.

Das einstige Fischernest hat sich gänzlich dem Fremdenverkehr verschrieben. Viele der 200 Einwohner arbeiten als Kellner oder Hoteliers, als Boutiquenbetreiber oder Schiffsführer. Die Postkartenidylle mit ihren Treppenwegen und dunklen Bogengängen, den bunten Geschäftsauslagen und freskengeschmückten Fassaden wird tagtäglich von Tausenden von Touristen aufgesucht. Und das Kirchlein *San Vigilio*, dessen Campanile die Schindeldächer überragt, sowie der oberhalb des Dorfes gelegene Felsen *Sasso della Predescia* sind die vielleicht meistfotografierten Motive am Luganer See. Freie Plätze auf den Restaurantterrassen am Wasser sind entsprechend Mangelware; auch Unterkünfte kann man nur mit Vorbestellung ergattern.

Villa Favorita – heute nur noch von außen zu bestaunen

Dabei liegt die eigentliche Sehenswürdigkeit – das Zollmuseum – auf der anderen Seeseite im nur per Schiff zu erreichenden **Cantine di Gandria**. Hier präsentiert sich eine andere Welt mit noch urwüchsiger Vegetation und urigen Grotti, die sich wohltuend vom Trubel im herausgeputzten Gandria abhebt. Das sehen offenkundig auch die Einheimischen so: Viele haben ihre einst vom Quellwasser gekühlten Weinkeller (= *cantine*) zur Datscha umgebaut, in die sie sich zurückziehen, wenn der Touristenstrom drüben überschwappt.

• *Übernachten/Essen* **Miralago**, ✆ 091/9714361, ℻ 091/9714113. Nur 5 einfache Zimmer bietet das Restaurant direkt am See an, aber die Panoramasicht ist überwältigend und die Fischgerichte auf den zwei Seeterrassen auch. DZ 100 Fr, EZ 50 Fr.

Locanda Gandriese, ✆ 091/9714181, ℻ 091/9760659; locanda@pacchin.com. Die Osteria bei der Kirche liegt über dem See, den man von der Terrasse weit überblicken kann. Die 4 einfachen Zimmer sind angesichts des Service – auch im Lokal – erstaunlich preiswert. DZ 100 Fr, EZ 60 Fr.

Moosmann, ✆ 091/9717261, ℻ 091/9717132; www.hotel-moosmann-gandria.ch. Alte Bäume beschatten die Liegewiese direkt am See, und auch sonst bietet das edle Kleinhotel (28 Zimmer) viel Komfort in romantischer Umgebung. Das von April bis Okt. geöffnete Drei-Sterne-Haus offeriert Sonderpreise bei längerem Aufenthalt. DZ 160–226 Fr, EZ 100–146 Fr.

• *Essen und Trinken* **Antico**, das typische Tessiner Lokal im Dorfkern von Gandria verfügt über eine große erhöhte Terrasse über dem See. Und die unvergleichliche Aussicht ist gratis. Ansonsten empfehlen wir „Risotto Mari e Monti". Nov.–März und Mi geschl.

Grotto Descanso, der Grotto am Ufer von Cantine di Gandria hält, was der Name verspricht: Ruhe, die zum Verweilen einlädt. Wer dann den frischen Fisch oder „Risotto con Porcini" probiert, kommt auf seine Kosten. Nicht vergessen: Das letzte Schiff fährt um 22 Uhr.

Grotto Teresa, oberhalb des Weilers Cantine, 200 m vom Zollmuseum (s. u.) entfernt, im Schatten hundertjähriger Akazien auf einer Terrasse über dem See. Auch hier glänzt die Küche mit gegrilltem Fisch. Geöffnet von Mai bis Mitte Okt.

Sehenswertes

Museo Doganale Svizzero: Das Haus, in dem das Schweizer Zollmuseum in Cantine di Gandria seinen Sitz hat, ragt gelb, dreistöckig und reichlich hässlich aus dem dichten Wald; schon von weitem ist die Zollstation aus dem Jahr 1865 erkennbar. So ungewöhnlich wie das Gebäude sind auch die Exponate: Präsentiert werden Grenzsteine und Schmugglerware, Waffen und Boote, aber auch Computer-Simulationen und Beispiele für Warenfälschung. Das in seiner Art in Europa einmalige Museum ist eine einzige Werbeveranstaltung des Zolls – es gibt Gewinnspiele, man kann eine CD-ROM kaufen und sich vom Schweizer Zoll anwerben lassen. Das ist manchmal schrullig, aber immer interessant.

Öffnungszeiten Apr.–Okt. tägl. von 13.30–17.30 Uhr; Eintritt frei. Man erreicht Cantine di Gandria per Linienschiff von Lugano (via Gandria; vgl. „Verbindungen/Lugano").

Wanderung 12: Rundwanderung über die Alpe Bolla

Die gut dreistündige Höhenwanderung lässt sich auch im Dorf Brè beginnen, wenn man auf sein Auto nicht verzichten mag. Schöner ist aber die Anfahrt per Bus und Drahtseilbahn.

Sie nehmen die Buslinie 12 auf den Monte Brè, steigen aber an der vorletzten Haltestelle in *Aldesago* aus. Auch zu Fuß bleiben Sie zunächst auf der Straße zum Monte, biegen aber in der Rechtskurve der Straße ab, wo der Seilbahnviadukt einen Durchlass gewährt – dieser breite Pfad führt Sie in 30 gemütlichen Minuten zum Dorf Brè.

Das malerische Dorf wird bis zum Nordausgang durchwandert. Ihr Weg ist ein alter Saumpfad, der die neuere Forststraße mehrmals quert. Acht geben müssen Sie an der Wassereinfriedung „Carbonera". Dort zweigt ein anderer Pfad zum *Monte Boglia* (1516 m) ab, während der Weg zur *Alpe Bolla* westlich abknickt. Weiter geht es bergauf, von Brè (925 m) sind immerhin fast 200 Höhenmeter bis zum Scheitelpunkt zu schaffen. Aber ab Höhe 1114 m flacht der Weg ab und führt fast ohne Steigung zur *Alpe Bolla.* Nach gut zwei Wanderstunden ist das alte Grenzwächterhäuschen erreicht; dort findet man auch einen einfachen Berggasthof, in dem man rasten kann.

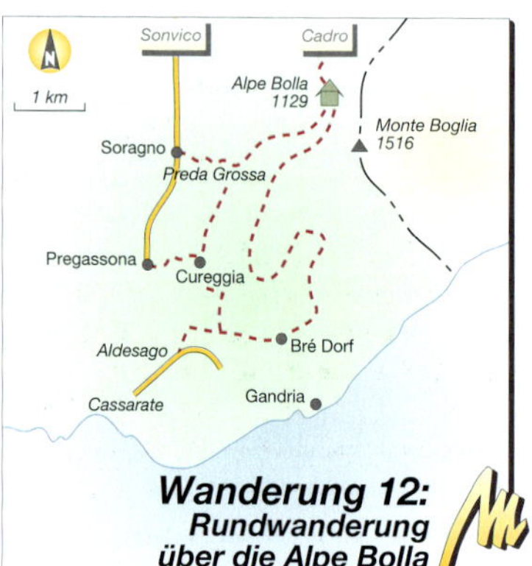

Der 45-Minuten-Abstieg nach *Curregia* zweigt vom Herweg am Waldsaum ab. Der einst steile Pfad ist mittlerweile zu einem bequem begehbaren Weg umgebaut worden. Beim Grotto „Preda Grosa" (Einkehrmöglichkeit) zweigt ein anderer Saumpfad nach Soragno ab – unser Weg aber steigt nach Süden weiter nach *Curregia* ab. Schon beim Abstieg, aber mehr noch in dem Ort mit seinen urigen Kneipen eröffnen sich großartige Aussichten auf den Luganer See und die umliegenden Täler. An der Osteria „San Gottardo" knickt der gut ausgebaute, ausgeschilderte Weg nach *Aldesago* ab. Über das kleine Tal des *Cassone* erreichen Sie nach 20 Minuten den Saumpfad nach *Brè,* den Herweg. Jetzt nach rechts abbiegen, und wenige Minuten später ist nach knapp 3,5 Wanderstunden mit *Aldesago* der Ausgangs- und Endpunkt der Tour erreicht.

Denti della Vecchia – der Höhenzug beherrscht die Region

Valli di Lugano

Die drei „Täler von Lugano" ragen wie ausgestreckte Finger der rechten Hand von Lugano gen Norden – das durch die Autobahn um seinen Charme gebrachte Val Vedeggio, das Val Capriasca und das kleine, romantische Val Colla, das nach Nordosten strebt, bilden die letzte Alpenbastion vor der Seeregion.

Sanfte Hänge mit zuweilen markanten Felsformationen haben die Eiszeitgletscher im Norden von Lugano angehäuft; die Moränenlandschaft der drei Täler lässt viel Platz für uralte Dörfer und moderne Villen. Vor allem das vom Verkehr stark belastete **Val Vedeggio** (mit Autobahn, Kantonalstraße und Eisenbahnlinie eine der wichtigsten Verkehrsadern des Kantons) ist stark „zerhäuselt", wie Schweizer die Zersiedelung beschwichtigend nennen. Dennoch finden sich ruhige Ecken, die geruhsame Ferien oder auch nur einen Tagesausflug wert sind.

Auch das **Val Capriasca** zählt zu den dichtestbesiedelten Gegenden im Tessin; viele, ehemals malerische Dörfer haben sich zu Schlafstädten von Lugano gewandelt. Doch der einstige Luftkurort **Tesserete**, die Hauptstadt der Valli di Lugano, oder das kleine, kunstgeschichtlich sensationelle **Ponte Capriasca** machen manche Verschandelung wett und einen Besuch des schönen Tales lohnend. Zumal das Klima gerade für Menschen mit Atemwegserkrankungen als besonders heilsam gilt.

Das kleinste der drei Täler ist das unberührteste und wildeste: Furchig und tief eingeschnitten zweigt das fast schon weltabgeschiedene **Val Colla** bei Tesserete vom Capriascatal nach Nordosten ab. Beherrscht wird es von den bizarren Felszacken **Denti della Vecchia** (= Zähne der Alten), die nur besonders verwegene Trekker zur Gratwanderung verleiten können.

Karte S. 197

Val Vedeggio

Von Agno bis zum Monte Ceneri verläuft das 35 km lange Tal fast schnurgeradeaus. Doch auf Landkarten ist es kaum erkennbar – die Autobahn N 2 verdeckt den Talgrund. Und die Wirklichkeit sieht genauso aus.

Nicht nur Abgase und Straßenlärm setzen Mensch und Natur zu. Die Kirche von **Bironico** im Norden des Tales beispielsweise wurde durch die Erschütterungen der Eisenbahn derart in Mitleidenschaft gezogen, dass der Campanile wegen Einsturzgefahr abgerissen werden musste; der neue Glockenturm ist hübsch hässlich. Und auf der anderen Seite der Autobahn, im schmucklosen **Rivera**, bekannt als Talstation der Monte-Tamaro-Gondelbahn, wurde das Rasthaus der Landvögte durch Straßenbauarbeiten so verschandelt, dass die 350 Jahre alte Fassade kaum mehr auszumachen ist.

Urlauber und Ausflügler zieht es darum in die Seitentäler wie das reizvolle **Val d'Isone** am Oberlauf des Flusses Vedeggio oder zumindest die Hänge hinauf in die Moränenlandschaft zwischen Capriasca- und Vedeggiotal. Und manche fahren nach **Cureglia** mit dem freskenverzierten Stammhaus der Malerfamilie Tarilli oder in den Ferienort **Origlio** mit seinem kleinen See.

Origlio

Die 1150 Einwohner des 700 Jahre alten Dorfes stammen mindestens zur Hälfte aus dem nur 8 km entfernten Lugano. Sie entfliehen am Feierabend der geschäftigen Stadt und finden in den stattlichen Villen des Ortes, von denen viele aus dem 15. Jh. stammen, großartigen Wohnraum – und Ruhe und Erholung am *Lago d'Origlio*. In dem unter Naturschutz stehenden See darf man fischen und baden, aber nicht Boot fahren und vor allem nicht die seltenen Wasservögel stören.

Die Urlauber eifern den Einheimischen nach. Unterstützt werden sie dabei vom alles beherrschenden Country Club, der für viel Geld zwei Reitschulen, Tennisplätze, ein Hallenbad und Fitnessanlagen bereitstellt. Nur das Angeln im See ist vergleichsweise preiswert – dazu brauchen Sie bloß eine Lizenz des Gemeindeamtes.

Information/Verbindungen

- *Information* Das Verkehrsbüro für die Valli di Lugano befindet sich in **Tesserete**. ✆ 091/9431888 (s. S. 198).
- *Verbindungen* Der Ort ist nur per Postbus von und nach Tesserete (Station am ehemaligen Bahnhof, Weiterfahrt s. „Verbindungen/Tesserete“) zu erreichen: 12-mal tägl. zwischen 9.10 und 19.25 Uhr.

Übernachten/Essen und Trinken

- *Pensionen/Restaurants* **Origlio**, ✆ 091/9452310. Das Haus in der Via Cantonale ist nicht schön, und die 5 Zimmer sind sehr einfach. Aber die Pension über dem Restaurant, das leckere, preiswerte italienische Spezialitäten auf den Tisch bringt, ist die billigste Unterkunft im Ort. DZ 94 Fr, EZ 47 Fr.

Le Betulle, ✆ 091/9665295. Direkt am lauschigen See liegt die Pizzeria, die auch 7 große Zimmer anbietet, in denen bis zu 4 Personen genügend Platz finden. So gesehen ist der Preis nicht übertrieben: DZ 120 Fr, EZ 60 Fr.

Deserto, ✆ 091/9451216, ℻ 091/9455072. Das Landgasthaus in einem alten Tessiner Gutshof ist ein guter Tipp: ruhig (mitten im Grünen), komfortabel (12 ansprechende Zimmer mit Du/WC, Radio, TV und Tel.), dabei rustikal und geschmackvoll eingerichtet. Und die Speisekarte kann sich auch sehen lassen. DZ 150–190 Fr, EZ 67–90 Fr.

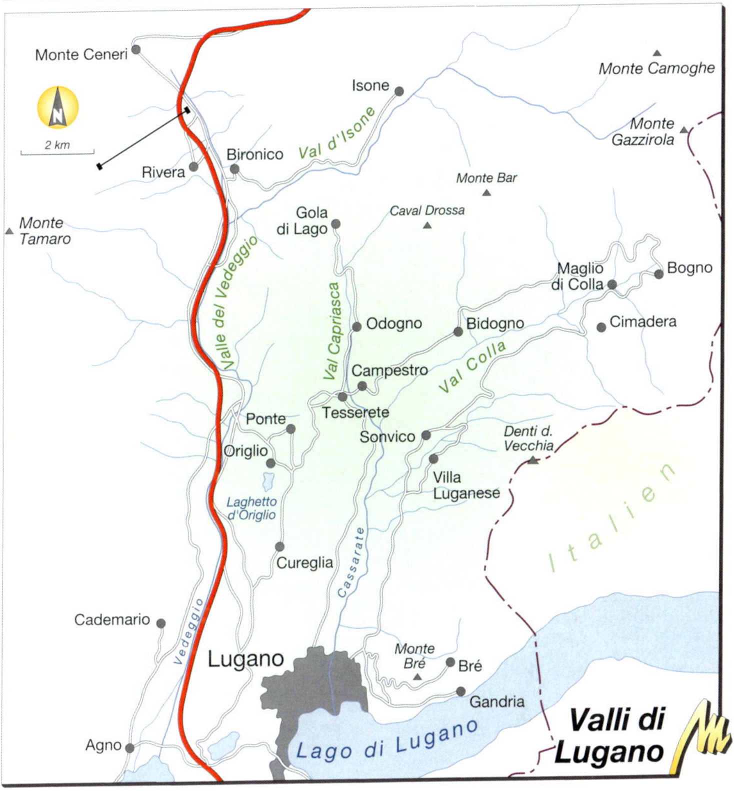

Roncaccio, ✆ 091/9662746, 📠 091/9674924. Im Nachbarort Cureglia sind in dem roten Kastenbau 12 unterschiedlich ausgestattete und unterschiedlich teure Zimmer zu mieten. DZ 110–120 Fr, EZ 70–80 Fr.

Country Club, ✆ 091/9454646, 📠 091/9451031; www.hoteloriglio.ch. Der Hit weit und breit – die hypermoderne Anlage mit 58 piekfeinen Zimmern (fast alle mit großem, begrüntem Balkon) liegt in der Nähe des Sees und ist umgeben von Kastanienwäldern. Zudem werden jede Menge Spezialangebote gemacht: Tennis-, Reit-, Golf- oder Beautywoche für 1200, 1440, 1450 bzw. 1380 Fr, das Weekend-Arrangement für 290 Fr und Ähnliches mehr. Die normalen Tagespreise: DZ 260–420 Fr, EZ 155–205 Fr.

Osteria del Pino, ✆ 091/9673725. Der Grotto liegt – von Lugano kommend – am Eingang von Cureglia. Zu empfehlen ist die Hausmannskost (tägl. 4 Menüs; probieren Sie die selbst gemachten Gnocchi). Wirklich gut der gegrillte Fisch.

Grotto Ticinese, ✆ 091/9671226. Am anderen Dorfeingang von Cureglia wartet dieser 100-jährige Grotto. Fast so alt sind auch die 15 Merlot-Sorten im Angebot – die guten Weine sind das Plus dieser Wirtschaft mit einem großen Garten voller schattiger Bäume hinter dem unscheinbaren Haus.

• *Ferienhäuser und -wohnungen* **Casa Truninger**, ✆ 091/3914520. Das hübsch eingerichtete 3-Zimmer-Häuschen im Ort ist gut ausgestattet (Haushaltsgeräte, TV, Radio und Tel.). 600 Fr/Wo.

Casa Primula, ✆ 091/9451216. Vier Appartements (1 bis 2½ Zimmer) werden in dem großen Haus mitten im Ort angeboten. Nicht gerade üppig eingerichtet, aber auch nicht besonders teuer: 50–80 Fr pro Tag und Person.

• *Camping* **Moretto**, ✆ 091/9667662, www.campingtcs.ch. Der mit 120 Parzellen recht große Zwei-Sterne-Platz liegt bei Cureglia und ist nur drei Kilometer von Lugano entfernt. Außer einer Pizzeria wird auf dem Platz, von Apr.–Okt. geöffnet, nichts angeboten. Dafür sind die Pauschalpreise (33–44 Fr) die günstigsten weit und breit; das ganze Jahr geöffnet.

Taverne, ✆ 091/9451168. Der Platz liegt im Vedeggiotal bei Taverne (nahe der Autobahn). Er ist nur bis Sept. geöffnet und verfügt über 180 Stellplätze, einen kleinen Shop und gerade noch annehmbare Sanitäranlagen, die schon seit langem renoviert werden sollen (35 Fr).

Pallazzina, ✆ 091/9461467. Den besten Platz weit und breit findet man in Mezzovico (noch einmal 4 km nördlich an der Autobahn). Auf dem in jeder Hinsicht gut ausgestatteten Drei-Sterne-Platz mit 140 Parzellen finden Kinder ihren Spielplatz und die Eltern Einkaufsladen und Kneipe. Das alles zu ungewohnt zivilen Preisen: 38 Fr/Person.

Val Capriasca

Gazzirola und Camoghè heißen die 2000 m hohen Gipfel, die das Tal nach Norden absperren. Sie wirken wie eine Staumauer für die stete Brise, die vom Lago di Lugano ins Tal weht und dem Val Capriasca die frische und gesunde Luft der Seelandschaft beschert.

Das gilt vornehmlich für den Hauptort des Tales, für den Luftkurort **Tesserete**, dessen Grandhotel einst begüterten Lungenkranken als Unterkunft diente. Heute ist in dem prächtigen Palazzo am Ortseingang eine Herberge mit gerade noch zwei Sternen und zumutbaren Preisen untergebracht. Und auch ansonsten kann das grüne Tal nur mit wenigen Sehenswürdigkeiten aufwarten, dafür mit um so mehr Wanderrouten oder kleineren Rundwegen, die auch für Spaziergänger geeignet sind.

Tesserete

Hoch über dem 1200-Einwohner-Dorf klebt das Kloster Bigorio, die älteste Heimstatt der Kapuzinermönche in der Schweiz.

Das immer noch als Tagungsstätte bewirtschaftete Kloster kann nicht besichtigt werden, aber der Aufstieg lohnt auch der schönen, weiten Aussicht wegen – einer der vielen Spaziergänge, die der Verkehrsverein von Tesserete Sommer für Sommer organisiert.

Keine Frage – das Dorf hat schon bessere Zeiten erlebt, zumal es einst das politische Zentrum der Valli di Lugano war. Davon zeugt noch der Bahnhof im Zentrum, der heute keine Funktion mehr hat, denn die Bahnlinie nach Lugano wurde schon in den 1970er Jahren mangels Nachfrage eingestellt. Immerhin aber hat Tesserete in kultureller Hinsicht einiges aufzuweisen: Neben einem sommerlichen Rockkonzert unter freiem Himmel bietet der Ort mit der einzigen ambrosianischen Fastnacht im Tessin (drei Tage später als sonst üblich) ein besonderes Karnevalsvergnügen. Außerdem wird in der Kirche *Santo Stefano* die ambrosianische Liturgie gefeiert, die es sonst nur in der Region um Mailand gibt.

• *Information* **Ente turistico Valli di Lugano**, im ausrangierten Bahnhof von Tesserete, ✆ 091/9431888, ℻ 091/9434212, www.vallidilugano.ch. Mo–Fr 8–12 und 13–17 Uhr, nur im Sommer auch Sa 9–12 Uhr. Die freundlichen Damen sprechen hervorragend Deutsch und helfen gern bei allen möglichen und noch so unmöglichen Fragen.

• *Verbindungen* Zwei **Buslinien** verbinden vom Bahnhof aus mit Lugano (17-mal tägl. zwischen 6.20 und 19.25 Uhr) und mit Origlio (12-mal tägl. zwischen 8.35 und 19.05 Uhr).

• *Übernachten* **Stazione Tesserete**, ✆ 091/9431502, ℻ 091/9435569. Die Pension der Familie Besomi ist kein Schmuckstück und mit 8 Zimmern (Du/WC, TV/Tel.) auch nicht

Tesserete – verblichener Charme im Grandhotel

ALBERGO
TESSERETE
HOTEL

besonders groß. Aber das Restaurant bietet Tessiner Hausmannskost, und der Kinderspielplatz ist besonders pfiffig. DZ 130–140 Fr, EZ 80–90 Fr.

Villa Capriasca, ✆ 091/9434573, 📠 091/9435539; www.villa-capriasca.ch. Das kleine Garni-Hotel liegt äußerst ruhig inmitten einer Parkanlage. Die 12 Zimmer (Du/WC, TV/Tel.) sind geschmackvoll eingerichtet und für dieses Angebot sogar preisgerecht: DZ 150–160 Fr, EZ 105 Fr.

Tesserete, ✆ 091/9432444, 📠 091/9433417; www.hotel-tesserete.ch. Aus dem einstigen Grandhotel in einem sehenswerten Palazzo ist ein gut geführtes, komfortables Zwei-Sterne-Hotel geworden. Mit immer noch 36 Zimmern (Du/WC), die jedoch nicht mehr top sind. Das gilt aber gottlob auch für die Preise: DZ 136–156 Fr, EZ 80–90 Fr. Auf Vorbestellung gibt es abends ein einfaches Menü.

Gloria, ✆ 091/9431985, 📠 091/9434679. Im Nachbarort Vaglio findet sich dieses moderne Hotel mit Schwimmbad und 16 schön-funktionalen Zimmern (Du/WC). DZ 100–180 Fr, EZ 60–75 Fr (nur von Apr.–Okt. geöffnet).

• *Ferienhäuser und -wohnungen* **Al fiume**, ✆ 091/9434449. Das „Häuschen am Fluss" mit großen Garten hat Platz für 4 Personen in 2½ Zimmern. 450–650 Fr/Woche.

Casa de Luigi, ✆ 032/466388. 5 km nördlich (in Odogno) liegt das große Haus mit 4½ Zimmern und Platz für 7 Personen. Für Kinder besonders schön der große Garten – und auf die Glotze brauchen die Kleinen auch nicht zu verzichten.130–180 Fr/Tag.

Casa Ferrari, ✆ 091/9432023. Ebenfalls in Odogno vermietet Franco Ferrari eine 5-Zimmer-Wohnung, die hervorragend ausgestattet und auch für Behinderte geeignet ist. Für 4 Personen beträgt die Tagesmiete 120 Fr.

Casa Estia, ✆ 091/9431983. Das Studio in Campestro (1 km südlich von Tesserete) reicht für 2 Personen. Der Preis ist genauso wenig übertrieben wie die Einrichtung: 25 Fr pro Tag und Person.

• *Essen und Trinken* **Ristorante Stazione**, das Lokal im gleichnamigen Hotel (s. o.) ist Restaurant mit guter heimischer Küche und Pizzeria unter einem Dach. Darum treffen sich hier Jung und Alt, Auswärtige und Einheimische zuhauf.

Trattoria del Giardino, der Name des preiswerten Lokals im Nachbarort Ponte Capriasca ist Programm: Man sitzt tatsächlich am gemütlichsten im Garten unter hohen Kastanien oder unter der schönen Pergola. Und isst dort am besten hausgemachte Wurstwaren aus Pferdefleisch.

Sehenswertes in Tesserete und Umgebung

Santo Stefano: Die Pfarrkirche von Tesserete ist etwas für Stilkenner, denn romanische, gotische und barocke Elemente sind hier gemischt. Die Propstei wurde 1098 erstmals erwähnt – aus dieser Zeit stammt der 50 m hohe Campanile mit seinem schönen Glockenspiel. 1450 wurde die Kirche erneuert – aus dieser Zeit stammen die Fresken. Und 1792 wurde der Chor barock ausgestattet – aus dieser Zeit stammen Seitenkapelle und Säulenvorhalle.

San Ambrogio: Das häufig nur als Ponte bezeichnete *Ponte Capriasca* (2 km südwestlich von Tesserete) kann mit einer Kunstsensation aufwarten: In seiner Pfarrkirche San Ambrogio hängt eine Kopie von Leonardo da Vincis „Abendmahl", viel besser erhalten als das Original in Mailand. Es wird vermutet, dass das Gemälde von da Vincis Lieblingsschüler Francesco Melzi stammt und fünf Jahre nach dem Original entstanden ist (um 1545). Zweifel an der Herkunft des Bildes bleiben aber bestehen, zumal unklar ist, wie die großartige Kopie gerade in dieses unbedeutende Dorf gelangte. Immerhin verdanken Kunsthistoriker der Nachbildung wichtige Erkenntnisse über Maltechnik und Farbverwendung des Originals.

Naturlehrpfad San Zeno: Zwischen Ponte Capriasca und Origlio liegt der 3,5 km lange San-Zeno-Naturlehrpfad. An zehn Stationen erfährt man zwar viel Wissenswertes über die Kastanienwälder, durch die man während des Rundgangs wandert, doch weit informativer ist das kleine Merkblatt, das man im Ente turistico in Tesserete bekommt.

„Das Abendmahl" im Tessin – die Kunstsensation in Ponte Capriasca

Kastanienpark: Der 1997 eröffnete *Parco del castagno* bei Ponte Capriasca enthält auf 2 ha sechs „Erlebnisräume", ein Biotop und eine Verpflegungszone. An jedem Mittwoch im Sommer – Treff um 14 Uhr am Verkehrsbüro von Tesserete – gibt es einen geführten Rundgang nebst Besuch auf einem Bauernhof.

Val Colla

Das lange unzugängliche Quelltal des Flusses Cassarate, der in Lugano in den See mündet, ist fast unberührt. Nur zwei kleine, kurvige Straßen auf beiden Seiten des Flusses, der eigentlich ein Bach ist, bringen seit etwa 40 Jahren ein wenig Leben in die stillen Bergdörfer, die verwegen am Hang kleben: Sporendörfer nennt man die Siedlungen wegen ihrer kompakten Form. Der eigentliche Reiz des Tals mit den vielen Wildbächen liegt aber in seinen Wandergebieten (vgl. Wanderung 13).

Valli di Lugano
Karte S. 197

Bidogno

Die Ortschaft mit nicht mehr als 300 Einwohnern, einstmals das Dorf der Kupferschmiede und Kesselflicker, liegt 4 km hinter dem Taleingang bei Tesserete. Das historische Ortsbild ist schon Sehenswürdigkeit genug; doch ein Spaziergang nördlich des Dorfkerns lohnt noch mehr. Dort erhebt sich ein von leider verdrahteten Bildstöcken aus dem 18. Jh. gesäumter Kreuzweg hinauf zur Wallfahrtskirche *Santa Maria delle Grazie*. Sie wurde 1646 erbaut, noch deutlich erkennbar am Barocktürmchen, und Anfang des 19. Jh. erweitert.

• *Information* Auch für das Val Colla ist der Ente turistico in **Tesserete** (Val Capriasca) zuständig (s. S. 198).

• *Verbindungen* Der **Postbus** aus Lugano erreicht via Sonvico 14-mal tägl. alle Talorte. Der erste Bus fährt um 7.20, der letzte um 19.15 Uhr. Querverbindungen zwischen den Tälern gibt es nur wenige: nur 2-mal täglich nach Tesserete.

• *Übernachten/Essen* **Federale**, ✆ 091/9431866, ✆ 091/9436758. Herberge, Ristorante und Minimarkt sind in dem typischen Tessiner Natursteinhaus untergebracht. Da bleibt für die 2 einfachen Zimmer nicht viel Platz: DZ 96 Fr, EZ 48 Fr.

Campana, ✆ 091/944101. Fünf Kilometer nördlich (in Maglio di Colla) liegt dieses Landgasthaus mit großem Garten und 5 schlichten, funktionalen Zimmern (Du/WC). Zu essen gibt's einfache Tessiner Kost. DZ 120–140 Fr, EZ 75 Fr.

Locanda San Lucio, ✆ 091/9441303, ℻ 091/9441657; www.sanlucio.ch. Noch weiter nördlich zum Talschluss hin (in Bogno) finden Sie dieses gepflegte Landhotel mit 13 geräumigen, hübschen Zimmern: Sie können hier Pferde leihen oder Fahrräder mieten, im wunderschönen Schwimmbad planschen oder im gemütlichen Ristorante kulinarische Feinheiten genießen. Außerdem gibt es eine Disko im Haus. DZ 140–160 Fr, EZ 70–80 Fr.

• *Ferienhäuser und -wohnungen* **Casa al Vento**, ✆ 01/9417770. Sechs große Zimmer bietet das eher mittelmäßig eingerichtete Haus in Bidogno, das allerdings über eine große Terrasse verfügt. 350–650 Fr/Wo.

Casa Ruedi, ✆ 041/3707347. Nahe der Kirche liegt dieses kleine Häuschen mit hübschem Garten, das in 2 Zimmern bis zu 4 Personen Platz bietet. 110 Fr/Tag.

• *Essen und Trinken* **Grotto Monte Creda**, ✆ 091/9431195. Am Fuße der „Denti della Vecchia" und 2 km oberhalb von Villa Luganese finden Sie den populären Grotto auf fast 900 m Höhe (Wegweiser am Dorfrand). Schon die Aussicht auf das Tal wäre Grund genug für einen geruhsamen Nachmittag unter 100-jährigen Nussbäumen. Aber Marias Küche ist für viele noch ausschlaggebender – probieren Sie im Herbst die Wildgerichte, vor allem den Rehrücken. Zu anderen Jahreszeiten schmecken Wachteln und Kaninchen (jeweils mit Polenta) besonders gut.

Grotto degli Amici, ✆ 091/9435191. Dieser über 100 Jahre alte Grotto in Villa Luganese (Wegweiser „Tennis" folgen) bietet einfache Tessiner Kost. Aber der Apfelkuchen ist unübertroffen. Und wenn Sie am 15. August vorbeikommen, erleben Sie das alljährliche Sommerfest. Mo geschlossen.

Grotto Arla, 3 km oberhalb von Sonvico liegt dieser Grotto nahe der Kapelle Madonna d'Arla. Auch hier ist der Speisezettel traditionell einfach – bei Bergkäse und Pilzgerichten liegen Sie immer richtig.

Grotto del Magnan, dieser Grotto neben Bach und Wald liegt ganz am Ende des Val Colla in Bogno (ausgeschildert). Besonders originell ist, dass Sie sich hier Ihre Forelle selber fangen können, bevor sie auf den Grill geworfen wird. Mo geschlossen.

Sonvico

Unterhalb des Zusammenflusses der beiden Talflüsse Capriasca und Cassarate liegt das alte Städtchen mit den Resten mittelalterlicher Befestigungsanlagen. Auffallend stattliche Bürgerhäuser prägen das Bild des 1200-Einwohner-Ortes, der während der Kämpfe zwischen Como und Mailand als Außenposten von Lugano strategische Bedeutung hatte. Die Pfarrkirche *Giovanni Battista* (15. Jh.) am südlichen Dorfrand besitzt gotische Fresken und Stuckaturen aus dem 17. Jh.; die einen Kilometer abseits vom Dorf und etwa 100 m höher gelegene Kapelle *San Martino sul Colle* gilt als älteste Talkirche. Sie entstand, wie an dem romanischen Campanile ablesbar, wohl im 11. Jh.

Cimadera

Von dem 1087 m hoch gelegenen Bergnest am Talschluss hat man eine grandiose Aussicht über das Val Colla. Eine Straße führt von *Piandera* herauf, die Wanderern auf ihrem Weg zu den Felstürmen der Denti della Vecchi die Anfahrt erleichtert.

Wanderung 13: Am Fuß der Denti della Vecchia

Die dreistündige Bergwanderung führt mit Ausnahme einer kleinen Steigung zu Beginn stets bergab, verläuft teilweise auf breiten Wegen und ist gut markiert.

An- und Abfahrt: per Postbus ab Lugano via Sonvico (s. „Lugano/Verbindungen").

Cimadera am Talschluss des Val Colla ist Endstation des Postbusses und gleichzeitig Startpunkt dieser Wanderung. Der ansonsten markierte Aufstieg zur *Alp Pairolo*, dem ersten Zwischenziel, beginnt an einer schmalen Erhebung über dem Dorf. Dort führt eine Piste breit und gemächlich ansteigend und mit herrlicher Aussicht ins Tal in einer Wanderstunde zur 250 m höher gelegenen Hütte der Luganer Sektion des Alpenvereins. *Alp Pairolo* auf 1344 m Höhe ist im Sommer bewirtschaftet, so dass sich eine Rast geradezu anbietet, zumal man von hier eine weite Sicht nach Norden hat.

Von der Hütte aus verläuft die weitere Wanderung nur noch bergab. Zunächst führt der Abstieg über einen kleinen, deutlich erkennbaren Weg an einem Bergkamm vorbei. Schon bald sind linker Hand die bizarren, 1500 m hohen Felstürme der *Denti della Vecchia* auszumachen. Besonders eindrucksvoll erscheinen sie, wenn der Weg sich nach insgesamt 1,5 Wanderstunden unvermittelt zu den Häusern des meist verlassenen Weilers *Cioascio* (1027 m) absenkt.

Auf dem Pfad geht es nun stetig in südlicher Richtung weiter bergab. Nach gut 30 Minuten zweigt rechts ein ausgeschilderter Weg nach *Sonvico* ab. Wenn Sie die Wanderung abbrechen wollen, steigen Sie von hier aus ab. Nach 20 Minuten erreichen Sie das mittelalterliche Städtchen, in dem der Bus hält.

Wer die Tour fortsetzen will, bleibt auf dem Pfad und erreicht nach dann insgesamt 3 Wanderstunden *Villa Luganese* (597 m). In dem 300-Einwohner-Dorf gibt es eine kleine Barockkapelle und einige Grotti (s. „Bidogno/Essen und Trinken"), die zur Besichtigung oder Rast einladen. Zum Endpunkt der Wanderung, dem Dorf *Cadro*, gelangt

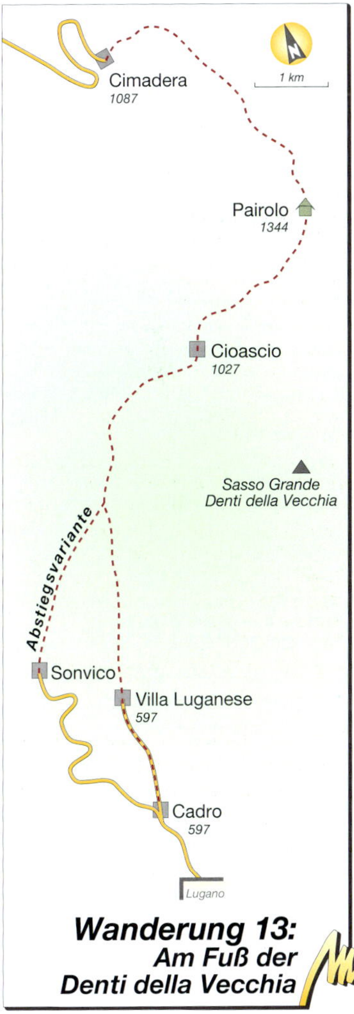

man schließlich nach weiteren 20 Minuten auf demselben Weg, der schon nach Villa Luganese geführt hat. In Cadro hat man dann wieder Anschluss an den Postbus nach Lugano.

Valli di Lugano
Karte S. 197

Monte Tamaro – zwischen Himmel, Kirche und Berg

Malcantone

Die Region erstreckt sich vom westlichen Seitenarm des Lago di Lugano bis zur italienischen Grenze, wo sie von einem Gebirgszug mit den touristisch erschlossenen Aussichtsgipfeln Monte Lema (1624 m) und Monte Tamaro (1961 m) abgeschlossen wird. In ihrem Kontrastreichtum ist sie geradezu typisch für das Tessin. Der Besucher erlebt ein wahres Wechselspiel zwischen eleganten Ferienorten am betriebsamen See und stillen Dörfern im waldigen Hügelland.

Die Menschen im fruchtbaren „Land zwischen Sopraceneri und Sottoceneri“ lebten früher von Landwirtschaft und Bergbau. Abgebaut wurden vor allem Blei und Zink, vereinzelt sogar Gold und Silber. Der Regionsname weist noch heute darauf hin, denn die erste Silbe ist vom Wort „magli“ (= Hammerschmiede) abgeleitet. Daher rührt auch der Name des Flusses **Magliasina**, der die Landschaft durchschneidet.

Wie Ausgrabungen am Monte Lema belegen, haben schon Kelten, Etrusker und Römer die Bodenschätze ausgebeutet. Außerdem machten sie sich die strategisch günstige Lage der Region im geographischen Mittelpunkt des Tessins zunutze. Beide Vorzüge waren auch der Anlass für die Gebietsstreitigkeiten, die im Mittelalter zwischen den Machtzentren Mailand und Como ausgefochten wurden, bis die Region 1516 zusammen mit Lugano an die Schweizerische Eidgenossenschaft fiel.

Landwirtschaft und Bergbau waren zwar auch in der Folgezeit die wichtigsten Einnahmequellen der Bevölkerung; ausreichend ernähren konnte sie beides allerdings auf Dauer nicht. Viele zogen ins Ausland und versuchten als Maler, Dachdecker oder Baumeister ihr Glück. Wer zurückkehrte, war in der Regel nicht nur finanziell saniert, sondern auch mit einer gehörigen Portion Weltoffenheit ausgestattet. Vielleicht ist das der Grund für die sprichwörtliche Geselligkeit der Malcantoneser, die in den zahlreichen Grotti der Region tagtäglich unter Beweis gestellt wird.

Goldgräber im Malcantone

Landvogt Johannes Wild bekam im Januar 1785 ungewöhnlichen Besuch: Giovanni Trezzini aus Astano beantragte den Bau einer Grube, weil er im Malcantone nach Gold schürfen wollte. Die berühmten Trezzinis waren bislang nur als Architekten hervorgetreten; Vater Domenico beispielsweise half Peter dem Großen beim Bau der Petersfestung. Sohn Giovanni blieb daheim und ernährte sich fortan fürstlich von den Goldvorkommen. Es dauerte aber noch 70 Jahre, bis 1853 das erste Minenregister erstellt wurde: 90 Goldgräber wurden eingetragen. Der Tessiner Goldrausch hielt allerdings nur bis 1920 an. Danach versiegten die Minen, und auch die davon abhängigen Mühlen und Schmieden verfielen zusehends. Einzig die Schmiede von Aranno wurde 1992 renoviert, freilich nur zu touristischen Zwecken. Und die Wiedereröffnung der Goldmine von Sessa scheiterte am Widerstand der Bevölkerung, die eine übermäßige Umweltbelastung befürchtete.

Agno

Das Städtchen am Westarm des Luganer Sees und der begradigten Mündung des Flüsschens Vedeggio ist von fruchtbaren Äckern und Weinbergen umgeben. Nur merkt man das kaum, denn die Gegend um Agno hat sich zu einem Verkehrsknotenpunkt entwickelt, in dessen Straßengewirr man sich fast nur noch nach dem Prinzip „trial and error" zurechtfinden kann.

Das liegt in erster Linie daran, dass in Agno der einzige Airport des Kantons angesiedelt ist. Entsprechend hektisch ist die Atmosphäre in der mit 2700 Einwohnern größten Gemeinde im Malcantone, die mehr und mehr zu einem geschäftigen Vorort der noblen Seemetropole Lugano geworden ist: Touristen und Luganeser suchen das Migros-Einkaufszentrum zwischen Schnellstraße und Flughafen, Camper steuern hochbeladen einen der vier Campingplätze an, und Flugreisende suchen hektisch den kaum ausgeschilderten Airport. Für die freskengeschmückten Häuser oder die sehenswerte Pfarrkirche im Ort finden nur wenige die rechte Muße.

Information/Verbindungen

- *Information* **Ente turistico Malcantone** befindet sich 3 km südlich von Agno in Caslano (s. S. 208).
- *Verbindungen* Der **Zug** Lugano – Ponte Tresa hält in Agno zwischen 5.44 und 23.54 Uhr im 20-Minuten-Takt.

Bus: Wegen der ausreichend guten Zugverbindungen gibt es nur eine Buslinie mit vier Haltestellen in den Norden nach Cademario: 15-mal tägl. zwischen 7.09 und 18.49 Uhr; der Bus fährt vom Bahnhof ab.

Flug: Siehe „Lugano/Verbindungen", S. 181.

Malcantone Karte S. 207

Übernachten

Molinazzo, Via Peschiera 11, ✆/℻ 091/6051877. Nur 6 kleine, aber feine Zimmer vermietet das Garni-Familienhotel in einer Neubausiedlung unweit des Sees. DZ 110–140 Fr, EZ 70–80 Fr.

Tropical, Via Rivera, ✆ 091/6051912, ℻ 091/6056782. Direkt am Golf von Agno liegt das 23-Zimmer-Hotel (Du/WC, TV). Schöne Aussicht und Badevergnügen sind im Preis inbegriffen: DZ 120–140 Fr, EZ 70–100 Fr.

La Perla, Via Pestarisco, ✆ 091/6111010, ✆ 091/6111020; www.hotellaperla.ch. Der riesige Hotelkomplex (97 Zimmer) neben dem Flughafen bietet Vier-Sterne-Standard, einen gewaltigen Park mit 6 Tennisplätzen sowie einen Pool von olympischen Ausmaßen. Solcher Komfort hat seinen Preis: DZ 246–386 Fr, EZ 180–320 Fr; Spezialangebote an Wochenenden.

• *Ferienhäuser und -wohnungen* **Casa del Sole**, ✆ 091/9206749. Vier Zimmer für max. 6 Personen bietet das Häuschen in der Via alle Ere 16. Die Ausstattung ist nicht erlesen, aber ausreichend. Je nach Saison 100–160 Fr Tagesmiete.

Casa Cirrus, ✆ 091/6052339. Vier 1-Zimmer-Appartements für jeweils 420 Fr/Wo vermietet Jacob Marcel in seinem Haus in der Via Redondello 24. Die Kleinwohnungen, in denen 2 Personen genug Platz finden, sind funktional möbliert.

Casa Margareta, ✆ 071/6225728. Die 3-Zimmer-Wohnung im Hochparterre der Via Casinelle 38 mit Platz für 3 Erwachsene und ein Kind ist optimal ausgestattet und geschmackvoll eingerichtet. 120 Fr/Tag.

• *Camping* Alle vier Plätze (geöffnet jeweils Apr.–Okt.) liegen am See zwischen Agno und Caslano direkt in der Flugschneise, was bei der geringen Flugfrequenz jedoch erträglich ist. Die Zufahrten sind einzeln ausgeschildert.

Molinazzo, ✆ 091/6051757, ✆ 091/6051401. Der Platz beim gleichnamigen Hotel ist der einfachste und preiswerteste, aber sein Komfort ist durchaus ausreichend. Besonderer Gag: Kinder gondeln in einem Züglein durch den Hotelpark. 35 Fr/Person.

La Palma, ✆ 091/6052561, ✆ 091/6055438. Der mit 200 Stellplätzen recht große Drei-Sterne-Camping ist in jeder Hinsicht gut ausgestattet; besonders überzeugend die Sanitäranlagen und die Snack-Bar. 24–35 Fr/Person.

Golfo del Sole, ✆ 091/6054802, www.golfodelsole.ch. Auch dieser kleine Platz hat drei Sterne, was angesichts der alten Sanitäranlagen erstaunt. Zum Fluglärm gesellt sich der Krach der nahen Kantonalstraße und eines Nightclubs. 24 Fr/Person.

Eurocampo, ✆ 091/6052114, ✆ 091/6053187. Vier Sterne sprechen für die Qualität der Anlage mit 250 Stellplätzen. Vor allem Spielplatz und Sanitäranlagen gefallen. Außerdem ist der Platz, der vorwiegend von älteren Stammgästen genutzt wird, sogar noch preiswert: 31 Fr/Person.

Essen und Trinken

Grotto Riviera, ✆ 091/6052155. Der Grotto befindet sich an der Straße Bioggio–Agno kurz vor dem Ortseingang Agno; erkennbar an der großen Linde, unter der die Terrasse liegt. Gerühmt wird er für den leckeren Kaninchenbraten, meist mit Polenta, und sein Vorspeisen-Buffet. Bei den Weinen sollten Sie den hauseigenen „Vin Cenzo" probieren. Di geschlossen.

Grotto Reina, ✆ 091/6053894. Häufig können Sie hier Einheimischen beim Boccia-Spielen auf der überdachten Bahn zuschauen; bei großem Besucherandrang werden aber schon mal Tische und Stühle auf die Bahn gestellt. Ansonsten gibt es in dem Grotto (im Zentrum Agnos, an der Straße nach Ponte Tresa) so viel Originelles nicht; die Küche kommt über preiswerte Grillgerichte nicht hinaus. So geschlossen.

Grotto Rusca, ✆ 091/6062395. Agnos ältester Grotto wurde vor ein paar Jahren renoviert, was ihm etwas von seinem Tessiner Charme geraubt hat. Dennoch kann das Lokal im Zentrum (gleich neben Grotto Reina) mit lombardischen Spezialitäten gefallen – besonders das gegrillte Kalbfleisch (!) schmeckt immer wieder gut. So geschlossen.

Sehenswertes

Collegiata di San Provino: Fast unangenehm massiv wirkt die Kollegiatskirche mit frei stehendem Glockenturm und neoklassizistischer Fassade. Der Bau wurde 1780 unter der Leitung des einheimischen Baumeisters Antonio Boffa errichtet, die Kuppelfresken im Inneren stammen aus dem frühen 19. Jh.

Museo Plebano: Das der Kirche angeschlossene kleine Museum stellt etruskische, römische und byzantinische Grabbeigaben aus, die in der Nähe von Agno gefunden wurden. Dazu kommen Sakralbilder und Silbergegenstände.

Öffnungszeiten Das Museum wird auf Nachfrage (in der Kirche) geöffnet; Eintritt wird nicht erhoben, um eine Spende aber wird gebeten.

Magliaso

Der südliche Nachbarort von Agno ist für zwei Attraktionen bekannt: den 18-Loch-Golfplatz und den einzigen Zoo im Kanton (rechts an der Straße Agno – Ponte Tresa). Dort sind über 100 Tiere zu sehen, von Löwen über Leoparden bis hin zu Kragen- oder Nasenbären. In dem an typischen Kinderzerstreuungen armen Tessin ein wahrer Spaß für die Kleinen. Aber nicht nur für die, zumal auch ein Picknickplatz mit Grillmöglichkeit angeboten wird (einige Leser haben allerdings die nicht artgerechte Tierhaltung und mangelnde Sauberkeit im Zoo kritisiert).

Neben diesem neuzeitlichen Highlight weist Magliaso auch anschauenswerte Reste der mittelalterlichen Burg *San Giorgio* auf, in der einst der eidgenössische Landvogt residierte. Und gleich nebenan auf dem Burgberg erhebt sich hoch über dem 1100-Einwohner-Dorf die wegen ihrer achteckigen Kuppel und Turmkrone auffällige Kirche *Biagio e Macario.*

- *Öffnungszeiten Zoo Al Maglio* Apr.–Okt. tägl. 9–19 Uhr; Nov.–März tägl. 10–17 Uhr; Eintritt 12 Fr/Erwachsene, 6 Fr/Kinder.
- *Übernachten* **Golfhotel Villa Magliasina**, Magliaso, Via Vedeggi 38, ✆ 091/6112929, 📠 091/6112920; www.villa-magliasina.ch. Das Vier-Sterne-Hotel im Nachbarort Magliaso grenzt an den Luganer Golfplatz: 28 sehr elegante, vor einigen Jahren renovierte Zimmer in einem Tessiner Landhaus, das von einem 16.000 qm großen Park mit subtropischen Pflanzen umgeben ist. Höchster Komfort zu Höchstpreisen: DZ 280–400 Fr, EZ 145–210 Fr; spezielle Golf-Arrangements.
- *Ferienwohnung* **Casa Platano**, ✆ 01/7503805. Das 4-Zimmer-Haus erfüllt alle Urlaubswünsche, nur Haustiere dürfen nicht mitgebracht werden. 1400 Fr/Wo.
- *Essen und Trinken* **Grotto Malcantonese**, ✆ 091/6052976. Am Bahnhof von Magliaso finden Sie diese Wirtschaft, die zumindest äußerlich nichts mit einem Grotto gemein hat. Die Küche aber serviert gediegene Hausmannskost: leckere Antipasti, gute Fischgerichte und herzhafte Crêpes. Di geschlossen.

Caslano

Die zwischen Agno und Ponte Tresa gelegene Stadt am westlichen Arm des Luganer Sees bleibt zwar vom Durchgangsverkehr verschont, doch richtig ruhig wird es in dem aufstrebenden Ferienort dennoch nicht.

Verträumt, fast verschlafen wirken nur noch das hübsche alte Zentrum und die Piazza am See. Ansonsten setzen die Stadtväter stark auf touristische Innovationen: Jedes Jahr öffnen neue Bars und Hotels, moderne Touristenattraktionen gesellen sich zu den traditionellen, und medienwirksame Events wie die internationale Ruderregatta (Mai/Juni) erweitern das ohnehin schon üppige Freizeitangebot. Caslano, noch vor 20 Jahren ein schlichtes Fischerdorf, wirkt mittlerweile reichlich ver-

Malcantone
Karte S. 207

baut und touristisch überladen. Und die wenigen naturbelassenen Ecken sind nur mühsam aufzuspüren. Immerhin wurde am **Monte Caslano** ein Naturpark errichtet, der die einzigartige Alpenvegetation schützen soll.

Information/Übernachten

• *Information* **Ente turistico Malcantone**, das Informationsbüro für die gesamte Region befindet sich an der Piazza Lago direkt am See. 091/6062986, 091/6065200; www.malcatone.ch. Mo–Fr 8–12 und 14–18 Uhr, im Juli/Aug. zusätzlich Sa 9–12 und 14–17 Uhr. Zimmer- und Hotelnachweis, Tickets für die Seilbahnfahrten auf den Monte Lema und Monte Tamaro.

• *Übernachten* **Cristine**, Via Torrazza 79, 091/6062722. In einem Bungalowbau bietet das Restaurant 3 funktionale Zimmer (Du/WC) an. DZ 130–150 Fr, EZ 70 Fr.

Maronen zu jeder Tageszeit – Spezialität aus dem Malcantone

Fonte dei Fiori, Via Torrazza, 091/6064066, 091/6066467. Das schöne Haus mit 15 geschmackvollen Zimmern liegt inmitten eines großen Gartens direkt am Luganer See, Schwimmbad und eigene Bootsplätze sind im Preis inbegriffen. DZ 154–174 Fr, EZ 77–93 Fr.

Parcolago, Via San Michele 50, 091/6065626, 091/6066555, www.utoring.ch. Das Drei-Sterne-Hotel ist auf Familienbesuch vorbereitet: Neben 26 hübschen Zimmern gibt es einen Spielraum. Zum Tennis- oder Golfplatz sowie zum See sind es nur wenige Schritte. DZ 180–240 Fr, EZ 95–140 Fr.

Mimosa, Via Martelli 12, 091/6061464, 091/6061065; www.hotelmimosa.ch. Ruhig und dennoch zentral, 300 m zum See: In dem einstöckigen Atriumbau mit 23 großen Zimmern, teilweise mit Balkon, kann man sich wohl fühlen, zumal die feine Küche zu den besten im Ort zählt. DZ 160–190 Fr, EZ 60–125 Fr.

Locanda Esterel, Via Cantonale 40, 091/6112120, 091/6066202, www.trema.ch. Das luxuriöse kleine Hotel mit 9 Zimmern in einem Tessiner Haus aus dem 16. Jh. ist ganz auf Golfgäste eingestellt, die auf dem 200 m entfernten Grün putten können. Es gibt dann auch „Weekend + Gourmet"- Arrangements für 240 Fr. Ansonsten DZ 190–260 Fr, EZ 120–140 Fr.

Gardenia, Via Valle 20, 091/6118211, 091/6118210; www.albergo-gardenia.ch. Das ist schon etwas Besonderes: Der einstöckige Palazzo in schöner Gartenanlage am Hang des Monte Caslano vermietet 26 große Zimmer mit Vier-Sterne-Standard. Und der zum Haus gehörende Grotto liegt gleich gegenüber. Die Preise sind hoch; es gibt aber auch Sonderangebote (Drei-Tages-Arrangement, Reduzierung nach sieben Übernachtungen). DZ 260–460 Fr, EZ 150–240 Fr.

• *Ferienhäuser und -wohnungen* **La Nocina**, 091/6061115. In den 3 Zimmern dieses hübschen und perfekt ausgerüsteten Häuschens in der Via Campagna 4 finden 4 Personen genug Platz. 130 Fr/Tag (nur 12.3.–31.11. geöffnet).

Casa Palmetta, ✆ 091/6063236. Haushaltsgeräte zuhauf, TV und Telefon, dazu einen Parkplatz und herrliche Umgebung: Schon eine ganze Menge, was das 4-Zimmer-Haus für 100–180 Fr/Tag bietet.

Castellana, ✆ 091/6063331. Vier Studios mit jeweils einem großen, gut ausgestatteten Zimmer, in dem bis zu 3 Personen wohnen können, sind in der Via Stremadone zu mieten. 90–130 Fr/Tag.

• *Camping* **La Fiume**, ✆ 091/6062652, ✆ 091/6066287. Der einfache Platz (Anfahrt in Caslano mehrfach ausgeschildert) mit nur 10 freien Parzellen hat keine offizielle Preisliste. Man sollte also handeln.

Essen und Trinken

Taverna dei Pescatori, die Bucht am Waldrand ist von Platanen beschattet – ein ungemein idyllisches Plätzchen für einen Fischer-Grotto. Zu Fuß erreichen Sie die Bucht in 15 Minuten ab Caslano am Wald und See entlang. Und per Auto: Hauptstraße Agno – Ponte Tresa, 300 m hinter dem Kreisverkehr von Magliaso dem Schild „Centro paese" und nach weiteren 500 m dem Wegweiser „Grotto dei Pescatori" folgen. Die mühsame Anfahrt lohnt: Sie müssen lange suchen, um bessere Fischgerichte zu bekommen. Aber auch die Ravioli mit Füllungen der Saison sind vorzüglich. Juli/Aug. und Mo geschlossen.

Grotto Stremadone, auf dem Weg von Caslano zum Monte Caslano finden Sie diesen typischen Grotto in der Via Stremadone. Unter Platanen und Linden können Sie die weite Aussicht über den See sowie die hausgemachten Käsesorten und Desserts genießen.

Grotto Valle, am Berghang und mitten im Kastanienwald (vis-à-vis dem Hotel Gardenia) liegt dieser große Grotto, der seiner schattigen Pergola wegen ideal für heiße Sommertage ist. Unter der deftigen Hausmannskost sind vor allem die Risotto- und Polentavariationen sowie die hausgemachte Pasta zu empfehlen. Di geschlossen.

Sehenswertes

Chocoland Alprose: Das Fabrikmuseum in der Via Rompada zählt zu den originellsten Tessiner Museen: In einem Zeltvorbau zur Schokoladenfabrik, die auch zu besichtigen ist, wird (in Bild und Ton) die süße Geschichte der Schokolade erzählt – von den Herstellungsverfahren der Mayas bis hin zur computergestützten Produktion heutiger Tage. Dazu gibt's Kostproben zu Preisen wie vor 50 Jahren. Ein leckerer Museumsbesuch, der nicht nur kleine Schleckermäuler erfreut.

Öffnungszeiten Mo–Fr 9–18 Uhr, Sa 9–16.30 Uhr; Eintritt 3 Fr/Erwachsene, 1 Fr/Kinder; für Gruppen über 10 Personen kostenloser Eintritt.

Museo della Pesca: Das Museum in der Via Campagna ist dem Fischfang im Luganer See von der Antike bis zur Gegenwart gewidmet. Die kleine Ausstellung zeigt konservierte Fische, Netze und Methoden der Berufs- und Sportfischerei.

Öffnungszeiten Apr.–Okt. Di, Do, So 14–17 Uhr; Eintritt 4 Fr/Erwachsene, 2 Fr/Kinder.

Naturpark Monte Caslano: Ein Spaziergang auf und um den Monte Caslano (auch Sassalto genannt) lohnt nicht nur wegen der schönen Aussicht auf den Westarm des Luganer Sees. Der Berg bietet nämlich darüber hinaus eine äußerst vielfältige Vegetation mit allein 600 Gefäßpflanzenarten und 150 Moosarten, die unter den besonderen Schutz des 1975 eingerichteten Naturparks gestellt sind. Auf einem Lehrpfad mit 15 Informationstafeln ist Wissenswertes über Flora, Fauna, Geologie und Ökologie rund um den Berg zusammengestellt.

Anfahrt Die knapp 300 Höhenmeter auf den Sassalto bewältigen Sie am besten, indem Sie der Via Stremadone und den Schildern „Monte di Caslano" sowie „Sentiero didattico" (Lehrpfad) folgen. Für den 4,5 km langen Pfad braucht man gut eine Spazierstunde.

Malcantone
Karte S. 207

Miglieglia

So ursprünglich wie Miglieglia sind viele Malcantone-Dörfer. Nur die 1998 nach langen Instandsetzungsarbeiten neu eröffnete Seilbahn zum Monte Lema hebt den 200-Einwohner-Ort heraus.

In Stufen steigt das Dorf den Hang empor, so dass jedes der typischen Tessin-Häuser, die sich um die barocke Pfarrkirche *San Stefano* gruppieren, einen Aussichtsplatz zu haben scheint. Mit der Beschaulichkeit des Ortes ist es allerdings vorbei, seit Drachen- und Gleitschirmflieger sowie Mountainbiker den Monte Lema entdeckt haben. Außerdem verkehrt die Seilbahn im Juli und August manchmal bis 22 Uhr (wenn der Andrang interessant genug für die Seilbahn-Betreiber ist), so dass auch die Abendruhe ein wenig gestört wird. Unberührt von aller Hektik scheint nur *Santo Stefano al Colle*. Die spätromanische „Stephanskirche auf dem Hügel" – weithin sichtbar schon der schlanke Glockenturm über dem Dorf – zählt zu den wichtigsten Baudenkmälern der Südschweiz. Besonders sehenswert sind die farbenfrohen Fresken (1511) auf dem Kreuzgewölbe des Chores.

Die eigentliche Attraktion aber bildet der **Monte Lema**, der mit seinen 1614 m zwar keineswegs der höchste, aber wohl der eindrucksvollste Aussichtsberg im Tessin ist. Vom plateauförmigen Gipfel kann man nicht nur das gesamte Südtessin, den Luganer See und den Lago Maggiore überschauen; der Blick reicht sogar noch weiter bis zu den Berner, Bündner und Walliser Alpen, bisweilen gar bis in die Poebene nach Mailand.

Mehr noch: Sattgrüne Weiden und sprudelnde Bäche machen den (trotz Radarstation und Restaurant auf dem Gipfel) kaum verschandelten Monte Lema selbst zum Naturereignis. Dazu kommt das Wandererlebnis: Quer über die Malcantone-Region führt die **Traversata** genannte Wanderroute vom Monte Lema zum Monte Tamaro (vgl. Wanderung 14, S. 215). Ohne nennenswerte Höhenunterschiede (die werden von der Seilbahn bewältigt) kann man in vier Wanderstunden die womöglich schönste Tessin-Tour absolvieren.

Seilbahn

Die Funivia Monte Lema fährt tägl. von 9–18 Uhr jede halbe Stunde (im Juli/Aug. bis 22 Uhr). Erwachsene 22/16 Fr, Kinder 13/11 Fr, Gruppen 17/13 Fr (Hin- und Rückfahrt/einfache Fahrt); freie Fahrt mit Regional-Pass Lugano. Für **Wanderer** kostet die Auffahrt zum Monte Lema inkl. Abfahrt am Monte Tamaro 34 Fr. Außerdem wird tägl. um 17 Uhr eine **Bus-Rundreise** zwischen Monte Lema und Monte Tamaro und umgekehrt veranstaltet (in der Hochsaison auch öfter). Beide Seilbahnen plus Bus kosten 43 Fr/Erwachsene und 22 Fr/Kinder; Tickets in den Seilbahnstationen.

Übernachten/Essen und Trinken (s. a. unter Curio, Astano und Sessa)

• *Hotels* **Santo Stefano**, Via alla Chiesa, ✆ 091/6091935, 📠 091/6091989. In einem stilvoll renovierten Tessin-Haus direkt an der Seilbahn zum Monte Lema werden rund ums Jahr von freundlichen Deutschschweizern 14 kleine, sehr geschmackvolle Zimmer (Du/WC) vermietet. DZ 104–120 Fr, EZ 52–64 Fr. Und das reichhaltige Frühstück gibt es mit hausgemachtem Brot in der urigen Gemeinschaftsküche.

Ostello Vetta, Monte Lema, ✆ 091/9671353. 60 Betten hat der Gipfelwirt auf dem Monte Lema im Angebot. Und die einzigartige Unterkunft auf 1600 m Höhe ist auch noch preiswert: Bett im größeren Schlafsaal 35 Fr, im Dreibett-, Zweibett- oder Einbettzimmer 50 Fr (jeweils mit kräftigem Frühstück).

Della Posta, ✆ 091/6061349, 📠 091/6067119. Das 18-Zimmer-Hotel „residiert" in einem geschmackvoll renovierten Landhaus in No-

Es gibt viele Gründe, den schönsten Aussichtsgipfel im Tessin zu besuchen

vaggio (3 km östlich von Miglieglia). Zielgruppe sind Familien (dafür gibt's einen Kinderpool) und Wandergruppen (für die gibt's Sonderpreise). Normalpreis: DZ 122 Fr, EZ 69 Fr.

• *Essen und Trinken* **Ristorante Negrosco**, die Pizzeria neben der Talstation der Monte-Lema-Bahn eignet sich höchstens für den Cappuccino bis zur Abfahrt. Die Wartezeit allerdings lässt sich unter einer schönen Pergola stimmungsvoll verbringen.

Grotto Lema, ✆ 091/6065441. Nicht am Monte Lema, wie der Name vermuten ließe, sondern bei Novaggio findet sich dieser urige Grotto unter Tannen und Kastanien; mit Bocciabahn und gepflegtem Garten, vor allem aber mit guten Schweizer Weinen und deftiger Hausmannskost. Mo geschlossen.

Grotto del Bivio, ✆ 091/6066095. Den bei Tessinern beliebten Grotto (Einheimische fahren viele Kilometer, um gut zu essen) finden Sie an der Straßenkreuzung Curio–Bedigliora. Im Juli hören Sie ihn schon von weitem, denn dann spielt die Dorfmusi auf. Und dann schmecken die Fondues, Spezialität des Hauses, am besten. Mo geschl.

Curio

Das Regionalmuseum *Museo del Melcantone* im einstigen Schulhaus von Curio hat sich zwei Themenschwerpunkte gesetzt: Zum einen wird ausführlich die Emigrationswelle im 19. Jh., zum anderen das ländliche Leben der letzten 500 Jahre dokumentiert (mit Modellen und Originalgegenständen aus Jagd, Fischerei und Landwirtschaft). Die Außenstelle „Hammerschmiede von Aranno" gewährt lehrreiche Einblicke in die Tradition von Bergbau und Eisenverarbeitung im Tessin.

• *Öffnungszeiten Museum* Apr.–Okt. Do/So 14–17 Uhr (nur nach Anmeldung unter ✆ 6063172); Eintritt 4 Fr/Erw., 2 Fr/Kinder.

• *Essen und Trinken* **Grotto Selvatica**, ✆ 091/6082623. An der Straße Curio–Bedigliora liegt dieser große Grotto, der auch wenige Zimmer vermietet und seinen Gästen ein Schwimmbassin bietet. Überdies gibt es gute hausgemachte Salami und nicht ganz so gute Grillgerichte.

Malcantone Karte S. 207

Bedigliora

Strickfreunde finden in der Handweberei *La Vignora* in dem alten, verwinkelten Dörfchen jede Menge nützlicher Anregungen und kostbares Material. Die ausgestellten Arbeiten stammen von Künstlern, die im Dorf ansässig sind (Mo–Fr 14.30–18 Uhr).

Astano

Das typische Tessiner Bergdorf an der Grenze zu Italien wird im Sommer gerne wegen des nahen *Lago di Astano*, einem romantischen Badesee und ertragreichen Angelrevier, besucht (in Ort als „Laghetto" ausgeschildert). Überdies gibt es einen kleinen, einfachen Campingplatz neben dem See. Und wenn Sie schon im Ort sind, sollten Sie sich die rustikalen Palazzi anschauen: *Casa Trezzini*, *Antico Negozio* mit reichen Malereien sowie *Cà da Roma*.

• *Hotel/Ferienhaus* **Astano**, ✆/✆ 091/6081445. Das moderne, etwas betuliche Hotel ist ganz auf Wander- und Radlergruppen eingestellt, für die es Sondertarife gibt. Sonst sind die 13 Zimmer (Du/WC) für DZ 120–150 Fr, EZ 80–90 Fr zu haben.

La Palma, ✆ 041/3702552. In diesem 2½-Zimmer-Häuschen kann man mit 4 Personen gut und preiswert für 95 Fr/Tag wohnen.

Sessa

Die vornehmste Stadt der Region – auf Schritt und Tritt stößt man auf elegante Palazzi: *Casa dei Landvogti* natürlich an der *Piazza superiore* mit Arkaden und Loggien, dann die *Casa Bertolatti* mit vier romanischen Kapitellen oder die *Casa Marchesi*, die über einer längst verschwundenen Staufferburg gebaut sein soll. Überdies lohnt ein Blick in die Pfarrkirche *San Martino* am Ortseingang mit einem kunstvollen Holzaltar oder in die Kirche *San Orsola* mit einem Renaissancealtar. Die meisten werden sich aber für die Weinpresse aus dem 15. Jh. interessieren, die unweit von San Orsola im Innenhof eines Wohnhauses steht. Außerdem gibt's in Sessa noch das *Piccolo Museo del Melcantone* zu bewundern. Um es anzuschauen, müssen Sie das hübsche Städtchen allerdings am Wochenende besuchen – nur dann nämlich sind die Museumspforten geöffnet. Die Ausstellung thematisiert in erster Linie die traditionelle Frauenarbeit im Malcantone, die Arbeit mit Wolle, Seide und Leinen.

• *Öffnungszeiten Museum* Mai–Okt. Sa/So 16–18 Uhr; Eintritt frei.

• *Übernachten* **I Grappoli**, ✆ 091/6081187, ✆ 091/6082641; www.grappoli.ch. Das Feriendorf im Kastanienwald von Sessa bietet von allem etwas: Hotel, Ferienhäuser, Campingplatz, Schwimmbad und Restaurant. Das alles hübsch und gepflegt. DZ 154–180 Fr, EZ 90–100 Fr. Campingplatz: 16 Fr/Person (nur Zelte).

Wanderungen

Sentiero delle Meraviglie: Den „Weg der Wunder" zwischen Novaggio und Aranno kann man in einer fünf- bis sechsstündigen Wanderung bewältigen. Dabei sind die Pausen und Zwischenstopps eingerechnet, auf die es bei diesem Ausflug durch Kultur und Arbeitswelt des Malcantone gerade ankommt: Die Mühle bei Vinera, die Baglioni-Mine, eine Burgruine und schließlich die Hammerschmiede von Aranno sind nur vier der 13 Stationen, an denen man vorbeizieht. Der Weg ist zwar ausgeschildert, dennoch ist es ratsam, sich beim Ente turistico in Caslano (s. S. 208) ein Faltblatt mit Erläuterungen zu beschaffen.

Tracce d'Uomo: Etwa 3 Stunden braucht man für die 4 km lange Wanderung „Menschenspuren" rund um das Dörfchen *Castelrotto*. Neben der Burgruine sind

Verblasster Glanz – Park und Kurhaus von Cademario

unterirdische Kühlkeller, ausrangierte Vogelfangtürme und eine Käserei zu sehen. Auch hier ist es ratsam, sich das entsprechende Faltblatt bei der Touristeninformation zu besorgen.

Cademario

Auf fast 800 m breitet sich das 500-Einwohner-Dorf auf einer Terrasse zwischen Kastanienhainen aus. Allerdings hat der Luftkurort über Autobahn und Airport – vom Osten und Westen jeweils über eine Serpentinenstraße erreichbar – viel von seiner Exklusivität verloren.

Sommer für Sommer sind mehr Urlaubsgäste als Einwohner in Cademario, die Ferienhausnutzer nicht einmal mitgezählt. Und für ihre Gäste tut die Gemeinde einiges: Ein Kurhaus mit gewaltigem Hotelbetrieb und regelmäßigen Konzerten ist vorhanden, ein botanischer Park mit der größten Kakteensammlung der Schweiz (in allerdings fast zerfallenen Gewächshäusern) und schließlich ein Waldlehrpfad, auf dem es schön gemächlich in 45 Minuten nach Aranno geht. In der Umgebung findet man zudem insgesamt 28 ausgebaute und ausgeschilderte Wanderwege der Schwierigkeitsgrade leicht bis mittel; allesamt hoch über dem Meeresspiegel mit einer wortwörtlich blendenden Aussicht, die allerdings nicht unwesentlich von den Flughafenanlagen beeinträchtigt wird.

• *Übernachten* **Cacciatori**, ✆ 091/6052236, ✆ 091/6045837; www.hotelcacciatori.ch. Mitten im Grünen und an der Auffahrt zum Kurhaus liegt das stimmungsvolle Drei-Sterne-Hotel mit 29 Zimmern (größtenteils mit aussichtsreichem Balkon). Zum Hotel gehört ein gutes Restaurant, was die Pauschalangebote mit VP (820 Fr/Wo) oder HP (690 Fr/Wo) attraktiv macht. Sonstige Preise: DZ 170–2640 Fr, EZ 85–140 Fr.

Kurhaus Cademario SA, ✆ 091/6105111, ✆ 091/6105112; www.swisswellnesshotel.com. Das in einem Park inmitten wunderschöner Natur gelegene Kur- und Wellness-

Malcantone Karte S. 207

Hotel ist ein riesiger Komplex mit 129 Zimmern, mit Drei-Sterne-Standard, Außen- und Innenschwimmbad, Diätprogramm und Beautycorner, Fitness- und Physiotherapiecenter und neuerdings auch PC-Kursen. Alles das hat seinen speziellen Preis, so dass DZ 250–310 Fr, EZ 135–190 Fr nur ungefähre Angaben sein können.

• *Ferienhäuser und -wohnungen* **Del Ponte**, ✆ 091/6052492. Im Angebot sind ein Häuschen und 3 Appartements (ein bis 3½ Zimmer, Platz für eine bzw. 4 Personen). Einrichtung und Ausstattung ist überall gleichermaßen zufriedenstellend. Die Preise schwanken zwischen 70 und 180 Fr/Tag.

Cad'fond, die 3-Zimmer-Wohnung in sehr schöner Lage ist für Kleinfamilien gut geeignet. Auch die Preise sind familienfreundlich. 100–140 Fr/Tag.

Casa Roncaccio, ✆ 091/6052452. Markus Brütsch bietet in seinem schönen Haus ein 1½-Zimmer-Appartement an, in dem zwei Personen zwar nicht luxuriös, aber ausreichend gut versorgt sind. 380–420 Fr/Wo.

Casa Francesco, drei 2-Zimmer-Appartements im oberen Stockwerk; die Ausstattung ist nicht übertrieben, die Preise sind es aber auch nicht: 50–90 Fr/Tag.

Sehenswertes

San Ambrogio: Die Kirche unterhalb des Dorfes zeigt ihre romanischen Züge vor allem am Campanile. Später wurde das Kirchlein, das wahrscheinlich aus dem 12. Jh. stammt und heute als Friedhofskapelle genutzt wird, mehrfach umgestaltet. So entstanden die Fresken im 15. Jh. und eine Votivtafel, die an die „Pest von San Carlo“ erinnert, im 16. Jh. Eine Reihe von Gemälden aus dem 17. Jh. sind dagegen mittlerweile aus der Kirche ausgelagert worden. Eine neue Heimstatt haben sie in der Pfarrkirche *Madonna del Populo* am Ortsrand gefunden.

Aranno

3 km südwestlich von Cademario und 100 Höhenmeter tiefer liegt der 200-Einwohner-Ort, der vor allem seines Amphitheaters wegen berühmt ist. Die Palazzo-Anlage ist im Juli/August romantischer Standort von „Ars et Musica“, einer Veranstaltungsreihe für klassische Konzerte und Theatervorstellungen aus dem Ausland. Die Hammerschmiede, ein wenig nördlich von Aranno am Ufer der Magliasina, ist Außenstelle des Regionalmuseums und Station auf einer erlebenswerten Kulturwanderung (s. S. 212).

Arosio

Steil sind die vielen Serpentinen, die zur höchsten Ortschaft im Malcantone führen. Und eigentlich sind es zwei Dörfer, die da am Hang kleben.

Arosio besteht aus einem oberen und einem unteren Dorfteil, zwischen denen die Kirche *San Michele* thront. Die 250-Einwohner-Siedlung auf 807 m Höhe gilt als Hauptort des waldreichen und stets waldbrandgefährdeten Alto Malcantone; sie wird gerne als Ausgangspunkt für Wanderungen genutzt, die über den **Cervello** (974 m) nach Cademario oder nur durch die weiten Kastanienwälder um Arosio führen.

• *Übernachten/Essen* **San Michele**, ✆ 091/6091938. Die einfache Pension im Grünen mit 11 Zimmern ist einem Restau-rant angeschlossen, das mit Tessiner Spezialitäten nicht geizt. DZ 90–130 Fr, EZ 60–80 Fr.

• *Ferienhäuser und -wohnungen* **Casa Romana**, ✆ 032/6452317. Schöne Lage, 3½ große Zimmer und eine mehr als nur befriedigende Ausstattung. Heinz Flück vermietet sein Ferienhaus für 110 Fr/Tag.

Mio desio, ✆ 091/6092232. Fünf Personen haben Platz in dem 3-Zimmer-Häuschen mit dem schönen Namen. Die Einrichtung ist nicht luxuriös, aber zufriedenstellend. 95 Fr/Tag.

Rast auf der Traversata – Hütte am Motto Rotondo

Sehenswertes

San Michele: Die Pfarrkirche zwischen den Ortsteilen – nicht zu verwechseln mit der Wallfahrtskapelle *Madonna di Cimaronco*, die bei der Auffahrt vom Vedeggiotal passiert wird – ist vor allem wegen der von Antonio da Tradate 1508 geschaffenen Fresken sehenswert. Die Kirche selber ist romanischen Ursprungs, wurde aber im 17. Jh. umgebaut.

Sentiero del Castagno: Der „Kastanienweg" führt von Arosio über *Mugena, Vezio* und *Fescoggia* mit seiner reizvollen Piazza zurück zum Ausgangspunkt. Der Wanderweg, für den auch Ungeübte nicht mehr als 6 gemächliche Stunden brauchen, ist mit einem Kastaniensymbol markiert. Acht Stationen verweisen auf besonders schöne Aussichtspunkte oder Wehre, auf Kirchen am Wegesrand oder auch auf „grà", eine besondere Steinkonstruktion, über der man einst Kastanien trocknete. Im Ente turistico in Caslano gibt es ein Faltblatt, das den Weg beschreibt und Wissenswertes über das Land und die Kastanie berichtet.

Wanderung 14: Traversata zwischen Monte Lema und Monte Tamaro

Schwer zu entscheiden, wer der schönste Aussichtsberg im Tessin ist: Monte Tamaro oder Monte Lema? Zu entscheiden, welches die schönste Höhenwanderung ist, fällt indes leicht: die Traverse zwischen beiden Aussichtsbalkonen. Bei klarer Sicht ist das Panorama unvergleichlich, und dank der Auf- und Abstiegshilfen an Beginn und Ende ist die Tour je nach Routenverlauf in 4,5 bis 5 Stunden bequem zu schaffen.

Anfahrt: Komfortabel auch die An- und Abfahrt – in der Hochsaison pendelt ab 17 Uhr ein Bus zwischen beiden Talstationen. Ansonsten ist man auf die Pkw-

Malcantone
Karte S. 207

Fahrt nach *Rivera* oder *Miglieglia* angewiesen. Bleibt die Entscheidung, in welcher Richtung die Wanderung durchgeführt werden soll. Wer den steilen Aufstieg am liebsten gleich zu Beginn hinter sich bringt, sollte von der *Alpe Foppa* am Monte Tamaro aus starten. Wer seine Leistung lieber langsam steigert, geht am Monte Lema los. Da der Weg vom Monte Lema aus schwerer zu finden ist, erfolgt die Wegbeschreibung aus dieser Richtung.

Mit der neuen Seilbahn erreicht man das Gipfelrestaurant in nur 7 Minuten. Auf 1624 m Höhe und über der Waldgrenze angelangt, führt der Weg in knapp 15 Minuten auf breitem Fahrweg hinunter zur Talstation eines Liftes und zur *Forcella d'Arasio*. Auf der anderen Seite steigt der Weg steil an zum Kamm des *Poncione di Breno*. (Achtung Umweg: Lassen Sie sich von dem kurz nach Beginn des Wiederanstiegs rechts abzweigenden, markierten, aber nicht ausgeschilderten Weg nicht verführen. Er führt zunächst sanft ansteigend um den Poncione di Breno herum hinunter zur *Alpe di Mageno*, und von dort geht es dann umso steiler wieder zum *Zottone* hinauf.) Unser Weg führt durch im Frühsommer blühende Alpenrosenfelder am Gipfel des Poncione di Breno vorbei immer auf dem Westseiten-Kamm entlang. Knapp eine Stunde ab Monte Lema ist der *Zottone* und eine kleine Schutzhütte erreicht.

Den *Monte Magno* umgeht man unter dem Kamm in östlicher Richtung und erreicht über der *Alpe Agario* einen Kreuzungspunkt mit Notruf-Telefon. Von da an folgt ein steiler Aufstieg auf den Grat des *Monte Gradiccioli* (1936 m). Wer sich die Puste für den interessanteren Monte Tamaro bewahren möchte, kann sich die letzten 100 Höhenmeter sparen und den Gipfel west-

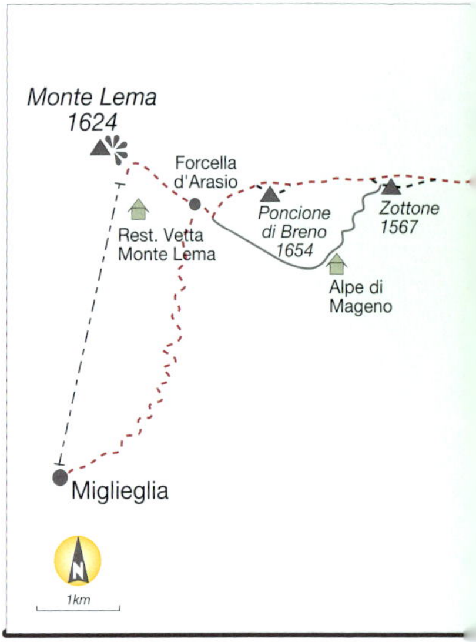

lich umgehen. Beide Wege treffen sich an einer kleinen Schutzhütte, der *Bassa di Montoia*, wieder.

Von hier aus führt der Pfad sanft ansteigend zur *Bassa di Indemini* (1723 m), die nach insgesamt drei Stunden erreicht ist. Dann aber geht es eine halbe Stunde steil bergan zum Gipfel des *Monte Tamaro*, der einen unvergleichlichen Blick auf den Lago Maggiore und die Magadino-Ebene bietet. Vom Monte Tamaro geht es in 25 Minuten steil bergab zum Sattel des *Motto Rotondo*.

(**Variante**: Wer kein Glück mit dem Wetter hat und den Monte Tamaro nur in Wolken sieht, kann sich den Aufstieg sparen und an der *Bassa di Indemini* dem zweiten, ausgeschilderten, nach rechts abzweigenden Weg folgen, der zunächst sanft ansteigt, um dann in wenigen steilen Serpentinen zum Sattel des Motto Rotondo hinaufzuklettern, an dem sich die Wege vom Gipfel des

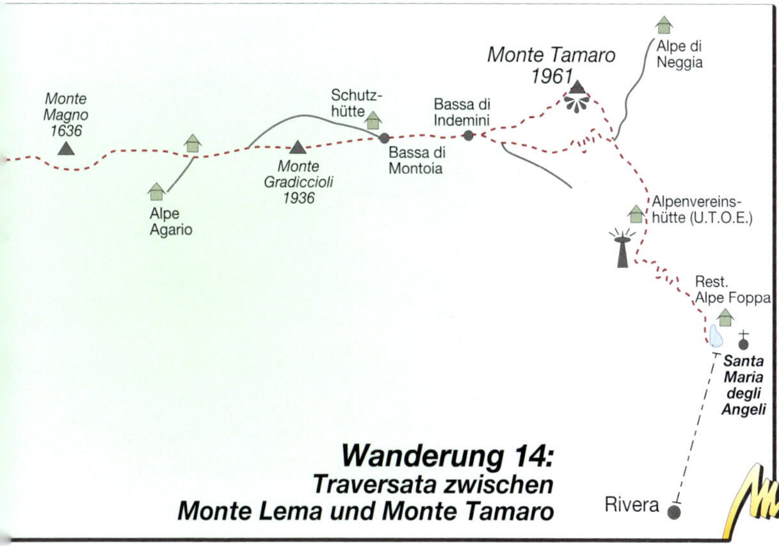

Wanderung 14:
Traversata zwischen Monte Lema und Monte Tamaro

Monte Tamaro herunter und der Weg zur *Alpe di Neggia* kreuzen.)

Wer glaubt, von nun an ginge es bergab, hat sich getäuscht: Zwar liegt die *Alpe Foppa* rechts unten schon zum Greifen nah, aber zunächst steigt der Weg am Nordhang des *Motto Rotondo* noch 100 m an, um dann zur U.T.O.E.-Hütte abzufallen. Wer sich noch nicht von der großartigen Alpenszenerie lösen kann und noch ausreichend Zeit vor der letzten Talfahrt der Seilbahn hat (im Sommer 17 Uhr), sollte sich hier eine Rast gönnen.

Bis zur *Alpe Foppa* sind es höchstens noch zwanzig Minuten, die gehen allerdings in die Beine. Ab dem unterhalb der Hütte liegenden Fernsehmast geht eine steile, durchspülte Fahrstraße in Serpentinen zum Restaurant an der Alpe Foppa hinauf. In den Kehren sind Schneereste noch bis in den Hochsommer zu finden. Im Winter ist hier einiges los. Im Sommer deuten nur Liftmasten und zerstörte Almwiesen darauf hin, dass das Gebiet um die Alpe Foppa eines der beliebtesten und schönsten Skigebiete des Tessins ist.

An der Alpe Foppa angekommen, ist für vielerlei Abwechslung gesorgt (s. „Gambarogno/Monte Tamaro“, S. 176). Die beeindruckende Kirche von Mario Botta sollten Sie sich jedoch auf keinen Fall entgehen lassen.

Malcantone
Karte S. 207

Der Melide-Damm – Verbindung zwischen Ceresio und Mendrisiotto

Ceresio

Die Landzunge im Luganer See ist die reizvollste Tessiner Landschaft: Umspült vom Ceresio, wie Einheimische den Lago di Lugano nennen, und umrahmt vom Höhenzug Collina d'Oro, dem „Goldenen Hügel", könnte die Ebene des Flüsschens Scairolo das Schmuckstück des Kantons sein, wenn nicht die Autobahn einen Strich durch die Landschaft zöge.

Um den Alpentransitverkehr zügig von Lugano nach Süden und Chiasso zu leiten, überspringt eine Dammbrücke zwischen **Melide** und **Bissone** den Luganer See. Das 150 Jahre alte und 777 m lange „Wunderwerk" ist neben den Passstraßen das wichtigste Bindeglied im „Cisalpino", der alpinen Trasse zwischen Zürich und Mailand.

Der Preis für diese verkehrsfreundliche Anbindung ist die Durchschneidung der Ceresio-Halbinsel mit einem vierspurigen Autobahnbetonband. An der Hochgeschwindigkeitsstraße machen sich kleinere Industriebetriebe breit, Verkehrsdichte und Abgase verschlimmern fortwährend die Umweltbelastung – das Ansehen der immer noch waldreichen Halbinsel sinkt von Tag zu Tag.

Geradezu trotzig bewahren einige Flecken althergebrachte Faszination: Das touristische Aushängeschild **Morcote** mit seinen Arkaden, **Carona**, das Künstlerdorf mit republikanischer Geschichte, das rückständige, allein durch seinen Friedhof berühmte **Gentilino**, die Hermann-Hesse-Stadt **Montagnola** oder der Kurort **Melide**. Und über und abseits der Autobahn laden immer noch aussichtsreiche Wege zum Wandern ein.

Der Name Ceresio lässt sich vermutlich vom keltischen „keresios" ableiten, was so viel wie „Horn" heißt und den bizarren Umriss der Landzunge beschreiben soll. Wie ein Keil ragt die Halbinsel in den See, der zu einer spitzen Schleife gezwungen wird.

Das feucht-fruchtbare Klima hat Ceresio zu einer farbenfrohen Landschaft voller Waldgebiete gemacht und damit auch zu einem der bevorzugten Feriengebiete im Tessin. Außerdem ist es die Heimat weltberühmter Architekten wie Battista Gilardi, der das abgebrannte Moskau wieder aufbaute, oder den Brüdern Adamini, denen St. Petersburg seine großartigen Bauten verdankt.

Campione d'Italia

Auf der anderen Seite des Sees – über den Damm oder per Schiff zu erreichen – liegt mit Campione d'Italia eine Absonderlichkeit: Auf nur einem Quadratkilometer Fläche hat sich auf Schweizer Staatsgebiet eine italienische Enklave breit gemacht. Eigentlich besteht Campione nur aus einer Kirche und einem kürzlich renovierten Spielkasino, um das sich einige Nightclubs angesiedelt haben. Post-, Steuer- und Zollwesen unterstehen der Schweiz, so dass Besucher nach dem Grenzübergang weiter in Schweizer Franken zahlen können. Wenn Sie keine Lust auf Roulette oder Baccara haben, lohnt der Besuch dennoch: Die Kirche Santa Maria del Ghirli ist wegen ihrer Fresken (vor allem an der südlichen Außenwand) allemal sehenswert.

Melide

Das 1400 Einwohner zählende Städtchen liegt im östlichen Teil der Halbinsel auf einer kleinen in den See hineinragenden Landspitze. In den letzten Jahren hat sich das einstige Fischerdorf zur Sommerfrische der Luganeser und zum regelmäßigen Wochenendausflugsziel von Großfamilien aus dem gesamten Tessin gemausert.

Der Grund: Mit *Swissminiatur* verfügt der Ort über eine der wenigen Tessiner Sehenswürdigkeiten, die auch Kindern Spaß macht. Gleich neben der Auffahrt zum Melide-Damm wird die Schweiz auf 11.000 qm im Westentaschenformat (Maßstab 1:25) nachgebildet: Bergmassive und Kathedralen, das Baseltor in Solothurn, der Zürcher Flughafen, dazu eine 4 km lange Modellbahnanlage sowie Burgen, Denkmäler und Marktplätze – eine putzige Lilliputanlage, die vor allem abends, wenn das Flutlicht eingeschaltet wird, ein äußerst stimmungsvolles Bild bietet. Für weiteres Kindervergnügen sorgt ein Spielplatz mit kleinen Autoskootern und für das leibliche Wohl eine nicht ganz billige Cafeteria; außerdem gibt's noch einen kleinen, schattigen Grillplatz.

Aber auch ansonsten hat sich Melide, das sich publikumswirksam als Luftkurort bezeichnet, eine ganze Reihe hübscher Ecken bewahrt: den Stadtkern mit seinen freskengeschmückten Häuserfassaden, die einladende Promenade, etliche schöne Hotels und gemütliche Grotti.

Öffnungszeiten von Swissminiatur 15.3.– Ende Oktober von 9–18 Uhr, im Juli und Aug. bis 22.30 Uhr unter Flutlicht. Eintritt 12 Fr; mit Ferienpass 10 Fr, Kinder 7 Fr; www.swissminiatur.de.

Information/Verbindungen

• *Information* Das **Ente Turistico** für das gesamte Ceresio-Gebiet ist in einem kleinen Neubaubüro in der Hauptstraße (Via Pocobelli 14) versteckt. ✆ 091/6496383, 📠 091/6495613; info@lugano-turism.ch. Ostern – Okt. Mo–Fr 8.30–12 und 13.30–18 Uhr, Nov.–Ostern geschlossen. Der junge, mehrsprachige Leiter des Touristenbüros ist ungemein hilfreich, kompetent und freundlich – man kann ihn gar nicht genug fragen.

Ceresio Karte S. 220

• *Verbindungen* 8-mal tägl. Anschluss an den **Fernzug** von Lugano nach Bellinzona bzw. Chiasso.

Der **Postbus** von Lugano nach Morcote passiert Melide tägl. zwischen 7.03 und 19.28 Uhr 16-mal und hält in nahezu jedem Ceresio-Ort.

Von Lugano zum italienischen Grenzort Ponte Tresa verkehrt zwischen Ostern und Okt. ein **Linienschiff**, das 5-mal tägl. zwischen 8.33 und 15.35 Uhr an zwei Anlegestellen in Melide (Swissminiatur und Paese) festmacht. Außerdem legt das Schiff auch in Campione d'Italia, Morcote, Figino und Caslano an.

Übernachten/Essen und Trinken

• *Hotels/Restaurants* **Giardinio**, Lungolago Motta 10, ✆ 091/6497997. Vier einfache, saubere Zimmer bietet das Lokal im ersten Stock an. Die zentrale Lage (unweit von Bahnhof, Autobahn und Swissminiatur) wird mit den Nachteilen der Hauptverkehrsstraße erkauft. DZ 120 Fr, EZ 70 Fr.

Renz, Via al Doyro 26, ✆ 091/6491040, ℻ 091/6491049. 12 Zimmer (Du/WC, TV/Tel.) sind in dem schmucklosen Haus mit Seeblick zu mieten. DZ 130–150 Fr, EZ 70–90 Fr (Sonderpreise bei längerem Aufenthalt).

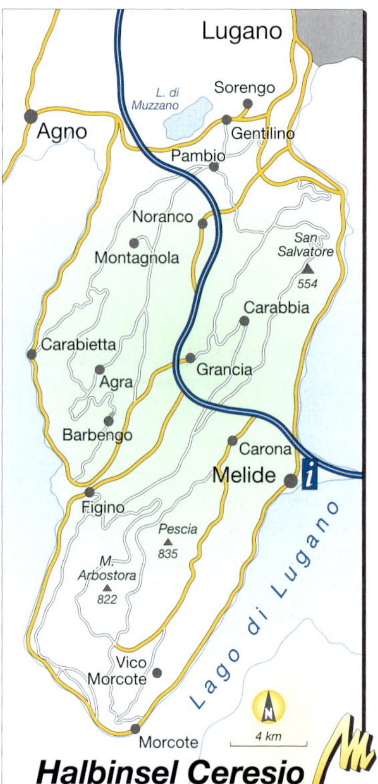

Ceresio, Lungolago Motta 28, ✆ 091/6497580, ℻ 091/6497598. Die Uferlage wird ausgenutzt: Das 30-Zimmer-Hotel (Du/WC) bietet Seeterrassen, Badesteg und Bootsverleih. Dazu ein Restaurant mit guter Küche und vernünftigen Preisen. DZ 120–180 Fr, EZ 70–95 Fr.

Battello, Lungolago Motta 30, ✆ 091/6493320, ℻ 091/6493321. 31 Durchschnittszimmer überwiegend mit Seeblick, dazu eine hübsche Terrasse und der Service eines Drei-Sterne-Hotels. DZ 110–160 Fr, EZ 75–95 Fr.

Villa Pace, Lungolago Motta 2, ✆ 091/6494713, ℻ 091/6496116. In der roten Tessinvilla direkt am See werden nur 9 schmucke Zimmer angeboten, und dann noch zu günstigen Preisen: 100–150 Fr (DZ) und 60–85 Fr (EZ).

Seehotel Riviera, Lungolago Motta 7, ✆ 091/6497912, ℻ 091/6496761; www.hotel-riviera.ch. Das Drei-Sterne-Hotel am Seeufer mit Schwimmbad, Seeterrasse und Spezialitätenrestaurant wird seit Generationen von der Familie Luchina geführt. Trotz der Größe des Hauses (25 Zimmer) ist der familiäre Stil bewahrt worden. DZ 170–190 Fr, EZ 95–130 Fr. Nov.–März geschlossen.

Del Lago, Lungolago Motta 9, ✆ 091/6497041, ℻ 091/6498915, www.hotel-dellago.ch. Der kleine Art-déco-Palast ist 2003 vollständig renoviert worden, das Edelrestaurant „Seafood" (s. u.) wurde umgerüstet. Alle 14 Zimmer, nunmehr individuell gefärbt und gestaltet, haben 4-Sterne-Standard bekommen, zudem steht allen Gästen gratis ein modernes Büro zur Verfügung.. So viel Service hat seinen Preis: DZ 190–380 Fr, EZ 130–280 Fr.

Al Boccalino, Via Borromini 27, ✆ 091/6497767, ℻ 091/6497398, www.alboccalino.ch. Das romantische Haus in der Oberstadt ist als Esslokal weit berühmter denn als Pension; trotzdem hält die Küche nicht alles, was sie verspricht. Probieren Sie aber das Fohlensteak oder den Grappa aus dem Maggiatal. Über das kulinarische Angebot hinaus werden 10 hübsche Zimmer (Du/

WC) zu günstigen Preisen vermietet. DZ 120–140 Fr, EZ 60–70 Fr.

Grotto Melide, ✆ 091/6497151. Schräg gegenüber vom Al Boccalino findet man den (im Ort mehrfach ausgeschilderten) schlichten (um nicht zu sagen: baufälligen) Grotto mit Bocciabahn und Wellblechterrasse. Die Hausmannskost aber ist lecker, Gnocchi und Zabaione sind sogar hervorragend.

Seafood, ✆ 091/6497041. Das Lokal im „Del Lago"-Hotel (s. o.) ist das eleganteste Restaurant am Ort: gediegen die Einrichtung, gepflegt der Service, gelungen die Speisefolge, die nicht nur, aber mehrheitlich Süßwasserfisch und Meeresfisch bietet. Doch am eindrucksvollsten ist die Aussicht von der großen Seeterrasse.

• *Ferienwohnungen* **Villa Maria**, ✆ 081/8331521. Das 2-Zimmer-Appartement in der Hauptstraße (Via Pocobelli 25) liegt in einem schönen Neubau direkt am See und bietet (mit allem Komfort) Platz für 4 Personen. 700–1330 Fr/Wo.

Badaco, ✆ 091/6499394. Ebenfalls am See (Lungolago Motta 74) ist die perfekt ausgestattete 3-Zimmer-Wohnung (für bis zu 5 Personen) für 110–130 Fr/Tag zu mieten.

Villa Mimosa, 091/6495707. Die in der Oberstadt (Al Doyro 18) gelegene 5-Zimmer-Wohnung für bis zu 8 Personen ist schön eingerichtet und ausreichend ausgestattet 950–1050 Fr/Wo.

Das „Wunder von Melide"

Mit dem Bau der Dammbrücke von Melide nach Bissone vor mehr als 150 Jahren begann eine neue Ära: Das Tessin musste sich an seine Rolle als Transitkanton gewöhnen. Denn seit der Fertigstellung des „Wunders von Melide" im Jahr 1848 (Baumeister war mit Pasquale Lucchini aus Montagnola ein Einheimischer) wurde der Zug nach Süden unaufhaltsam: Rund 75.000 Menschen passieren derzeit täglich den 777 m langen, in der Zwischenzeit mehrfach erweiterten Damm, der mit einer Zugbrücke für den Schiffsverkehr kombiniert ist. Und ein neuerlicher Ausbau ab dem Jahr 2005 ist vorgesehen, obwohl schon heute zwei Schienenstränge, vier Autobahnspuren, zwei Fahrbahnen der Kantonalstraße, ein Bürgersteig und Spazierweg über den See führen. Nur am 28. Mai 1998 war „Ponte Diga" für Fahrzeuge gesperrt – da wurde heftig 150. Geburtstag gefeiert.

Carona

Auch dieses Dorf, 600 m über Melide, ist ein Künstlerdorf. Aber anders als in Montagnola (s. u.) waren hier nicht Zugereiste, sondern Einheimische die bestimmenden Künstler.

Die Scalas und Solaris bewiesen ihr architektonisches Talent vor 600 Jahren nicht allein in Russland und Österreich, sondern auch in ihrem Heimatdorf. Noch heute prägt der Wohlstand vergangener Zeiten das 600-Einwohner-Dorf mit seinen mehrstöckigen Natursteinhäusern und üppigen Barockbauten.

Besonders auffällig ist das an der Piazzetta, der kleinen, terrassenförmig angelegten Piazza, die von mehreren Patrizierhäusern gesäumt wird, z. B. von der *Casa Constanza* mit ihren barocken Balkonen, die ein Solari gebaut hat. Auch die mittelalterliche *Casa Andreoli*, die *Casa Cataneo* oder die *Casa Solari*, allesamt mit reicher Freskenmalerei geschmückt, können sich sehen lassen. Der Ortskern Caronas gehört als einzige Architekturleistung im Tessin zu den national geschützten Denkmälern der Schweiz.

Die Stadtväter der Gegenwart kombinieren das Image ihres Ortes als mittelalterliches Künstlerdorf geschickt mit publikumswirksamen Neuerungen: So entstanden

Ceresio Karte S. 220

ein Freiluftbad (Mai–September 9–18 Uhr, 5 Fr) und ein botanischer Garten – nicht nur Touristenattraktion, sondern auch beliebt bei Tessiner Wochenendausflüglern.

• *Information/Verbindungen* s. Melide.

• *Übernachten* **Casa del 1577**, ✆/📠 091/6495827. Südländische Pflanzen im lauschigen Innenhof, ein großer Garten, ein gemütliches Kaminzimmer: Das winzige Bed-&-Breakfast-Hotel mit nur 4 Zimmern passt so recht zu Carona. DZ 120–150 Fr, EZ 130–150 Fr. Apr.–Okt. geöffnet.

Villa Carona, ✆ 091/6497055, 📠 091/6495860; www.villacarona.ch. Das schöne Familienhotel mit üppigem Garten und gutem Restaurant vermietet in einem hübschen Tessin-Haus 17 ebenso hübsche Zimmer. DZ 180–240 Fr, EZ 95–1135 Fr (Wochenarrangements ab 485 Fr).

Carona – mittelalterlicher Prunk

• *Ferienhäuser und -wohnungen* **Al Pino**, ✆ 041/9331269. Schmuckes Waldhäuschen mit 4½ Zimmern für 6 Personen. 960–1200 Fr/Wo.

Haus Barbara, ✆ 052/3842233. Geschmackvoll eingerichtetes und perfekt ausgestattetes Haus mit 3 Zimmern in der Via Botanico 5. 510–680 Fr/Wo.

La Strega, ✆ 061/8114897. Vier große Zimmer für bis zu 7 Personen bietet das schöne Haus im Wald für 550–850 Fr/Wo.

Residencia Falcieu, ✆ 091/9713556. Zwei große, gut ausgestattete Wohnungen mit 4½ bzw. 3½ Zimmern zu Preisen von 830–1230 Fr/Wo.

• *Essen und Trinken* **Grotto Pan Perdü**, der in jeder Hinsicht geschmackvolle Grotto mit einer schönen Granitterrasse liegt unter alten Bäumen am äußersten Dorfrand von Carona. Abends wird drinnen festlich aufgedeckt. Hier wird noch alles mit der Hand gemacht – die Salami wie die Teigwaren und vor allem die leckeren Desserts. Jan./Feb. und Mi geschlossen.

San Grato, das Restaurant am Eingang des gleichnamigen Parks hat zwei große Pluspunkte: die großartige Aussicht von der Terrasse und die Jahreszeiten-Speisekarte: Fisch und Pilze im Sommer, Wildgerichte im Herbst. Nov.–März und Di geschlossen.

Della Posta, das Gasthaus im historischen Ortskern ist mit Ausnahme des beiderseits der Straße gelegenen, lauschigen Gartens nicht hübsch, aber preiswert – die biederen Pizzen und Fleischgerichte gibt's nirgends im Umkreis so billig. Manchen stört allerdings der unerbittliche Fernseher. Mi geschlossen.

Osteria Ciona, an der Straße Melide–Carona befindet sich kurz vor Carona der rustikale Grotto mit einer sehenswerten Rebenpergola. Der Merlot von der „Alpe Vicania" (s. „Morcote/Essen") ist hier besonders zu empfehlen. Doch auch festere Kulinaria lohnen: der Risotto mit Steinpilzen zum Beispiel oder die feinen Käsesorten der Region. Nov.–Feb. und Mo geschlossen.

Sehenswertes/Wanderwege

Pfarrkirche San Giorgio: Die dreischiffige Pfeilerbasilika am Nordrand des Ortskerns ist mit ihrer Tambourkuppel und ihrem barocken Turmaufsatz das eindrucksvollste Bauwerk weit und breit. Mehrfach umgestaltet, vereint die ursprünglich romanische Kirche etliche Stilelemente aus Gotik, Renaissance und Barock, was besonders an den Skulpturen deutlich wird. Beachtenswert außerdem Fresken aus dem 16. Jh., unter ihnen eine zeitgenössische Kopie von Michelangelos „Jüngstem Gericht". Vom barocken Kirchturm, dem Wahrzeichen Caronas, führt die einstöckige *Loggia del Commune* (1591) zum Pfarrhaus hinüber; ihre Fassade ist mit den Wappen der einst zwölf eidgenössischen Städte der Landvogtei Lugano geschmückt.

Parco San Grato: In dem 55.000 qm großen botanischen Garten am Südrand des Dorfes lohnt der Besuch besonders im Frühjahr, wenn die südländische Vegetation in voller Blüte steht. Allerdings ist die großartige Aussicht auf den Lago di Lugano zu jeder Jahreszeit einen Zwischenstopp wert.

Kirche Santa Marta: Das Kirchlein oberhalb des Ortes wurde im 17. Jh. derart grundlegend erweitert, dass von den romanischen Ursprüngen kaum mehr etwas zu finden ist. Die Fresken im Innern der Kirche allerdings stammen noch aus dem späten 15. Jh.

Wallfahrtskirche Madonna d'Ongero: Inmitten eines ausgedehnten Kastanienwaldes prunkt dieses Schmuckstück, das nach 15-minütigem Spaziergang auf einem Waldweg südwestlich Caronas erreicht ist. Der überladene Stuckaturen- und Skulpturenschmuck stammt von den Caroneser Künstlern Alessandro Casella und Antonio Petrini (entstanden zwischen 1650 und 1750). Fast noch eindrucksvoller ist der Panoramablick vom Kirchenvorplatz; bei guter Sicht reicht der Blick bis zum Monte-Rosa-Massiv im Wallis.

Wanderwege: Der tiefe Wald um den Vulkankegel des *Monte Arbòstora* bietet vielfältige Wandermöglichkeiten: Man kann in knapp zwei Stunden nach Morcote spazieren, in nur 30 Minuten nach Melide laufen oder auf den San Salvatore, den „Zuckerhut" des Luganer Sees, klettern (vgl. Wanderung 15, S. 230).

Morcote

Am Südhang des Monte Arbòstora und fast an der Südspitze der Ceresio-Landzunge liegt mit Morcote eines der touristischen Aushängeschilder der Schweiz. Der 700-Einwohner-Ort zwischen Berghang und Ufersaum ist unbestritten schön, aber auch ständig überlaufen.

Die verschachtelten Gassen zwischen burgähnlichen Bürgerhäusern sind kaum befahrbar, so dass sich der Autoverkehr tagtäglich auf der viel zu engen Uferstraße staut. Machen Sie es deswegen wie die Einheimischen und kommen Sie per Bus oder Schiff; Sie erreichen ohnehin alles Sehenswerte besser zu Fuß.

Das einstige Fischerdorf hatte im 16. Jh. eine Monopolstellung als Frischfischlieferant für Lugano und Mailand; eigene Gerichtsbarkeit sowie eigene Zoll- und Steuerhoheit kamen hinzu. Aus dieser Zeit stammen die hochherrschaftlichen Palazzi und Barock-Bürgerhäuser voller Arkaden und Loggien im alten Ortskern, der sich im weiten Bogen an das Seeufer schmiegt.

Die prachtvollen Villen außerhalb des Zentrums sind dagegen jüngeren Datums und wurden vornehmlich von Zugereisten gebaut. Einer davon war *Arthur Scherrer*, dem der Ort den gleichnamigen, etwas skurrilen Park verdankt. Der Tuchhändler aus Basel, der seinen Loden in München feilbot, kaufte 1930 ein steil abfallendes Gelände 300 m vom Bootsanleger entfernt, wo er die Mitbringsel von seinen

Ceresio Karte S. 220

Ungewohnte Ruhe – die Uferstraße von Morcote

zahlreichen Geschäftsreisen (u. a. kuriose Kunstgegenstände) inmitten exotischer Pflanzen bunt arrangierte. Seit 1973, 18 Jahre nach Scherrers Tod, ist der Park der Öffentlichkeit zugänglich.

• *Information/Verbindungen* An der Schiffsanlegestelle befindet sich neuerdings ein Zweigbüro (✆ 091/9961120) der Touristen-Information in Melide. Das kleine Büro ist nur im Sommer Di–So 13–17 Uhr geöffnet.

• *Hotels/Restaurants* **Oasi**, Via Cantonale, ✆ 091/9961497. Das große Restaurant mit prachtvoller Pergola und leckeren Fischgerichten unterhält ein einfaches Hotel mit 6 Zimmern. DZ 130 Fr, EZ 55 Fr.

Rivabella, ✆ 091/9961314, ✆ 091/9961652; www.rivabellamorcote.ch. Direkt am See liegt das familienfreundliche Hotel, etwa 10 Gehminuten vom Ortskern entfernt. Es verfügt über einen eigenen Bade- und Bootsanlegeplatz und das angeschlossene Restaurant über eine reichhaltige Speisekarte voller italienischer Spezialitäten. Jedes der 12 Zimmer (Du/WC, TV/Tel.) kostet 120–190 Fr (DZ) bzw. 80–120 Fr (EZ).

Della Posta, Piazza Grande, ✆ 091/9961127, ✆ 091/9961779; laposta@ticino.com. Auch diese 5 Zimmer in einem typischen Tessinhaus sind nur Anhängsel eines Restaurants, dessen Spezialität Holzofenpizzen sind. Die hübschen Zimmer (Du/WC, TV/Tel.) kosten 120–190 Fr (DZ) bzw. 95–135 Fr (EZ).

Iris, ✆ 091/9961242, ✆ 091/9963444; hoteliris@ticino.com. Das moderne Drei-Sterne-Hotel sieht nur von außen wie ein Bürobau aus; drinnen bietet Signore Rinaldi 24 geschmackvolle Zimmer mit erstklassigem Service. Man kann Fahrräder mieten und zahlt bei längerem Aufenthalt weniger. DZ 140–220 Fr, EZ 85–125 Fr. Apr.–Okt. geöffnet.

Carina Carlton, Via Cantonale, ✆ 091/9961131, ✆ 091/9961929, www.carina-morcote.ch. Das geheizte Schwimmbad im Garten wäre gar nicht nötig, denn das Drei-Sterne-Hotel liegt direkt am See; das gleichnamige Restaurant besitzt eine über den See gebaute Terrasse. Neben 22 noblen Zimmern sind auch Suiten (270–310 Fr) im Angebot. Ansonsten kosten DZ 180–250 Fr, EZ 125–165 Fr.

Olivella au Lac, ✆ 091/9961001, ✆ 091/9961960. Das mit 60 Zimmern größte Hotel am Ort bietet Vier-Sterne-Standard und obendrein Wassersportmöglichkeiten. Das Restaurant mit Seeterrasse genießt zu Recht einen besonders guten Ruf. DZ 190–340 Fr, EZ 80–190 Fr.

• *Ferienhäuser und -wohnungen* **Rivetta**, ✆ 052/3461650. Ein hübsches 3-Zimmer-Häuschen mit schöner Ausstattung und gutem Preis: 170–195 Fr/Tag.

Residenzia Miralago, ✆ 01/4972222 oder 079/4230145. Das reine Appartementhaus hat komfortable 1- bis 4-Zimmer-Wohnungen im Angebot. Die Preisspanne liegt zwischen 800 und 1500 Fr/Wo.

Rachele, ✆ 061/9812525. Die 3-Zimmer-Parterrewohnung ist etwas einfacher möbliert, dafür aber auch preiswerter: 630–730 Fr/Wo.

• *Lokale* **Carina**, ✆ 091/9962207. Das Essen ist teuer und gut. Außerdem bietet das Dorflokal in Morcote, das zum gleichnamigen Hotel (s. o.) gehört, einen herrlichen Seeblick, der einen Besuch schon lohnend macht, wenn man nur ein (übrigens vorzügliches) Speiseeis essen mag.

Grotto del Parco, ✆ 091/9963423. Diesen Grotto finden Sie am Ausgang des Parco Scherrer. Sie können und sollten ihn aber auch ohne Parkbesichtigung aufsuchen. Es erwartet Sie ein lauschiges Ambiente zwischen blühenden Bougainvilleen und unter alten Bäumen sowie die raffinierte Küche mit frischen Fischgerichten und hausgemachter Pasta. Mo geschlossen.

Weitere Hotel- und Restauranttipps s. unter Vico Morcote auf S. 227.

Sehenswertes

Parco Scherrer: Ein siamesisches Teehaus und ein Nofretete-Tempel, dazwischen ein Bacchus aus Marmor und ein byzantinischer Löwe – das eigenwillige Freilichtmuseum 300 m neben dem Morcoter Hafen zeigt Kitschiges auf betörende Weise. Dieser Gesamteindruck wird durch die gelungene Gartenarchitektur gefördert, bei der man meint, jede mexikanische Pinie, jede chinesische Magnolie, der Bambus und der Eukalyptus stünden genau da, wo sie natürlicherweise hingehören. Ach ja: Palmen, Zedern und einen Grotto am Ausgang (s. o.) findet man auch. Und einen Sonnentempel sowie ein Stück Akropolis und, und, und.
Obwohl Sie auf dem steilen Gelände viele Stufen steigen müssen, lohnt der Besuch auch und gerade an heißen Sommertagen: Üppige Bäume spenden wohltuenden Schatten, Kanäle und Teiche sorgen für aufmunternde Kühle.

Öffnungszeiten Zwischen dem 15. März und dem 31. Okt. tägl. 9–17 Uhr, Di und Do mit Führung. Eintritt 7 Fr/Erwachsene, 3 Fr/Kinder (www.promorcote.ch).

Parco Scherrer – phantastische Welt inmitten exotischer Pflanzen

Ceresio Karte S. 220

Morcote – die mächtige Kirche beherrscht den Ort seit 700 Jahren

Cimiterio: Auf dem Friedhof kann man sich neben den pompösen Grabstätten reicher Morcoter Familien auch die vergleichsweise bescheidenen Gräber ausländischer Künstler wie das des Dramatikers Georg Kaiser oder des Komponisten Eugen d'Albert anschauen.

Santa Maria del Sasso: Die wuchtige Pfarrkirche aus dem 13. Jh., später mehrmals umgebaut, beherrscht den Ort. Wenn man sich vom See her Morcote nähert, könnte man meinen, die Wohnhäuser gehörten zur Kirche und nicht umgekehrt. Im Ort selbst wird dieser Eindruck noch verstärkt: Eine steile, monumentale 408-Stufen-Treppe, von Bildstöcken und Zypressen eingefasst, lässt jeden Kirchenbesucher als armen Büßer erscheinen. Drinnen ist das düstere Gotteshaus eher enttäuschend – nur die Renaissancefresken und eine leidlich kostbare Orgel sind interessant. Hinter der Pfarrkirche steht die Kapelle *Antonio di Padova* aus dem 17. Jh., deren pompöse Stuckengel allenfalls putzig wirken.

Torre del Capitano: Der einstige Wehrturm gehört nach einer grundlegenden Renovierung heute zum Gemeindehaus. Aber bei seinem Bau im Jahr 1249 muss er trutzig die Häuserzeile überragt und mögliche Angreifer verschreckt haben; an diese Vergangenheit erinnert heute nur noch sein gotisches Portal.

Galleria Poma: Der Ausstellungsraum des Künstler-Galeristen Paolo Poma in der Strecia di Mort präsentiert Werke vornehmlich Tessiner Künstler der Gegenwart, häufig auch in Einzelausstellungen. Obwohl Bilder und Skulpturen prinzipiell zum Verkauf anstehen, können Sie die Galerie getrost auch ohne Kaufabsicht besuchen.
Öffnungszeiten Di–So 14.30–18.30 Uhr; Eintritt frei.

Kunsthandwerk Antonini: Altes Handwerkzeug und antike Techniken nutzt Adriano Antonioni zur Herstellung seiner ungewöhnlichen Keramikkunst. Seine am Riva dal Garavell ausgestellten Arbeiten sind nicht gerade umsonst, aber immerhin ein Lichtblick angesichts des sonst in Morcote angebotenen Souvenir-Krimskrams.

Vico Morcote

An der steilen Straße von Morcote nach Carona liegt auf fast 500 m Höhe das kleine, verwinkelte Weindorf, das seiner herausragenden Aussichtslage wegen zu einem der bevorzugten Villenvororte von Lugano geworden ist. Lohnenswert ist ein Spaziergang durch die teils rebenverhangenen Gassen, ein Abstecher hinauf zu den Überresten einer Mailänder Burg aus dem 12. Jh. oder ein Besuch der Pfarrkirche *Fidele e Simone* (1625 erbaut) mit einem sehenswerten Triptychon.

• *Übernachten/Essen* **Bellavista**, Vico Morcote, Strada da Vigh 2, ✆ 091/9961143, 📠 091/9961288. Hier stimmt der Name – die Aussicht im kleinen Nachbarort von Morcote ist wirklich schön. Die zwei Tessiner Häuser des Familienhotels wurden vor 350 Jahren hoch über dem Luganer See gebaut und bieten 9 Zimmer und 2 Suiten für 150–500 Fr (DZ, Suite).

Grotto Alpe Vicania, ✆ 091/9961850. Kaum ein Grotto ist so urig, kaum einer hat eine solche Panoramaaussicht, und sicher keiner wird wie dieser von einem ehemaligen Radprofi geführt. Die anderen Superlative betreffen die Gaumenfreuden: Die hausgemachte Mortadella ist ziemlich einzigartig, der selbst gekelterte Merlot sucht seinesgleichen. Sie finden diesen in verschiedener Hinsicht einzigartigen Grotto auf halber Strecke zwischen Vico Morcote und Carona an einer ausgeschilderten Privatstraße. Mo sowie Nov.–März geschlossen.

Osteria al Böcc, ✆ 091/9961131. Die von uralten Bäumen umgebene typische Osteria ist ein beliebtes Ausflugsziel der Luganeser, was immer für die Qualität der Küche (hier ist sie international) spricht. Besonders Fischgerichte sollten Sie probieren.

Agra

Der nach Locarno sonnenreichste Ort im Tessin liegt auf nahezu 600 m Höhe im Süden der Collina d'Oro. Trotz seiner Lage kann es der 400-Einwohner-Ort am Hang des Monte Croce in der Touristengunst noch nicht mit anderen Ceresio-Orten aufnehmen.

Gut möglich, dass sein Ruf durch das Lungensanatorium gelitten hat, das bis in die 1960er Jahre viele, auch prominente Patienten beherbergt hat; unter ihnen den Schriftsteller *Erich Kästner*, der sich hier zu seinem Roman „Der kleine Mann" anregen ließ. Untergebracht war das Sanatorium im *Palazzo Agra*, einem fast 500.000 qm großen Gutshof mit einem 150 Jahre alten Patrizierhaus und weiteren Nebengebäuden.

Heute wird der Komplex als Ferienzentrum vorrangig für Jugendliche und ältere Menschen genutzt. *Centro Agra*, wie die Anlage mittlerweile heißt, organisiert aber auch Tagungen, richtet Meditationswochen sowie Konzerte und andere kulturelle Veranstaltungen aus. Außerdem wurde ein „Vita-Parcours" angelegt, auf dem Sportler und Naturfreunde ihre Kondition überprüfen können. Gar nicht unwahrscheinlich also, dass sich Agra bald ein größeres Stück vom Tourismuskuchen abschneiden wird, zumal der Ort mit der Kirche *San Tommaso* (Malereien und Sonnenuhr aus dem 17. Jh.) sowie einigen netten Hotels und Grotti noch mehr touristisch Interessantes zu bieten hat.

• *Information/Verbindungen* s. Melide.

• *Übernachten* **Palazzo Agra**, ✆ 091/9942624, 📠 091/9947675. Das Ferien- und Tagungszentrum bietet neben Kajütenbettunterkünften für Jugendliche auch DZ (100–126 Fr) und EZ (55–65 Fr) an. Es gibt Verbilligungen für Kinder und Sonderpreise für Gruppen. Zudem wird in dem herrlichen Anwesen mit altem Baumbestand eine gute Küche serviert (auch vegetarisch).

Pensione Agra, ✆/📠 091/9941371. Zehn ruhige, biedere Zimmer vermietet das Hotel in einem herrschaftlichen Tessin-Haus mit großer Terrasse und schönem Garten. DZ 98–108 Fr, EZ 54 Fr.

Ceresio Karte S. 220

San Gottardo, ✆ 091/9932836. Der Gasthof mit ansprechender Küche vermietet 6 funktionale DZ mit Du/WC, TV und Tel. zum Preis von 110–130 Fr (bei Nutzung als EZ 80 Fr).

• *Jugendherberge* **Ostello della Gioventù**, Figino, ✆ 091/9951151, ✆ 091/9951070, www.youthhostel.ch. Die Jugendherberge im Nachbarort **Figino**, einem ehemaligen Fischerdorf mit reizvoll altem Ortsbild, bietet 160 Betten in 2 schönen Patrizierhäusern inmitten eines großen Gartens an. Die Schlafstatt im Mehrbettraum kostet 24 Fr, DZ 51 Fr, EZ 32 Fr (jeweils mit Frühstück und Bettwäsche); Lunchpaket für 11 Fr zusätzlich.

• *Ferienhaus* **Al Bosco**, ✆ 091/9942581. Die Fondazione Centro Agra vermietet das große Waldhaus mit 4 rustikalen Zimmern für bis zu 8 Personen für nur 180–230 Fr/Tag.

• *Essen und Trinken* **Grotto Posmonte**, den großen Grotto unter großen Buchen finden Sie an der Straße Agra–Sorengo, knapp 1 km hinter dem Ortsausgang. Bocciabahn, TT-Platten und ein kleiner Spielplatz machen das Lokal zum Familienausflugsziel. Das Essen ist rustikal und preiswert, allerdings gibt es außer Polenta in allen Variationen nur Risotto und Käse. Jan./Feb. und Do geschlossen.

Grotto Flora, ebenfalls an der Straße Agra–Sorengo stößt man im Dörfchen Bigogno auf diesen in der Ausstattung noch typischen Grotto. Die Speisekarte ist eher international, das Essen richtig lecker. Lassen Sie sich die süßen Desserts nicht entgehen: Das Wodka-Sorbet und die Zabaione sind ausgezeichnet.

Montagnola

Bekannt wurde der Ort durch Hermann Hesse, der die 43 besten seiner 85 Lebensjahre hier verbrachte und weitere Künstler um sich scharte.

Dazu zählten beispielsweise der deutsche Maler und Matisse-Schüler Hans Purrmann oder das Dadaistenpaar Hugo Ball und Emmy Ball-Henning, das neben Hesse in Gentilino begraben ist. Die Erinnerung an den Schriftsteller wird in einem 1997 eröffneten und äußerst liebevoll geführten Museum gepflegt. Untergekommen ist das Museum im Turm der *Casa Camuzzi*, in der zunächst Hesse und später Purrmann lebten. Ansonsten besticht das nach dem Künstler-Exodus wieder verschlafene 1800-Einwohner-Städtchen durch das Kirchlein *Nazario e Celso*, das neben reichen Renaissance-Fresken eine in Süddeutschland geschnitzte Madonna aufweist.

Hier wurde „Der Steppenwolf" geboren

Frau und Kinder hatte Hermann Hesse gerade verlassen, als er 1919 mittellos nach Ceresio kam. Zwar hatte sich der 1904 erschienene Roman „Peter Camenzind" auch in finanzieller Hinsicht als Erfolg erwiesen, aber weite Reisen hatten sein Budget nach und nach aufgefressen. So war er froh, eine kleine, billige Wohnung in der Casa Camuzzi zu finden, „um von vorn anfangen zu können". Tatsächlich stellten sich im Laufe der Jahre mit dem „Steppenwolf" (1927) sowie „Narziß und Goldmund" (1930) neue und ebenso einträgliche Erfolge ein. 1931 zog Hesse zu seinem Freund Hans Bodmer, der ein großes Haus an der Straße nach Agra besaß. Dort wohnte der Schriftsteller, der 1946 den Literaturnobelpreis erhalten hatte, bis zu seinem Tod 1962. Seine Grabstätte, selbst über 40 Jahre nach seinem Tod noch liebevoll umsorgt, liegt in der letzten Ecke auf dem schönen Friedhof des Nachbarortes Gentilino.

• *Information/Verbindungen* s. Melide.

• *Übernachten* **Bellevue-Bellavista**, Via Collina d'Oro 72, ✆ 091/9858900, ✆ 091/9858909. Altes, stimmungsvolles Haus mit Terrasse und großen Zimmern, die allesamt mit Du/WC, TV/Tel. ausgestattet sind. DZ 140–186 Fr, EZ 102–133 Fr.

Al Bosco, Via ai Grotti 4, ✆ 091/9946776, ✆ 091/9946789. Der Grotto im nahen Gentilino vermietet 10 einfache, aber trotzdem ansprechende Zimmer zu günstigen Preisen. DZ 96 Fr, EZ 50 Fr.

Villa Rita, Via Bora da Besa 9, ✆/℻ 091/9946419. Neun große Zimmer sind in diesem hübschen Tessin-Haus (ebenfalls in Gentilino) zu mieten. Das von März bis Okt. geöffnete Garni-Hotel überrascht mit zivilen Preisen: DZ 100–120 Fr, EZ 60 Fr.

• *Ferienhäuser und -wohnungen* **Piandanello**, ✆ 061/2711288. Zwei 3-Zimmer-Appartements sind in der Collina d'Oro 110 in Montagnola im Angebot. Beide perfekt ausgerüstet, beide mit Platz für 3 Personen plus Kinderbett. Außerdem vorhanden: Schwimmbad, Garten und Garage. 80–160 Fr/Tag.

Ceretti, ✆ 091/9947677. 4-Zimmer-Wohnung mit Platz für bis zu 8 Personen in der S. Abbondio 50 in Gentilino. 700–800 Fr/Wo.

Berenice, ✆ 056/4260034. Mit allem nötigen Zubehör ausgestattete und schön eingerichtete 2½-Zimmer-Wohnung in der Rubiana 6 in Gentilino; Platz für 4 Personen. 95–110 Fr/Tag.

• *Camping* **La Piodella**, ✆ 091/9947788, ℻ 091/9946708. Ca. 6 km nördlich von Montagnola und unweit der Autobahn finden Sie in Muzzano den einzigen Campingplatz weit und breit; dafür aber einen Fünf-Sterne-Platz, der keine Wünsche offen lässt – Tennisplätze, eigene Anlegestelle, Animation. Pauschale: 32 Fr/Person.

• *Essen und Trinken* **Al Bosco**, ✆ 091/9946776. Der oben bereits als Pension erwähnte Grotto liegt an einer ausgeschilderten Abzweigung der Straße Sorengo–Gentilino. Das volkstümliche Lokal mit einem großen Gartenausschank ist berühmt für seine deftigen Speisen und zivilen Preise. Di geschlossen.

Grotto al Guasto, ✆ 091/9946919. Ein flaches Natursteinhaus, riesige Granittische davor und eine unverbaute Aussicht auf den Golf von Lugano schaffen das rechte Grotto-Gefühl. Sie finden das Lokal an der Straße Sorengo–Agra, von der die Via al Guasto abzweigt. Mo geschlossen.

Grotto Circolo Sociale, ✆ 091/9943898. In der Via ai Canvetti in Montagnola bekommt man Hausgemachtes zu vernünftigen Preisen. Vor allem Fischgerichte und selbst gemachte Pasta sollten Sie genießen. Mi und Feb. geschlossen.

Sehenswertes Montagnola/Gentilino

Museo Hermann Hesse: Am 2. Juli 1997, anlässlich des 120. Geburtstages des Dichters, wurde das kleine, aber bemerkenswerte Museum im Turm der *Casa Camuzzi* eröffnet. Man kann sich Hesses Arbeitszimmer anschauen und persönliche Dinge aus seinem Nachlass finden wie seine Brille und neuerdings auch seinen Strohhut, seine Bücher, seine Zeichnungen (manche seiner Bücher hat Hesse selbst illustriert) und Tuschkästen sowie viele Briefe. Das liebevoll restaurierte Haus kann dem Vergleich mit den beiden anderen Museen (in Hesses württembergischem Geburtsort Calw und an seiner Zwischenstation Gaienhofen am Bodensee) durchaus standhalten, zumal neben der Dauerausstellung auch regelmäßig Sonderschauen oder Veranstaltungen stattfinden (jeweils sonntags, 17 Uhr, beispielsweise Lesungen in deutscher Sprache). Überdies wurde der Wanderweg „Auf den Spuren Hermann Hesses" eingerichtet, der den alltäglichen Weg des passionierten Spaziergängers von Montagnola über Gentilino nach Agra nachzeichnet.

• *Öffnungszeiten* März–Okt. Di–So 10–12.30 und 14–18.30 Uhr; Eintritt 6 Fr, mit Führung und Videovorführung 10 Fr. Die Wanderung „Auf den Spuren Hermann Hesses" findet sporadisch statt und kostet 18 Fr (inkl. Snack); Information und Anmeldung beim Museum, ✆ 091/9933770, oder bei Regina Bucher, ✆ 091/9941229.

Cimiterio Gentilino: Die meisten besuchen das stattliche Nachbardorf inmitten dichter Kastanienhaine nur des Friedhofes wegen. Und tatsächlich gibt es auf dem im 19. Jh. angelegten Cimiterio – einem der schönsten in der Schweiz – eine ganze Menge zu sehen: Das beginnt mit der typischen Tessiner Zypressenallee, die vom Friedhof zur Barockkirche *Sant'Abbondio* (16. Jh.) gegenüber der Straße führt, setzt sich fort in dem von Vincenzo Vela gestalteten Grabmal „Das Gebet" und endet (womöglich in stiller Andacht) vor den Gräbern des Dirigenten Bruno Walter, der Dada-Künstler Hugo Ball und Emmy Ball-Hennings und natürlich vor dem Grab Hermann Hesses.

Ceresio Karte S. 220

Wanderung 15: Auf den San Salvatore

Obwohl nur 5 km und 2,5 Stunden lang, ist die Wanderung nicht leicht: Gut 600 Höhenmeter sind zu bewältigen; die beiden Anstiege sind steil und unbefestigt – Trekkingstiefel und Teleskopstangen sind anzuraten.

Anfahrt: Nach Melide kommen Sie per Bus oder Schiff oder mit dem Pkw (vgl. „Melide/Verbindungen"), und die Abfahrt vom San Salvatore besorgt die Seilbahn. Von der Talstation in Paradiso verkehrt ebenfalls ein Postbus nach Melide.

Melide wird auf der Via Carona (am Kreisverkehr nahe Bahnhof und Damm-Auffahrt) verlassen. Nach wenigen hundert Metern erscheint ein Wegweiser nach *Carona*, dem man folgt. Über eine kleine Treppe, zunächst noch an Häusern und Gärten vorbei, erreicht man schon bald einen Mischwald. Insgesamt 325 Höhenmeter steigt der gut ausgebaute Weg in Serpentinen durch den Wald hinauf; immer wieder laden Bänke an schönen Aussichtspunkten zur Rast ein. Nach einer guten Wanderstunde ist *Carona* und gleichzeitig der Höhenzug erreicht, der den *San Salvatore* im Norden und den *Monte Arbostora* im Süden verbindet.

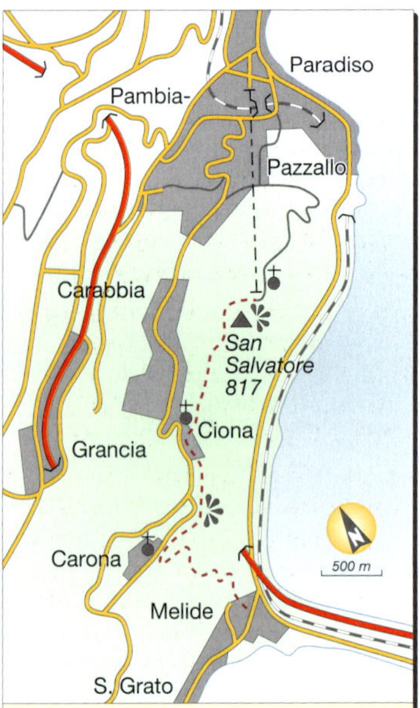

Wanderung 15: Auf den San Salvatore

Neben der Pfarrkirche San Giorgio weist ein Schild durch einen schmalen Durchgang die Richtung zum Weiler *Ciona*. Bis dorthin führt die Route zwar über das Sträßlein, aber die schöne Panoramaaussicht entschädigt für den ermüdenden Asphalt. In Ciona dann ein weiteres Hinweisschild, das nach rechts den Weg zum Weiler *San Salvatore* weist. Zunächst geht es an einer Kapelle vorbei, dann fällt der Weg hinter dem Ort kurzzeitig ab, bis man zu einem Buchenwald kommt, von dem aus der beschwerliche Aufstieg beginnt.

Spätestens ab jetzt ist gutes Schuhwerk nötig: Der unbefestigte Weg wird immer wieder von Geröll und Wurzeln, manchmal auch von umgestürzten Bäumen blockiert. Trotzdem brauchen geübte Wanderer für den 300-Meter-Aufstieg wenig mehr als eine Stunde. Lassen Sie sich aber ruhig Zeit, denn oben am Bergrestaurant ist die Wanderung nach weniger als drei Stunden fast zu Ende. Auf dem 912 m hohen Gipfel, nur wenige Wanderminuten vom Restaurant und der Seilbahnstation entfernt, eröffnet sich bei klarer Sicht ein berauschender Rundumblick: Die Alpen im Norden, Lugano und Monte Brè in der Mitte, im Süden der Monte Generoso. Für die Abfahrt nutzt man am besten die Seilbahn nach Paradiso (s. „Lugano/Monte San Salvatore", S. 190).

Muggio-Tal – unverbrauchte Natur im umweltgeschädigten Mendrisiotto

Mendrisiotto

Die touristisch wenig erschlossene Region bildet die südlichste Spitze des Kantons und reicht von Bissone am Luganer See bis nach Chiasso an der Grenze zu Italien. Man kommt in eine sanfte Hügellandschaft voller Kunstschätze, aber auch voller Umweltprobleme: Eisenbahnlinie, Autobahnen, Kantonalstraßen und ein unüberschaubares Gewirr von Nebenstraßen zwängen sich durch das gen Süden immer schmaler werdende Nadelöhr.

Entsprechend stark ist die Luftverschmutzung. In **Mendrisio**, dem vom Smog gebeutelten Hauport der Region, läuft deswegen schon seit Jahren ein Versuch, den Straßenverkehr auf Elektrofahrzeuge umzustellen. Schaden kann das nicht, denn die Tage, an denen man vom nahe gelegenen **Monte Generoso** einen klaren Blick durch die Dunstglocke erhascht, sind in den letzten Jahren immer seltener geworden.

Andererseits hat das politische, kulturelle und wirtschaftliche Spannungsfeld im Grenzgebiet zwischen Schweiz und Italien dem Mendrisiotto mehr noch als dem übrigen Tessin eine Vielzahl kreativer Leistungen beschert. Generationen von berühmten Baumeistern entstammen der Region, angefangen von Francesco Borromini, dessen Konterfei die 100-Franken-Note schmückt, über Domenico Fontana, der sich genau wie Borromini im 16. Jh. vor allem in Rom einen Namen machte, bis zur Architektengarde der Neuzeit, den Snozzis und Carlonis. Zeugnisse dieser jahrhundertealten Tradition sind etwa die Kirche von **Riva San Vitale** oder die moderne *Casa Rotonda* in **Stabio**.

Aber auch sonst lohnt es die Mühe, sich einen Weg durch die stark befahrenen Verkehrswege zu bahnen, etwa um das schöne Fischerstädtchen **Brusino-Arsino** zu besuchen oder die Marmorbrüche von **Arzo**, das mittelalterliche **Meride** oder das stille **Muggiotal** im Osten.

Karte S. 233

Künstlicher Schatten – „Portici" an der Promenade von Bissone

Bissone

Das Städtchen am Eingang zum Mendrisiotto, unmittelbar hinter dem Melide-Damm, können Sie sich getrost schenken. Grässlich vom Beton zerschnitten und entsetzlich lärmend, hat es wie kaum eine andere Gemeinde unter dem Autobahnbau gelitten. Etwas Ruhe findet man nur in den Laubengängen der Promenade (*Portici* genannt). Die Hänge oberhalb des Städtchens sind mit Bungalows zugepflastert; wer hier wohnt, schätzt die günstige Verkehrsanbindung zum Arbeitsplatz Lugano oder Mendrisio. Die beiden Ortskirchen, *San Carpoforo* mit übertriebenem Stuckaturschmuck und die barockisierte Kirche *San Rocco*, sind ebenfalls nicht unbedingt sehenswert.

• *Verbindungen* Für die gesamte Region siehe „Mendrisio/Verbindungen".

• *Übernachten* **Lago di Lugano**, ✆ 091/6419800, 📠 091/6419801, www.hotellagodilugano.ch; Der Club „Kinderfreundliche Schweiz" ist Betreiber dieses Vier-Sterne-Hotels. Folgerichtig gibt es Animationsprogramme für Kinder und Jugendliche. Und Erwachsene dürfen sich in der „Piratenwelt" (Cafeteria und Kneipe) tummeln. Die Preisangebote schwanken zwischen 286 und 608 Fr und zwischen Doppelzimmer und Großfamilien-Appartement.

• *Ferienwohnung* **Via Campione**, ✆ 01/9542634. Am Hang über Bissone liegt die preiswerte, allerdings auch nur durchschnittlich eingerichtete Wohnung. 55–82 Fr/Tag.

Rovio

Nur 2 km weiter südlich an der Straße hinauf ins unbedeutende Val Mara findet man das ideale Kontrastprogramm zu Bissone. Rovio ist ruhig, was schon der deutsche Dichter Gerhart Hauptmann bei einem zweijährigen Aufenthalt zu schätzen wusste: In seinem „Ketzer von Soana" setzte er dem Ort ein literarisches Denkmal.

Mit seinen schmucken Häuschen, schattigen Gassen und immer wieder neuen Aussichten auf den See nimmt Rovio einen Spitzenplatz im Tessiner Panorama-Programm ein. Seine vortreffliche Lage zu Füßen des *Monte S'Agata* auf einer Sonnenterrasse 500 m hoch über dem Luganer See nutzten schon die Römer, deren Sarkophage heute an der Piazza als Brunnen genutzt werden. Nordwestlich oberhalb des Ortes lockt zudem das romanische Kirchlein S. Vigilo aus dem 11. Jahrhundert mit eindrucksvollen Fresken aus dem 12. Jahrhundert – allerdings längst nicht so bedeutend, wie es ein ansonsten wohlmeinender „amazon"-Kritiker dieses Buches behauptet.

• *Übernachten/Essen* **Park Hotel Rovio**, ✆ 091/6497372, ✆ 091/6497963; www.parkhotelrovio.ch. Das Drei-Sterne-Hotel mit einem grandiosen 7000-qm-Park, einem großen Pool nebst Wellness-Bereich, großartiger Aussicht und ganz großer Küche ist auch für Normalsterbliche, und selbst solche mit Kindern, zu mieten. DZ 178–242 Fr, EZ 106–135 Fr.

• *Ferienwohnung* **Via Independencia**, ✆ 0511/734244 (Deutschland). Das 2-Zimmer-Appartement bietet Platz für 4 Personen und ist mit Garten, Terrasse, TV und Telefon überdurchschnittlich ausgerüstet. 130 Fr/Tag.

Mendrisiotto Karte S. 233

Monte Generoso

Bei guter Sicht kann man vom letzten Alpengipfel den Mailänder Dom ausmachen. Doch der „großzügige Berg" ist auch bei diesigem Wetter eine Reise wert.

Denn der 1704 m hohe Aussichtskegel ist zu einem touristischen Gesamterlebnis ausgebaut, das schon mit der Auffahrt zum Gipfel beginnt. Von **Capolago** aus, einem nicht weiter sehenswerten Städtchen am Südufer des Lago Lugano, startet die einzige Zahnradbahn im Tessin zu einer 9 km langen Fahrt, bei der insgesamt 1425 Höhenmeter überwunden werden. Besonders attraktiv ist das Ganze, wenn die Betreibergesellschaft eine Dampflokomotive einsetzt. Nach einem Zwischenstopp in *Bellavista* erreicht man dann in 35 Minuten nostalgischer Fahrt die 100 m unter dem Gipfel gelegene Bergstation *Vetta*. Hier warten neben einem Bergrestaurant, einem Schnellimbiss und einer Herberge fast unbegrenzte Freizeitangebote: Man kann wandern, gleitschirmfliegen, mountainbiken, spazieren gehen, essen, ruhen, eine Sternwarte besichtigen, auf dem Kinderspielplatz rumtollen, Sonnenauf- und -untergänge bewundern, Hochzeiten feiern, an geführten Botanik-Touren teilnehmen oder mit Hilfe dieses Buches in sechs Stunden wieder absteigen (vgl. Wanderung 16, S. 247).

Abgerundet wird das Ganze durch die herrliche Aussicht auf Monte Rosa, Matterhorn, Jungfrau und Rheinwaldhorn, die höchsten Gipfel, die man mit etwas Glück im weiten Panorama ausmachen kann. Und darunter noch der See und der Melide-Damm, Lugano und die Halbinsel Ceresio – ein wahrlich unvergleichlicher Rundumblick, den der Monte Generoso ganz großzügig bietet.

• *Anfahrt* Capolago erreicht man per Pkw von der Autobahnausfahrt Mendrisio. Wer mit der Bahn anreist, muss von Mendrisio aus in den Bus umsteigen (s. „Mendrisio/ Verbindungen").

• *Zahnradbahn* Im Sommer geht's 8-mal tägl. zwischen 10.18 und 16.45 Uhr den Berg hinauf und ab Bergstation Vetta zwischen 11 und 17.30 Uhr wieder hinunter (Sonderfahrten bei Abendveranstaltungen); im Winter 4-mal zwischen 11 und 15 Uhr (ab Capolago) und zwischen 13 und 17 Uhr (ab Vetta). Hin und zurück 45 Fr/Erwachsene, 13 Fr/Kinder bis 16; die einfache Fahrt gibt's zum halben Preis.

• *Übernachten* **Svizzero**, Capolago, ✆ 091/ 6481975, ✆ 091/6481553; www.bordognaweb.com. Das gepflegte Zwei-Sterne-Hotel an der Talstation bietet 23 feine Zimmer (Du/ WC, TV/Radio/Tel.) zu ordentlichen Preisen. DZ 140 Fr, EZ 79 Fr.

Santa Croce – Kuppel als Wahrzeichen

Vetta, Monte Generoso, ✆ 091/6497722, ✆ 091/6497791. Hotel, Restaurant und SB-Lokal werden von der Bahngesellschaft betrieben; die 7 einfachen Zimmer kosten 120 Fr (DZ) und 60 Fr (EZ). Doch dort zu wohnen, ist bei aller Einfachheit ein Erlebnis der besonderen Art – unvergleichlich die Aussicht im Morgengrauen.

• *Essen und Trinken* **Grotto Eremo di San Nicolao**, ✆ 091/6464050. Neben dem Aussichtslokal Vetta ist der Eremiten-Grotto das einzige Lokal am Berg: Sie müssen von der Bahnstation San Nicolao 15 Minuten zur Kapelle (1413) des Einsiedlers Nikolaus laufen, haben dann aber das Vergnügen, in einer Art „Schwalbennestgrotto" mit einer gewaltigen Aussicht Platz nehmen zu können. Und gar nicht schlecht essen kann man in dem nur im Sommer geöffneten Lokal auch. Di geschlossen.

Riva San Vitale

Die Kuppel von Santa Croce ist weit über den Luganer See sichtbar: Die wichtigste Renaissance-Kirche der Schweiz ist Wahrzeichen, aber nicht die einzige Sehenswürdigkeit zwischen Monte Generoso im Osten und Monte San Giorgio im Westen.

Obwohl nur 2200 Einwohner in dem Städtchen leben, wirkt es erstaunlich urban – vor allem an der Piazza und am Ufer der Ceresio-Bucht stehen historische und moderne Bauten dicht an dicht; auf den engen Straßen und unter den Arkaden am Marktplatz ist ständig Bewegung. Das hat zum einen mit der Lage zu tun – Riva San Vitale ist das Tor zum **Basso Ceresio** mit den kleinen Fischerdörfern um Brusino-Arsizio und dem mittelalterlichen Meride südlich des Sees. Zum anderen mit der Attraktivität des Ortes, der auf kleinem Raum viele erstaunliche Kunstschätze versammelt.

• *Übernachten* **San Giorgio**, ✆ 091/6481180. Nur 3 Zimmer gibt es in der zentralen Osteria zu mieten, aber die sind ordentlich. DZ 120 Fr, EZ 65 Fr.

Chery, ✆ 091/6481137, ✆ 091/6481762 Das Garni-Hotel in einem typischen Tessin-Haus bietet immerhin 36 Zimmer an, dazu ein Lokal „typisch tessinisch wie die Besitzer", so die Eigenwerbung. DZ 80–110 Fr, EZ 40–55 Fr.

• *Ferienhäuser und -wohnungen* **Piazetta del Guasto**, ✆ 071/6224390. Das perfekt eingerichtete Häuschen bietet in 4 Zimmern 7 Personen ausreichend Platz. 170 Fr/Tag.

Via Pojana, ✆ 071/6572857. Das Haus mit Terrasse und großem Garten hat nur 3 Zimmer, ist dafür aber auch recht preiswert. 120 Fr/Tag.

• *Essen und Trinken* Die **Osteria Unione** im einstigen Kino von Riva San Vitale ist ein originelles Restaurant mit originellem Wirt (samstags gibt's eine Bühnenshow unter Mitwirkung des Eigners) und origineller Küche (im Frühjahr unbedingt die Teigwaren mit Bärlauch probieren). Mi geschlossen.

Sehenswertes

Pfarrkirche Santa Croce: Die gewaltige Kirche am Nordrand der Altstadt mit der mächtigen Kuppel und dem ebenso mächtigen Glockenturm gehört sicher zu den wichtigsten Renaissance-Bauten in der Schweiz. 1595 von Antonio Piotti fertig gestellt, mit Wandmalereien von Pietro della Valsolda versehen und mit Altären aus Arzo-Marmor geschmückt, wirkt der bombastische Bau inmitten der Weinberge fast deplatziert. Noch ist nicht geklärt, welche Funktion die Kirche nach ihrer Renovierung einmal haben soll.

Baptisterium: Die älteste Bausubstanz der „Tauf-Anstalt" geht auf das 5. Jh. zurück – damit ist der Bau am Südrand der Altstadt der älteste Sakralbau in der Schweiz. An den Baustufen lassen sich die Taufriten über die Jahrhunderte ablesen: Im Zentrum das achteckige Becken mit zwei Stufen, in dem die ersten Christen durch Untertauchen getauft wurden. Dann das Taufbecken im unbearbeiteten Urstein mit zwei Metern Durchmesser, in dem Gläubige des Frühmittelalters die noch

Mendrisiotto Karte S. 233

heute übliche Taufe durch Begießen empfingen. Geschmückt ist das Haus mit einem Freskenzyklus aus dem 9. Jh., dessen Reste in der Apsis noch sehr gut zu erkennen sind.
Gleich nebenan befindet sich die barocke, nicht sonderlich anschauenswerte Kirche *San Vitale* mit neueren Gemälden von Pietro Chiesa (1932).

Brusino-Arsizio

Wegen irgendwelcher Sehenswürdigkeiten brauchen Sie die 12 km lange Fahrt von Riva San Vitale in diesen hübschen Fischerort am Luganer See nicht zu unternehmen. Wenn Sie aber entspannen wollen, sind Sie hier genau richtig: eine ruhige Uferpromenade, hübsche Häuschen, auf dem See dümpelnde Segelboote, ein kleiner Trinkbrunnen im Ufergrün und müßige Urlaubsstimmung weit und breit.

Auch die bewaldeten Hänge des *Monte San Giorgio* (1097 m) locken: Eine Seilbahn führt hinauf ins Wellness-Paradies **Serpiano** – nur ein edles Hotel, aber ein schönes Rundum-Panorama über den Luganer See und das Ceresio.

• *Seilbahn* Die Seilbahn fährt tägl. zwischen 8.30 und 19 Uhr alle 30 Min.; hin und zurück 11 Fr, einfache Fahrt 9 Fr (Kinder die Hälfte).

• *Übernachten* **Serpiano**, ✆ 091/9862000, 091/9862020; www.serpiano.ch. Das Wellness-Hotel (650 m hoch über dem Luganer See) liegt ganz allein im Wald und am Hang und bildet einen eigenen Ort namens Serpiano mit zwei Hotelbauten, einem Bauernhof, einem riesigen Wald und unzähligen Freizeitangeboten; auch per Straße, aber viel gemütlicher per Seilbahn zu erreichen. Die 90 Zimmer in modernisierten Häusern haben Drei-Sterne-Standard. DZ 100–290 Fr, EZ 60–155 Fr.

• *Essen und Trinken* **Grotto Alpe di Brusino**, ✆ 091/9961332. In Sichtweite der Serpiano-Bergstation (also oberhalb von Brusino-Arsizio) befindet sich der urige Grotto unter alten Kastanien. Die Küche ist einfach, aber authentisch.

Meride

Der gesamte Ort steht unter Denkmalschutz. Und wenn man das Auto auf dem steilen Parkplatz vor dem Ort abgestellt hat und unter den Bogengängen durch die Gassen schlendert, fühlt man sich tatsächlich ins Mittelalter versetzt. Vorbei an der mit Malereien verzierten *Casa Monti* oder an dem Naturstein-Ensemble des Rathauses, das auch ein kleines Museum beherbergt, schlägt das Städtchen jeden in seinen Bann. Erst auf den zweiten Blick stellt man fest, dass jeder zweite Rustico zum schicken Zweitwohnsitz herausgeputzt wurde.

• *Hotel/Restaurant* **San Silvestro**, ✆ 091/6469077. Das urige Restaurant mit schönen Innenhöfen, in denen sich herrlich essen lässt, liegt mitten in Meride. Außerdem werden 7 Zimmer vermietet, die nach Meinung unserer Leserin Prisca Büchi allerdings „schmuddelig und unaufgeräumt" sind. DZ 110 Fr, EZ 55 Fr (Kinder die Hälfte).

• *Ferienhäuser* **Casas Fossati**, ✆ 091/9663172. Fünf Häuser vermietet Antonio Fossati. Vom Haus mit nur einem Zimmer (75 Fr/Tag) bis zu solchen mit vier Zimmern (130 Fr/Tag) reicht das Angebot. Das Ausstattungsniveau ist wie der Preis: niedrig.

• *Camping* **Parco al Sole**, ✆ 091/6464330, 091/6460992; E-Mail: camping.meride@tcs.ch. Der kleine Vier-Sterne-Platz bei Meride, nur von Mai bis Sep. geöffnet, zählt in jeder Hinsicht zu den Tessiner Top-Adressen in Sachen Camping: schöne Lage, kleiner Laden, gutes Lokal, gute Sanitäranlagen, niedrige Pauschale: 13.50 Fr/Person

• *Lokal* **Antico Grotto Fossati**, ✆ 091/6465606. Der über hundert Jahre alte Grotto ist wegen seiner schönen Lage inmitten der Weinberge bei Einheimischen sehr beliebt: Kein Problem, denn in dem riesigen Garten findet immer noch jemand Platz. Probieren Sie vor allem den guten Merlot-Wein und die Desserts. Mo geschlossen.

Seltene Handwerkskunst – die Korbflechter sterben aus

Sangiorgiosaurus lässt grüßen

Das Projekt der Mailänder Universität dauerte bis ins Jahr 2000. So lange buddelten Mitarbeiter der Paläontologie-Professorin Andrea Tintori am Monte San Giorgio nach Fossilien. Seit in den 1950er Jahren die ersten Versteinerungen gefunden wurden, gilt der Monte Giorgio als reichste Fossilienfundstelle Europas. 200 Exemplare wurden seitdem katalogisiert, unter ihnen auch der mit fünf Metern Länge größte Fund mit dem bezeichnenden Namen Sangiorgiosaurus. Dokumentiert ist die Arbeit im *Museo dei fossili*, das man über einen laubengeschmückten Innenhof des Rathauses erreicht (tägl. 8–17 Uhr; Eintritt frei, eine Spende wird erbeten). Allerdings ist die Ausstellung etwas enttäuschend, denn außer einer Diavorführung gibt es nicht viel zu sehen: nur wenige Originale und auch nicht viel mehr Illustrationen. Wem das nicht genügt, kann sich auf einem Lehrpfad rund um den Monte Giorgio sein eigenes Bild machen. (Start ist am alten Waschhaus, 600 m auf der Straße nach Serpiano.)

Arzo

Die meisten Besucher kommen in den Grenzort zum Einkaufen, denn der Hemdenhersteller van Laack bietet seine Markenprodukte hier weit günstiger, aber immer noch zu satten Preisen direkt ab Fabrik an. Dabei hätte das reiche Städtchen mehr Aufmerksamkeit verdient. In der Pfarrkirche *Nezaro e Celso* lässt sich zum Beispiel der Stoff bewundern, aus dem Arzos Reichtum ist: Marmor. Seit dem Mittelalter wird der farbige Kalkstein in der *Cave di Marmo* an der Straße nach Meride abgebaut und von Arzo in alle Welt verkauft. Der Mailänder Dom, das Kloster Fahr bei Zürich und Paläste in Petersburg wurden mit diesem Marmor verschönert.

• *Essen und Trinken* **Grotto La Guana**, ✆ 091/6464791. An der Straße Arzo–Serpiano (bei der Abzweigung nach Tremona) finden Sie diesen schönen Grotto mit Bocciabahn, Spielplatz und riesiger Terrasse. Küche, Weine, Gäste, Preise – alles typisch tessinisch. Mi geschlossen.

• *Einkaufen* **Textilfabrik van Laack**, Via Meride. Hochwertige Damen- und Herren-Bekleidung der Marken van Laack und Regent bekommt man direkt in der Fabrik zu reduzierten, allerdings immer noch erklecklichen Preisen. Mo–Fr 10–12 und 14–17 Uhr, Sa 9.30–12 Uhr.

Stabio

Schon die Römer nutzten Stabios kalte Schwefelquellen. Heute werden im Kurhaus des einzigen Kanton-Heilbades Unfallopfer gesund gepflegt.

Der Name der Stadt soll vom lateinischen „stabulum" (= Stall) abzuleiten sein, was den Verdacht nährt, dass die einst fruchtbaren Hügel um Stabio als römisches Heerlager herhalten mussten. Immerhin steht noch heute vor dem Rathaus ein römischer Altar, und an der Außenwand der hübschen Pfarrkirche *Giacomo e Cristoforo* (13. Jh., im 18. Jh. wesentlich umgebaut) lässt sich ein römischer Inschriftenstein bewundern. In Architektenkreisen hingegen genießt Stabio einen Ruf als Pilgerstätte für moderne Tessiner Baukunst: Ziele des Interesses sind die von Tita Carloni 1974 gebaute Schule in der Via Ponte di Mezzo und die schon legendäre, heute als Wohnhaus genutzte *Casa Rotonda* (Via Pietane) von Mario Botta.

Casa Rotonda – Starbau eines Star-Architekten

• *Übernachten* **Kurhotel Terme**, ✆ 091/6471564, ℻ 091/6472098; E-Mail: info@ kurhotel-terme.ch. Im einzigen Thermalbad im Tessin lassen sich unter ärztlicher Aufsicht alle möglichen Kuren absolvieren; aber man kann in dem Vier-Sterne-Hotel mit hervorragender Küche auch einfach nur wohnen. DZ 170 Fr, EZ 110 Fr.

• *Ferienhaus* **Via Arca**, ✆ 091/6472839. Das 3-Zimmer-Häuschen bietet Platz für 3 Personen und ist so gut ausgestattet, dass der Tagespreis von 140 Fr nicht übertrieben scheint.

• *Essen und Trinken* Der **Grotto del Sole** an der Dorfausfahrt nach Ligornetto ist eher ein Restaurant, denn für einen typischen Grotto ist die Speisekarte viel zu reichhaltig (allein 40 Pizzasorten). Angeboten werden leckere Gerichte der internationalen Küche. Di geschlossen.

Terme, nicht das Restaurant des Kurhotels, sondern die von den Hotelköchen belieferte Bar ist gemeint. Das Essen ist so hervorragend wie im Hotel, nur viel preiswerter.

Grotto Vallera, der Grotto im Nachbardorf Genestrerio (Straße Stabio–Mendrisio) ist typisch, wie er nicht typischer sein kann: Es gibt nur Polenta oder Wurstwaren, Plastikstühle im Vorgarten und Volksmusik am Samstagabend. Mo geschlossen.

Montalbano, eine Adresse für das feine Diner: Im lombardischen Landhaus hoch über Stabio (ausgeschilderte Abfahrt) kann man elegant und sehr teuer essen. Sa–Mo geschlossen.

Sehenswertes

Museo della Civiltà contadina del Mendrisiotto: Das „Museum der ländlichen Zivilisation" in der Via al Castello in Stabio will der aussterbenden bäuerlichen Kultur ein Denkmal setzen. Kein Ort ist besser dafür geeignet als Stabio, das einst Zentrum des Obst- und Tabakanbaus war. In den vier Sälen werden u. a. allerlei Werkzeuge gezeigt, die man auch anfassen und ausprobieren darf, so dass fast eine sinnliche Erinnerung an bäuerliches Leben entsteht.

Öffnungszeiten Di, Do, Sa, So 14–17 Uhr; Eintritt 3 Fr/Erwachsene, 2 Fr/Kinder.

Ligornetto

Das 5 km nördlich von Stabio gelegene Örtchen ist Heimatdorf der Velas, der vielleicht berühmtesten Künstlerfamilie des Tessins, der die Stadtväter auch prompt ein Museum gewidmet haben. In einem der ehemaligen Wohnhäuser der Familie (Via Clivio) sind Plastiken und Gipsabgüsse (von Denkmälern), Modelle und Skizzen von Vincenzo Vela (1820–91) ausgestellt, außerdem Skulpturen seines Bruders Lorenzo (1812–97) sowie Gemälde seines Sohnes Spartaco (1854–86).

Öffnungszeiten Di–So 10–17 Uhr (im Sommer bis 18 Uhr); Eintritt 5 Fr/Erwachsene, 3 Fr/Kinder.

Mendrisio

Die mit fast 7000 Einwohnern fünftgrößte Stadt im Tessin leidet unter Zersiedelung und planloser Industrieansiedlung. Eingezwängt zwischen Hügelkette und Autobahn, zusätzlich beschnitten durch die Bahn, konzentriert sich der sehenswerte Teil des Stadtgebiets auf „magnifico borgo", die großartige Altstadt, wie die Einwohner ihr Städtchen nennen.

Zwei große Straßen von West nach Ost – Via Vincenzo Vela und Via Luigi Lavizzari – und knapp ein Dutzend Gassen in Nord-Süd-Richtung machen den Altstadtkern aus. Hier verspürt man italienische Phantasie und Lebensfreude – etwa beim Traubenfest im September, wenn die malerischen Innenhöfe der Altstadthäuser jedem Gast geöffnet werden, bei einem der regelmäßigen Konzerte im Museo d'Arte oder selbst beim alltäglichen Essen in einem der zahlreichen Grotti auf der Viale alle Cantine, der „Weinkeller-Straße". Und zur Osterzeit wird man sogar Zeuge eines ganz besonderen Ereignisses, der *Processioni storiche di Mendrisio.*

Schon viele Tage vor den eigentlichen Passions-Prozessionen sind die Altstadt-Arkaden mit z. T. 300 Jahre alten bunten Lampions geschmückt, und von weit her kommen fromme Besucher, um die traditionsreiche Veranstaltung mitzuerleben. Am Gründonnerstag ist es dann so weit: 300 Bürger, farbenprächtig als römische Legionäre und jüdische Händler verkleidet und teilweise zu Pferde, geleiten den Christusdarsteller unter den Klängen historischer Musik zum nachempfundenen Kalvarienberg. Am Karfreitag dann begleiten religiöse Bruderschaften den toten Christus vom Kreuzigungsort durch die Altstadt zurück. Das Spektakel wird seit dem 16. Jh. veranstaltet und wurde nur zweimal – das letzte Mal im Jahre 1998 – Opfer der Witterung.

Information/Verbindungen

• *Information* **Ente turistico del Mendrisiotto e Basso Ceresio** ist in einem neuen Pavillon unmittelbar hinter der Autobahnausfahrt an der Via Zorzi/Via A. Maspoli untergebracht. ✆ 091/6465761, ℻ 091/6463348; E-Mail: etm@tinet.ch; Internet: www.mendrisio-tourism.ch. Juni–Okt. Mo–Fr 8–19 Uhr, Sa 9–12 Uhr; Okt.–Mai Mo–Fr 8–12 und 14–18 Uhr. Das moderne Büro mit effektivem Service bucht Hotelzimmer, verkauft Tickets, z. B. für die Fahrt auf den Monte Generoso, und hilft freundlich mit Informationen aus.

• *Verbindungen* 17-mal tägl. passiert der **Fernzug** Zürich–Chiasso (mit Anschluss nach Mailand) den Bahnhof Mendrisio (Via Stefano Franscini) in beide Richtungen. Der erste um 5.30, der letzte um 23.58 Uhr. Außerdem verkehren saisonal Zusatzzüge nach Chiasso, Como und Mailand.

Busse: Zwei Hauptbuslinien erschließen (mit Mendrisio als Knotenpunkt) sämtliche Orte der Mendrisiotto: Stündlich zwischen 6 und 19 Uhr nach Capolago, Riva San Vitale und Chiasso (mit Stopps in jedem Ort, zur Rushhour alle 30 Min.). Die Orte abseits der großen Verkehrslinien (Valle di Muggio, Stabio, Meride oder Arzo) werden mit Postbussen (Autopostali PTT) ebenfalls im Stunden-Takt zwischen 5.30 und 17.30 Uhr versorgt. Die wichtigsten Haltestellen befinden sich an der Post (für die PTT-Linien), neben dem Bahnhof sowie an der Piazza del Ponte.

Adressen/Telefonnummer/Einkaufen

- *Apotheken* Via Lavizzari und Piazza de Ponte
- *Bahnhof* ✆ 6463822.
- *Einkaufszentrum* Das **Piazzal alla Valle** (Via Lavizzari) liefert vom Migros-SB bis zum Friseur, von der Bank bis zum Zeitschriftenhändler alles, was Urlauber brauchen.
- *Fabrikeinkauf* **Fox-Town** in der Via A. Maspoli (neben Ente turistico) bietet von Avon bis Valentino, von Nike bis Gucci ein großes Sortiment leicht fehlerhafter Markenware zu sehr günstigen Preisen.
- *Post* ✆ 6463902.
- *Postbus* ✆ 6461543 oder 6833386.
- *Souvenirs* **Arredovia**, ein reeller Souvenirladen in der Via Gismonda (bei der Villa Argentina).
- *Taxiruf* ✆ 6465355.
- *Wein* Vom klassischen Merlot-Rotwein bis zum einfachen Grappa findet man im 1. Stock der genossenschaftlichen Weinkellerei **Cantina Sociale** alle Alkoholika so preiswert wie sonst nirgends (Via G. Bernasconi, auf der Landstraße nach Chiasso).

Zur Osterwoche in Mendrisio – Lampions schmücken die Altstadt

Übernachten (siehe Karte S. 242)

San Gottardo (8), Via Motta 47 a, ✆ 091/6461294. Die 9 einfachen Zimmer in dem pinkfarbenen Tessin-Haus in der Innenstadt liegen ruhig und verkehrsgünstig. DZ 100 Fr, EZ 50 Fr.

Grütli (4), Piazzetta Fontana, ✆ 091/6461860. Ein echtes Schnäppchen: Die Zimmer sind zwar einfach, aber auch preiswert, die Lage in der Altstadt könnte nicht besser sein, und das Lokal zählt zu den besten der Stadt. DZ 80 Fr, EZ 40 Fr.

Commercio (6), Piazza del Ponte, ✆ 091/6463877, ℻ 091/6468513. Die 9 einfachen Zimmer sind nicht ganz leise, was mit dem Innenstadtverkehr, aber auch mit der Bar im Hause zu tun hat. Ansonsten ist die Lage (Altstadt-Palazzo) günstig. DZ 80–100, EZ 40 Fr.

Sport Garni (5), Piazza Fontana, ✆ 091/6461560, ℻ 091/6463833. Ein hübsches Zwei-Sterne-Hotel im historischen Zentrum mit 9 komfortablen Zimmern (Du/WC, TV/Tel.). DZ 130–140 Fr, EZ 55 Fr.

Stazione (7), ✆ 091/6462244, ℻ 091/6468227; albergostazione@ticino.com. Das Drei-Sterne-Hotel mit 24 ansprechenden Zimmern liegt zwar dem Bahnhof gegenüber, aber die Belästigung hält sich in Grenzen. Und das Restaurant ist wirklich gut, vor allem die Gerichte mit Meeresfrüchten. DZ 134–158 Fr, EZ 99–110 Fr.

Milano (9), ✆ 091/6465741, ℻ 091/6461764; info@hotel-milano.ch. Das beste, das modernste Haus am Platz: drei Sterne, Schwimmbad, Bar, Restaurant „La Pignatta", 25 komfortable Zimmer. Einziger Nachteil: Auch dieses Hotel liegt direkt am Bahnhof. DZ 140–170 Fr, EZ 90–110 Fr.

- *Camping* **Monte Generoso**, ✆ 091/6498333, ℻ 091/6495944. Der ausrangierte Fabrikschlot weist schon von weitem den

Mendrisiotto
Karte S. 233

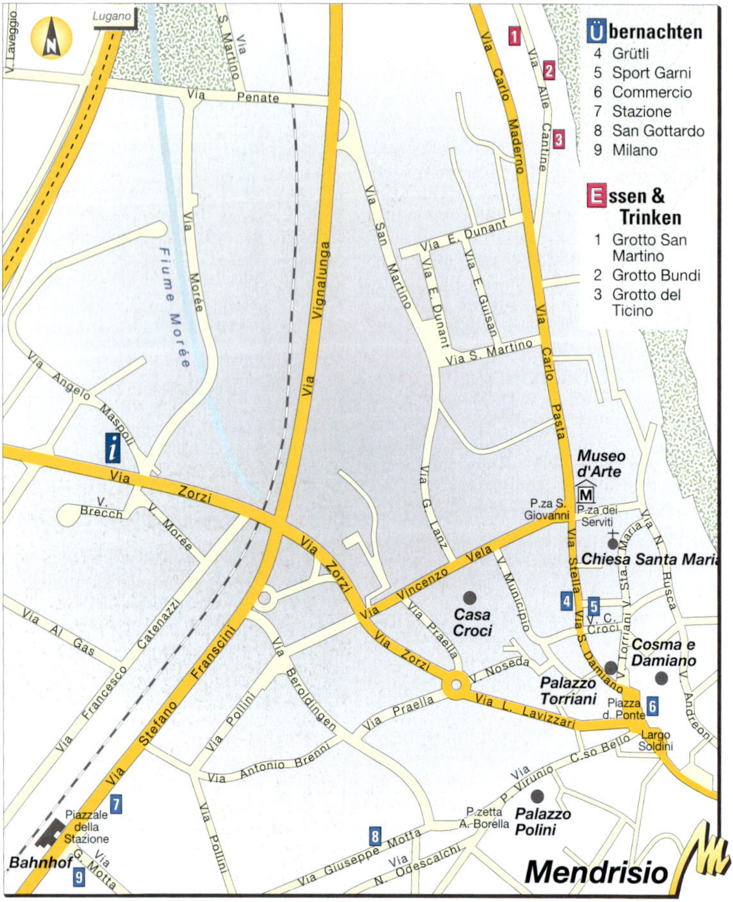

Weg zu dem tadellosen Drei-Sterne-Platz direkt am Luganer See (5 km nördlich in Melano). 120 Parzellen auf 20.000 qm schattigem Rasen, dazu ein kleiner Laden, ein gar nicht schlechtes Restaurant, Boot- und Fahrradverleih. Pauschale: 18 Fr/Person.

Paradiso Lago, ✆ 091/6482863, 📠 091/6482602. Auch am See, auch in Melano, auch drei Sterne, nur etwas größer und etwas teurer als Monte Generoso: 25 Fr/Person.

Piazzale Mara, ✆ 091/6497245. Der Drei-Sterne-Platz in Maroggia (8 km nördlich von Mendrisio und 2 km südlich von Bissone) ist mit 60 Parzellen klein, aber fein und preiswert. Gute Sanitäranlagen, schöner Spielplatz, leider kein Lokal. 20 Fr/Person.

Essen und Trinken

Grotto del Ticino (3), ✆ 091/6467797. 500 m nördlich der Altstadt zweigt die Viale alle Cantine ab, die „Weinkeller-Straße". Und tatsächlich finden sich etliche Grotti in den zweistöckigen Häusern hinter den Alleebäumen. Der bekannteste ist „del Ticino" mit seinem originellen Wintergarten und seinem typischen Angebot: gute Merlot-Weine, dazu lombardische Mortadella oder das unvermeidliche Risotto mit Steinpilzen.

Grotto Bundi (2), ✆ 091/6467089. Gleich nebenan dieser etwas moderne Grotto. Aber die Speisekarte ist reichhaltiger. Probieren Sie den Schmorbraten (brasato con polenta) oder die hausgemachten Gnocchi. Mo geschlossen.

Grotto San Martino (1), ✆ 091/6465312. Der dritte Grotto auf der Weinkeller-Straße mit wieder typischer, manchmal verfeinerter Küche. Das schmeckt man bei Fohlensteak oder Spießbraten. Di geschlossen.

Grotto Piret, ✆ 091/6464796. 3 km südöstlich der Stadt (nicht auf dem Stadtplan!) liegt im Weiler Castel San Pietro dieser bei Tessinern sehr beliebte uralte Grotto. Hier können sich die Gäste das Fleischstück selber aussuchen. Machen Sie das bei Wildschwein- oder Fohlensteak. Di geschlossen.

Grotto Loverciano, ✆ 091/6465312. Auch dieser Grotto (einer der ältesten und größten im Mendrisiotto) liegt in Castel San Pietro. Das ganzjährig geöffnete Lokal können Sie auch gut zu kälterer Jahreszeit besuchen, denn alle Räume haben einen Kamin. Aber draußen im schattigen Garten mit Bocciabahn und Tanzfläche ist es doch uriger. Hier empfehlen wir das leckere Kaninchen.

Sehenswertes

Pfarrkirche Cosma e Damiano: Die Hauptkirche der Stadt an der Piazza del Ponte ist Mittelpunkt der alljährlichen Osterprozessionen: Die Freitreppe wird zur Tribüne. Ansonsten kann der neoklassizistische Bau – erst 1875 nach Plänen von Luigi Fontana fertig gestellt – kaum mit Sehenswürdigkeiten aufwarten. Höchstens die Rosenkranzbilder im barocken Seitenaltar sowie ein Altaraufbau im Chorgewölbe wecken Interesse; allerdings stammen sie vom nie vollendeten Vorgängerbau aus dem 15. Jh. Die Ruinen unterhalb der Freitreppe sollen Reste eines romanischen Wehrturms sein und lange als Campanile gedient haben. Der römische Inschriftenstein lässt indes eine weit ältere Nutzung vermuten.

Museo d'Arte: Das Kunstmuseum im ehemaligen Servitenkloster neben der nicht anschauenswerten Kirche *San Giovanni Battista* enthält Bilder deutscher, Tessiner und italienischer Künstler des 16. bis 20. Jh. Gleichzeitig wird das stilvolle Gebäude für Konzerte, Theateraufführungen und zukünftig als Kommunikationszentrum genutzt.

Öffnungszeiten Di–So 10–12 und 14–17 Uhr; Eintritt 8 Fr, Kinder 5 Fr.

Chiesa Santa Maria: Das Kirchlein unweit des Museums ist gekennzeichnet durch ein wahres Stil-Durcheinander – der romanische Campanile wurde im 19. Jh. umgebaut, das aus dem Mittelalter stammende Kirchenschiff wurde barockisiert, und die Ausmalung trägt Züge der Renaissance.

Der jüdische Schriftgelehrte – 300 Bürger verkleiden sich

Italien und Schweiz – Grenzsymbol in Chiasso

Palazzi in der Altstadt: Die lombardisch geprägte Altstadt mit Loggien und Innenhöfen ist insgesamt lohnend; besonders interessant aber einige Palazzi, wie z. B. der riesige *Palazzo Torriani* mit zwei eindrucksvollen Innenhöfen oder der *Palazzo Polini* mit schönen Deckenfresken sowie die *Casa Croci* neben dem Rathaus, im 19. Jh. vom einheimischen Architekten Antonio Croci entworfen.

Pinacoteca Züst: Der Baseler Kunstsammler Giovanni Züst starb 1976 in Rancate, 3 km westlich von Mendrisio, und vermachte seine einmalige Galerie der Gemeinde. Die stellt seit 1992 die 200 Gemälde aller bedeutenden Tessiner Maler im ehemaligen Pfarrhaus gegenüber der Kirche aus (nicht zu verwechseln mit dem einstigen Wohnhaus, der *Casa Züst*, am anderen Dorfende). Die zweifellos umfassendste Sammlung Tessiner Malerei innerhalb des Kantons umfasst Werke von insgesamt 14 Malern des 17. bis 20. Jh., darunter Arbeiten von Serodine, Petrini, Rinaldi und Sabatelli.

Öffnungszeiten Di–So 9–12 und 14–17 Uhr, Dez.–Feb. geschlossen; Eintritt 7 Fr/Erwachsene, 3 Fr/Kinder.

Umgebung von Mendrisio

Castel San Pietro

Der mit 1500 Einwohnern größte Vorort der Hauptstadt liegt 3 km südöstlich von Mendrisio am Eingang zum Muggiotal (s. u.). Er ist nach einer längst verschwundenen Burg benannt, von der lediglich eine Kapelle (schöne Fresken) übrig geblieben ist. Dort soll zur Weihnachtsnacht 1390 ein Gemetzel zwischen verfeindeten Adelsfamilien stattgefunden haben – sie heißt seitdem *Chiesa Rossa*, rote Kirche. Im Norden des Ortes steht mit dem *Palazzo Turconi* das pompöseste Landhaus im Südtessin, einst Sommerresidenz des Grafen Turconi, heute Seminarhaus der Kirche.

Balerna

Das 3000-Einwohner-Städtchen 6 km südlich von Mendrisio ist fast schon ein Vorort von Chiasso und war einst Sommerresidenz des Comer Bischofs; Palast und Nuntiatur (beide 18. Jh.) sind insbesondere wegen ihrer prachtvollen Innenausstattung sehenswert. Ebenfalls lohnend die Kirchen *San Giovanni Battista* (16. Jh.) sowie *San Vittore* mit einem Hochaltar aus rotem Marmor.

Chiasso

Die mit 8000 Einwohnern viertgrößte Stadt im Tessin ist fast so etwas wie ein Vorort von Como jenseits der Grenze in Italien. Touristisch gibt sie nicht viel her, denn wer im Mendrisiotto Urlaub macht, meidet die Stadt wegen der zahlreichen Industrieansiedlungen. Und wer nach Italien will, steuert natürlich das wesentlich schöner gelegene Como am gleichnamigen See an. Der Geschichte als Grenzstadt sind zwei Kunstwerke im Bahnhof gewidmet: die Statue „Italien und Schweiz" von Margaritta Oswald-Toppi und das Wandgemälde „Die Auswanderer" von Pietro Chiesa. Ansonsten bietet das Städtchen den ständigen Lkw-Stau am Grenzübergang, einige bombastische Bürobauten von Mario Botta, zwei Kirchen ohne Höhepunkte, einige Hotels für Geschäftsleute, zwei, drei gute Restaurants und wenige Lokale für die Stadtjugend.

Die Seidenstadt Como

Die Seidenstadt am Lago di Como ist bloß 50 km von Mailand entfernt, und das hat ihr häufig Zwist, aber auch Vorteile beschert: Lange stritten die Bischöfe von Como mit den Mailänder Adelsfamilien um die Vorherrschaft im Tessin, immer aber schon gab es enge Handelsbeziehungen zwischen den beiden Metropolen: Como, noch heute wichtigster Seidenproduzent Europas, verkaufte das edle Material nach Mailand und vertrieb umgekehrt Mailänder Waren in der Schweiz. Zeugnisse des Reichtums der heute fast 100.000 Einwohner zählenden Stadt sind der prachtvolle Dom, das einstige Rathaus, der Broletto, das Castel Baradello und die schmucke Altstadt.

Valle di Muggio

Ein Kleinod im zersiedelten Mendrisiotto: Unverbaute Dörfer, unberührte Wälder, unwegbare Serpentinen, 5 km von der Zivilisation entfernt.

Man glaubt es kaum: Eben noch den Smog in der Nase und jetzt frisches Tannengrün, eben noch den Straßenlärm im Ohr und hier Ziegenblöken. Die kurvige Straße in das nur 10 km lange Tal beginnt bei **Castel San Pietro** (s. o.; Einfahrt auch ab Balerna) und endet nach schwindelerregendem Anstieg in **Scudellate**. Dazwischen sieben Dörfer, städtisch noch wie das Zwillingsdorf **Morbio** oder verschlafen wie der Hauptort **Muggio**.

Tourismus findet im Tal nicht statt. Wenige Wanderer zieht es zum Monte Generoso, der das Talende beherrscht, und einige Hobbymaler finden attraktive Motive: z. B. die „roccoli", typische Vogelfängerhäuschen, ein paar Mühlen entlang der *Breggia* und *Nevere* sowie Steinkonstruktionen, in denen früher mit Schnee die Milchprodukte gekühlt wurden. Und nur wenige Autotouristen halten während des Ausflugs in einem der unverfälschten Grotti.

Morbio

Die Doppelgemeinde – unten Morbio Inferiore, 2 km nördlich Morbio Superiore – ist in den letzten Jahren zur Schlafstadt vom Mendrisio angewachsen. Dennoch

Über Stock und Stein – Downhill gen Süden

gibt es Sehenswertes zu entdecken: Im unteren Gemeindeteil die barocke Wallfahrtskirche *Santa Maria dei Miracoli,* am südlichen Dorfrand die 1977 von Mario Botta entworfene kantonale Mittelschule. Morbio Superiore ist bekannt für seine römische Brücke über die Breggia und den Dorfbrunnen, der einstmals ein römisches Grabmal war. Der Pfarrkirche *San Giovanni Evangelista* sieht man ihre romanischen Ursprünge nicht mehr an – der Umbau im 19. Jh. hat dem Gotteshaus eine klassizistische Haube übergestülpt.

• *Essen und Trinken* **Grotto del Molini**, ✆ 091/6831180. Der Grotto in Morbio Inferiore (an der Straße von Balerna) ist seiner pfiffigen Küche wegen bei Tessinern sehr beliebt. Aber keine Angst: Der schattige Garten bietet ausreichend Platz. Besonders lecker sind Saltimbocca und die Desserts. Mo geschlossen.

Caneggio

Das 600 m hoch gelegene Dörfchen, schon tief im Muggiotal, wurde früher in erster Linie wegen der Pfarrkirche aus dem 16. Jh. besucht. Seit 1992 hat der Ort eine neue Attraktion: das etwas außergewöhnliche Programm des volkskundlichen Museums. Unter dem Motto „Die Landschaft als Museum" bietet es eine geführte Wanderung zur Mühle von Bruzella an. Auf dem Weg kommt man an Brücken und Brunnen vorbei, sieht Vogelfangtürme und Köhleröfen, in denen einst Holzkohle gebrannt wurde, und erfährt nebenbei viel über das Leben und Leiden der Menschen im Muggiotal. Das schon seit Jahren geplante stationäre Museum in der *Casa Cantoni* in **Cabbio** wartet dagegen weiter auf seine Vollendung – noch fehlen die Geldgeber.

Termine/Preise Die kostenlosen Führungen des **Museo entnografico della Valle di Muggio** finden zwischen Juli und Okt. insgesamt 20-mal statt. Konkrete Termine sind unter ✆ 091/6841777 bzw. beim Ente turistico von Mendrisio zu erfahren (✆ 091/6465761).

Muggio

Der Hauptort des Valles, Heimatort der Baumeister-Familie Fontana, ist ein noch von 300 Menschen bewohntes entzückendes Bergdorf auf einer 700 m hohen Terrasse über dem grünen Tal. Die um die Dorfkirche gruppierten mittelalterlichen Häuser kleben am Hang, und die Gassen dazwischen sind steil und schattig – das Schmuckstück im Muggiotal. In der Pfarrkirche *San Lorenzo,* 1760 von Orazio Fontana erbaut, fallen die illusionistischen Gewölbemalereien auf. Und dass das Rathaus, vis-à-vis der Kirche, bei der Renovierung einen roten Anstrich verpasst bekam, ist eher lustig als störend.

• *Essen und Trinken* **Grotto Casarno,** ✆ 091/6841423. Dieses Landgasthaus ist in vieler Hinsicht etwas Besonderes: Nur hier gibt es den berühmten „Formaggini della Valle di Muggio" (hier „robbiole" genannt). Und: Dieser Grotto hinter Muggio (Waldstraße nördlich des Dorfes rechts aufwärts) ist, wie dazumal üblich, nur am Wochenende und an Feiertagen geöffnet. Drittens: Im Sommer finden hier regelmäßig die Dorffeste statt.

Wanderung 16: Auf dem Monte Generoso

Gut fünf Stunden geht es fast nur bergab. Die 14-Kilometer-Tour ist leicht, weil An- und Abfahrt von der Bergbahn erledigt werden.

Die Tour beginnt mit der Auffahrt der Zahnradbahn von Capolago auf den Monte Generoso. Wer mag, kann von der Endstation vor Beginn der eigentlichen Wanderung noch auf den 100 m höher gelegenen Gipfel steigen: Der 20-minütige Aufstieg wird durch Treppen und Seile erleichtert. Dennoch wird die Wanderzeit durch den Abstecher um fast eine Stunde verlängert, denn Sie brauchen Muße für die Aussicht.

... und ganz hinten ist Italien

Am Berggasthof vorbei geht es in östlicher Richtung zunächst auf einen Grat bis zum Grenzstein 25. Da knickt der Pfad ab und führt in steilen Serpentinen hinab auf einen Hang mit dem Grenzstein 26 – die Wanderung verläuft unmittelbar an der Grenze zu Italien. Weiter führt der deutlich erkennbare Weg steil hinab zur *Alpe Piana* und durch Wiesenhänge zur *Alpe Nadigh*. Der bislang unangenehm steile Abstieg wird jetzt vom Alpweg abgelöst, der sich fast eben durch die Wiesen schlängelt; die Steinplatten am Pfad könnten sogar als Geländer dienen.

Schon von weitem ist die *Alpe Génor* erkennbar, die jenseits eines Baches nach fast 1,5 Wanderstunden erreicht ist. Nächster Orientierungspunkt ist die Almhütte *Tegnöo*, erkennbar an einem kleinen Brunnen. Oberhalb des Hauses beginnt der Weg anzusteigen – 150 Höhenmeter sind bis zur Trasse der Bergbahn nun zu überwinden, dann aber führt ein breiter Bergpfad an den Gleisen entlang in Richtung *Bellavista*.

Auf einer Bergnase, die der Zug per Tunnel quert, senkt sich der Pfad in einem 10-minütigen Abstieg zur Bahnstation mit einem kleinen Lokal. Dahinter führt die Straße zum ehemaligen Edel-Hotel Bellavista – fast drei Wanderstunden sind geschafft. Am Hotelvorplatz biegt der Weg als kleiner Steg ab und erreicht nach wenigen Minuten eine Asphaltstraße in Richtung *Cascina d'Armirone*.

Die verlassene Siedlung ist nach insgesamt 3,5 Wanderstunden erreicht. Der Weg führt weiter in südöstlicher Richtung zur *Osteria Balduana* (vorbei an einem Steinbruch, der das Baumaterial für die Bergbahn lieferte). Ein Sträßchen führt von dem Lokal nach *Dosso dell'Ora*. Nun müssen sorgsam die Markierungen beachtet werden – zwei Wege knicken an der Wiese hinter Dosso dell'Ora ab, der breitere nach rechts ist der richtige. Er führt in Serpentinen abwärts durch den Wald bis zu einer Wasserfassung, wo es nach links weitergeht. Jetzt wird der Weg eben und führt aus dem Wald heraus zum Weiler *Cragno*.

Am Marktplatz geht eine Teerstraße („Valle dell'Alpe") aus dem Ort hinaus. Die Straße trifft am Waldrand einen Pfad, der nach links absteigend ins *Valle dell'Alpe* führt. Gut 4,5 Stunden liegen hinter den Wanderern, wenn der Pfad an einer Furt den Bach überquert. Jetzt wird der Weg breit, stellenweise wirkt er wie ein Hohlweg.

Nach Durchquerung eines Seitentales stößt der Weg an eine Abzweigung; rechts geht es weiter und leicht bergauf. Der Pfad trifft auf den verlassenen Bauernhof *La Piana*, dessen Zufahrtsweg nach zehn Minuten zur Bahnstation Piana führt. Nach etwas mehr als fünf Wanderstunden ist der Endpunkt der Wanderung erreicht. Die Zahnradbahn führt hinab nach *Capolago*.

Was haben Sie entdeckt?

Haben Sie *die* Wanderung, ein gemütliches Hotel, einen empfehlenswerten Grotto, ein uriges Lokal gefunden? Wenn Sie Empfehlungen, Tipps, Anregungen oder Kritik haben, lassen Sie es uns bitte wissen.

Schreiben Sie an:

Hans-Peter Koch & Margrit Zepf
Stichwort „Tessin"
c/o Michael Müller Verlag
Gerberei 19
91054 Erlangen
E-Mail: hpk@michael-mueller-verlag.de

Verlagsprogramm

Deutschland
- Allgäu
- Altmühltal
- Berlin & Umgebung
- *MM-City* Berlin
- Bodensee
- Franken
- Fränkische Schweiz
- Mainfranken
- Nürnberg, Fürth, Erlangen
- Ostseeküste – von Lübeck bis Kiel
- Schwäbische Alb

Niederlande
- *MM-City* Amsterdam
- Niederlande
- Nordholland – Küste, IJsselmeer, Amsterdam

Nord(west)europa
- England
- Südengland
- *MM-City* London
- Schottland
- Irland
- Island
- Norwegen
- Südnorwegen
- Südschweden

Osteuropa
- Baltische Länder
- Polen
- Polnische Ostseeküste
- *MM-City* Prag
- Westböhmen & Bäderdreieck
- Ungarn

Balkan
- Mittel- und Süddalmatien
- Kroatische Inseln & Küste
- Nordkroatien – Kvarner Bucht
- Slowenien & Istrien

Griechenland
- Amorgos & Kleine Ostkykladen
- Athen & Attika
- Chalkidiki
- Griechenland
- Griechische Inseln
- Karpathos
- Kefalonia & Ithaka
- Korfu
- Kos
- Kreta
- Kreta – der Osten
- Kreta – der Westen
- Kykladen
- Lesbos
- Naxos
- Nord- u. Mittelgriechenland
- Paros/Antiparos
- Peloponnes
- Rhodos
- Samos
- Santorini
- Skiathos, Skopelos, Alonnisos, Skyros – Nördl. Sporaden
- Thassos, Samothraki
- Zakynthos

Türkei
- *MM-City* Istanbul
- Türkei – gesamt
- Türkei – Mittelmeerküste
- Türkei – Südküste
- Türkei – Westküste
- Türkische Riviera – Kappadokien

Frankreich
- Bretagne
- Côte d'Azur
- Elsass
- Haute-Provence
- Korsika
- Languedoc-Roussillon
- *MM-City* Paris
- Provence & Côte d'Azur
- Südfrankreich
- Südwestfrankreich

Italien
- Apulien
- Chianti – Florenz, Siena
- Dolomiten – Südtirol Ost
- Elba
- Gardasee
- Golf von Neapel
- Italien
- Italienische Riviera & Cinque Terre
- Kalabrien & Basilikata
- Liparische Inseln
- Marken
- Oberitalien
- Oberitalienische Seen
- *MM-City* Rom
- Rom & Latium
- Sardinien
- Sizilien
- Südtirol
- Südtoscana
- Toscana
- Umbrien
- *MM-City* Venedig
- Venetien & Friaul

Nordafrika u. Vorderer Orient
- Ägypten
- Sinai & Rotes Meer
- Tunesien

Spanien
- Andalusien
- *MM-City* Barcelona
- Costa Brava
- Costa de la Luz
- Ibiza
- Katalonien
- Madrid & Umgebung
- Mallorca
- Nordspanien
- Spanien

Kanarische Inseln
- Gomera
- Gran Canaria
- *MM-Touring* Gran Canaria
- Lanzarote
- La Palma
- *MM-Touring* La Palma
- Teneriffa
- *MM-Touring* Teneriffa

Portugal
- Algarve
- Azoren
- Madeira
- *MM-City* Lissabon
- Lissabon & Umgebung
- Portugal

Lateinamerika
- Dominikanische Republik
- Ecuador

Österreich
- *MM-City* Wien

Schweiz
- Genferseeregion
- Tessin

Malta
- Malta, Gozo, Comino

Zypern
- Zypern

Aktuelle Informationen zu allen Reiseführern finden Sie im Internet unter www.michael-mueller-verlag.de

Gerne schicken wir Ihnen auch das aktuelle Verlagsprogramm zu.

Michael Müller Verlag GmbH, Gerberei 19, 91054 Erlangen, Tel. 0 91 31 / 81 28 08-0; Fax 0 91 31 / 20 75 41; E-Mail: mmv@michael-mueller-verlag.de

Wir möchten Sie gern kennen lernen ...

... um unsere Reisehandbücher noch besser auf Ihre Bedürfnisse abstimmen zu können. Deshalb auf dieser Doppelseite ein kurzer Fragebogen zu Ihrer letzten Reise mit einem unserer Handbücher.

Als Belohnung winken ...

... natürlich Reisehandbücher. Jeweils zum Jahresende verlost der Michael Müller Verlag unter allen Einsendern des Fragebogens 50-mal je ein Reisehandbuch Ihrer Wahl aus unserem Programm.
(Der Rechtsweg ist ausgeschlossen)

Es bleibt natürlich alles unter uns ...

... Selbstverständlich garantieren wir absoluten Datenschutz und geben keine Adressen weiter. Versprochen!
Vielen Dank für ihre Mitarbeit und ... viel Glück!

Fragebogen

Ihre Reise

1) Mit welchem unserer Bücher waren Sie unterwegs? ....
Und wann (Monat/Jahr)? ....

2) Mit wie vielen Personen reisten Sie? Bitte kreuzen Sie an: ....
☐ allein ☐ zu zweit ☐ drei Personen oder mehr ....
Mit Kindern? ☐ Nein ☐ Ja (Alter? ...... Jahre)

4) Wie lange dauerte Ihre Reise?
☐ bis 1 Woche ☐ bis 2 Wochen ☐ bis 3 Wochen ☐ über 3 Wochen

5) Hatten Sie Unterkunft und Anreise als Kombination bereits vorgebucht?
☐ Ja ☐ Nein

6) Welche/s Verkehrsmittel benutzten Sie zur Anreise? (Mehrfachnennungen möglich)
☐ Bahn ☐ Bus ☐ Flug ☐ Auto/Motorrad ☐ Fähre
☐ Sonstiges, nämlich

7) Mit welchem(n) Verkehrsmittel(n) waren Sie im Zielgebiet überwiegend unterwegs (Mehrfachnennungen möglich)?
☐ Bahn ☐ Bus ☐ eigenes Auto/Motorrad ☐ Mietfahrzeug ☐ Fähre
☐ anderes Verkehrsmittel, nämlich ....
☐ gar nicht, blieb an einem Ort

8) Wo übernachteten Sie vorwiegend?
☐ Gehobene Hotels ☐ Mittelklassehotels ☐ Landestypische Pensionen
☐ Privatzimmer ☐ Camping ☐ andere Unterkunft, nämlich ....

9) War es Ihre einzige Urlaubsreise in diesem Jahr?
☐ Ja ☐ Nein, ich verreise öfter mal für 1 Woche oder mehr, nämlich pro Jahr:
☐ 2x ☐ 3x ☐ 4x oder mehr;
und dann meist ins: ☐ Inland ☐ Ausland

Ihr Reisehandbuch vom Michael Müller Verlag

1) Sind Sie das erste Mal mit einem unserer Reisehandbücher unterwegs gewesen?

....

☐ Ja ☐ Nein, vorher schon (Titel): ....

2) Wie lernten Sie unseren Verlag kennen?

☐ Empfehlung vom Buchhändler ☐ Empfehlung von Bekannten

☐ Habe das Buch zufällig im Buchhändlerregal entdeckt

☐ Über eine Anzeige in .... ☐ anders, nämlich ....

3) Insgesamt gesehen, waren Sie mit diesem Reisehandbuch

☐ nicht zufrieden ☐ zufrieden

4) Wir würden gerne wissen, wo wir in unseren Reisehandbüchern etwas verbessern können. Bitte geben sie deshalb den einzelnen Komponenten dieses Buches "Schulnoten" von 1 bis 6 und begründen Sie bitte Ihre Benotung.

	Note	Grund
Prakt. Informationen vor der Reise		
Geschichte		
Landeskundliches		
Orte und Regionen		
Sehenswürdigkeiten		
Prakt. Informationen unterwegs		

5) Was hat Ihnen an diesem Reisehandbuch besonders gefallen?

☐ Nichts Spezielles ☐ Doch, und zwar ....

6) Und was hat Sie am meisten gestört?

☐ Nichts Spezielles ☐ Doch, und zwar ....

7) Worüber hätten Sie gern mehr erfahren?

☐ Über ....

☐ Alle Informationen waren ausreichend

8) Unser Verlagsprogramm finden Sie auf den nächsten Seiten. Welche(s) Ziel(e) innerhalb Europas und des Mittelmeerraumes fehlt bzw. fehlen Ihnen in diesem Programm?

☐ Kein Ziel ☐ Doch, nämlich ....

9) Welches Reisehandbuch aus unserem Programm möchten Sie gewinnen?

....

Nun würden wir Ihnen gerne noch einige Fragen zu Ihren persönlichen Daten stellen (Datenschutz ist selbstverständlich gewährleistet)

Alter: .... Jahre

Familienstand: ☐ ledig ☐ verheiratet ☐ Kinder

Schulabschluss: ☐ Hauptschule ☐ Realschule ☐ Abitur

☐ Studium ☐ Beruf: ....

Fragebogen ausschneiden und an unsere Verlagsanschrift schicken (siehe unten). Bitte vergessen Sie nicht, für die Gewinnbenachrichtigung Ihren Namen und Adresse zu notieren.

Name: ....

Straße: ....

PLZ/Ort: ....

Michael Müller Verlag GmbH, Gerberei 19, 91054 Erlangen, Fax: 09131/207541

Vielen Dank thank you merci efcharistó gracias grazie tesekkür dekuji köszönõm

Sach- und Personenregister

Geographisches Register